金融实验数据分析

主　编　高翠云　罗春婵

北京理工大学出版社

BEIJING INSTITUTE OF TECHNOLOGY PRESS

内 容 简 介

本教材围绕实验金融学展开，旨在通过实验方法将金融理论与实践相结合，帮助读者深入理解金融市场中的各种现象和规律。全书内容涵盖了金融学的多个重要领域，包括企业估值、企业投融资、证券投资组合、金融计量等。

本教材编写体例新颖，逻辑结构清晰，每章都从理论知识延伸至实践教学，实现了理论与实践的有机结合。与其他实验金融类教材相比，本教材注重培养学生的创新思维方法，通过以 Excel 为实操软件的案例分析，融入创新思维，使读者能够将所学知识应用于未来岗位中。

本教材适用于高等院校金融学专业相关实验课程，如实验金融学等。此外，对于有兴趣了解实验金融学的高校其他专业师生以及社会各界人士，本书也提供了丰富的阅读材料和较高的研究价值。建议授课教师在微机室教学，以便学生进行实验操作。

图书在版编目（CIP）数据

金融实验数据分析 / 高翠云，罗春婵主编. --北京：
北京理工大学出版社，2024.6.
ISBN 978-7-5763-4244-4

Ⅰ. F830.41

中国国家版本馆 CIP 数据核字第 2024EJ9270 号

责任编辑：王梦春　　**文案编辑**：杜　枝
责任校对：刘亚男　　**责任印制**：李志强

出版发行 / 北京理工大学出版社有限责任公司
社　　址 / 北京市丰台区四合庄路 6 号
邮　　编 / 100070
电　　话 / （010）68914026（教材售后服务热线）
　　　　　　（010）63726648（课件资源服务热线）
网　　址 / http://www.bitpress.com.cn

版 印 次 / 2024 年 6 月第 1 版第 1 次印刷
印　　刷 / 北京广达印刷有限公司
开　　本 / 787 mm×1092 mm　1/16
印　　张 / 22
字　　数 / 510 千字
定　　价 / 99.00 元

习近平总书记指出："金融活，经济活；金融稳，经济稳。经济兴，金融兴；经济强，金融强。经济是肌体，金融是血脉，两者共生共荣。"党的二十大报告指出："高质量发展是全面建设社会主义现代化国家的首要任务。发展是党执政兴国的第一要务。"在2024年省部级主要领导干部推动金融高质量发展专题研讨班开班式上，习近平总书记深刻阐释了金融强国的丰富内涵，明确了坚定不移走中国特色金融发展之路的方向，释放了推动金融高质量发展的强音。

实验金融学是金融学的一个重要组成部分和金融专业学生的必修课程之一。在金融学这一领域，理论与实践密不可分。理论可以帮助我们理解金融市场的运行规律和风险管理原则，而实践则是检验理论有效性和可行性的关键。因此，本书通过实验方法将金融理论与实践相结合，帮助读者更好地理解金融市场中的各种现象和规律。

本书充分考虑专业教学需求，每章都从理论知识延伸至实践教学，理论知识深入浅出且难度适宜，实践技能贴近行业需求并强化实操训练，通过理论结合实践，使学生能够将获取的理论知识与未来的岗位要求相契合。每章包括内容简介、教学目的、具体内容以及练习题几部分，而主体讲授内容包括理论知识与实验操作两个部分。其中，实验操作多是以 Excel 作为实操软件进行案例分析，通过以案例的形式融入创新思维方法等培养复合型与实用型创新创业人才。

本书适用于实验金融学等相关实验课程，每章的理论部分均与学生之前学习过的理论课程相关，内容包括但不限于金融学、证券投资学、金融工程学与公司金融学等。本书建议采用微机室进行教学，每个学生配有一台计算机进行实验操作更为便捷。对比其他实验金融类的教材，本书的特色主要体现在理论知识与实践知识的链接与融合上。现有实验金融类教材多以实践为主，较少考虑理论知识，然而本课程多设置在本科生的大四阶段，学生对很多理论知识的记忆并不清晰，需要在书中有一定程度的体现，并有效过渡到实验操作过程。因此，本书每章均从理论知识延伸至实验操作，实现理论与实践的结合。

本书既可作为高等学校金融学专业相关课程的教材或教学参考书，也可供有兴趣了解实验金融学的高校其他专业师生以及社会各界人士阅读和研究参考。

本书由高翠云和罗春婵担任主编，其中高翠云提出创作主旨、拟定写作大纲，统撰全书及定稿；罗春婵协助统撰全书及定稿。本书的具体编写分工如下：李萌萌编写第一章和

第十一章，于晓煊编写第二章，刘晴编写第三章和第四章，李鑫编写第五章和第六章，李庭慧编写第七章和第八章，韩佳乐编写第九章和第十三章，王雅鸿编写第十章，高翠云编写第十二章。此外，刘春楠、王子怡、刘丹丹和侯俊杰参与部分资料的整理、编撰、校对工作。

编者在本书的编写过程中参考了国内外大量公开出版的有关教材和学术文章，在书中列出的参考文献仅为其中一部分，在此一并向有关作者表示由衷的感谢。

由于时间仓促，编者水平有限，书中难免有疏漏之处，恳请广大读者批评指正。

高翠云

2023 年 12 月

CONTENTS

第一章 实验金融学的 Excel 环境

内容简介

Excel 作为金融数据处理的重要工具，广泛用于财务报表分析、企业估值、筹资决策、投资决策、金融产品定价等。本章对 Excel 中的一些基础函数及其使用方法进行了阐述，还介绍了 Excel 中包含的数学函数和财务函数及计算功能，为后续的数据分析打下基础。

教学目的

使学生熟练掌握 Excel 相关内部函数及其计算功能，将其灵活运用于后续的投融资决策、资产定价模型分析中。

第一节　Excel 函数

Excel 是一款数据库结构、计算功能及画图功能都很优良的实用统计型软件，不仅自带大量内部函数，可以很方便地进行各种运算，内部还嵌入 Visual Basic 工具，可以将一些重复性的计算过程做成运算模块，从而作为内部函数的补充。Excel 简单易学，功能强大，是应该掌握的办公软件。本节主要介绍函数的使用以及常见数学函数、时间函数和财务函数的运用。

一、函数的使用方法

Excel 提供了丰富的函数功能，如统计函数、数值函数、文本函数、日期和时间函数、逻辑函数等，利用这些公式和函数可以实现强大的数据计算和分析功能。

在 Excel 中，公式是由函数、常量、变量和各种运算符组合而成的表达式，单独的一个函数也可以形成一个公式，称为函数公式。函数以"="开始，在其后输入函数的名称和参数，参数用一对小括号括起来，如=SUM(A1：E1)。根据不同函数的语法定义，每个函数中各个参数的数据类型和含义等都不相同。

可以通过以下几种方式来使用 Excel 函数：

①在 Excel 的公式栏中直接输入函数。例如，要计算两个单元格 A1 和 B1 的和，可以在公式栏中输入"=SUM(A1，B1)"。

②使用函数向导来帮助选择和填写函数参数。在公式栏中输入函数名称，然后按下"="键，接着按下函数名称，会出现函数向导来引导用户选择函数参数。

③使用函数库来浏览和选择函数。Excel 中有许多内置的函数，可以通过单击"公式"选项卡中的"函数库"来查看并选择需要的函数。

④自定义函数。如果 Excel 提供的函数无法满足需求，用户还可以自定义函数。通过使用 Visual Basic for Applications(VBA)编程语言，用户可以创建自己的函数并在 Excel 中使用。

二、常见函数

Excel 中包括 330 个自定义的函数，共分为 11 大类。如果要查看可用函数的列表，可单击一个单元格并按 Shift+F3。实验金融学主要应用数学函数和财务函数，故本书中主要列出常用的数学函数、时间函数和财务函数。

1. 常用数学函数(表 1.1)

表 1.1　常用数学函数

函数名	功能	语法
ABS	返回给定数值的绝对值	ABS(number) ABS(数值)
MOD	返回两数相除的余数，结果的正负号与除数相同	MOD(number1，number2) MOD(数值1，数字2) MOD(数值，除数)
MAX	返回一组数值中的最大值	MAX(number1，number2，…) MAX(数值1，数值2，…)
MIN	返回一组数值中的最小值	MIN(number1，number2，…) MIN(数值1，数值2，…)
SUM	计算单元格区域中所有数值的和	SUM(number1，number2，…) SUM(数值1，数值2，…)
SUMIF	对满足条件的单元格求和	SUMIF(range，criteria，[sum_range]) SUMIF(区域，求和条件。[求和区域]) 忽略 sum_range，则对 range 中的单元格求和
IF	条件函数，根据参数条件的真假，返回不同的结果	IF(logical_test，value_if_true，value_if_false) Logical_test—条件表达式，其结果要么为 TURE，要么为 FALSE，可使用任何比较运算符 Value_if_true—logical_test 为 TURE 时返回的值 Value_if_false—logical_test 为 FALSE 时返回的值
AVERAGE	返回给定条件指定的单元格的算术平均值	AVERAGE(range，criteria，[average_range]) AVERAGE(区域，条件，[求平均值区域])

续表

函数名	功能	语法
COUNT	计算区域中包含数字(数值)的单元格的个数	COUNT(value1，value2，…) COUNT(参数值1，参数值2，…) 参数可以为文本、数值、单元格引用或公式
COUNTIF	计算某个区域中满足给定条件的单元格数目	COUNTIF(range，criteria) COUNRIF(区域，条件)
LOOKUP	查找给定数值所关联对应位置的值：在指定的单行(或列)区域中查找指定的数值，然后返回在另一个指定的单行(或列)区域中与该查找到的数值位于相同列(或行)位置的数值	向量形式： LOOKUP(lookup_value，lookup_vector，[result_vector]) LOOKUP(查找值，查找向量，[返回向量]) 查找值—找什么 查找向量—查找范围(行或列) 返回向量—对应的取值范围(行或列) 在单行或单列区域中查找指定的数值，找到后取同行对应列或同列对应行所在位置的值 数组形式：LOOKUP(lookup_value，array) LOOKUP(查找值，数组) 在数组的第一行或第一列中查找指定的值，并返回数组最后一行或最后一列内同一位置的值
INDEX	根据给定的数据排序位置查找数据	INDEX(array，row_num，[column_num]) INDEX(数组，行序号，[列序数])
MATCH	查找给定数值在区域中的排序位置	MATCH(lookup_value，lookup_array，[match_type]) MATCH(查找值，查找区域，[匹配类型])

2. 常用时间函数(表1.2)

表1.2　常用时间函数

函数	功能	语法
DATE	返回年、月、日组成的一个日期	DATE(year，month，day)
YEAR	返回date_number日期的年份	YEAR(date_number)
MONTH	返回date_number日期的月份	MONTH(date_number)
DAY	返回date_number日期是一个月里的第几天	DAY(date_number)
DATEDIF	计算返回两个日期参数的差值	DATEDIF(date1，date2，"y")、DATEDIF(date1，date2，"m")、DATEDIF(date1，date2，"d") date1代表前一个日期 date2代表后一个日期 y(m、d)代表返回两个日期相差的年(月、天)数
Ctrl+;	插入当前日期	
Ctrl+Shift+;	插入当前时间	

3. 常用财务函数

①未来值(fv)：在所有付款发生后的投资或贷款的价值。

②期间数(nper)：投资的总支付期间数。

③付款(pmt)：对于一项投资或贷款的定期支付数额。

④现值(pv)：在投资期初的投资或贷款的价值。例如，贷款的现值为所借入的本金数额。

⑤利率(rate)：投资或贷款的利率或贴现率。

⑥类型(type)：付款期间内进行支付的间隔，如在月初或月末。

⑦日计数基准类型(basis)：为日计数基准类型。basis 为 0 或省略，代表 US(NASD)30/360；basis 为 1，代表实际天数/实际天数；basis 为 2，代表实际天数/360；basis 为 3，代表实际天数/365；basis 为 4，代表欧洲 30/360。

财务函数汇总如下：

（1）ACCRINT

功能：返回定期付息证券的应计利息。

语法：ACCRINT（issue，first_interest，settlement，rate，par，frequency，[basis]，[calc_method]）。

注意：应使用 DATE 函数输入日期，或者将日期作为其他公式或函数的结果输入。例如，使用函数 DATE(2008，5，23)输入"2008 年 5 月 23 日"。如果日期以文本形式输入，则会出现问题。

参数说明：

issue：有价证券的发行日。

first_interest：有价证券的首次计息日。

settlement：有价证券的结算日。有价证券结算日是在发行日之后，有价证券卖给购买者的日期。

rate：有价证券的年息票利率。

par：证券的票面值。如果省略此参数，则 ACCRINT 使用￥10000。

frequency：年付息次数。如果按年支付，frequency=1；按半年期支付，frequency=2；按季支付，frequency=4。

basis：要使用的日计数基准类型。（可选）

calc_method：一个逻辑值，指定当结算日期晚于首次计息日期时用于计算总应计利息的方法。如果值为 TRUE(1)，则返回从发行日到结算日的总应计利息；如果值为 FALSE(0)，则返回从首次计息日到结算日的应计利息；如果不输入此参数，则默认为 TRUE。

（2）ACCRINTM

功能：返回在到期日支付利息的有价证券的应计利息。

语法：ACCRINTM(issue，settlement，rate，par，[basis])。

参数说明：

issue：有价证券的发行日。

settlement：有价证券的到期日。

rate：有价证券的年息利率。

par：证券的票面值。如果省略此参数，则 ACCRINTM 使用￥10000。

basis：要使用的日计数基准类型。（可选）

（3）AMORLINC

功能：返回每个结算期间的折旧值。如果某项资产是在该结算期的中期购入的，则按直线折旧法计算。

语法：AMORLINC（cost，date_purchased，first_period，salvage，period，rate，[basis]）。

参数说明：

cost：资产原值。

date_purchased：购入资产的日期。

first_period：第一个期间结束时的日期。

salvage：资产在使用寿命结束时的残值。

period：期间。

rate：折旧率。

basis：要使用的年基准。（可选）

（4）AMORDEGRC

功能：返回每个结算期间的折旧值。如果某项资产是在该结算期的中期购入的，则按直线折旧法计算。

语法：AMORDEGRC（cost，date_purchased，first_period，salvage，period，rate，[basis]）。

参数说明：与 AMORLINC 函数相同，而不同之处在于该函数中用于计算的折旧系数取决于资产的寿命。

（5）COUPDAYBS

功能：COUPDAYBS 函数返回从付息期开始到结算日的天数。

语法：COUPDAYBS（settlement，maturity，frequency，[basis]）。

参数说明：

settlement：有价证券的结算日。有价证券结算日是在发行日之后，有价证券卖给购买者的日期。

maturity：有价证券的到期日。到期日是有价证券有效期截止时的日期。

frequency：年付息次数。如果按年支付，frequency=1；按半年期支付，frequency=2；按季支付，frequency=4。

basis：要使用的日计数基准类型。（可选）

（6）COUPDAYS

功能：返回结算日所在的付息期的天数。

语法：COUPDAYS（settlement，maturity，frequency，[basis]）。

参数说明：与 COUPDAYBS 函数相同。

（7）DB

功能：使用固定余额递减法计算一笔资产在给定期间内的折旧值。

语法：DB（cost，salvage，life，period，[month]）。

参数说明：

cost：资产原值。

salvage：折旧末尾时的值（有时也称为资产残值）。

life：资产的折旧期数（有时也称作资产的使用寿命）。

period：需要计算折旧的时期。period 必须使用与 life 相同的单位。

month：第一年的月份数。如果省略月份，则假定其值为 12。（可选）

（8）DDB

功能：用双倍余额递减法或其他指定方法，返回指定期间内某项固定资产的折旧值。

语法：DDB(cost, salvage, life, period, [factor])。

参数说明：与 DB 函数相同。

（9）PV

功能：根据固定利率计算贷款或投资的现值。可以将 PV 与定期付款、固定付款（如按揭或其他贷款）或投资目标的未来值结合使用。

语法：PV(rate, nper, pmt, [fv], [type])。

参数说明：

rate：各期利率。

nper：年金的付款总期数。

pmt：每期的付款金额，在年金周期内不能更改。

fv：未来值，或在最后一次付款后希望得到的现金余额。如果省略 fv，则假定其值为 0。（可选）

type：类型，数字 0 或 1，用以指定各期的付款时间是在期初还是期末。（可选）

（10）NPV

功能：使用贴现率和一系列未来支出（负值）和收益（正值）来计算一项投资的净现值。

语法：NPV(rate, value1, [value2], …)。

参数说明：

rate：某一期间的贴现率。

value1，value2，…：value1 是必需的，后续值是可选的。这些是代表支出及收入的 1 到 254 个参数。

value1，value2，…在时间上必须具有相等间隔，且都发生在期末。

NPV 使用 value1，value2，…的顺序来说明现金流的顺序。一定要按正确的顺序输入支出值和收益值。

忽略以下参数类型：参数为空白单元格、逻辑值、数字的文本表示形式、错误值或不能转化为数值的文本。

如果参数是一个数组或引用，则只计算其中的数字。数组或引用中的空白单元格、逻辑值、文本或错误值将被忽略。

（11）FV

功能：用于根据固定利率计算投资的未来值。可以将 FV 与定期付款、固定付款或一次付清总额付款结合使用。

语法：FV(rate, nper, pmt, [pv], [type])。

参数说明：与 PV 函数相同。

（12）IRR

功能：返回由值中的数字表示的一系列现金流的内部收益率。这些现金流不必等同，因为它们可能作为年金。但是现金流必须定期（如每月或每年）出现。内部收益率是针对包含付款（负值）和收入（正值）的定期投资收到的利率。

语法：IRR(values，[guess])。

参数说明：

values：数组或单元格的引用，这些单元格包含用来计算内部收益率的数字。

values 必须包含至少一个正值和一个负值，以计算返回的内部收益率。

IRR 使用值的顺序来说明现金流的顺序。一定要按你需要的顺序输入支出值和收益值。

如果数组或引用包含文本、逻辑值或空白单元格，这些数值将被忽略。

guess：对函数 IRR 计算结果的估计值。（可选）

Microsoft Excel 迭代技术来计算 IRR。从 guess 开始，IRR 将循环计算，直到结果在 0.000 01% 内准确。如果 IRR 在尝试 20 次后找不到有效结果，则显示#NUM！错误值。

多数情况下，不必为 IRR 计算提供 guess 值。如果省略 guess，则假定其为 0.1(10%)。

如果 IRR 提供#NUM！错误值，或者如果结果与预期值不接近，请重试，并使用不同的 guess 值。

（13）RATE

功能：返回年金每期的利率。RATE 通过迭代计算，可以有零个或多个解决方案。如果 RATE 的连续结果在 20 次迭代后不收敛到 0.0000001 内，则 RATE 返回#NUM！错误值。

语法：RATE(nper，pmt，pv，[fv]，[type]，[guess])。

参数说明：同上。

4. 函数参数

函数参数是指数字、文本、逻辑值（TRUE or FALSE）、数组、错误值(#N/A)或单元格引用6类。指定的参数必须为有效参数值，也可以是常量、公式或其他函数。

5. 参数工具提示

在键入 Excel 的自定义函数时，会出现一个带有语法和参数的工具提示。例如，当在任意一个单元格内键入"=SUM"时，工具提示就会出现："SUM(number1，[number2]，…)"。

6. 输入公式

当创建含有函数的公式时，"插入函数"的对话框有助于输入工作表函数，它不仅会显示可插入函数的名称、参数、功能，还会显示函数参数的说明、函数的当前结果和整个公式的当前结果。

7. 嵌套函数

有时，可能需要将一个函数作为另一个函数的参数使用。例如，当用户在一个单元格里输入："=if(average(c1：c10)>4，1，0)"时，就相当于在该单元格里定义了这样的一个变量 X：当变量 C 前 10 个数值的平均数大于 4 时，该变量 X 取值 1，否则它就取值 0。当嵌套函数作为参数使用时，它返回的数值类型必须与参数使用的数值类型相同，否则，Microsoft Excel 将显示"#VALUE！"，即错误值。Excel 最多可允许公式中包含七级的嵌套函数。

有许多 Excel 函数通过对一组或多组数据进行运算，最后才能得出一组运算结果。这类函数实际上是数组公式，必须按数组的方式输入，即先选中整个数组所在区域，然后输入公式后，按 Shift+Ctrl+Enter 组合键，才能使输入的公式进行有效计算。

8. 单元格的引用

单元格的引用用于指明公式中所使用的数据位于工作表上哪一个具体单元格或单元格区域，通过引用，可在公式中使用工作表不同区域的数据，或在多个公式中使用相同区域的数据，还可使用同一个工作簿中不同工作表上的单元格和其他工作簿中的数据，如表1.3 所示。

表 1.3　单元格引用方式

标识	含义
A2	A 列和第 2 行交叉处的单元格(点)
A2：A20	在 A 列第 2 行到第 20 行之间的单元格区域(列)
A1：E1	在第 1 行 A 列到 E 列之间的单元格区域(行)
1：1	第 1 行中的全部单元格(行)
1：10	第 1 行到第 10 行之间的全部单元格(阵)
A：A	A 列中的全部单元格(列)
A：E	A 列到 E 列之间的全部单元格(阵)
A5：E10	A 列第 5 行到 E 列第 10 行之间的单元格区域(阵)
$A1：$A10	绝对的 A 列第 1 行到 A 列第 10 行之间的单元格区域(列)
A$1：E$1	绝对的第 1 行 A 列到第 1 行 E 列之间的单元格区域(列)
SHEET2！A1：A10	同工作簿第 2 个工作表上 A 列第 1 行到第 10 行之间的全部单元格(列)
SHEET1：SHEET5！A1：B10	同工作簿第 1 个至第 5 个工作表上 A 列第 1 行至 B 列第 10 行之间的全部单元格(三维阵)

9. 引用类型

在函数公式中，常常需要引用单元格中的数据作为函数的参数。单元格的引用可分为以下三种形式：

(1)相对引用

相对引用是指单元格的引用位置相对于公式位置的变化而相对变化。当复制公式时，新公式相对于原公式发生了位置变化，在公式中的相对引用单元格也会同步发生相对的位置变化。相对引用单元格表示方式是列号在前行号在后的形式，如 A1、B2 等。

(2)绝对引用

绝对引用是指单元格的引用位置不随公式位置的变化而变化。当复制公式时，新公式相对于原公式发生了位置变化，但公式中的绝对引用单元格的位置固定不变。绝对引用的单元格表达方式是在行号和列号的前面分别写上"$"符号，如$A$1、$B$2 等。

(3)混合引用

混合引用是指单元格引用中的行号和列号，其中一个是相对引用；另一个是绝对引用。当复制公式时，相对引用的行号(或列号)会发生相对变化，而绝对引用的行号(或列号)则固定不变。混合引用的单元格表示方式是在绝对引用的行号或列号的前面写上"$"符号，相对引用的行号或列号前面不写"$"符号，如$A1、B$2等。

在 Excel 中，利用函数可以快速执行有关计算，函数只有出现在公式中才能发挥作用。函数的基本格式是：函数名(参数序列)。

参数序列是用于限定函数运算的各个参数，除中文字符外，必须使用英文半角字符。

第二节　Excel 主要工具

Excel 提供了非常实用的数据分析工具，如模拟运算表、统计分析工具、工程分析工具、规划求解工具、方案管理器等。利用这些分析工具，用户可以解决金融和财务管理中的许多问题。下面介绍金融管理与分析中常用的一些数据分析工具。

一、单变量求解

Excel 中的"单变量求解"是一组命令的组成部分，又名假设分析，也就是数学上的解一元方程，即通过改变可变单元格中的数值来满足目标单元格中的值。如果已知单个的预期结果，而用于确定此公式结果的输入值未知，这种情况可以使用"单变量求解"命令。单变量求解就是求解有一个变量的方程。在 Excel 中，单变量求解通过调整可变单元格中的数值，使其按照给定的公式计算出目标单元格中的目标值，适用于确定规划目标中某一引用数据的特定值。

在 Excel 中，"单变量求解"命令位于"数据"选项卡下"数据工具"组中"模拟分析"按钮的弹出菜单中。

【例1-1】以产品销售量计算问题为例。2018 年，甲公司 A 产品的量本利有关数据见表1.4，假定 2019 年该公司 A 产品的销售单价、单位变动成本、全年负担的固定成本均与上年保持一致。该公司要想在 2019 年实现利润 500 000 元，2019 年至少要完成多少销售量？(A 产品利润的计算公式是：利润=销售量×销售单价-销售量×单位变动成本-固定成本)

表 1.4　A 产品的量本利有关数据

项目	2018 年实际	2019 年预计
A 产品销售量/件	60 000	?
A 产品销售单价/(元·件$^{-1}$)	38	38
A 产品单位变动成本/元	28	28
A 产品全年负担的固定成本/元	200 000	200 000
A 产品利润/元	400 000	500 000

将表 1.4 中的数据录入 Excel 工作表中，如图 1.1 所示。

	A	B	C
1	项目	2018年实际	2019年预计
2	A产品销售量（件）	60000	
3	A产品销售单价（元/件）	38	38
4	A产品单位变动成本（元）	28	28
5	A产品全年负担的固定成本（元）	200000	200000
6	A产品利润（元）	400000	500000

图 1.1　A 产品的量本利数据

利用单变量求解工具求解销售量的具体步骤如下：

①在 C6 单元格中录入：=C2*$B$3−C2*$B$4−$B$5。

②选定 C6 单元格，依次单击"数据"选项卡、"预测"分组下"模拟分析""单变量求解"，打开"单变量求解"对话框，Excel 自动将 C6 添加到"目标单元格"后的文本框中。

在"单变量求解"对话框中的"目标值"文本框中输入数字 500 000，在"可变单元格"中输入 2019 年销售量所在的单元格$C$2（将光标先定位到可变单元格后的文本框，再单击 C2 单元格），如图 1.2 所示。

③单击"单变量求解"对话框中的"确定"按钮，弹出如图 1.3 所示的"单变量求解状态"对话框。

图 1.2　"单变量求解"对话框

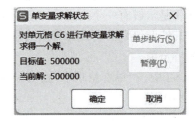

图 1.3　"单变量求解状态"对话框

④单击"单变量求解状态"对话框中的"确定"按钮，得到单变量求解的结果。利润要达到 500 000 元，销售量必须达到 70 000 件。

二、模拟运算表

模拟运算表是一种数据表，可以在工作表中显示因为公式中的某些变量的值发生变化而对计算结果造成的影响。这样就可以假设公式中的变量有一组变化值，把它们分别代入公式后，可以得到一组不同的结果。比较这些结果后，就可以做出预测和决策。

模拟运算表是一种快捷的假设分析工具，用于显示一个或两个变量的更改对公式结果的影响。模拟运算表有两种类型：单变量模拟运算表和双变量模拟运算表。

在 Excel 中，模拟运算表命令位于"数据"选项卡下"数据工具"组中"模拟分析"按钮的弹出菜单中。

（一）单变量模拟运算表

单变量模拟运算表是在工作表中输入一个多变量的多个不同值，而分析这些不同变量值就可以得知对一个或多个公式计算结果的影响。

【例1-2】例如，在例1-1中，若单位变动成本分别为29、30、31、32、33，其他条件不变，利润将如何变动？

具体操作步骤如下：

①在A9：A13单元格区域输入单变量可能的取值，在B8单元格中输入公式"=$B$2*$B$5-A8*$B$5-$B$3"。

注意：Excel中规定，如果可能的取值在同一列中，则含有公式的单元格必须在第一个变量取值的右上角；如果可能的取值在同一行中，则含有公式的单元格必须在第一个变量取值的左下角。

②选定包含变量和公式的单元格区域A8：B13。

③切换至"数据"选项卡，单击"数据工具"组中的"模拟分析"，在弹出的菜单选项中选择"模拟运算表"选项，此时屏幕上弹出"模拟运算表"对话框，如图1.4所示。

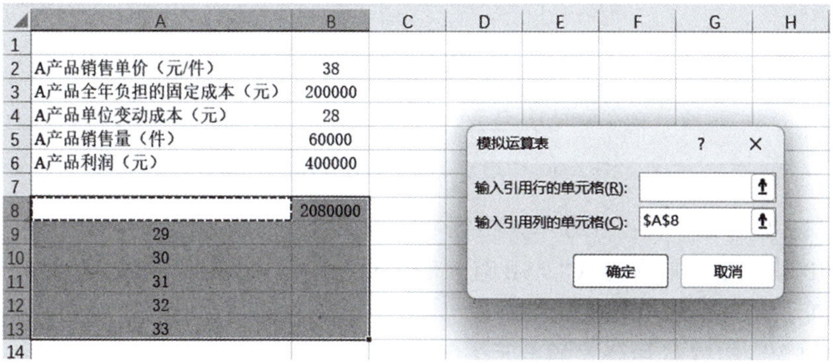

图1.4　"模拟运算表"对话框

④"模拟运算表"对话框中有两个编辑框，分别为"输入引用行的单元格"和"输入引用列的单元格"。如果将变量的一组值放在同一行中，则在"输入引用行的单元格"编辑框中输入变量所在的第一个单元格左边的单元格；如果变量的一组值放在同一列中，则在"输入引用列的单元格"编辑框中输入变量所在的第一个单元格上面的单元格。本例中的一组变量放在A列，所以应该在"输入引用列的单元格"编辑框中输入或单击右侧的折叠按钮，选择A8单元格，如图1.5所示。

⑤单击"确定"按钮，模拟运算表就会根据不同的变量值进行计算；同时，还会将计算结果填充到模拟运算表中相应的位置，如图1.5所示。

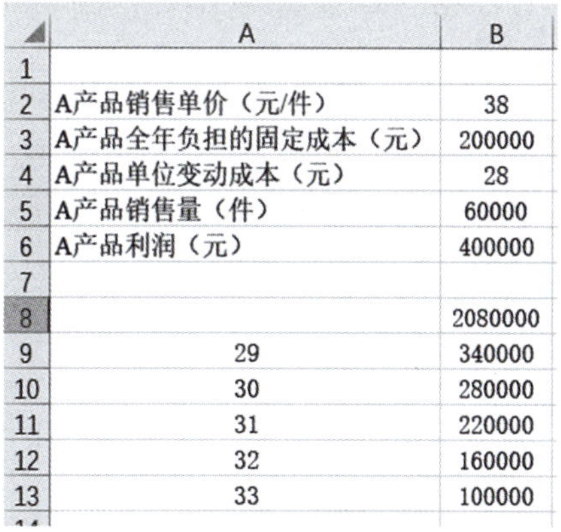

单变量模拟运算表还可以同时对多个公式进行计算，操作方法基本相同，这里不再详细说明。

图1.5　模拟运算结果

（二）双变量模拟运算表

双变量模拟运算表用来分析两个变量的几组不同的数值变化对公式计算结果造成的影

响。在应用时，这两个变量的变化值分别放在一行与一列中，而两个变量所在的行与列交叉的那个单元格中放置的是使用到这两个变量的计算公式。

【例 1-3】例如，上述单变量模拟运算表中仅考虑了单位变动成本的变化，没有考虑销售量的变化。若销售量和单位变动成本都发生变化，利润又会发生怎样的变化呢？

具体操作步骤如下：

①先构造好双变量模拟运算表的结构，如图 1.6 所示。

	A	B	C	D	E	F	G	H
1	A产品销售单价（元/件）	38						
2	A产品全年负担的固定成本（元）	200000						
3	A产品单位变动成本（元）	28						
4	A产品销售量（件）	60000						
5	A产品利润（元）	400000						
6								
7	利润预测表							
8								
9				销售量				
10				400000	500000	600000	700000	800000
11		单位变动成本	29					
12			30					
13			31					
14			32					
15			33					

图 1.6　构造双变量模拟运算表的结构

②在 C11：C15 和 D10：H10 单元格区域输入两个变量的取值。

③在 C10 单元格中输入公式“=$B $1 * B10-C9 * B10-$B $2”。需要注意的是，公式必须放在两组变量交叉的单元格 C10 中。

④选定包含两组变量和公式的单元格区域 C10：H15。

⑤切换至“数据”选项卡。单击“数据工具”组中的“模拟分析”，在弹出菜单中选择“模拟运算表”选项，弹出“模拟运算表”对话框。

⑥在“输入引用行单元格”编辑框中引用行系列数据变量的位置，这里专指销售量 B10；在“输入引用列单元格”编辑框中引用列系列数据变量的位置，这里专指单位变动成本 C9。

⑦单击“确定”按钮，即得到双变量模拟运算表运算结果，如图 1.7 所示。

	A	B	C	D	E	F	G	H
1	A产品销售单价（元/件）	38						
2	A产品全年负担的固定成本（元）	200000						
3	A产品单位变动成本（元）	28						
4	A产品销售量（件）	600000						
5	A产品利润（元）	400000						
6								
7	利润预测表							
8								
9				销售量				
10			-200000	400000	500000	600000	700000	800000
11		单位变动成本	29	3400000	4300000	5200000	6100000	7000000
12			30	3000000	3800000	4600000	5400000	6200000
13			31	2600000	3300000	4000000	4700000	5400000
14			32	2200000	2800000	3400000	4000000	4600000
15			33	1800000	2300000	2800000	3300000	3800000
16								

图 1.7　双变量模拟运算表运算结果

三、规划求解

规划求解是 Excel 一个非常有用的工具，其不仅可以解决运筹学、线性规划等问题，还可以用来求解线性方程组及非线性方程组。

单变量求解只能通过一个变量的变化求得一个目标值，对于需要通过许多变量的变化来找到一个目标值，如想要查找最大值、最小值或某个确定的值，单变量求解就无法实现。在 Excel 中，规划求解可以解决这个问题。

适用于规划求解的问题有如下特点：①问题有单一的目标，如运输的最佳路线、生产的最低成本、产品的最大盈利等。②问题有明确的不等式约束条件，如生产材料不能超过库存，生产周期不能超过 10 天等。③问题有直接或间接影响约束条件的一组输入值。

1. 规划求解问题的组成

在 Excel 中，每个规划求解问题由以下三部分组成：

（1）可变单元格

可变单元格是实际问题中有待于解决的未知因素。一个规划问题中可能有一个变量，也可能有多个变量。也就是说，在 Excel 的规划求解模型中，可能只有一个可变单元格，也可能有一组可变单元格。可变单元格也称为决策变量，一组决策变量代表一个规划求解的方案。

（2）目标函数

目标函数表示规划求解要达到的最终目标，如求最大利润、最短路径、最小成本、最佳产品搭配等。在 Excel 中，目标函数与可变单元格有着直接或间接的联系，目标函数是规划求解的关键，它可以是线性函数，也可以是非线性函数。

（3）约束条件

约束条件是实现目标的限制条件，规划求解是否有解与约束条件有密切的关系，对可变单元格中的值起着直接的限制作用。约束条件可以是等式，也可以是不等式。

2. 规划求解工具的加载与使用

由于用户在安装 Excel 时，不会自动加载规划求解工具，当首次使用规划求解工具时，需要加载"规划求解"，操作方法如下：

①单击 Excel 程序窗口左上角的"文件"菜单。

②在弹出的菜单中单击"选项"按钮。

③在弹出的"Excel 选项"对话框中，单击"加载项"按钮。

④单击位于窗口下方的"转到"按钮，当弹出"加载宏"对话框后，先勾选"规划求解加载项"复选框，再单击"确定"按钮，根据提示进行安装。

⑤加载成功后，规划求解工具位于"数据"选项卡下的"分析"组中。

财务管理和金融投资中涉及很多的优化问题，如最大利润、最小成本(风险)、最优投资组合、目标规划、线性回归及非线性回归等。下面举例说明利用规划求解工具解决最大利润的问题。

【例1-4】设有一位个体户制杯者，他拥有两副模具，分别用来生产果汁杯和鸡尾酒杯。

有关生产情况的各种数据资料如表 1.5 所示。

表 1.5　个体户制杯信息

品种	工效/ (小时·百件$^{-1}$)	储藏量/ (立方米/百件$^{-1}$)	定点量/件	收益/ (元·百件$^{-1}$)
果汁杯	6	10	600	600
鸡尾酒杯	5	20	0	400

*注：定点量为每周生产的最大数量。

若每周工作不超过 50 小时，且拥有储藏量为 140 立方米的仓库。请问：

(1)该个体户如何安排工作时间才能使每周的收益最大？

(2)若每周多工作 1 小时，收益可以增加多少？

(3)通过加班加点达到的收益极限是多少？

解：这是一个最大收益问题，设生产果汁杯 x_1，生产鸡尾酒杯 x_2(单位：百件)，可以建立模型如下：

$$\max f(x) = 600x_1 + 400x_2$$

$$\text{s. t.} \begin{cases} 6x_1 + 5x_2 \leq 50 \\ 10x_1 + 20x_2 \leq 140 \\ x_1 \leq 6 \\ x_1 \geq 0,\ x_2 \geq 0 \end{cases} \tag{1.1}$$

显然，约束条件中的第三个式子 $x_1 \leq 6$ 可以表示为 $1x_1 + 0x_2 \leq 6$，从而有如下矩阵：

$$c = \begin{vmatrix} 600 \\ 400 \end{vmatrix},\ x = \begin{vmatrix} x_1 \\ x_2 \end{vmatrix},\ a = \begin{vmatrix} 6 & 5 \\ 10 & 20 \\ 1 & 0 \end{vmatrix},\ b = \begin{vmatrix} 50 \\ 140 \\ 6 \end{vmatrix} \tag{1.2}$$

目标函数为：

$$\max f(x) = c^{\mathrm{T}} x = \begin{vmatrix} 600 & 400 \end{vmatrix} \begin{vmatrix} x_1 \\ x_2 \end{vmatrix} \tag{1.3}$$

约束条件为：

$$\text{s. t.} \begin{cases} ax = \begin{vmatrix} 6 & 5 \\ 10 & 20 \\ 1 & 0 \end{vmatrix} \\ x \end{cases} \leq b = \begin{vmatrix} 50 \\ 140 \\ 6 \end{vmatrix} \tag{1.4}$$

$$= \begin{vmatrix} x_1 \\ x_2 \end{vmatrix} \geq 0$$

利用 Excel 求解规划结果的集体操作步骤如下：

第一步，录入数据，定义有关单元格(图 1.8)。

在 Excel 中，将有关数据资料按一定的规范录入，最好按照资料表格录入。其中，单元格 B3、B4 中的数值为预设的迭代初始值(相当于 $x_1(0) = 1$，$x_2(0) = 1$)。当然，也可以设为其他数值(如 $x_1(0) = 0$，$x_2(0) = 1$)。

	A	B	C	D	E	F
1	目标函数					
2	产品名称	数量	工效	储藏量	定点量	收益
3	果汁杯	1	6	10		600
4	鸡尾酒杯	1	5	20		400
5	限量		50	140		
6	约束条件					

图 1.8　录入数据，预设迭代初始值

接下来，定义单元格，其方法与步骤如下：

①定义目标函数。

在 B1 单元格中输入公式" = F3 * B3+F4 * B4"，按 Enter 键，这相当于建立目标函数公式：

$$f(x) = 600x_1 + 400x_2$$

②定义约束条件。

在 C6 单元格中输入公式" = C3 * B3+C4 * B4"，按 Enter 键；在 D6 单元格中输入公式" = D3 * B3+D4 * B4"，按 Enter 键；在 E6 单元格中输入" = E3 * B3+E4 * B4"，按 Enter 键。如果想一步到位，则可在 C6 单元格中输入公式" = 8B \$3 * C3+8B \$4 * C4"（即在选中 B3、B4 单元格时，先后按功能键 F4），按 Enter 键以后，用鼠标指向 C6 单元格的右下角，按住左键，将其右拖至 E6 单元格。这几步相当于输入约束条件左半边：

$$\begin{cases} 6x_1 + 5x_2 \\ 10x_1 + 20x_2 \\ 6x_1 + 0x_2 \end{cases} \tag{1.5}$$

当定义完成后，数据表便给出了基于初始值（$x_1(0) = 1$，$x_2(0) = 1$）的结果（图 1.9）。当然，如果初始值的设置不同，结果也会不同，但不影响最终求解答案。

B1		✕ ✓ f_x	=F3*B3+F4*B4			
	A	B	C	D	E	F
1	目标函数	1000				
2	产品名称	数量	工效	储藏量	定点量	收益
3	果汁杯	1	6	10	1	600
4	鸡尾酒杯	1	5	20	0	400
5	限量		50	140	6	
6	约束条件		11	30	1	
7						

图 1.9　基于初始值的结果

第二步，规划选项。

沿着主菜单的"工具→规划求解"路径打开"规划求解参数"对话框，如图 1.10 所示，进行相关设置。

图 1.10 "规划求解参数"对话框

①将光标置入"设置目标单元格"对应的空白栏中，再用鼠标左键选中 B1 单元格，这相当于将目标函数公式导入。

②在下面的最大值、最小值等选项中，默认"最大值"（M）——因为本题寻求的是最大收益。

③将光标置于"可变单元格"对应的空白栏中，用鼠标左键选中 B3：B4 单元格，这相当于令 B3 为 x_1，B4 为 x_2。

④接下来是添加约束条件：单击图 1.10 中的添加（A）按钮，弹出"添加约束"对话框，将光标置于"单元格引用位置"对应的空白栏，用鼠标选中 C6 单元格；中间的小于或等于号（<=）不变；再将光标置于"约束值"对应的单元格，用鼠标选中 C5 单元格（图 1.11）。单击"添加（A）"或"确定"按钮，这一步相当于公式：

$$6x_1 + 5x_2 \leq 50$$

图 1.11 添加约束选项框（一）

第二次单击图 1.11 中的"添加"按钮，分别在有关位置设置 D6 单元格、小于或等于号（<=），以及 D5 单元格（图 1-12）。单击"添加（A）"或"确定"按钮，这一步相当于公式：

$$10x_1 + 20x_2 \leq 140$$

图 1.12 添加约束选项框(二)

第三次单击图 1.12 中的"添加"按钮,分别在有关位置设置 E6 单元格、小于或等于号(<=),以及 E5 单元格(图 1.13)。单击"添加(A)"或"确定"按钮,这一步相当于公式:

$$x_1 + 0x_2 \leq 6$$

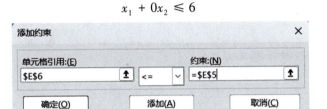

图 1.13 添加约束选项框(三)

第四次单击图 1.13 中的"添加"按钮,将光标置于"单元格引用位置"对应的空白栏,用鼠标左键选中 B3 单元格;中间的小于或等于号(<=)改为大于或等于号(>=);再将光标置于"约束值"对应的单元格,输入 0(图 1.14)。单击"添加(A)"或"确定"按钮,这一步相当于公式:

$$x_1 \geq 0$$

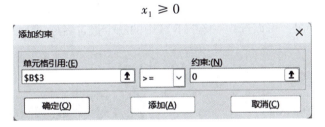

图 1.14 添加约束选项框(四)

第五次单击图 1.14 中的"添加"按钮,分别在有关位置设置 B4 单元格、大于或等于号(>=),以及 0(图 1.15)。单击"确定"按钮,这一步相当于公式:

$$x_2 \geq 0$$

图 1.15 添加约束选项框(五)

待全部设置完毕以后,对话框中的各项内容如图 1.16 所示。如果打开"选项"对话框,还可以设置更多的参数,不过,对于简单的规划求解(如本例),那这些选项暂时用不到。

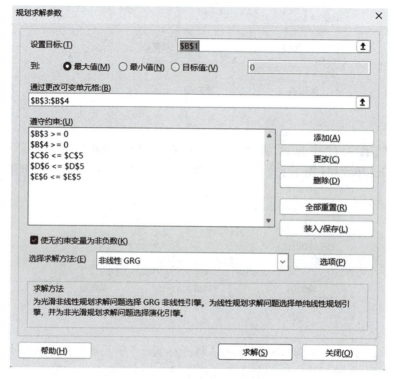

图 1.16 "规划求解参数"对话框

第三步，输出结果。

在如图 1.16 所示的对话框中单击"求解"按钮，随即弹出"规划求解结果"对话框。若想知道详细的求解情况，可以选中"报告(R)"中的三个报告名称(图 1.17)。

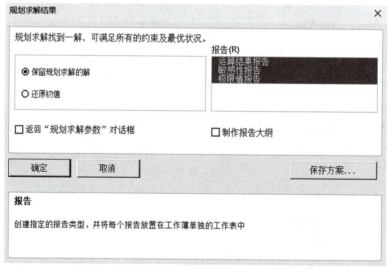

图 1.17 规划求解

单击图 1.17 中的"确定"按钮，便可立即得到求解结果(图 1.18)。

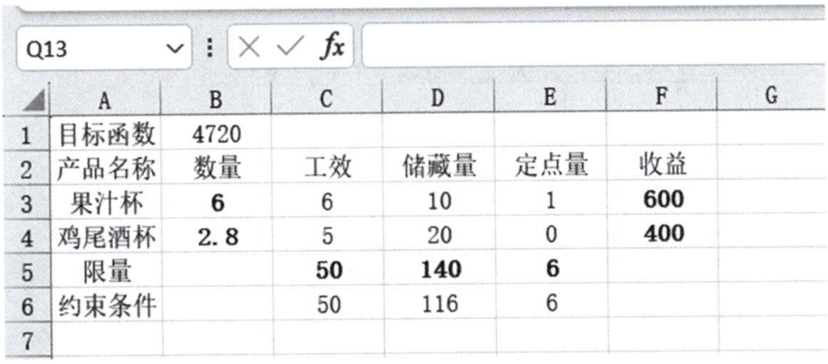

	A	B	C	D	E	F	G
1	目标函数	4720					
2	产品名称	数量	工效	储藏量	定点量	收益	
3	果汁杯	6	6	10	1	600	
4	鸡尾酒杯	2.8	5	20	0	400	
5	限量		50	140	6		
6	约束条件		50	116	6		
7							

图 1.18　求解结果

四、矩阵

1. TRANSPOSE 函数

功能：矩阵转置。

语法：TRANSPOSE(array)。

参数说明：

array：工作表上要转置的数组或单元格区域(原矩阵)。数组的转置是通过使用数组的第一行作为新数组的第一列，将数组的第二行用作新数组的第二列，等等。

【例 1-5】操作步骤：

①选择一些空白单元格。请确保选择的单元格数量与原始单元格数量相同，但方向不同。例如，此处有一个 4 行 2 列的矩阵，如图 1.19 所示。

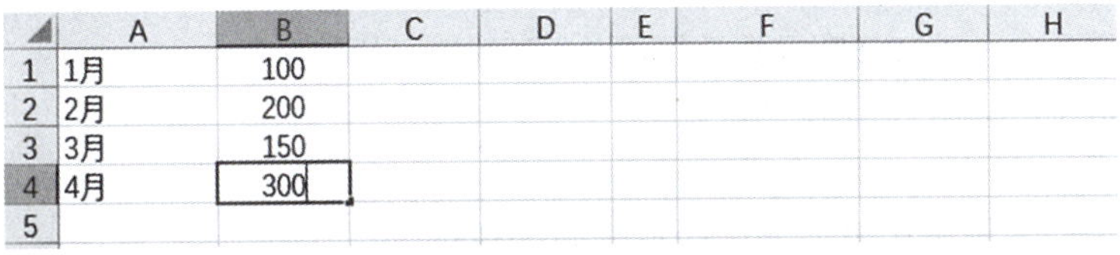

	A	B	C	D	E	F	G	H
1	1月	100						
2	2月	200						
3	3月	150						
4	4月	300						
5								

图 1.19　4 行 2 列的矩阵

因此，要选择一个 2 行 4 列的矩阵，转置的新单元格将位于此处，如图 1.20 所示。

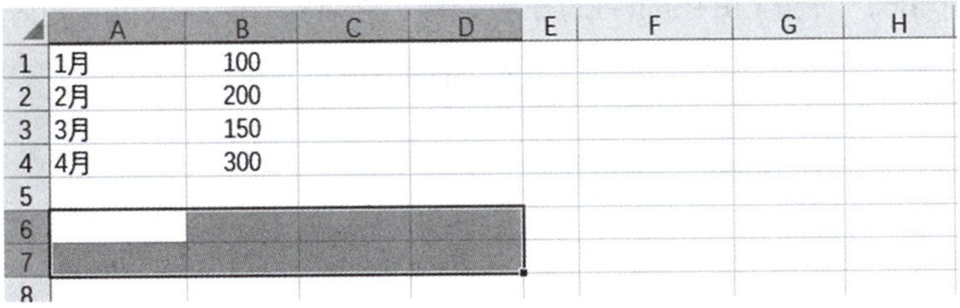

	A	B	C	D	E	F	G	H
1	1月	100						
2	2月	200						
3	3月	150						
4	4月	300						
5								
6								
7								
8								

图 1.20　选择一个 2 行 4 列的矩阵

②键入“=TRANSPOSE()”，使这些空单元格保持选中状态，键入“=TRANSPOSE”(请注意，即使已开始输入公式，8 个单元格仍处于选中状态)。键入想要转置的单元格范围。在此示例中，要转置单元格 A1 到 B4。所以，此示例的公式是：=TRANSPOSE(A1:B4)，但此时还不能按 Enter 键停止键入，转到下一步。

TRANSPOSE 应用如图 1.21 所示。

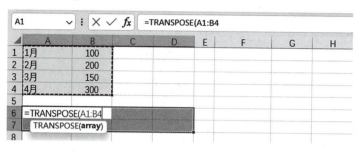

图 1.21　TRANSPOSE 应用

③按 Ctrl+Shift+Enter 组合键。因为 TRANSPOSE 函数仅在数组公式中使用，所以这就是数组公式的完成方式。简言之，数组公式是应用于多个单元格的公式。由于在步骤①中选择了多个单元格，该公式将应用于多个单元格。矩阵转置结果如图 1.22 所示。

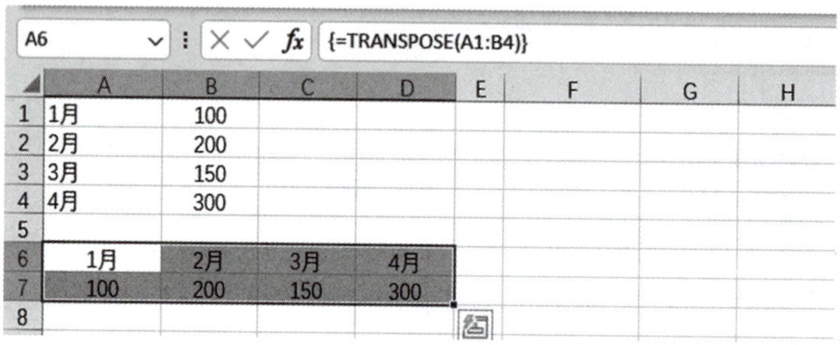

图 1.22　矩阵转置结果

2. MMULT 函数

功能：矩阵乘法，MMULT 函数返回两个数组的矩阵乘数。

语法：MMULT（array1，array2）。

参数说明：

array1，array2：要进行矩阵乘法运算的两个数组。

【例 1-6】操作步骤：

首先有两个用于运算的数组，如图 1.23 所示。任意选择空白单元格键入"=MMULT（A2：B3，A5：B6）"，按 Ctrl+Shift+Enter 组合键，在 A8：B9 区域得到矩阵相乘的结果。

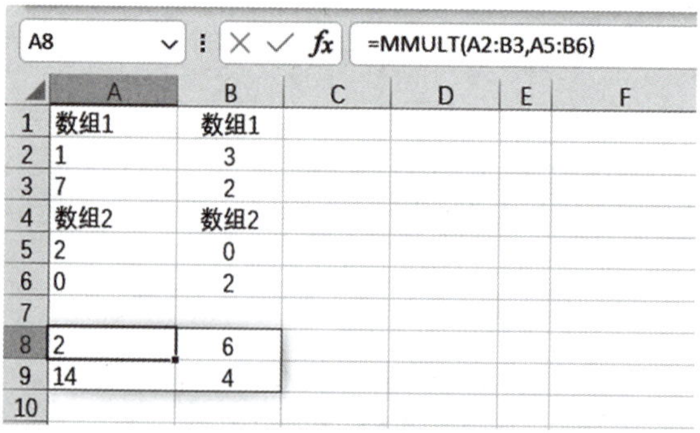

图 1.23　两个用于运算的数组

3. MLNVERSE 函数

功能：求逆矩阵，MINVERSE 函数返回数组中存储的矩阵的反矩阵。

语法：MINVERSE(array)。

参数说明：

array：行数和列数相等的数值数组。

【例 1-7】操作步骤：

原矩阵与逆矩阵如图 1.24 所示。任意选择空白单元格键入“=MINVERSE(A2：B3)”，按 Ctrl+Shift+Enter 组合键，便可在 A5：B6 区域得到所求的逆矩阵。

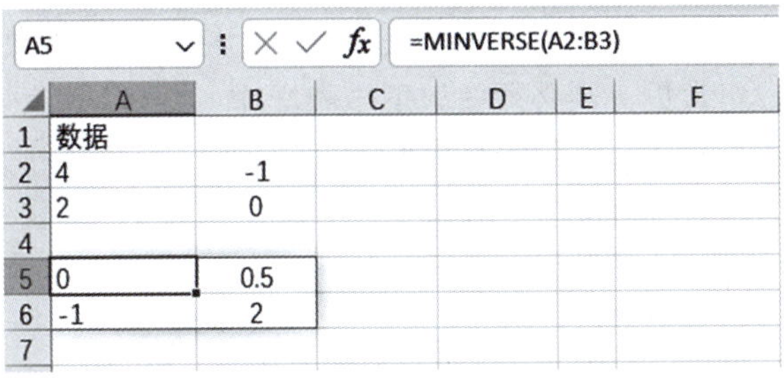

A5　=MINVERSE(A2:B3)

	A	B	C	D	E	F
1	数据					
2	4	-1				
3	2	0				
4						
5	0	0.5				
6	-1	2				
7						

图 1.24　原矩阵与逆矩阵

4. MDETERM 函数

功能：返回一个数组的矩阵行列式的值。

语法：MDETERM(array)。

参数说明：

array：行数和列数相等的数值数组。

【例 1-8】操作步骤：

数组的矩阵行列式的值如图 1.25 所示。任意选择空白单元格键入“=MDETERM(A2：D5)”，按 Enter 键，便可在 A7 单元格中得到行列式的值。

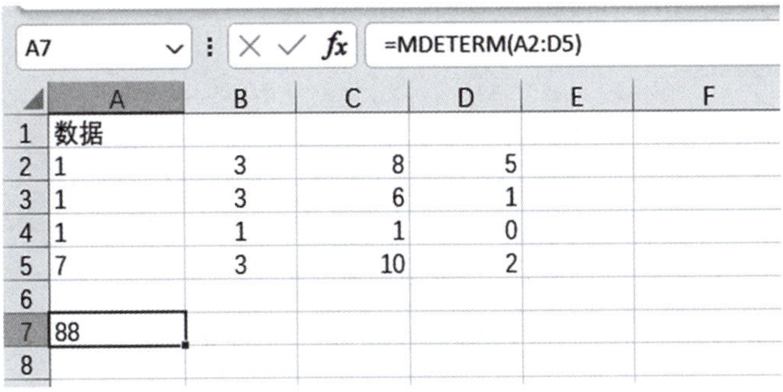

A7　=MDETERM(A2:D5)

	A	B	C	D	E	F
1	数据					
2	1	3	8	5		
3	1	3	6	1		
4	1	1	1	0		
5	7	3	10	2		
6						
7	88					
8						

图 1.25　数组的矩阵行列式的值

五、数组函数

数组公式就是可以同时进行多重计算并返回一种或多种结果的公式。在数组公式中使用两组或多组数据的称为数组参数。数组参数可以是一个数据区域，也可以是数组常量。数组公式中的每个数组参数必须有相同数量的行和列。

1. 数组公式的输入、编辑及删除

（1）数组公式的输入

数组公式的输入步骤如下：

①选定单元格或单元格区域。如果数组公式将返回一个结果，单击需要输入数组公式的单元格；如果数组公式将返回多个结果，则选定需要输入数组公式的单元格区域。

②输入数组公式。

③按 Ctrl+Shift+Enter 组合键，则 Excel 自动在公式的两边加上大括号"｛｝"。

在数组公式中，通常都使用单元格区域引用，但也可以直接键入数值数组，这样键入的数值数组被称为数组常量。当不想在工作表中按单元格逐个输入数值时，可以使用这种方法，而如果要生成数组常量，则必须按如下步骤操作：

①直接在公式中输入数值，并用大括号"｛｝"括起来。

②不同列的数值用逗号","分开。

③不同行的数值用分号";"分开。

输入数组常量的方法：

①要在单元格 A1：D1 中分别输入 10、20、30 和 40 这 4 个数值，则可采用下述步骤：

第一步，选取单元格区域 A1：D1。

第二步，在公式编辑栏中输入数组公式"=｛10，20，30，40｝"，如图 1.26 所示。

图 1.26　输入数组公式

第三步，按 Ctrl+Shift+Enter 组合键，即可在单元格 A1、B1、C1、D1 中分别输入 10、20、30、40，数组常量结果如图 1.27 所示。

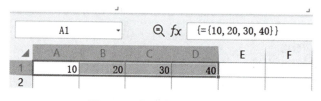

图 1.27　数组常量结果（一）

②假若要在单元格 A1、B1、C1、D1、A2、B2、C2、D2 中分别输入 10、20、30、40、50、60、70、80，则可以采用下述方法：

首先，选取单元格区域 A1：D2。

其次，在编辑栏中输入公式"=｛10，20，30，40；50，60，70，80｝"。

最后，按 Ctrl+Shift+Enter 组合键，就在单元格 A1、B1、C1、D1、A2、B2、C2、D2中分别输入 10、20、30、40、50、60、70、80，数组常量结果如图 1.28 所示。

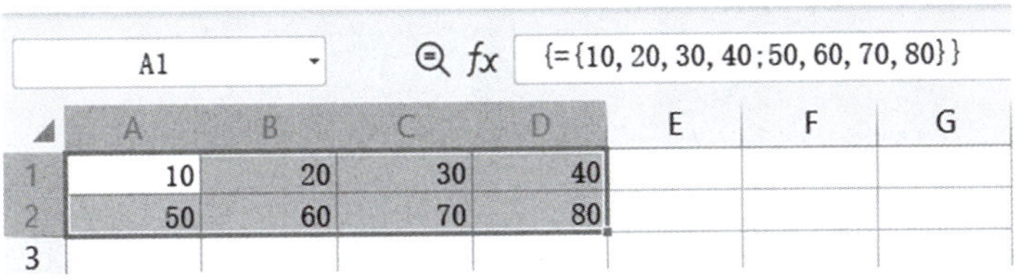

A1　fx　{={10, 20, 30, 40;50, 60, 70, 80}}

	A	B	C	D	E	F	G
1	10	20	30	40			
2	50	60	70	80			
3							

图 1.28　数组常量结果(二)

(2)数组公式的编辑

数组公式的特征之一就是不能单独编辑、清除或移动数组公式所涉及的单元格区域中的某一个单元格。若在数组公式输入完毕后发现错误需要修改，则需要按以下步骤进行：

①在数组区域中单击任一单元格。

②单击公式编辑栏，当数组公式被激活时，大括号“{}”在数组公式中消失。

③编辑数组公式内容。

④修改完毕后，按 Ctrl+Shift+Enter 组合键。要特别注意，不可忘记这一步。

(3)数组公式的删除

删除数组公式的步骤是：先选定存放数组公式的所有单元格，然后按 Delete 键。

2. 数组函数的应用

【例 1-9】已知 6 个月的销售量和产品单价，则可以利用数组公式计算每个月的销售额。

步骤如下：

①选取单元格区域 B4：G4。

②输入公式“=B2：G2 * B3：G3”。

③按 Ctrl+Shift+Enter 组合键。

如果需要计算 6 个月的月平均销售额，可以在单元格 B5 中输入公式“=AVERAGE(B2：G2 * B3：G3)”，然后按 Ctrl+Shift+Enter 组合键，如图 1.29 所示。

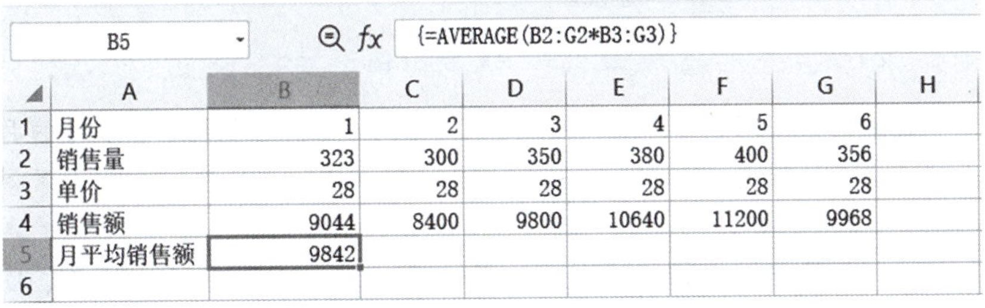

B5　fx　{=AVERAGE(B2:G2*B3:G3)}

	A	B	C	D	E	F	G	H
1	月份	1	2	3	4	5	6	
2	销售量	323	300	350	380	400	356	
3	单价	28	28	28	28	28	28	
4	销售额	9044	8400	9800	10640	11200	9968	
5	月平均销售额	9842						
6								

图 1.29　计算 6 个月的月平均销售额

知识库

2013 年 8 月 6 日，上海证券交易所(以下简称“上交所”)下发《关于启动个股期权全真模拟交易准备工作的通知》，明确将正式组织开展个股期权全真模拟交易，为该项业务正式推出做好市场准备。上交所已履行内部程序，将发展个股期权列为改革创新核心工作之一，会员参与全真模拟交易及相关准备工作情况，将作为上交所该项业务正式推出时会员参与或参与顺序的重要考量。计算实验金融日益受到监管部门和市场机构的重视，并在新产品设计、交易机制改革、市场风险监测等领域进行了初步应用。

练习题

1. 某企业拟以7%的年利率向银行借入期限为5年的长期借款,现已知企业每年的偿还能力为100万元,那么企业最多可贷款多少?(运用单变量求解上述问题,相关数据见图1.30)

	A	B	C	D	E
1	年利率	7%			
2	年偿还额				
3	期限	5			
4	可贷金额				
5					

图1.30 练习题1图

2. 某企业向银行贷款10 000元,期限为5年,还款期为60期,还款时间为每个月的月末。请使用"模拟运算表"工具来测试不同的利率对月还款额的影响(图1.31)。

	A	B	C
1	贷款总额	10000	
2			
3	贷款利率	月支付额	
4	3.00%		
5	3.50%		
6	4.00%		
7	4.50%		
8	5.00%		
9	5.50%		
10	6.00%		
11	6.50%		

图1.31 练习题2图

3. 某公司员工向银行贷款10 000元,期限为5年,还款时间为每个月的月末,贷款利率为3%。请使用"模拟运算表"工具测试不同利率、不同还款时间两种因素对月还款额产生的影响。

4. 某企业计划生产甲、乙两种产品。这两种产品都分别要在A、B、C、D四个不同的设备上加工。生产每种产品在各设备上的加工时间、各设备的总生产能力和每种产品的单位利润如表1.6所示。

表1.6 产品生产信息

项目	甲产品加工时间/小时	乙产品加工时间/小时	总生产能力/小时
设备A	2	2	12
设备B	1	2	8
设备C	4	0	16
设备D	0	4	12
利润/(元·件$^{-1}$)	2	3	

请问：两种产品各生产多少件，才能使总的利润最大？

设甲产品应该生产 $X1$ 件，乙产品应该生产 $X2$ 件。这就是决策变量。

显然，总利润 $Z = 2X1 + 3X2$，若要使总利润最大，目标函数就是：$\max Z = 2X1 + 3X2$

对于设备 A 来说，每生产 1 件甲产品需要在设备 A 上加工 2 小时，每生产 1 件乙产品也需要在设备 A 上加工 2 小时，但设备 A 全天可以加工的时间最多只有 12 小时（即设备 A 的生产能力）。显然，在生产甲乙两个产品时设备 A 的实际加工时间不能超过它的最大可用加工时间，这一约束条件可以表达为 $2X1 + 2X2 \leq 12$。依次类推，设备 B、设备 C、设备 D 也应当满足这样的约束条件。所以，完整的数学模型为：

$$\max Z = 2X1 + 3X2$$

$$\text{s. t.} \begin{cases} 2X1 + 2X2 \leq 12 \\ X1 + 2X2 \leq 8 \\ 4X1 \leq 16 \\ 4X2 \leq 12 \\ X1 \geq 0 \\ X2 \geq 0 \end{cases}$$

第二章 金融数据统计分析实验

 内容简介

　　金融数据采集方法、统计分析和图表分析是金融数据统计分析实验的三个阶段，掌握上述三个阶段能够为后续的实证研究打好基础。本章从金融数据的角度，首先介绍金融数据采集渠道和采集方法，接着着重阐述金融数据统计整理方法及金融数据统计分析的基本方法两大方面，最后通过分析图表，对观察数据进行直观描述，观察数据的分布特征和结构状况，观测数据的分布形态。

 教学目的

　　通过本章的学习，学生应了解并掌握采集金融数据的基本渠道及方法；学习数据统计整理方法并掌握 Excel 的操作过程；重点学习金融数据统计分析的基本方法；同时，要根据金融数据灵活绘制金融数据统计图和统计表，对于典型的直方图、散点图、箱型图等有更准确、更深刻的认识。

第一节　金融数据采集方法

　　实证研究的关键材料是数据。如果数据质量不高，则"巧妇难为无米之炊"。无论多么高深的计量方法，如果原始数据质量有问题，也只能是"垃圾进去，垃圾出来"。金融数据采集是金融数据统计工作过程的中间环节，既是金融数据统计调查的继续，又是金融数据统计分析的前提。本节将着重介绍采集数据的基本渠道及方法。

一、金融数据采集渠道

　　人们每天都会通过各种传媒获得一些金融信息。互联网各大门户网站会在主页面上发布最新的股票价格指数、外汇与黄金行情、中央银行的货币统计、国家统计局发布的物价指数等数据，可以通过这些网址来获得金融数据，也可以购买一些专业金融数据公司提供的数据，如国外的 Bloomberg、Thomson Reuters、Capital IQ，国内的大智慧、同花顺、恒生电子。为了便于教学和学习，下面列举一些常用的金融数据下载网址：

1. 国际

世界银行数据库：www. worldbank，org/data

亚洲开发银行：www. adb. org

OECD：www. oeed. org

美联储：www. federalreserve. gov

SEC：www. sec. goy

LSE：www. londonstockexchange. com

芝加哥商品交易所：http：//www. cmegroup. com/

美国金融学会（AFA）：www. afajof. org

耶鲁大学社会科学数据库：statlab. stat. yale. edu/SSDA/ssda. html

美国统计署：www. census. goy

2. 国内

中国人民银行：www. pbe. gov. cn

国家统计局：www. stats. gov. cn

国家外汇管理局：www. safe. gov. cn

证监会：www. esre. gov. cn

国家金融监督管理总局：https：//www. cbirc. gov. cn

上海证券交易所：www. sse. com. cn

深圳证券交易所：www. szse. cn

上海期货交易所：www. shfe. com. cn

大连商品交易所：www. dce. com. cn

郑州商品交易所：www. czce. com. cn

Wind 资讯：http：//www. wind. com. cn/

慧博智能策略终端：http：//www. hibor. com. cn/

债券信息网：www. chinabond. com. cn

晨星中国：cn. morningstar. com

另外，国研网（www. drenet. com. cn）和中经网（newibe. cei. gov. cn）可通过学校图书馆访问。

论坛：

人大经济论坛：www. pinggu. org

中国经济学教育科研网：bbs. cenet. org. en

文献：

ocial science research network：www. ssrn. com

National Bureau of Economic Research：www. nber. org

谷歌学术搜索：http：//scholar. google. com/

国内文献搜索如中国学术期刊全文数据库、维普全文数据库，可通过学校图书馆访问链接。另外，在收集股票交易数据资料时，人们经常使用一些证券交易软件，如同花顺、新浪通达信等来下载数据。

二、金融数据采集方法

1. 公开报告获取

通过获取公开报告，可以了解公司的财务状况、业绩表现和风险管理措施等信息。这些报告通常由公司、政府机构和国际组织发布，涵盖了宏观经济和行业数据。

2. 金融机构 API 调用

许多金融机构提供了应用程序编程接口（API），以便客户和合作伙伴能够访问其数据和服务。通过 API 调用，可以获得实时金融市场数据、交易历史记录以及其他金融相关信息。

3. 网页抓取

网页抓取是一种从互联网上提取结构化数据的技术。金融数据往往分布在网页、博客、论坛和其他在线平台上。使用爬虫程序和网页抓取工具，可以自动收集和分析这些数据。

4. 内部数据库连接

许多金融机构拥有自己的内部数据库，存储着客户信息、交易记录、风险数据等敏感信息。通过在内部系统上建立连接，可以实时获取和处理这些数据。但需要注意的是，此类连接需要确保网络安全性，以避免发生数据泄露的风险。

5. 专门数据

许多供应商专门为数据供应商提供金融数据服务，涵盖了各种领域，如信用风险、市场风险、利率风险等。这些供应商的数据往往经过处理和清洗，质量较高，可以满足金融机构的大部分需求。

6. 社交媒体与新闻

社交媒体和新闻网站是获取金融市场动态和宏观经济信息的重要渠道，而通过监控相关话题和关键词，可以获取有关市场行情、行业趋势和政策变化等信息。

7. 行业会议与研讨会

参加行业会议与研讨会可以了解业内专家对金融市场和行业趋势的看法。此外，会议论文和研究报告也是获取专业金融数据和研究成果的有价值的资源。

在采集金融数据时，需要根据具体需求选择合适的方法。同时，还要注意，无论使用哪种方法都应重视数据的质量、准确性和及时性。另外，为了确保数据的可靠性，需要定期验证和校准数据源，并在采集过程中遵循相关法规和道德准则。

第二节　金融数据统计分析

本节针对金融数据统计分析，首先介绍数据统计整理方法，包括数据预处理、数据的分组和汇总、分组数据的显示，然后介绍金融数据统计分析的基本方法，以数据描述性分析方法、回归分析方法、方差分析方法、主成分分析与因子分析方法及判别与聚类分析方法为主。

一、数据的预处理

数据的预处理是在数据分析之前进行的必要处理，内容包括数据审核、数据筛选、数据排序。

（一）数据审核

数据审核就是检查数据中是否有错误。统计数据的取得方式有两种：一种是直接向调查对象采集，通过这种方式采集上来的数据称为原始数据；另一种是采集经初步加工、整理后的二手数据。统计调查专指对原始资料的搜集，而对二手资料的搜集不属于统计调查范畴。

对于通过调查取得的原始数据，主要从完整性和准确性两个方面去审核。完整性审核主要是检查应调查的个体是否有遗漏，所有的调查项目是否填写齐全等。准确性审核主要是检查数据是否有错误，是否存在异常值等。对于异常值要仔细鉴别：如果异常值属于记录时的错误，在分析之前应予以纠正；如果异常值是一个正确的值，则应予以保留。

对于通过其他渠道取得的二手数据，应着重审核数据的适用性和时效性。二手数据可以来自多种渠道，有些可能是为特定目的通过专门调查而取得，或者是已经按特定目的的需要做了加工整理。对于用户来说，首先，应弄清楚数据的来源、数据的口径以及有关的背景材料，以便确定这些数据是否符合分析研究的需要，不能盲目地生搬硬套。其次，还要对数据的时效性进行审核，对于时效性较强的问题，如果获得的数据过于滞后，就可能失去研究意义了。

（二）数据筛选

数据筛选是根据需要找出符合特定条件的某类数据，如找出销售额在 1 000 万元以上的企业；找出考试成绩在 90 分以上的学生；等等。数据筛选可借助计算机自动完成。下面简单说明用 Excel 的两种数据筛选。

1. 自动筛选命令

执行 Excel"数据"菜单上的"筛选"功能，在弹出的窗口里单击"自动筛选"命令，此时，工作表中每列的标题行上就会出现筛选按钮："▽"，单击要作为筛选依据的那一列的筛选按钮，从中选择要显示项目的条件，则其他不符合该条件的行就会被隐藏起来。注意，可以同时在一个数据表中多个列上进行筛选。

【例 2-1】Excel 自动筛选命令如图 2.1 所示。

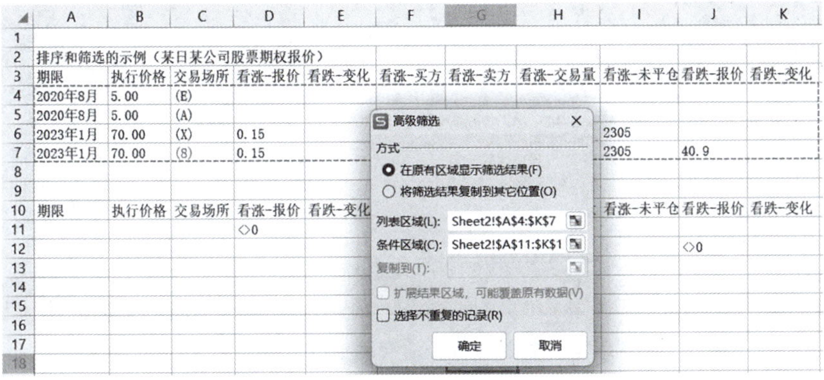

图 2.1　Excel 自动筛选命令

2. 高级筛选命令

当需要设定更复杂的筛选条件时，可以使用高级筛选。"高级筛选"命令像"自动筛选"命令一样筛选清单，但不显示列的下拉列表，而是在工作表中单独的条件区域中键入筛选条件（允许根据更复杂的条件筛选）。在筛选完成后，可以选择把筛选结果显示在原来位置或复制到其他区域中。

（三）数据排序

数据排序是按照某一个或某几个特定字段重新排列数据的顺序，以便研究者通过浏览数据发现一些明显的特征或趋势，找到解决问题的线索。除此之外，排序还有助于对数据进行检查纠错，以及为重新归类或分组等提供方便。在某些场合，排序本身就是分析的目的之一。例如，了解究竟谁是中国汽车生产的三巨头，对于汽车生产厂商而言，不论它是合作伙伴还是竞争者，都是很有用的信息。《财富》杂志每年都要在世界范围内排出500强企业，而通过这一信息，企业不仅可以了解自己所处的位置，清楚自身与排名靠前的企业的差距，还可以从侧面了解到竞争对手的状况，从而有效制定企业的发展规划和战略目标。

对于分类数据，如果是字母型数据，排序则有升序、降序之分。对于数值数据，排序只有两种，即递增和递减。排序后的数据也称为顺序统计量，无论是分类数据，还是数值数据，排序均可借助 Excel 很容易地完成。下面介绍 Excel 的两种数据排序功能。

1. "排序"按钮

选中数据表中作为排序依据所在列中的单元格，然后单击常用工具栏上的"排序"按钮。

2. "排序"命令

这样可以根据需要的先后次序给若干列排序。

【例 2-2】Excel 的自动排序命令如图 2.2 所示。

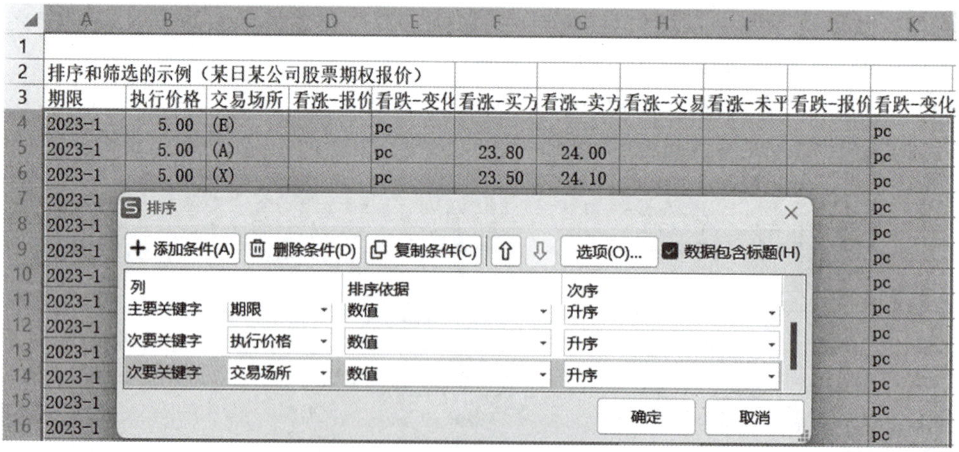

图 2.2　Excel 的自动排序命令

【例 2-3】Excel 的高级排序命令如图 2.3 所示。

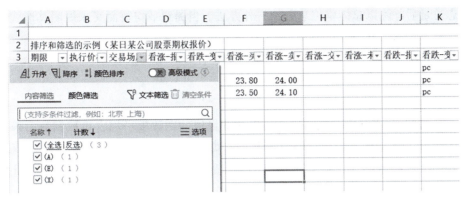

图 2.3　Excel 的高级排序命令

二、数据的分组和汇总

对于不同类型的数据所采取的处理方式和所适用的处理方法是不同的。对于品质数据，主要是进行分类整理，而对于数值型数据则主要是进行分组整理。分类数据本身就是对事物的一种分类，因此，在整理时除了要列出所分的类别外，还要计算出每一类别的频数、频率或比例、比率。在整理数值型数据时通常要进行数据分组，就是根据统计研究的需要，将数据按照某种标准分成不同的组别。分组后再计算出各组中出现的次数或频数，就形成了一张频数分布表。分组的方法有单变量值分组和组距分组两种。

采用组距分组需要经过以下几个步骤：首先确定级数；然后确定各组的组距；最后根据分组整理成频数分布表。出于统计分析的需要，有时需要观察某一数值以下或某一数值以上的频数或频率之和，因此，还需要计算出累积频数或累积频率。

三、分组数据的显示

条形图、圆形图、环形图及累积分布图等都适用于显示定距数据和定比数据。此外，对定距数据和定比数据还有直方图、折线图、茎叶图及线图等图示方法，这些方法并不适用于定类数据和定序数据。在日常生活和经济管理中，常见的频数分布曲线主要有正态分布、偏态分布、J 形分布、U 形分布等几种类型。

四、数据的描述性统计分析：集中趋势分析

集中趋势(Central Tendency)是指一组数据向某一中心值靠拢的程度，它反映了一组数据中心点的位置所在。测度集中趋势的统计量主要有平均数、众数、中位数、四分位数等。

根据统计数列形式，可以使用不同的平均指标从多角度描述和考察数据的一般水平和集中趋势。静态平均数根据计算方法的不同分为数值平均数和位置平均数。数值平均数主要包括算术平均数、调和平均数和几何平均数；位置平均数主要包括众数、中位数和四分位数。

(一)数值平均数

1. 算数平均数

算术平均数是一种运用最广泛、最频繁的平均数，是将总体各单位某一数量标志之和

求得标志总量后，除以总体单位总数的一种方法。当提到平均数而又未说明其形式时，通常是指算术平均数，基本公式为

$$算数平均数 = \frac{总体标志总量}{总体单位总量} \tag{2.1}$$

2. 调和平均数

调和平均数也称"倒数平均数"，是先对变量值的倒数求平均，再取倒数而得到的平均数，记作 H。作为算术平均数的一种变形，也是一种特定意义上的调和平均数，在统计中具有相当强的实用性。调和平均数有简单调和平均数与加权调和平均数两种计算形式。

3. 几何平均数

几何平均数是若干变量值的连乘积的 n 次方根，其中 n 是变量值的个数，几何平均数说明了事物在一段时间按几何级数规律变化的量的平均水平，它主要用来计算平均发展速度。

(二)位置平均数

1. 众数

众数是一种位置平均数，它是指总体中出现次数最多的标志值。一般只在总体数据较多，又存在较明显的集中趋势的数列中才存在众数。众数不受极端值的影响。如果总体中有两个或两个以上标志值的次数都比较集中，就可能有两个或两个以上众数。如果总体单位数少或虽多但无明显集中趋势，就不存在众数。

根据所给的资料，众数的计算方法可分为以下两种：

(1)由未分组资料或单项式数列计算众数

在资料未分组或分组资料为单项式数列时，可以直接观察标志值出现的次数，找出次数最多的标志值，即为众数。

(2)由组距数列计算众数

在资料分组为组距数列时，先在组距数列中确定众数所在的组，再利用上下限公式计算众数。

2. 中位数

中位数是将数列中的标志值按大小顺序排列，处于中间位置的那个标志值。中位数把全部标志值分成两个部分，即两端的标志值个数相等。中位数不受极端值的影响，当数列中出现极大标志值或极小标志值时，中位数比数值平均数更具有代表性。在缺乏计量手段时，也可用中位数近似地代替算术平均数。

根据所给的资料不同，中位数的计算方法可分为以下三种：

(1)由未分组资料计算中位数

当资料为未分组的原始资料时，先对数列按标志值大小排序，结果为

$$X_1 \leqslant X_2 \leqslant \cdots \leqslant X_n$$

然后按排序结果确定中位数的位置，中位数的位置公式为

$$中位数公式 = \frac{n+1}{2} \tag{2.2}$$

式中，n 表示标志值的项数。若标志值的项数为奇数，则处于中间位置的标志值就是中位数；若标志值的项数为偶数，则处于中间位置的两个标志值的算术平均数就是中位数。

（2）由单项式数列计算中位数

由单项式数列计算中位数时，若资料分组为单项式数列，先计算单项式数列的向上或向下累计次数，累计次数第一次超过中位数位置的那一组即为中位数所在组，该组的标志值即为中位数。

（3）由组距式变量数列计算中位数

【例2-4】图 2.4 中数据均为 2014.12.25—2014.12.31 上证指数 HZ 开盘指数、最高指数、最低指数和收盘指数。

	A	B	C	D	E
1	日期	开盘	最高	最低	收盘
2	2014/12/25，四	2922.46	3073.35	2969.87	3072.54
3	2014/12/26，五	3078.01	3164.16	3064.18	3157.6
4	2014/12/29，一	3212.56	3223.86	3126.94	3168.02
5	2014/12/30，二	3160.8	3190.3	3130.35	3165.82
6	2014/12/31，三	3172.6	3239.36	3157.26	3234.68

图 2.4　2014.12.25—2014.12.31 上证指数

3. 四分位数

四分位数是一组数据排序后处于 25% 和 75% 位置上的数值。它是用三个点将全部数据等分为四部分，其中每部分包含 25% 的数据。很显然，中间的四分位数就是中位数，因此通常所说的四分位数是指处在 25% 位置上和处在 75% 位置上的两个数值。

与中位数的计算方法类似，计算四分位数时，首先对数据进行排序，然后确定四分位数所在的位置，该位置上的数值就是四分位数。与中位数不同的是，四分位数位置的确定方法有多种，每种方法得到的结果可能会有一定差异，但差异不会很大（一般相差不会超过一个位次）。由于不同软件的计算方法可能不一样，对同一组数据使用不同软件得到的四分位数结果也可能会有所差异，但不会影响结论。

五、数据的描述性统计分析：离散型度量

离中趋势是指数列中各变量值之间的差距和离散程度。离中趋势小，平均数的代表性高；反之，则平均数的代表性低。离中趋势分析通过计算极差、标准差、方差、最大值、最小值、偏度、峰度、偏度系数、峰度系数等加以描述。

（一）极差与分位差

极差是总体各单位标志值中最大值与最小值之差，也称为全距，用来表示标志值的变动范围。极差以 R 表示。极差的计算公式如下：

$$R = 最大值 - 最小值 \tag{2.3}$$

全距计算简便，容易理解，在实际中，常用于检查产品质量的稳定性，进行产品质量控制，可以使质量指标误差控制在一定范围内。但是，由于计算全距只考虑最大值和最小值，容易受极端值的影响，不能反映各标志值之间的离散程度，因此，具有一定的局

限性。

【例2-5】下面有甲、乙两个数列：

甲：10，20，30，40，50，60，70，80，90，100

乙：10，55，55，55，55，55，55，55，55，100

解：甲、乙两个数列的平均数都是55，全距都是90＝（100－10），但两个数列中的差异程度差别很大。因此，用全距不能真实反映出数列标志值的变动程度。

（二）总体方差与样本方差

度量某一数据集相对于其均值的偏离程度，下面先将所有的与均值的偏差平方，然后求和，这个和式称为平方和（记为SS）。

样本平方和为：

$$\sum_{i=1}^{N}(x_i-\bar{x})^2 \tag{2.4}$$

总体平方和为：

$$\sum_{i=1}^{X}(x_i-\mu)^2 \tag{2.5}$$

总体方差（均方差，均方和）是这些关于总体均值的偏差的平方的算术平均，于是有了总体方差的定义式：

$$\sigma^2 \overset{N}{\underset{i=1}{=}}(x_i-\mu)^2 \tag{2.6}$$

对于一个样本，其方差定义如下：

$$样本方差 = s^2 = \frac{\sum_{i=1}^{n}(x_i-\bar{x})^2}{n-1} \tag{2.7}$$

（三）总体标准差与样本标准差

作为数据关于均值的离散程度的一种度量，方差满足利用所有数据，仅用一个数值（偏差的平方）刻画了数据相对于均值的离散程度，当离散程度增大时，则该数值增大。然而，它也有两个重要的局限性：①方差的单位是原始观测数据的单位的平方，刻画离散程度的一种理想度量应该具有与均值相同的单位；②由于方差与平方有关，故它对数据集中的极值过于敏感。解决这两个局限性的一种方法是取方差的正的平方根，称为标准差（或根均方偏差）。标准差的单位则与原始测量单位相同，且对极值的敏感程度较弱。

总体标准差有下述定义式：

$$\sigma = \sqrt{\sigma^2} \tag{2.8}$$

$$\sigma = \sqrt{\frac{\sum_{i=1}^{N}(x_i-\mu)^2}{N}} \tag{2.9}$$

样本标准差定义如下：

$$s = \sqrt{s^2} \tag{2.10}$$

$$s = \sqrt{\frac{\sum\limits_{i=1}^{N}(x_i - \bar{x})^2}{n-1}} \tag{2.11}$$

（四）变异系数

对于某一总体，定义变异系数（或变差系数、离差系数、相对标准差）为：

$$V = \frac{\sigma}{\mu} \tag{2.12}$$

前面研究的偏离性度量（极差、平均偏差、方差、标准差）均称为绝对偏离性度量，因为它们均是由数据直接计算得到的，其单位或者与原始测量单位相同，或者是原始测量单位的平方。而变异系数可称为相对偏离性度量，因为它刻画了绝对偏离性度量所占均值的某种度量的比例（或百分比）。另外，由于分子和分母的单位相同，故变异系数是没有单位的相对偏离性度量。

（五）标准分与标准分变量

总体标准分（也称为正态偏差，或 z 分）定义如下：

$$Z_i = \frac{X_i - \mu}{\sigma} \tag{2.13}$$

样本标准分定义如下：

$$Z_i = \frac{X_i - \bar{x}}{s} \tag{2.14}$$

对于任意数据分布，标准分表明了任一给定的 x 与 x_i 分布的均值以标准差为单位的距离，正的 x 值表明 x_i 大于均值（直方图或折线图中在它的左边），而 x 值为负表明 x_i 小于均值（在它的左边），与变异系数类似，标准分也是一种相对度量。变异系数刻画了数据相对于均值的绝对偏离程度，而标准分则刻画了数据与均值的相对于标准差的偏离程度，由于其单位是标准差的个数，标准分可用来比较具有不同均值或不同观测单位的分布之间的相对位置。

对于任意变量 x，则将观测值转换成相应 z 值的过程称为将该变量标准化（或正态化），所得到的变量 Z 称为标准化变量。

六、回归分析方法

回归分析（Regression Analysis）是确定两种或两种以上变量间相互依赖的定量关系的一种统计分析方法。在回归分析中，有一个因变量、一个或多个自变量，而自变量和因变量常被假设为定距的（即间隔或比率尺度一定）。运用最小二乘法可以拟合一个能够更好地描述数据关系的模型。

【例2-6】请通过 Excel 求得 2014 年度上证指数与沪深 300（HS300）之间的关系，以便了解指数之间的相关性（此处旨在为读者进行基本演示，故只考虑一元线性回归方程），HZ 与 HS300 的收盘数据如图 2.5 所示。

◢	A	B	C
1	时间	HS300收盘	HZ收盘
2	2014-01-02，四	2321.98	2109.39
3	2014-01-03，五	2290.78	2083.14
4	2014-01-06，一	2238.64	2045.71
5	2014-01-07，二	2238	2047.32
6	2014-01-08，三	2241.91	2044.34
7	2014-01-09，四	2222.22	2027.62
8	2014-01-10，五	2204.85	2013.3
9	2014-01-13，一	2193.68	2009.56

图 2.5 HZ 与 HS300 的收盘数据

步骤一：选定 A1：C9 单元格区域，通过菜单栏构建"（HZ）收盘"与"HS300 收盘"散点图（以 HZ 数据为横轴，以 HS300 数据为纵轴）。注意：因为编制上证指数所采用的个股数量大于 HS300，故此处采用 HZ 作为自变量、HS300 作为因变量来探究二者之间的关系，如图 2.6 所示。

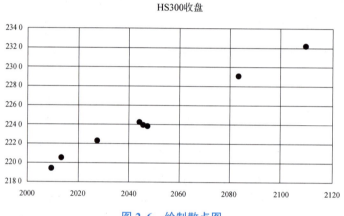

图 2.6 绘制散点图

步骤二：在散点图中选中序列对象，选择"添加趋势线"，添加结果如图 2.7 和图 2.8 所示。因为散点图结果已明显显示为线性，故在弹出"添加趋势线"窗口的"类型"中选择"趋势预测/回归分析类型——线性"，在"选项"窗口中勾选"显示公式"与"显示 R 平方值"（图 2.9），单击"确定"按钮。

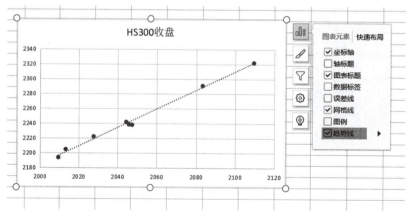

图 2.7 散点图

HS300收盘

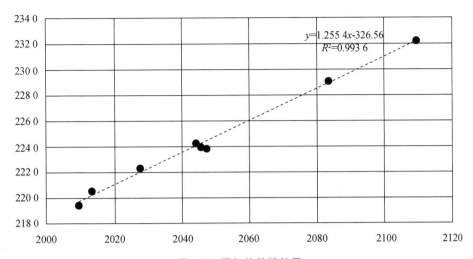

图 2.8　添加趋势线结果

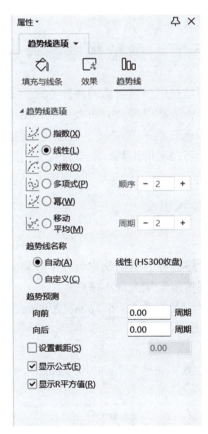

图 2.9　设置趋势线

七、主成分分析与因子分析方法

主成分分析(Principal Components Analysis)是通过高精度转换的方式将一个多变量数

据系统转化为低维系统或一维系统的一种方法，用于分析系统中最主要的变量，可以为构建模型奠定基础。因子分析（Factor Analysis）是将多个实测变量转换为少数几个不相关的综合指标的一种多元统计方法，目的是定义数据矩阵的基本结构。它通过定义一套通用的基本维度（因子）来解决那些多变量之间相关性的结构分析问题。

八、判别与聚类分析方法

判别分析（Discriminant Analysis）是在已知的分类下，遇到新的样本时，利用已经选定的判别标准，判定如何将新样本放置于哪个族群中。它是一种预测导向型的统计方法，通常用于事后分析。

聚类分析（Cluster Analysis）是对金融经济统计指标进行分类的一种多元统计分析方法，它能够分析事物的内在特点和规律，并根据相似性原则对事物进行分组，是数据挖掘中常用的一种技术和探索性的方法。

除了上述主要的分析方法外，在金融统计分析过程中还要使用指数分析、时间序列分析及弹性分析等方法。

第三节　金融数据图表分析

金融数据统计表和统计图是显示金融数据的两种方式，如何正确地分析金融数据图表是做好统计分析的最基本技能，表格以频数分布表为主，图形则一般采用直方图、PP 图、茎叶图、箱型图等，对观察数据进行直观描述，可以清晰地看出数据分布特征和结构状况，是用于观察数据的分布形态的辅助工具。本节首先介绍图表中常出现的几个概念，再选择典型图表进行分析。

一、图表分析中几个基本概念

1. 阵列和极差

将一组测量值按升序或降序排列的结果就称为一个阵列，在升序阵列中，测量值从小到大排列；在降序阵列中，测量值则从大到小排列。

【例2-7】下面是一个长度测量值样本：5.1mm，2.9mm，6.4mm，9.2mm，7.7mm。

（a）将该样本表示成一个升序阵列。

（b）计算极差。

解：（a）2.9mm，5.1mm，6.4mm，7.7mm，9.2mm。

（b）极差 = 9.2 - 2.9 = 6.3（mm）。

2. 频数分布

在统计分组的基础上，将总体中的所有单位按组归类整理，形成总体中各个单位数在各组间的分布，就叫作频数分布。它由两个要素组成：一个是总体按某标志所分的组别；另一个是与各组对应的总体单位数，即频数或次数。各组次数与总次数之比称为频率。将各组组别与次数依次编排而成的数列就叫作频数分布数列，简称分布数列。有时，也可把频率列入分布数列中。分布数列可以反映总体中所有单位在各组间的分布状态和分布特征，而研究这种分布特征是统计分析的一项重要内容。

Excel 的频数分布函数能对数据进行分组，建立频数分布，较好地描述数据分布状态。

Excel 的频数分布函数为：FREQUENCY。

FREQUENCY 以一列垂直数组返回某个区域中数据的频率分布。

频数分布函数语法形式为 FREQUENCY（data_array，bins_array）。

其中：data_array 为一数组或对一组数值的引用，用来编制频数分布的数据。bins_array 为间隔的数组或对间隔的引用，该间隔用于对 data_array 中的数值进行分组，即为频数或次数的接受区间。

编制频数分布的步骤如下：

①对数据进行排序，或通过粘贴函数 MAX 和 MIN，找出最大值和最小值，计算出全距，$R = x_{max} - x_{min}$。

②确定分组组数。实际分组时，可参考美国学者斯特杰斯创用的经验公式：

$$K = 1 + 3.3 \lg N$$

式中，K 为组数；N 为总体单位数或数据的个数。对结果用四舍五入法取整数，即为组数。当然，这只是个经验公式，具体应用时，还要考虑数据的多少、特点和统计分析的要求。

③确定组距。组距（Class Width）是一个组的上限与下限之差。组距也可借助 Sturges 的经验公式来确定：

$$d = \frac{R}{K} = \frac{X_{max} - X_{min}}{1 + 3.3 \lg N}$$

式中，d 为组距；R 为全距，即最大变量值 X_{max} 与最小变量值 X_{max} 之差。

④对各组数据所出现的频数进行计数。

3. 相对频数分布和百分数分布

相对频数分布和百分数分布用来说明相对频数和百分数在测量尺度上的分布情况，与频数分布一样，它们也可用表格或各种图形来表示。

4. 组距和组数

对于等距数列，组数（K）、组距（I）、全距（R）三者间的关系为：

$$组距（I）= 全距（R）/组数（K） \tag{2.15}$$

组数和组距是此消彼长的关系。若组数过多，则组距太小，要避免将相同性质的单位分到不同组中；反之，若组数过少，则组距太大，要避免将不同性质的单位分到同一组中。对于不同的总体和资料，既可先确定组数，也可先确定组距。若先确定组数，则组距=全距/组数；若先确定组距，则组数=全距/组距。

组距数列根据组距是否相等可分为等距数列和异距数列。等距数列适用于总体分布比较均匀的情况。而在社会经济统计总体中，总有一部分现象性质差异的变动并不均衡，这很难用等组距的办法近似地区分性质不同的组，在这种情况下，可采用异距分组的方法。例如，进行人口疾病研究的年龄分组时，应采用异距分组：1 岁以下按月分组；1~10 岁按年分组；10~20 岁按 5 年分组；20 岁以上按 10 年分组等。

当组距、组数确定后，只需划定各组数量界限便可编制出组距数列。组限即各组的界限，每个组包括上限和下限。下限是每组的起始值，上限是每组的终点值。在分组时，要求第一组的下限略小于或等于最小变量值，而最后一组的上限要略大于或等于最大变量值。组中值是各组下限与上限的中点数值，计算公式为：

$$组中值=（上限+下限）/2 \tag{2.16}$$

组限有两种表现形式，即闭口组和开口组。闭口组指上限与下限均存在的组。开口组是指只有上限没有下限（用"××以下"表示）或只有下限没有上限（用"××以上"表示）的组。在编制分布数列时，通常采用闭口组的形式。但若资料中存在极端值时，为了避免出现"空白组"，这时可采用开口组。计算开口组的组中值时，一般用相邻组的组距作为该开口组的组距，计算公式为：

$$上开口组（只有下限没有上限）：组中值=本组下限+邻组组距/2 \tag{2.17}$$

$$下开口组（只有上限没有下限）：组中值=本组上限-邻组组距/2 \tag{2.18}$$

组距数列编制出来后，进一步的计算与分析均以各组的组中值为代表值，而不关心各组内的原始数据是什么。用组中值来代表组内变量值的一般水平有一个必要的前提：各单位的变量值在本组范围内呈均匀分布或在组中值两侧呈对称分布。但要想完全具备这一条件，实际上是不可能的。因此，在划分各组组限时必须考虑使各组内变量值的分布尽可能满足这一要求，以减少用组中值代表各组变量值一般水平时所造成的误差。

5. 累计频数与累计频率

累计频数（频率）可分为向上累计频数（频率）和向下累计频数（频率）两种。向上累计频数（频率）是将各组次数（比率）由变量值低的组向变量值高的组累计，各累计数的意义是各组上限以下的累计次数或累计比率；向下累计频数（频率）是将各组次数和比率由变量值高的组向变量值低的组累计，各累计数的意义是各组下限以上的累计次数或累计比率。

二、金融数据表格分析

研究分析的数据收集、调查阶段所取得的原始资料是零散的、非规范化的、不完整的，需要依照研究目标进行科学的分类、汇总，使数据系统化、规范化，进而可以从中得出所研究对象的必要信息，如基本特征、规律和趋势等。这一过程就是统计整理的过程，是对基础数据处理的初级阶段。统计整理的结果一般是数据库表格，或者是统计表，在此基础上绘制统计图形。

统计表（Statistical Table）是由纵横交叉的线条形成的表格，作用是显示统计数据资料。统计表的基本要素包括总标题、横栏标题、纵栏标题、数字资料、主词和宾词等。总标题用于概括统计表中全部资料的内容，是表的名称；横栏标题表示各组的名称，说明统计表要说明的对象；纵栏标题表示汇总项目，即统计指标的名称；数字资料是各组、各汇总项目的数值；主词是说明总体的，它可以是各个总体单位的名称、总体各个分组名称，形式上表现为横栏标题；宾词是说明总体的指标名称和数值的，形式上表现为纵栏标题和指标数值。图2.10显示了统计表基本要素的构成状况（本书中汇率并非现行汇率，仅举例使用）。

	A	B	C	D	E	F	G
1							
2	总标题		2014.02主要货币数据相关数值				横栏标题
3			货币数据相关变量		数值		
4			货币和准货币（M2）供应量同比增长率/%		13.3		
5	纵栏标题		人民币兑美元汇率		6.1722		数值
6			CPI当月/%		102		
7			银行同业拆借率/%		3.01		

图 2.10　统计表基本要素的构成状况

三、金融数据图形分析

Excel 的图表类型如表 2.1 所示。

表 2.1　Excel 的图表类型

类别	类型	特征
第一类	柱形图 折线图 散点图	这类图表主要用来反映数据的变化趋势及其对比，其中散点图与柱形图、折线图的区别在于前者的横轴按类别表示是离散的，而后者的横轴按数值表示是连续的。条形图、圆柱图、圆锥图、棱锥图都是柱形图的变种
第二类	曲面图	曲面图是一种真三维图表（三维柱形、圆柱、圆锥、棱锥等类型，当数据轴上只有一组数据时，本质上只是二维图），它适合分析多组数据的对比与变化趋势
第三类	饼图 圆环图 雷达图	这三种图的基本面都是圆形的，主要用来观察数据之间的比例
第四类	面积图	面积图与折线图类似，但它具有堆积面积图和百分比堆积面积图两种变种，因此可以更好地反映某一（组）数据在全部数据（组）中所占的比例
第五类	气泡图 股价图	气泡图可以看作散点图的扩展，它用气泡大小反映数据点的另一组属性。股价图顾名思义是反映类似股市行情的图表，它在每一个数据点上可以包括开盘价、收盘价、最高价、最低价、成交量

（一）箱型图

【例 2-8】请通过 Excel 绘制 2014.12.25—2014.12.31 上证指数在开盘、最高、最低、收盘时的指数箱型图，以了解 2014 年中国股市的整体变化趋势（图 2.11）。

▲	A	B	C	D	E
1	日期	开盘	最高	最低	收盘
2	2014/12/25，四	2922.46	3073.35	2969.87	3072.54
3	2014/12/26，五	3078.01	3164.16	3064.18	3157.6
4	2014/12/29，一	3212.56	3223.86	3126.94	3168.02
5	2014/12/30，二	3160.8	3190.3	3130.35	3165.82
6	2014/12/31，三	3172.6	3239.36	3157.26	3234.68

图 2.11　2014.12.25—2014.12.31 上证指数

步骤：选定 A1：E6 单元格区域，在菜单栏中选择"插入/图表/（标准类型）股价图"，选中"子图表类型"中的"开盘—盘高—盘低—收盘图"。注意，所选数据系列必须按此标题次序排列，单击"完成"按钮，可以更清晰地观察箱型图的图形(图 2.12)。

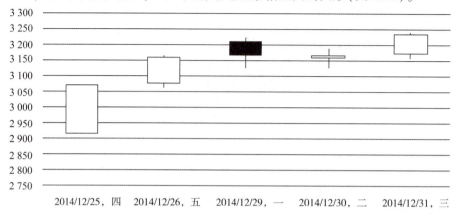

图 2.12　箱型图统计

(二)直方图

直方图是用矩形的宽度和高度来表示频数分布的图形。在绘制直方图时，横轴表示各组组限，纵轴表示频数或频率。

直方图与条形图不同。条形图是用条形的长度表示各类别的频数，其宽度是固定的。直方图是用面积表示各组频数的多少，矩形的高度表示每一组的频数或频率，宽度表示各组的组距，因此，其高度和宽度均有意义。由于分组数据具有连续性，因此直方图的各矩形是连续排列的，而条形图则是分开排列的。

【例 2-9】下面介绍利用函数绘制频数分布表及直方图。

步骤一：图 2.13 为构建频数分布表。

	D	E	F	G
	收盘价		频数	占比
	下限	上限		
	10	20		
	20	30		
	30	40		
	40	50		
	50	60		
	60	70		
	70	80		
	80	90		
	90	100		

图 2.13　构建频数分布表

步骤二：在图 2.14 的单元格 F3 中输入"= FREQUENCY(\$B \$2: \$B \$13, \$E \$3: \$E \$11)"是为了计算原始数据的各组频数分布。其中，B2: B13 单元格区域代表"计算频率的数组"，E3: E11 单元格区域代表"数据接收分段点"，完成单元格 F2 的频率计算，则输出结果为 12。

	A	B	C	D	E	F	G
1	时间	收盘		收盘价		频数	占比
2	2014-03-19，三	11.75		下限	上限		
3	2014-03-20，四	11.48		10	20	=FREQUENCY(B2:B13，E3:E11)	
4	2014-03-21，五	11.63		20	30		
5	2014-03-24，一	11.77		30	40		
6	2014-03-25，二	11.6		40	50		
7	2014-03-26，三	11.73		50	60		
8	2014-03-27，四	11.32		60	70		
9	2014-03-28，五	10.78		70	80		
10	2014-03-31，一	10.8		80	90		
11	2014-04-01，二	11.08		90	100		
12	2014-04-02，三	10.81					
13	2014-04-03，四	11.4					

图 2.14   分组频数计算

步骤三：选择 F3：F11 的数据区域，将光标移到函数"= FREQUENCY($B$2：$B$13，$E$3：$E$11)"的"="左边，单击鼠标左键，使函数输入框呈现输入状态，按 Ctrl+Shift+Enter 组合键，便可得到如图 2.15 所示的计算结果，并通过 SUM 公式进行样本数据数量汇总计算，则输出结果为 12。

步骤四：逐一计算比例和百分比。

公式：占比情况=各自频数/频数合计×100%。

D	E	F	G
收盘价		频数	占比
下限	上限		
10	20	12	100%
20	30	0	0
30	40	0	0
40	50	0	0
50	60	0	0
60	70	0	0
70	80	0	0
80	90	0	0
90	100	0	0
合计		=SUM(F3:F11)	

图 2.15   频数计算结果及占比情况计算结果

步骤五：按住 Ctrl 键，选中 E3：E11 以及 F3：F11，G3：G11 单元格区域，在菜单栏中选择"插入/图表"，在弹出的"图表向导—4 步骤之 1—图表类型"中选择"自定义类型—'两轴线一柱图'"，单击"下一步"按钮，如图 2.16 所示。

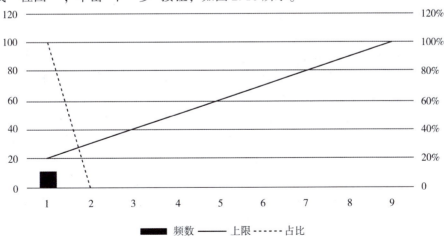

图 2.16   收盘价频数及占比情况分布状态

知识库

2023 年 10 月 30—31 日，中央金融工作会议在北京召开。该会议强调，金融是国民经济的血脉，是国家核心竞争力的重要组成部分，要加快建设金融强国，全面加强金融监管，完善金融体制，优化金融服务，防范化解风险，坚定不移走中国特色金融发展之路，推动我国金融高质量发展，为以中国式现代化全面推进强国建设、民族复兴伟业提供有力支撑。

中央金融工作会议部署了今后一段时间的金融工作。会议再次强调"坚持把金融服务实体经济作为根本宗旨，坚持把防控风险作为金融工作的永恒主题"。此后金融系统动作频频，11 月 17 日人民银行、金融监管总局、证监会联合召开金融机构座谈会，讨论部署信贷投放、地产业金融需求、"三大工程"建设、地方化债等工作；11 月 27 日，人民银行等八部门联合印发通知，明确金融助力民营经济发展措施；人民银行第三季度货币政策执行报告和 12 月 12 日召开的中央经济工作会议提到要盘活存量、提升效能，更多关注存量贷款的持续效用，盘活存量贷款、提升存量贷款使用效率。

习近平总书记在十三五规划建议的说明中指出，要"统筹负责金融业综合统计，通过金融业全覆盖的数据收集，加强和改善金融宏观调控，维护金融稳定"。

中国人民银行等部门联合印发《金融标准化"十四五"发展规划》并提出："以标准化引领金融业数字生态建设，尤其是稳步推进金融科技标准建设、系统完善金融数据要素标准等。"

中国银行业协会首席信息官高峰表示，近几年，金融科技在赋能银行业数字化转型方面发挥了积极作用，但是随着转型进入深水区，衡量金融科技对数字化转型的质效，应聚焦于数据资产价值。数据不仅是银行的核心资产，也是数字化转型的创新驱动，数据资产尤其重要。对数据资产进行价值评估和衡量后，相关部门便能够发现数据在业务创新、运营优化、客户体验改善等方面发挥的作用，意义深远。

《证券期货业数据分类分级指引》(JR/T 0158—2018) 详细阐明了适用范围、数据分类分级的前提条件、如何进行数据分类及分级、数据分类分级中的关键问题处理，并提供了证券期货行业典型数据分类分级模板。本指引所适用的数据范围十分广泛，包括证券期货行业经营和管理活动中产生、采集、加工、使用或管理的网络数据或非网络数据等。

《个人金融信息保护技术规范》(JR/T 0171—2020) 规定了个人金融信息在收集、传输、存储、使用、删除、销毁等生命周期各环节的安全防护要求，从安全技术和安全管理两个方面，对个人金融信息保护提出了规范性要求。

《金融数据安全 数据安全分级指南》(JR/T 0197—2020) 指出了金融数据安全分级的目标、原则和范围，以及数据安全定级的要素、规则和定级过程，既可以指导金融业机构开展电子数据安全分级工作，也可以指导第三方评估机构等单位开展数据安全检查与评估工作。

《金融数据安全 数据生命周期安全规范》(JR/T 0223—2021) 规定了金融数据生命周期安全原则、防护要求、组织保障要求以及信息系统运维保障要求，建立覆盖数据采集、传输、存储、使用、删除及销毁过程的安全框架。

《金融数据安全 数据安全评估规范》(征求意见稿)中规定了金融数据安全评估触发条件、原则、参与方、内容、流程及方法,明确了数据安全管理、数据安全保护、数据安全运维三个主要评估域及其安全评估主要内容和方法。

《信息技术 安全技术 信息安全管理体系要求》(GB/T 22080—2016)规定了在组织环境下建立、实现、维护和持续改进信息安全管理体系的要求,还包括根据组织需求剪裁的信息安全风险评估和处置的要求。本标准规定的要求是通用的,适用于各种类型、规模或性质的组织。

《中国银保监会办公厅关于开展监管数据质量专项治理工作的通知》旨在"深入贯彻落实习近平总书记的重要指示批示精神和中央有关决策部署,切实提升银行业保险监管数据质量,以优质信息服务监管工作大局和银行业保险业高质量发展"。

《中国银保监会银行业金融机构监管数据标准化规范(2019 年版)》为进一步深入推进银保监会检查分析系统(EAST)应用,增强系统性、区域性风险识别监测能力,并督促银行业金融机构加强数据治理。本规范共包括 10 个监管主题域、66 张数据表、1 852 个数据项,并基于上一版本进行了进一步调整,明确了六大方面的要求:报送时间、报送路径、采集数据范围、数据储存要求、数据检核安排与其他要求。

练习题

1. 表 2.2 是 8 名学生 4 门课程的考试成绩数据。试找出 4 门课程成绩都高于 70 分的学生。

表 2.2　8 名学生 4 门课程的考试成绩数据　　　　　单位:分

姓名	统计学成绩	数学成绩	英语成绩	经济学成绩
张松	69	68	84	86
王翔	91	75	95	94
田雨	54	88	67	78
李华	81	60	86	64
赵颖	75	96	81	83
宋媛	83	72	66	71
袁方	75	58	76	90
陈风	87	76	92	77

2. 6 名学生的学习成绩所构成的数据清单如表 2.3 所示。试按总成绩的递增顺序按列排序。

表 2.3　学习成绩数据清单　　　　　单位:分

姓名	数学	物理	英语	总成绩	平均成绩
王强	82	76	70	228	76

续表

姓名	数学	物理	英语	总成绩	平均成绩
李倩	86	80	83	249	83
刘佳	65	66	70	201	67
张楠	60	60	63	183	61
李靖	89	89	87	265	88
赵鹏飞	74	74	90	238	79

3. 某生产车间 50 名工人日加工零件数原始资料如表 2.4 所示。试编制频数分布数列。

表 2.4　某生产车间 50 名工人日加工零件数原始资料

个

117	122	124	129	139	107	117	130	122	125
108	131	125	117	122	133	126	122	118	108
110	118	123	126	133	134	127	123	118	112
112	134	127	123	119	113	120	123	127	135
137	114	120	128	124	115	139	128	124	121

4. 为评价家电行业售后服务的质量，随机抽取了由 100 个家庭构成的一个样本。服务质量的等级分别表示为：A. 好；B. 较好；C. 一般；D. 差；E. 较差，调查结果如表 2.5 所示。

表 2.5　家电行业售后服务的质量调查结果表

B	E	C	C	A	D	C	B	A	E
D	A	C	B	C	D	E	C	E	E
A	D	B	C	C	A	E	D	C	B
B	A	C	D	E	A	B	D	D	C
C	B	C	E	D	B	C	C	B	C
D	A	C	B	C	D	E	C	E	E
B	E	C	C	A	D	C	B	A	E
B	A	C	D	E	A	B	D	D	C
A	D	B	C	C	A	E	D	C	B
C	B	C	E	D	B	C	C	B	C

要求：①用 Excel 制作一张频数分布表；②绘制一张条形图。

5. 已知某地区 1978—2003 年国内生产总值（GDP）与货运周转量的数据如表 2.6 所示。

表 2.6 1978—2003 年国内生产总值与货运周转量的数据

年份	GDP/亿元	货运周围量/亿吨公里	年份	GDP/亿元	货运周围量/亿吨公里
1978	5	9	1991	44	32
1979	8.7	12	1992	47	34
1980	12	14	1993	54	37
1981	16	15	1994	56.5	41
1982	19	17	1995	56	44
1983	22	20	1996	57	43.5
1984	25	20.5	1997	59	43.5
1985	28	23.5	1998	63	43.5
1986	36	30	1999	66.5	44
1987	40	35	2000	67	45.5
1988	41	32	2001	70.5	47
1989	32	24	2002	70.6	46
1990	34	28	2003	73	52

试对其进行简单的相关分析并绘制散点图。

第三章 加权平均资本成本

内容简介

企业在考虑资本成本(WACC)时，不仅要考虑各类资本的成本，更要考虑企业的总体资本成本，即加权平均资本成本。本章对企业加权平均资本成本进行了详细介绍，主要论述了加权平均资本成本的含义及计算方法。

教学目的

掌握加权平均资本成本的理论基础，并掌握计算企业加权平均资本成本的方法，了解企业的权益成本、负债成本、企业权益的市场价值、企业负债的市场价值以及企业所得税税率的计算方法。

第一节 加权平均资本成本理论基础

本节介绍资本成本与加权平均资本成本的理论基础。加权平均资本成本是衡量企业融资成本和投资决策的重要指标，本节主要对其计算公式进行简要介绍，为后面用其计算相关指标奠定基础。

一、资本成本与必要收益率

企业的资本是指企业需要向资金供给者提供回报的资金来源，包括权益资本和债务资本。

(一)权益资本成本

当企业有多余的现金时，可以有两种处理方法：第一，立即派发现金股利；第二，投资一个项目，用项目未来所产生的现金流派发股利。如果股东自己能以与企业投资项目相同的风险将分得的股利再投资于一项金融资产(股票或债券)，股东就会在自己投资和企业投资中选择期望收益率较高的一个。也就是说，只有当项目的期望收益率大于风险水平相当的金融资产的期望收益率时，项目才可行。上面的讨论中隐含着一个非常简单的资本预算法则：项目的折现率应等同于同样风险水平的金融资产的期望收益率。

折现率还有许多其他的叫法，例如项目中的折现率通常称为必要收益率。这个名字恰到好处，因为项目只有在所获得的收益率高于所要求的收益率时才能被接受。另外，折现率在项目中还被称为项目的资本成本。现在，假设公司所有项目的风险都相同，可以说折现率等于公司整体的资本成本。而且，如果公司是全权益公司，折现率还等于公司的权益资本成本。

（二）债务资本成本

权益资本成本通常难以估计。一般而言，这项工作不仅包括收集合理数量的数据，其最终结果的度量也常常存在误差。值得庆幸的是，债务资本成本的计算要容易得多，它就简单地等同于借款的成本。公司通过查询公开交易的债券的收益率，或是与商业投资的银行家们交谈，就可以掌握这方面的信息。

某家公司首次发行债券时，公司的投资银行家一般会示意公司管理层这份预期发售债券的收益率将会为多少，而这个收益率就是债务资本成本，或者可能公司将会从商业银行贷得一笔款项，那么这份借款的利息率就是债务资本成本。

权益资本和债务资本的供给者向企业提供资金的实质是一种投资活动，其对投资收益的要求就是必要收益率或投资者要求的收益率。必要收益率，又称为最低必要报酬率或最低要求的收益率，表示投资者对某资产合理要求的最低收益率。在资本资产定价模型的理论框架下，假设市场是均衡的，则资本资产定价模型还可以描述为：预期收益率＝必要收益率。

投资者的必要收益率就是筹资者的资本成本，两者是同一个问题的两个方面。在讨论投资问题时，强调的是投资收益；在讨论筹资问题时，强调的是资本成本。

企业的资本来自债务与股东权益两个渠道。这两类不同来源的资本投资者所承担的风险不同，要求的必要收益率也因此不同。通常，与债权人相比，股东承担的投资风险更大。因此，股东要求的投资收益率高于债权人，也就是说，权益资本成本要高于债务资本成本。企业的筹资成本不仅包括向投资者提供的收益这种直接的资本成本，而且包括为筹措资金而发生的筹资费用，主要是股票和债券的发行成本。而这些发行成本会对资本成本产生影响，也要考虑发行成本后资本成本的变化。

二、加权平均资本成本

在金融活动中，融资成本用来衡量一个公司的资本成本。因为融资成本被看作一个逻辑上的价格标签，它过去被很多公司用作一个融资项目的贴现率。

公司从外部获取资金的来源主要有两种：股本和债务。因此，一个公司的资本结构主要包含三个部分：优先股、普通股和债务（常见的有债券和期票）。加权平均资本成本考虑资本结构中每个成分的相对权重并体现出该公司的新资产的预期成本。

计算个别资金占全部资金的比例时，可分别选用账面价值、市场价值、目标价值权数来计算。市场价值权数指债券、股票以市场价格确定权数。这样计算的加权平均资本成本能反映企业的实际情况。同时，为弥补证券市场价格变动频繁的不便，也可以使用平均价格。

目标价值权数是指债券、股票以未来预计的目标市场价值确定权数。这种能体现期望的资本结构，而不是像账面价值权数和市场价值权数那样只反映过去和如今的资本成本结构，所以按目标价值权数计算的加权平均资本成本更适用于企业筹措新资金。然而，由于企业很难客观合理地确定证券的目标价值，这种计算方法并不易推广。

加权平均资本成本是企业各类资本成本的加权平均，权重为该类资本在企业总资本中所占的比重。企业的资本来源主要包括普通股、优先股和长期负债等。加权平均资本成本的计算公式为：

$$\text{WACC} = \sum_{i=1}^{n} W_i r_i \tag{3.1}$$

式中，W_i 为第 i 种资本占总资本的比重；r_i 为第 i 种资本的税后资本成本。由此可以看出，这里的加权平均资本成本是税后的，因为公式中各种资本的成本 r_i 都是税后资本成本。

如果企业只有权益资本 E 和债务资本 D，则企业的资本总额为 $D+E$，债务资本和权益资本所占比例分别为 $W_D = \dfrac{D}{D+E}$ 和 $W_E = \dfrac{E}{D+E}$。此时，式(3.1)简化为：

$$\text{WACC} = \frac{D}{D+E} r_D (1 - T_c) + \frac{E}{D+E} r_E \tag{3.2}$$

式中，T_c 表示企业所得税税率。

如果企业的资本结构中包括债务资本 D、权益资本 E 和优先股资本 P，则企业的资本总额为 $D+E+P$，债务资本、权益资本和优先股资本所占比例分别为 $W_D = \dfrac{D}{D+E+P}$，$W_E = \dfrac{E}{D+E+P}$，$W_P = \dfrac{P}{D+E+P}$。此时，企业的加权平均资本成本为：

$$\text{WACC} = \frac{D}{D+E+P} r_D (1 - T_c) + \frac{E}{D+E+P} r_E + \frac{P}{D+E+P} r_P$$

加权平均资本成本表示的是企业在目前的资本结构下，为了保证各种资本来源的投资者的收益率，利用现有资本必须赚取的总体收益率，同时也是企业进行与现有经营业务风险相当的投资的必要收益率。因此，企业如果要对现有业务进行扩张，或者投资与现有业务相同风险的其他项目，都应该用加权平均资本成本作为项目的贴现率。

【例3-1】根据表3.1所示的某公司资本结构和个别资本成本，计算该公司的加权平均资本成本。

表 3.1　某公司资本结构和个别资本成本

资本来源	金额/万元	权重/%	个别资本成本/%
负债	1 000	50	5(税后)
普通股	1 000	50	13

解：该公司的加权平均资本成本为：

$$\text{WACC} = \frac{D}{D+E} r_D (1 - T_c) + \frac{E}{D+E} r_E = 50\% \times 5\% + 50\% \times 13\% = 9\%$$

WACC方法作为在现实当中进行项目评估的一种操作方法，具有十分重要的参考价值和实际作用，具体表现为：

①可作为企业取舍项目投资机会的财务基准，只有当投资机会的预期收益率超过资本成本，才应进行该投资。

②可以用于企业评估内部正在经营的项目单元资本经营绩效，为项目资产重组或继续追加资金提供决策的依据。只有当投资收益率高于资本成本，项目单元继续经营才有经济价值。

③是企业根据预期收益风险变化，动态调整资本结构的依据。预期收益稳定的企业可以通过增加长期债务，减少高成本的股权资本来降低加权平均资本成本。

在某些特定的情形下，WACC方法因对单个项目进行价值评估时具有一定的局限性而不再适用：

①由于企业具有暂时不需要纳税的优惠，如采用债务融资所支付的借款利息可以在税前抵扣或者由于企业亏损延迟缴纳税款等。此时，如果使用WACC方法，这种由于税收避护所产生的价值增加就无法被清晰、明了地揭示出来，不利于管理层对价值创造过程的管理和监督。

②项目资本结构中的债务比例在项目的整个寿命期内是动态调整的，并没有保持相对稳定。例如，在杠杆收购（LBO）中，企业开始有大量的负债，但数年后很快得到清偿使债务比例迅速下降。由于负债—权益比的不固定，WACC方法就难以运用。

③新的投资项目与企业现有项目在风险方面的差异很大。如果无视个别项目的风险将加权平均资本成本作为唯一的贴现率应用于所有项目的投资决策，有可能误导企业放弃获利性的投资机会而采纳非营利性投资项目。

第二节 计算企业的权益价值、负债价值与税率

本节介绍企业的权益价值、负债价值与所得税税率的计算方法。

一、计算企业的权益价值

权益价值，又名股东权益价值，简称股权价值。是长期股权投资的账面价值，指该项股权投资的账面余额减去该项投资已提的减值准备，股权投资的账面余额包括投资成本、股权投资差额。

股权价值计量不仅关系到股东利益，还影响会计信息的相关性，采用不同的方法计量股东权益，必然导致不同的结果，根据资产价值属性选择恰当的方法计量股东权益价值尤为关键。

现行的公允价值计量模式下，由于所有者权益的属性与计量模式之间存在逻辑上的缺陷，建议采用单一现行市价计量模式计量来反映资产、负债、所有者权益的交换价值，它可以客观、准确地反映所有者权益的市场价值。

对于上市公司而言，股权价值应由股票交易市场决定，而不是取决于会计计量结果，对于非上市公司的股权价值则要通过市场法比较确定。

定义权益资本成本是一回事，而要估计权益资本成本又是另一回事了。问题在于，股东们并未告诉公司他们所要求的收益率是多少。因此，公司应该做些什么呢？庆幸的是，资本资产定价模型（CAPM）可以用来估计必要收益率。期望收益率就是权益资本成本。套

用 CAPM，股票的期望收益率为：

$$R_s = R_F + \beta \times (R_M - R_F)$$

式中，R_F 是无风险利率；$R_M - R_F$ 是市场组合的期望收益率和无风险利率之差，称为期望超额市场收益率或市场风险溢价。

所有与 WACC 有关的计算中，计算企业的权益价值是最简单的：只要是上市公司，就可以使用流通股股数乘以当前每股价值来计算。

【例 3-2】C 管道公司是一家在纽约证券交易所上市的、拥有天然气管道和储气设施的公司。2012 年 6 月 29 日，C 管道公司拥有 20 570 万流通股，每股市价为 33.80 美元。该公司的权益价值为 69.53 亿美元，如图 3.1 所示。

	A	B	C
1	计算权益价值，E，C管道		
2	流通股股数	205.70	<-- 百万
3	股价，2012年6月29日	33.80	
4	权益价值 ("市值")	6,953	<-- =B3*B2，百万美元

图 3.1　C 管道公司权益价值

二、计算企业的负债价值

负债价值是债务形成时由合同或契约规定的企业应清偿的金额。负债价值高低应取决于四种因素：①履行未来债务的金额。履行债务的金额越大，负债价值越高，反之越低。②履行债务的确定性。确定性越高，负债价值越高，反之越低。③履行债务的期限。期限越短，负债价值越高，反之越低。④货币供求状况与利率水平。利率水平越低，负债价值越高，反之越低。

影响负债价值的因素众多，不同的负债产生的背景不同，条件相异，各自所适用的思路和方法也有所不同。负债价值评估的思路可以从以下两种情况来考虑：

第一，企业已资不抵债又无发展前景的情况下对负债价值评估的思路。现代公司制企业对外债务承担的责任是有限的。《公司法》规定，公司以其全部资产对公司的债务承担责任，公司的股东以其出资额或所持股份为限对公司承担责任。在企业已资不抵债的情况下，企业负债的价值等于或小于公司资产总值，超过公司资产总价值的负债部分可依法予以豁免，即这部分的负债没有价值，或者说价值为零。此时，负债价值评估的思路是判断负债的受偿程度。

第二，与第一种情况相反，即企业资产大于企业负债或企业虽已资不抵债但只是暂时亏损，有发展前景，则是单独对负债价值进行评估的思路。在企业资产大于企业负债的情况下，企业有偿付债务的能力，此时负债价值应是市场价值，评估思路是判断负债换算为现值或与确定的现金相交换的数量关系或比例，即假想的独立市场参与者处理负债时的愿意接受的交换价格。

对于负债的评估主要包括两方面内容：一方面是负债的确认；另一方面是对负债价值的判断。对负债的确认主要是依据负债产生的原始依据，会计假设，有关法律法规、政策制度，判断负债产生的合法、合理性。对于负债价值的判断主要有偿债能力评估分析法和债务价值分析法。

（1）偿债能力分析法（已资不抵债又无发展前景的企业负债价值的评估方法）

在这种情况下，企业实际上是处于清算或破产状况，负债价值取决于企业剩余的资产、负债担保情况以及负债受偿的顺序，负债的价值就是负债的受偿额，以绝对优先法则进行。

（2）债务价值分析法（资产大于企业负债或企业虽已资不抵债但只是暂时亏损，有发展前景，则用单独评估负债价值的评估方法）

此时，企业的负债有充足的资产为保证，包括抵押负债和普通负债。负债的价值不再与负债受担保情况以及负债受偿的顺序相关，或者说相关性很小，而直接与经营风险、利率水平、汇率高低、通货膨胀率、宏观经济形势相关，对负债价值的评估主要采用债务价值分析法，具体可以采用以下一种或几种方法同时进行：

①折现值法：计算未来履行义务所需的现金流量的现值为负债价值的方法，计算公式：负债评估值＝未来确定的现金流量/折现率。该方法适用于金额和付款日期确定的负债价值的评估，如应付票据、应付账款、其他应付款、长期应付款、长/短期借款、应付债券等。

折现值法的关键点也是难点之一是折现率。相对于债权人来说，折现率从本质上讲，是一种期望投资回报率，包含风险报酬率；相对于债务人来说，折现率是资金成本，是企业营运资金的利润率，因此，在确定折现率时，应综合考虑安全利率、风险调整率、物价指数、企业利润率等因素。

②成本法：这是从债务人的角度估算债务人未来履行义务所需的内部资源的成本（包括必要的正常利润）为负债价值的一种方法，即以负债的账面值扣除已实现利润后的余额为评估值。该方法适用于预收账款、预收工程款、递延收益，如燃气管道企业、自来水公司收取的初装费等负债项目的评估，这些项目的一个显著特点是内含部分或全部收益，已实现的收益不符合负债的定义。因此，评估负债价值时应扣除这部分收益。

未实现的利润部分则不能扣除，未实现的利润实际上是负债成本的构成内容。这符合负债公允价值的概念，如按照美国财务会计准则委员会（FASB）第7辑概念公告中的要求，当企业拟用内部资源处理负债时，负债的公允价值应包括一定的利润，即如果将该负债交由独立的市场第三方处理时其所要求的利润。因为负债的公允价值是指假想的独立市场参与者处理负债时的价格，而独立市场参与者处理负债是必然要求一定利润的。

金额取决于经营成果的负债也适用成本法评估，这类负债与企业的经营成果密切相关，往往是在经营期末才能确定其金额，如应交税金、应付工资（尤其是计件工资）、应付福利等，由于这部分的负债既享有优先受偿权力，又有很强的刚性，"讨价还价"空间小，而且一般都是短期负债，实际上是企业现实的成本，故适合采用成本法（账面值）进行评估。

③市场比较法：是指利用市场上近期发生的同样或类似企业的负债转让处置价格，经过直接比较或类比分析以估测负债价值的方法。这种方法在国内的适用条件还不充足，但在理论上是可行的，因为负债确实存在市场价值。

④剩余法：是指通过成本加和法或公司现金流量法和权益自由现金流量法分别求取整体公司价值和所有者权益价值，然后利用"公司价值＝负债价值+所有者权益价值"公式倒

算出负债价值的一种方法。剩余法适用于对其他各种负债价值评估方法评估结果的检验，以及评估企业整体负债价值。

将金融负债的市场价值减去其过剩的流动性资产的市场价值便可以计算公司负债的价值。其中一个常用的近似方法是用资产负债表中公司的负债价值减去公司的现金余额和有价证券的价值。

【例 3-3】D 公司净负债的计算如图 3.2 所示。

	A	B	C	D
1		**D公司，计算净负债**		
		（千美元）		
2		2011	2010	
3	现金	825,000	188,000	
4	有价证券	0	0	
5				
6	短期负债和长期负债的当期分摊额	588,000	1,315,000	
7	长期负债	7,304,000	6,850,000	
8				
9	净负债	7,067,000	7,977,000	<-- =SUM(C6:C7)-SUM(C3:C4)

图 3.2　D 公司净负债的计算

三、计算企业的所得税税率

在加权平均资本成本的公式中，T_c 衡量的应该是公司的边际税率，但是通常把计算出的企业报告的税率作为 T_c。

【例 3-4】Q 超市所得税税率的计算如图 3.3 所示。

	A	B	C	D	E
1		**Q超市所得税税率**			
2		2009	2010	2011	
3	税前收益	250,942	411,781	551,712	
4	所得税费用	104,138	165,948	209,100	
5	税率，T_C	41.50%	40.30%	37.90%	<-- =D4/D3

图 3.3　Q 超市所得税税率的计算

Q 超市的税率为 38%～41% 且保持相对稳定。在计算 WACC 时，最后可能使用当前的税率或者过去几年的平均税率。

第三节　计算企业的权益成本

确定企业的权益资本成本尤其是普通股的资本成本较为困难，主要是由于无法直接观察到一个公司的股东对其投资所要求的必要收益率，因此，只能采取一些方法进行估计。本节主要介绍权益成本的计算方法，主要包括戈登模型与资本资产定价模型两种。

一、应用戈登模型计算权益成本

(一)戈登模型概念

戈登股利增长模型又称为"股利贴息不变增长模型"和"戈登模型"(Gordon Model),在大多数理财学和投资学方面的教材中,戈登模型是一个被广泛接受和运用的股票估价模型。它揭示了股票价格、预期基期股息、贴现率和股息固定增长率之间的关系。

戈登股利增长模型是被广泛接受和应用的股票估价模型,是股息贴现的第二种特殊形式。模型假定未来股利的永续流入,投资者的必要收益率,折现公司预期未来支付给股东的股利,来确定股票的内在价值(理论价格)。它分为两种情况:一个是不变的增长率;另一个是不变的增长值,具备三个假定条件:

①股息的支付在时间上是永久性的。

②股息的增长速度是一个常数。

③模型中的贴现率大于股息增长率,指某一年的每股股息发放的金额较上一年每股股息发放的金额的增加率。

如果该公司股票的内在收益率小于其必要收益率,显示出该公司股票价格被高估。

由于股票市场的投资风险一般大于货币市场,投资于股票市场的资金势必要求得到一定的风险报酬,使股票市场收益率高于货币市场,从而形成一种收益与风险相对应的较为稳定的比价结构。因此,戈登模型中的贴现率应包括两部分:一是货币市场利率,二是股票的风险报酬率。

(二)戈登模型推导过程

股票的价值是该股票未来预期股利流量的现值,该未来预期股利是按适当风险调整权益成本 r_E 折现的。戈登模型最简单的应用是预期未来股利增长率为常数。假设当前的股票价格是 P_0,当前的股利是 Div_0,预期未来股利增长率是 g。戈登模型说明股票价格等于未来股利的折现:

$$P_0 = \frac{Div_0(1+g)}{1+r_E} + \frac{Div_0(1+g)^2}{(1+r_E)^2} + \frac{Div_0(1+g)^3}{(1+r_E)^3} + \cdots$$

$$= \sum_{t=1}^{\infty} \frac{Div_0(1+g)^t}{(1+r_E)^t}$$

假设 $|g| < r_E$,$\sum_{t=1}^{\infty} \frac{Div_0 \times (1+g)}{r_E - g}$ 表达式可以化简为 $\frac{Div_0 \times (1+g)}{r_E - g}$。因此,给定一个常数的预期股利增长率,就可以推导出戈登模型的权益成本:$P_0 = \frac{Div_0 \times (1+g)}{r_E - g}$,假设 $|g| < r_E$,解上述方程的 r_E 可得戈登模型的权益成本:

$$r_E = \frac{Div_0 \times (1+g)}{P_0} + g,假设 |g| < r_E$$

注意这个公式末尾的条件:为了能让上述推导过程的第一行中的无限和有一个有限解,股利增长率一定要小于折现率。

【例3-5】考虑 B 公司,其目前的股利是每股 $Div_0 = 3$ 元,股价 $P_0 = 60$ 元。假设预期股利按每年 12% 的速度增长，该公司的权益成本 r_E 是 17.60%。如图 3.4 所示。

	A	B	C
1	戈登模型的权益成本		
2	目前股价, P_0	60	
3	目前股利, Div_0	3	
4	预期股利增长率, g	12%	
5	戈登模型下的权益成本, r_E	17.60%	<-- =B3*(1+B4)/B2+B4

图 3.4　戈登模型的权益成本

（三）运用戈登模型计算 XYZ 公司的权益成本

【例 3-6】XYZ 公司股利分配的部分记录如图 3.5 所示。

	A	B	C	D	E	F
1	XYZ派息记录					
2	日期	每股股利			股利增长	
3	4/Sep/02	0.36			整个时期	
4	4/Dec/02	0.36		季增长率	0.39%	<-- =(B43/B3)^(1/40)-1
5	5/Mar/03	0.36		年增长率	1.55%	<-- =(1+E4)^4-1
6	4/Jun/03	0.36				
7	20/Aug/03	2.88			近5年	
8	3/Sep/03	0.37		季增长率	0.50%	<-- =(B43/B23)^(1/20)-1
9	3/Dec/03	0.37		年增长率	2.02%	<-- =(1+E8)^4-1
10	3/Mar/04	0.37				
11	2/Jun/04	0.37				
12	1/Sep/04	0.38				
40	13/Sep/11	0.38				
41	13/Dec/11	0.42				
42	13/Mar/12	0.42				
43	13/Jun/12	0.42				

图 3.5　XYZ 公司股利分配的部分记录

XYZ 公司的历史股利年增长率可能是 1.55% 或 2.02%，这取决于时期的选取。为了计算权益成本 r_E，则可以应用戈登模型。如果 XYZ 公司 2012 年 6 月底的股票价格为 41.75 元，则权益成本 r_E 的计算过程如图 3.6 所示。

	A	B	C	D	E	F
1	对XYZ公司的权益支出运用戈登模型					
2		派息	股票回购	股票期权行权收益	总权益支出	
3	29/Jun/05	3,307	1,430	899	3,838	<-- =B3+C3-D3
4	30/Jun/05	3,279	2,725	102	5,901	
5	1/Jul/05	3,215	0	186	3,029	
6	2/Jul/05	4,734	1,593	363	5,964	
7	3/Jul/05	4,818	1,921	321	6,418	
8						
9	增长率	13.71%	<-- =(E7/E3)^(1/4)-1			
10						
11	基于总权益支出计算戈登模型下的权益成本r_E					
12	流通股（百万）	3,041				
13	每股价格	41.75				
14	权益的市场价值	126,955	<-- =B12*B13, $ million			
15						
16	戈登模型下的权益成本, r_E	19.46%	<-- =E7*(1+B9)/B14+B9			

图 3.6　运用戈登模型计算 XYZ 的权益成本

(四)调整戈登模型来处理所有权益现金流

在例3-5与例3-6中,戈登模型是以每股为基准并仅是对股利进行计算。然而,为了对公司的权益进行定价,戈登模型应该扩展到包括全部的权益现金流。另外,除了股利,权益现金流至少还应包括其他两部分。一是股票回购,二是企业的股票发行,其中股票发行对权益而言也是一项重要的负现金流量,如拥有股票期权的员工的行权。为了说明这些额外的权益现金流,需要以总权益价值重写戈登模型。

$$权益的市场价值 = \sum_{t=1}^{\infty} \frac{权益现金流_{y_0} \times (1 + g)^t}{(1 + r_E)^t}$$

这里的 g 是权益现金流的预期增长率。那么权益成本 r_E 的公式如下:

$$r_E = \frac{权益现金流_{y_0} \times (1 + g)}{权益的市场价值} + g，假设 |g| < r_E$$

【例3-7】将派息、股票回购与股票期权行权全部计算进入总权益支出,采用调整戈登模型计算 XYZ 公司的权益成本的方式计算权益成本,其过程如图3.7所示。

	A	B	C	D	E	F
1	对XYZ公司的权益支出运用戈登模型					
2		派息	股票回购	股票期权行权收益	总权益支出	
3	29/Jun/05	3,307	1,430	899	3,838	<-- =B3+C3-D3
4	30/Jun/05	3,279	2,725	102	5,901	
5	1/Jul/05	3,215	0	186	3,029	
6	2/Jul/05	4,734	1,593	363	5,964	
7	3/Jul/05	4,818	1,921	321	6,418	
8						
9	增长率	13.71%	<-- =(E7/E3)^(1/4)-1			
10						
11	基于总权益支出计算戈登模型下的权益成本r$_E$					
12	流通股(百万)	3,041				
13	每股价格	41.75				
14	权益的市场价值	126,955	<-- =B12*B13, $ million			
15						
16	戈登模型下的权益成本, r$_E$	19.46%	<-- =E7*(1+B9)/B14+B9			

图 3.7　调整戈登模型计算 XYZ 公司的权益成本过程

假设 XYZ 的权益现金流的历史增长率13.71%将在未来无限期内保持不变,其权益成本 $r_E = 19.46\%$。

二、应用资本资产定价模型计算权益成本

资本资产定价模型(Capital Asset Pricing Model,CAPM)是由美国学者威廉·夏普(William Sharpe)、林特尔(John Lintner)、特里诺(Jack Treynor)和莫辛(Jan Mossin)等人于1964年在资产组合理论和资本市场理论的基础上发展起来的,主要作用是研究证券市场中资产的预期收益率与风险资产之间的关系,以及均衡价格的形成原因,是现代金融市场价格理论的支柱,广泛应用在投资决策和公司理财领域中。

资本资产定价模型假设所有投资者都按马科维茨的资产选择理论进行投资,对期望收益、方差和协方差等的估计完全相同,投资人可以自由借贷。基于这样的假设,资本资产定价模型研究的重点在于探求风险资产收益与风险的数量关系,即为了补偿某一特定程度的风险,投资者应该获得多少报酬率。

当资本市场达到均衡时,风险的边际价格是不变的,任何改变市场组合的投资所带来的边际效果是相同的,即增加一个单位的风险所得到的补偿是相同的。按照 β 的定义,代入均衡的资本市场条件下,得到资本资产定价模型:

$$E(r_i) = r_f + \beta_E[E(r_m) - r_f]$$

式中,$E(r_i)$ 是资产 i 的预期回报率;r_f 是无风险利率;β_E 是资产 i 的系统性风险;$E(r_m)$ 是市场 m 的预期市场回报率;$E(r_m) - r_f$ 是市场风险溢价,即预期市场回报率与无风险回报率之差。

以资本形式(如股票)存在的资产的价格确定模型。以股票市场为例,假定投资者通过基金投资于整个股票市场,于是其投资完全分散化了,将不承担任何可分散风险。但是,由于经济与股票市场变化的一致性,投资者将承担不可分散风险,预期回报高于无风险利率。

资本资产定价模型的说明如下:单个证券的期望收益率由两个部分组成,无风险利率以及对所承担风险的补偿–风险溢价;风险溢价的大小取决于 β 值的大小;β 值越高,表明单个证券的风险越高,所得到的补偿也就越高;β 度量的是单个证券的系统风险,非系统性风险没有风险补偿。

系统风险指市场中无法通过分散投资来消除的风险,也被称作市场风险,如利率、经济衰退、战争,这些都属于不可通过分散投资来消除的风险。非系统风险也称为特殊风险,这是属于个别股票的自有风险,投资者可以通过变更股票投资组合来消除。从技术的角度来说,非系统风险的回报是股票收益的组成部分,但它所带来的风险是不随市场的变化而变化的。现代投资组合理论指出特殊风险是可以通过分散投资来消除的。即使投资组合中包含了所有市场的股票,系统风险也不会因分散投资而消除,在计算投资回报率的时候,系统风险是投资者最难以计算的。

CAPM 是建立在马科维茨模型基础上的,因此,马科维茨模型的假设自然包含在其中。

①投资者希望财富越多越好,效用是财富的函数,财富又是投资收益率的函数,因此可以认为效用为收益率的函数。

②投资者能事先知道投资收益率的概率分布相同。

③投资风险用投资收益率的方差或标准差标识。

④影响投资决策的主要因素为期望收益率和风险两项。

⑤投资者都遵守主宰原则(Dominance Rule),即同一风险水平下,选择收益率较高的证券;同一收益率水平下,选择风险较低的证券。

CAPM 的附加假设条件。

①可以在无风险折现率 R 的水平下无限制地借入或贷出资金。

②所有投资者对证券收益率概率分布的看法一致,因此,市场上的有效边界只有一条。

③所有投资者具有相同的投资期限,而且只有一期。

④所有的证券投资均可以进行无限制的细分，在任何一个投资组合里可以含有非整数股份。

⑤税收和交易费用可以忽略不计。

⑥所有投资者可以及时免费获得充分的市场信息。

⑦不存在通货膨胀，且折现率不变。

⑧投资者具有相同预期，即他们对预期收益率、标准差和证券之间的协方差具有相同的预期值。

上述假设表明：第一，投资者是理性的，而且严格按照马科维茨模型的规则进行多样化的投资，并将从有效边界的某处选择投资组合；第二，资本市场是完全有效的市场，没有任何摩擦阻碍投资。

CAPM 是从公司收益和市场收益的协方差中推导出公司的资本成本。资本资产定价模型最主要的结论是风险资产的期望收益率取决于以下三项因素：

①无风险利率 r_f。

②市场风险溢价 $E(r_m) - r_f$。

③该资产的系统性风险，用系数 β 来衡量。

根据 CAPM 的 SML 方程，权益资本成本也就是股票的期望收益率等于无风险利率加上其风险溢价，即

$$E(r_E) = r_f + \beta_E \left[E(r_m) - r_f \right]$$

(一)β 是公司股票收益对市场收益的回归系数

按照 CAPM 的规定，贝塔系数是用以度量一项资产系统风险的指针，是用来衡量一种证券或一个投资组合相对总体市场波动性(Volatility)的一种风险评估工具。

从市场组合的角度看，可以视单项资产的系统风险是对市场组合变动的反映程度，用贝塔系数度量。β 表示的是相对于市场收益率变动、个别资产收益率同时发生变动的程度，是一个标准化的度量单项资产对市场组合方差贡献的指标。

也就是说，如果一个股票的价格和市场的价格波动性是一致的，这个股票的 β 值就是 1。如果一个股票的 β 值是 1.5，就意味着当市场上涨 10% 时，该股票价格则上升 15%；而市场下降 10% 时，股票的价格也会下降 15%。β 值是通过统计分析同一时期市场每天的收益情况以及单个股票每天的价格收益来计算出的。1972 年，经济学家费歇尔·布莱克(Fischer Black)、迈伦·斯科尔斯(Myron Scholes)等在所发表的论文《资本资产定价模型：实例研究》中，通过研究 1931—1965 年纽约证券交易所股票价格的情况变动，证实了股票投资组合的收益率和它们的 β 值间存在着线形关系。当 β 值处于较高位置时，投资者便会因为股份的风险高，而相应提升股票的预期回报率。举个例子，如果一个股票的 β 值是 2.0，无风险回报率是 3%，市场回报率(Market Return)是 7%，市场溢价(Equity Market Premium)就是(7%-3%)= 4%，股票风险溢价(Risk Premium)为 8%(2×4%，用 β 值乘市场溢价)，那么股票的预期回报率则为 11%(8%+3%)，即股票的风险溢价加上无风险回报率。

【例 3-8】XYZ 公司 5 年的月度价格与收益数据和代表整个股市的 SP500 收益数据(图 3.8、图 3.9)。用 XYZ 公司的收益与其对应的 SP500(标普 500 指数)的收益进行回归(图 3.10)。

	A	B	C	D	E	F	G
8		价格			收益		
9	日期	XYZ	SP500		XYZ	SP500	
10	1/Jun/07	39.90	1,503.35				
11	2/Jul/07	39.78	1,455.27		-0.30%	-3.25%	<--=LN(C11/C10)
12	1/Aug/07	40.20	1,473.99		1.05%	1.28%	<--=LN(C12/C11)
13	4/Sep/07	41.73	1,526.75		3.74%	3.52%	<--=LN(C13/C12)
14	1/Oct/07	47.04	1,549.38		11.98%	1.47%	
15	1/Nov/07	47.93	1,481.14		1.87%	-4.50%	
16	3/Dec/07	47.23	1,468.36		-1.47%	-0.87%	
67	1/Mar/12	37.98	1,408.47		1.70%	3.09%	
68	2/Apr/12	38.82	1,397.91		2.19%	-0.75%	
69	1/May/12	37.17	1,310.33		-4.34%	-6.47%	
70	1/Jun/12	41.75	1,362.16		11.62%	3.88%	

图 3.8　XYZ 公司和 SP500 的月度价格与收益

	A	B	C	D	E	F
1		计算XYZ公司的 β 值 对XYZ公司和SP500的月度收益，2007—2012				
2	Alpha	0.0018	<--=INTERCEPT(E11:E70,F11:F70)			
3	β	0.6435	<--=SLOPE(E11:E70,F11:F70)			
4	R平方	0.2245	<--=RSQ(E11:E70,F11:F70)			
5	alpha的统计量	0.2059	<--=tintercept(E11:E70,F11:F70)			
6	β 的统计量	4.0979	<--=tslope(E11:E70,F11:F70)			

图 3.9　计算 XYZ 公司的 β 值

XYZ收益和S&P500，2007—2012

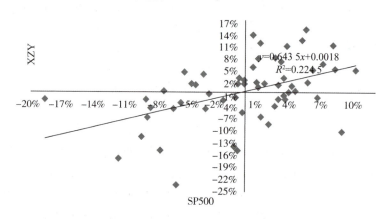

图 3.10　XYZ 公司收益与 SP500 回归结果

从该回归中，可以得出：XYZ 公司的 β 值 β_{XYZ} 说明其股票收益相对于市场收益的敏感度。它可以通过下面的公式进行计算：

$$\beta_{XYZ} = \frac{协方差（SP500\,收益，XYZ\,收益）}{方差（SP500\,收益）}$$

有关 β 值的计算，可用上述公式直接计算或者运用 Excel 中的 Slope 函数计算。在整个过程中，SP500 月度收益增加或者减少 1% 都会引起 XYZ 公司收益增加或者减少 0.643 5%。alpha 值说明了与 SP500 的变化无关的情况下，在该段时期公司的月度收益为 0.18%。在以一年为基准时，就是 12×0.18＝2.16%；这意味着公司在这段时间的绩效是正的。回归的

R^2 说明了公司的收益变动中有 22.45% 可以用 SP500 的收益变动来解释。其中，R^2 有点偏低，这意味着相比于一般股票，它的非系统性风险更高。

(二)使用证券市场线计算 F 公司的权益成本

在资本资产定价模型中，证券市场线(SML)用来计算风险调整的资本成本。CAPM 的图示形式称为证券市场线。它主要用来说明投资组合报酬率与系统风险程度 β 系数之间的关系，以及市场上所有风险性资产的均衡期望收益率与风险之间的关系。证券市场线很清晰地反映了风险资产的预期报酬率与其所承担的系统风险 β 系数之间呈线性关系，充分体现了高风险高收益的原则。如果证券的价格被低估，意味着该证券的期望收益率高于理论水平，该证券会在证券市场线的上方。

【例 3-9】已知 F 公司股票的 β 系数为 0.643 5，市场收益率 $r_m = 8\%$，无风险利率 $r_f = 2\%$，则该公司普通股的资本成本为多少？

解：根据 CAPM 法，有：

$$r_E = 2\% + 0.643\ 5 \times (8\% - 2\%) = 5.86\%$$

(三)对资本资产定价模型的讨论

自 20 世纪 60 年代资本资产定价模型被提出以来，它就成为金融理论界研究的一个重要领域。许多学者对资本资产定价模型是否有效进行了实证研究。20 世纪 70 年代早期的一些实证检验支持了资本资产定价模型的结论，如 1972 年的 Black-Jensen-Scholes 检验和 1973 年的 Fama-MacBeth 检验都支持了资本资产定价模型。但是，自 20 世纪 70 年代后期以来，不少学者对资本资产定价模型提出质疑，其中最为著名的是"罗尔的批评"(Roll's Critique)。

资本资产定价模型的检验主要包含两个方面的预测：第一，市场组合是有效的；第二，证券市场线准确地描绘了资产的风险收益，也就是 α 为 0。第二个预测是由第一个预测引申出来的，因此，对资本资产定价模型的检验主要是检验市场组合的有效性。在资本资产定价模型中，市场组合包括所有风险资产，它远比股票指数广泛得多，还应包括债券、房地产、外汇资产、私人公司、人力资本等，但这在实证检验中不可能实现。因此，通常的做法是用 SP500 指数或其他股票价格指数作为市场组合的代变量，并假设替代变量与市场组合之间具有高度相关性。罗尔 1977 年发表了著名论文《资本资产定价理论检验的批评》，对资本资产定价模型的检验提出了质疑。检验资本资产定价模型就等同于检验市场组合的有效性。如果市场组合是有效的，则资本资产定价模型成立。罗尔认为，市场组合有效性的假设是无法检验的，即市场组合应包括股票、债券、期权、邮票、黄金、艺术品等风险资产，对这些风险资产的度量几乎是不可能的。虽然可以采用替代变量，但是不同的替代变量对资本资产定价模型的影响非常大。罗尔举例证明了这点：Black、Jensen 和 Scholes(1972)所采用的市场组合与 Sharp 和 Lintner(1973)采用的市场组合的相关系数高达 90%，但前文所得到的无风险利率为 5.976%，显著大于后文中的 1.920%。这就否定了资本资产定价模型的一致性。罗尔认为，在对资本资产定价模型的检验中，即使衡量市场组合的替代变量有微弱的差异，也会造成实证检验结果出现较大的误差。因为在检验资本资产定价模型时，一种资产的缺少不仅会影响该资产在市场组合中所占的比例，还会影响整个市场组合的有效性，继而影响证券市场线的有效性。因此，不能使用替代变量来替代真实市场组合。这就说明，真实市场组合是无法取得的，其有效性也是无法检验的，从而使得资本资产定价模型无法检验。

真实的市场组合不可能取得，资本资产定价模型不具备可检验性，这会影响资本资产定价模型的实用性和有效性。因此，采用资本资产定价模型来评价市场组合管理者的业绩会造成基准误差（Benchmark Errors）。罗尔在 1980 年发表的《业绩评价和基准误差Ⅰ》和在 1981 年发表的《业绩评价和基准误差Ⅱ》两篇论文论述了这个问题。罗尔以未被管理的资产组合的收益率为基准与有经理管理的资产组合的收益率进行比较，据此评价管理者的业绩。他认为，在不知道投资组合是否有效以及存在无风险资产的情况下，采用替代变量来衡量市场组合会产生两方面的影响：第一，计算的投资组合的 β 值是不准确的，因为它是采用替代变量所计算的系统性风险；第二，证券市场线也是不准确的，因为它是替代变量的风险与无风险投资组合的连线。所以，采用资本资产定价模型来评价管理者的业绩并不可靠，会造成基准误差。Reilly 和 Akhtar（1995）分别使用 SP500 和布里森公司全球证券市场指数计算了 30 只股票在三个不同时期的平均 β 值，结果发现不同替代变量的 β 值存在显著差异，这就支持了罗尔的研究结论。

尽管资本资产定价模型受到不少人的质疑，模型也没有通过一些实证检验，但资本资产定价模型的逻辑思想在投资领域依然占据重要地位，对该理论的研究依然热度不减。许多学者通过不断放宽资本资产定价模型的假设条件，对模型进行扩展研究，如零 β 模型、跨期模型、基于消费的资本资产定价模型、多因素模型等。

第四节　计算企业的负债成本

除了普通股外，企业还会利用债务的方式来募集资金，确定这些来源的资本成本比确定普通股资本成本简单。本节主要介绍企业负债成本的计算方法，主要包括平均成本与同等风险的新发行的公司证券的收益替代两种方法。

一、负债成本的概念

当企业发行债券融资时，债券投资者要求的收益率由债券的到期收益率来反映，债券的资本成本就是其到期收益率。在当企业折价或溢价而不是平价发行债券时，债券的票面利率不等于其到期收益率。因此，不能简单地把债券的票面利率当作债务资本成本。

原则上，r_D 是公司（税前）每新借入 1 元的边际成本。在实际情况中，负债成本常用公司现存负债的平均成本来近似替代。此方法的问题是有时会把实际想衡量的未来预期负债成本与过去的成本弄混。另外，如果一个企业已有发行在外的债券，且准备发行类似的新债券筹措资金，则待发行债券的资本成本更接近已发行债券的到期收益率。因此，可以使用同等风险的新发行的公司证券的收益计算企业的负债成本。如果一家公司的信用级别为 A，且它的大部分负债属于中期负债，则使用 A 级中期债券平均收益作为该公司的负债成本。

二、平均负债成本替代边际负债成本

【例 3-10】计算 A 公司的平均负债成本（图 3.11）。

$$r_D = \frac{\text{本年度支付的净利息}}{\text{本年度和上一年的平均净负债}}$$

	A	B	C	D	E
1		**A公司，负债成本**			
2		**2009**	**2010**	**2011**	
3	现金	1,218,000	578,000	408,000	
4	短期投资	0	0	0	
5					
6	短期负债和长期负债的当期分摊额	19,000	216,000	400,000	
7	长期负债	3,828,000	3,517,000	3,345,000	
8					
9	净负债	2,629,000	3,155,000	3,337,000	<-- =SUM(D6:D7)-SUM(D3:D4)
10	利息	190,000	195,000	159,000	
11	**隐含的负债成本，r_D**		6.74%	4.90%	<-- =D10/AVERAGE(C9:D9)

图 3.11　计算 A 公司的平均负债成本

当从财务报表中计算平均负债成本 r_D 时，重要的是把全部的金融负债都计算在内，短期负债和长期负债没有区别。将流动资产(如现金和现金等价物)视为流动负债并且从公司的负债中扣除。这里的想法是公司可以利用它的现金偿还部分负债，因此，该公司的有效融资负债是它的融资负债减去现金。假如要用 A 公司的平均债务成本作为其未来负债成本 r_D 的预测，在计算 WACC 时，很可能会使用当前成本 $r_D = 4.90\%$，这是因为历史负债成本没有能力预测未来成本。

三、信用评级调整收益率计算负债成本

信用评价也称为信用评估、信用评级，是以一套相关指标体系为考量基础，标示出个人或企业偿付其债务能力和意愿的过程。企业信用评价包括工业、商业、外贸、交通、建筑、房地产、旅游等公司企业和企业集团的信用评价以及商业银行、保险公司、信托投资公司、证券公司等各类金融组织的信用评价。金融组织与公司企业的信用评价要求不同，一般公司企业的生产经营比较正常，虽有风险，但容易识别，偿债能力和营利能力也易测算；而金融组织就不一样了，容易受经营环境影响，是经营货币借贷和证券买卖的企业，涉及面广，风险大，在资金运用上要求营利性、流动性和安全性协调统一，要实行资产负债比例管理，要受政府有关部门的监管，特别是其中的保险公司属于经营风险业务的单位，风险更大。因此，金融组织信用评价的风险性要比一般公司企业大，评估工作也更复杂。信用评价是一项十分严肃的工作，评估的结果将决定一个企业的融资生命，是对一个企业或证券资信状况的鉴定书。因此，必须用严格的评估程序来保证。评估的结果与评估的程序密切相关，评估程序体现了评估的整个过程，若没有严格的评估程序，就不可能有客观、公正的评估结果。

惠誉评级是与标准普尔、穆迪齐名的全球三大评级公司之一。在三大评级公司里，惠誉是最早进入中国的。这三家评级机构各有侧重，其中，标准普尔侧重于企业评级方面，穆迪侧重于机构融资方面，而惠誉则更侧重于金融机构的评级。如今，惠誉的评级类型主要包括企业、金融机构、结构融资和地方政府、国家主权等方面。惠誉在美国市场上的规模要比其他两家评级公司小，但在全球市场上，尤其在新兴市场上，惠誉的敏感度较高，视野比较国际化。2000 年惠誉正式进入中国市场，并于 2003 年 6 月在北京成立了代表处，

主要从事资料的搜集、研究、报告、宣传等工作。

【例3-11】在信用评级调整收益率计算负债成本的方法中,可以由相应负债的收益曲线得出 B 公司的边际债务成本。B 公司的惠誉评级为 A+,标准普尔评级为 BBB+,穆迪信用评级为 BAA2。图 3.12 为从网站上搜集的 1 000 多种惠誉评级为 A 的债券价格与收益率(部分数据被隐藏)。

	A	B	C	D	E	F
1	惠誉评级为A的债券,2012年8月17日星期五					
2		价格	票面利率	到期日	到期时间	到期收益率
3	CITIGROUP INC	103.88	5.63%	27/Aug/12	0.0274	0.36%
4	LINCOLN NATL CORP IND	105.42	5.65%	27/Aug/12	0.0274	-1.62%
5	GOLDMAN SACHS GROUP INC	104.68	5.70%	1/Sep/12	0.0411	-0.52%
6	WELLS FARGO & CO NEW	104.85	5.13%	1/Sep/12	0.0411	-1.28%
1001	CATERPILLAR INC DEL	151	6.95%	1/May/42	29.7233	4.03%
1002	ANHEUSER BUSCH COS INC	138.85	6.50%	1/Feb/43	30.4795	4.24%
1003	BOEING CO	142.9	6.88%	15/Oct/43	31.1808	4.37%
1004	BELLSOUTH TELECOM	104.75	5.85%	15/Nov/45	33.2685	5.54%
1005	BELLSOUTH TELECOM	123.96	7.00%	1/Dec/95	83.3452	5.64%
1006	CITIGROUP INC	107.55	6.88%	1/Feb/98	85.5562	6.39%
1007	CUMMINS INC	99.25	5.65%	1/Mar/98	85.5945	5.69%

图 3.12　惠誉评级为 A 的债券价格与收益率

对这些数据作图,结果如图 3.13 所示。其中,由于最后三个公司的到期时间较长,按照极端值对其进行了剔除。

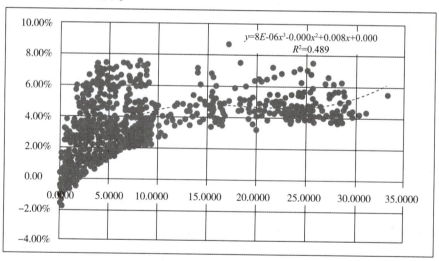

图 3.13　债券到期收益率与到期时间的拟合结果

将收益率作为到期时间的函数,该多项式回归曲线表明大约 50% 的收益率变动是由到期时间导致的。如果运用此回归方程并假设 A 公司负债的平均到期期限为 7 年,A 的借款成本则为 3.96%(图 3.14)。

	A	B	C
1	从收益曲线计算XYZ的r_D		
2	平均到期期限/年	7	
3	收益	3.96%	<-- =0.000008*B2^3-0.0004*B2^2+0.008*B2+0.0005

图 3.14　基于收益率曲线计算负债成本

知识库

2023 年的政府工作报告指出，稳健的货币政策要精准有力。保持广义货币供应量和社会融资规模增速同名义经济增速基本匹配，支持实体经济发展。保持人民币汇率在合理均衡的水平上基本稳定。

以习近平新时代中国特色社会主义思想为指导，深入贯彻党的二十大精神，坚持稳中求进工作总基调，完整、准确、全面贯彻新发展理念。

加快构建新发展格局，着力推动高质量发展，统筹发展和安全，规范实施政府和社会资本合作新机制，充分发挥市场机制作用。

拓宽民间投资空间，坚决遏制新增地方政府隐性债务，提高基础设施和公用事业项目建设运营水平，确保规范发展、阳光运行。

2023 年 11 月 1 日，国家金融监督管理总局公布《商业银行资本管理办法》（以下简称"资本新规"），对商业银行各级资本充足率等提出了最新要求。比如，核心一级资本充足率不得低于 5%；一级资本充足率不得低于 6%；资本充足率不得低于 8%；商业银行的杠杆率不得低于 4%。

2023 年 11 月 1 日，国家金融监督管理总局发布《商业银行资本管理办法》，对于构建差异化资本监管体系、优化我国银行体系资本管理能力、提升银行体系风险计量的精确性和规范性、增强我国银行体系的监管资本总体稳定具有重大意义。在金融市场方面，将进一步约束同业空转，引导资金流向优质企业债券和地方政府债。资本新规跟进《巴塞尔协议Ⅲ：危机改革的最终方案》要求提高了次级债风险权重，银行自营出于对资金成本的考虑可能调降次级债持仓。由于存在较高的风险权重，银行自营投资永续债规模本身较小，银行投资永续债规模受到新规变化的影响或较小。商业银行自营是二级资本债的重要投资者之一，风险权重的调整可能会给二级资本债市场带来一定的抛售压力。

《资本办法》构建差异化资本监管体系，其目标是在不降低资本要求的情况下，根据银行的规模、复杂性和风险特征等因素，为不同类型的银行制定不同的监管规则和政策。通过差异化资本监管要求，进一步加强了大中型银行的资本监管，确保了银行业的稳健运营；适当降低了中小银行的合规成本，引导其聚焦于服务中小企业和支持县域经济的发展。

《资本办法》由正文和 25 个附件组成，主要内容包括：

一是构建差异化资本监管体系，使资本监管与银行规模和业务复杂程度相匹配，降低中小银行合规成本。具体地，《资本办法》按照银行规模和业务复杂程度，划分为三个档次，匹配不同的资本监管方案。其中，规模较大或跨境业务较多的银行，划为第一档，对标资本监管国际规则；规模较小、跨境业务较少的银行纳入第二档，实施相对简化的监管规则；第三档主要是规模更小且无跨境业务的银行，进一步简化了资本计量要求，引导其聚焦县域和小微金融服务。

二是全面修订风险加权资产计量规则，包括信用风险权重法和内部评级法、市场风险标准法和内部模型法以及操作风险标准法，提升资本计量的风险敏感性。《资本办法》对风险加权资产计量规则的主要调整从总体上表现在：增强标准法与高级方法的逻辑一致性，提高计量的敏感性。限制内部模型的使用，完善内部模型，降低内部模型的套利空间。

信用风险方面，权重法重点优化风险暴露分类标准，增加风险驱动因子，细化风险权重。例如，针对房地产风险暴露中的抵押贷款，依据房产类型、还款来源、贷款价值比（LTV），设置多档风险权重；限制内部评级法使用范围，校准风险参数。市场风险方面，新标准法通过确定风险因子和敏感度指标计算资本要求，取代原基于头寸和资本系数的简单做法；重构内部模型法，采用预期尾部损失（ES）方法替代风险价值（VaR）方法，捕捉市场波动的肥尾风险。操作风险方面，新标准法以业务指标为基础，引入内部损失乘数作为资本要求的调整因子。

三是要求银行制定有效的政策、流程、制度和措施，及时、充分地掌握客户风险变化，确保风险权重的适用性和审慎性。《资本办法》要求商业银行制定有效的风险管理政策和流程，确保风险得到有效控制。商业银行应掌握客户风险变化，确定客户的信用风险水平，不应低估或高估风险，从而基于客户的真实风险来确定适用的风险权重。

四是强化监督检查，优化压力测试，深化第二支柱资本应用，进一步提升监管有效性。一方面，《资本办法》进一步完善监督检查内容：设置72.5%的风险加权资产永久底线，替换原并行期资本底线安排；完善信用、市场和操作风险的风险评估要求，将国别、信息科技、气候等风险纳入其他风险的评估范围。另一方面，《资本办法》强调全面风险管理，将大额风险暴露纳入集中度风险评估范围，要求商业银行将压力测试作为风险识别、监测和评估的重要工具，开展风险管理，确定资本加点要求。

五是提高信息披露标准，强化相关定性和定量信息披露，增强市场约束。遵照匹配性原则，《资本办法》建立了覆盖各类风险信息的差异化信息披露体系，引入了标准化的信息披露表格，要求商业银行按照规定的格式、内容、频率、方式和质量控制等进行披露。

练习题

1. 已知 C 公司的现金、负债等数据，计算其公司净负债和负债成本 r_D，如图 3.15 所示。

	A	B	C	D
1	C公司的负债和负债成本r_D 数据以千计			
2		2009/12/31	2010/12/31	2011/12/31
3	现金	4,867,000	3,592,000	3,057,000
4				
5	短期负债	9,648,000	7,981,000	9,784,000
6	长期负债	24,944,000	20,437,000	21,847,000
7				
8	净负债			
9				
10	利息费用	389,000	343,000	396,000
11	负债成本，r_D			

图 3.15　C 公司的相关数据

2. 已知 C 公司的季度股利数据(图 3.16)，计算股利增长率 g 和戈登模型下的 r_E。

	A	B	C	D	E	F
1	**C公司股利增长率及戈登模型下的 r_E**					
2	日期	每股股利		股利增长		
3	19/Oct/06	0.30		近5年		
4	18/Jan/07	0.30		季增长率		
5	19/Apr/07	0.30		年增长率		
6	18/Jul/07	0.36				
7	18/Oct/07	0.36		权益成本		
8	17/Jan/08	0.36		目前股价, P_0	90.60	
9	17/Apr/08	0.36		目前股利, Div_0	1.84	<-- =B23*4
10	17/Jul/08	0.42		股利增长率, g		
11	16/Oct/08	0.42		戈登权益成本, r_E		
12	15/Jan/09	0.42				
13	16/Apr/09	0.42				
14	16/Jul/09	0.42				
15	22/Oct/09	0.42				
16	15/Jan/10	0.42				
17	22/Apr/10	0.42				
18	16/Jul/10	0.44				
19	21/Oct/10	0.44				
20	18/Jan/11	0.44				
21	20/Apr/11	0.44				
22	18/Jul/11	0.46				
23	20/Oct/11	0.46				

图 3.16　C 公司的季度股利数据

第四章　企业估值

📖 内容简介

　　企业价值(EV)最大化是公司金融决策的目标，企业的一切活动都始终围绕企业价值来进行。因此，研究企业价值评估的理论和方法是企业金融决策的重要内容。本章主要讨论企业价值评估的方法、理论和策略。

📖 教学目的

　　了解并掌握企业估值的理论基础，掌握进行企业估值的方法，明确不同方法的差异，能够采用 Excel 对企业价值进行计算。

第一节　企业估值的理论基础

　　对企业进行估值是企业一切金融决策的前提和依据，更是投资者把握价值的重要手段，准确估计企业价值无论对于企业管理者还是投资者都至关重要。对于企业管理者而言，在进行投资与融资决策前对企业进行价值评估，有助于做出使企业价值最大化的财务决策；对于投资者而言，企业估值能够帮助判断投资后能否带来足够的回报。企业价值即公司的核心业务价值，是大多数企业估值模型的基础。

一、企业价值形式

　　企业价值主要有四种价值形式：账面价值、清算价值、市场价值和内在价值。

　　账面价值(Book Value)是会计核算中以历史成本原则为计量依据，按照权责发生制确认的资产价值。这种估价方法不考虑现时资产市场价格的波动，也不考虑资产的收益状况，所以其缺点是只考虑了各种资产在入账时的价值而脱离现实的市场价值。

　　清算价值(Liquidation Value)是指当公司撤销或解散时，资产经过清算后，每一股份所代表的实际价值。在理论上，清算价值等于清算时的账面价值，但由于此时公司的大多数资产只以低价售出，在扣除清算费用后，清算价值往往小于账面价值。

市场价值(Market Value)是指公司资产在公允交易市场上的价格，它是买卖双方竞价后产生的双方都能接受的价格。

内在价值是企业未来现金流量的贴现值，决定企业内在价值的基本变量不是过去的账面资产价值和现在的账面盈余，而是企业未来获取自由现金流量的规模和速度。公司的市场价值和内在价值在一般情况下是存在差异的，因为很多因素会对市场价值产生影响。但内在价值与市场价值有密切的联系，如果市场是有效的，此时，公司资产在任何时候的价格都反映了公开可得的信息，则内在价值与市场价值应当相等；如果市场不是完全有效的，一项资产的内在价值与市场价值会在一段时间里不相等。投资者估计了一种资产的内在价值，并与其市场价值进行比较，如果内在价值高于市场价值，则认为资产被市场低估了，他会决定买进。投资者购进被低估的资产，会使该资产价值上升，回归到资产的内在价值。市场越有效，市场价值向内在价值的回归越迅速。部分学者认为，企业估值估计是企业的内在价值。

二、企业估值方法

现金流量折现模型是企业价值评估中使用最广泛、理论上最健全的模型，它的基本思想是增量现金流原则和时间价值原则，任何资产的价值均是其产生的未来现金流量按照含有风险的折现率计算的现值。

1. 计算企业价值

企业价值被定义为所有未来 FCF 的现值，即 $EV = \sum_{t=1}^{\infty} \frac{FCF_t}{(1+WACC)^t}$。假设 FCF 包括短期增长率(第1~5年)与长期增长率(第6年及以后的年度)，将短期增长率记为 STg，长期增长率记为 LTg，企业价值可以写为：

$$EV = \sum_{t=1}^{5} \frac{FCF_0(1+STg)^t}{(1+WACC)^t} + \frac{1}{(1+WACC)^5} \sum_{t=1}^{\infty} \frac{FCF_5(1+LTg)^t}{(1+WACC)^t}$$

通过标准化，可以得到：

$$终值 = \sum_{t=1}^{\infty} \frac{FCF_5 \times (1+LTg)^t}{(1+WACC)^t}$$

$$= \begin{cases} \dfrac{FCF_5 \times (1+LTg)}{WACC - LTg}, & 如果\ WACC > LTg \\ 未定义, & 其他 \end{cases}$$

2. 半年折现

将上述终值纳入，重写的企业价值公式如下：

$$EV = \sum_{t=1}^{5} \frac{FCF_0(1+STg)^t}{(1+WACC)^t} + \frac{1}{(1+WACC)^5} \frac{FCF_5(1+LTg)}{WACC - LTg}$$

该公式假定所有的现金流都发生在年末。事实上，大多数企业的现金流在整年内都会发生。如果假定平均情况下第 t 年的现金流发生在年度中间，可以重写 EV 的公式如下：

$$EV = \sum_{t=1}^{5} \frac{FCF_0(1+STg)^t}{(1+WACC)^{t-0.5}} + \frac{1}{(1+WACC)^{4.5}} \frac{FCF_5(1+LTg)}{WACC - LTg}$$

由此可以采用 Excel 中的 NPV 函数进行运算：

$$EV = \left[\sum_{t=1}^{5} \frac{FCF_t}{(1 + WACC)^t} + \frac{1}{(1 + WACC)^5} \frac{FCF_5(1 + LTg)}{WACC - LTg} \right] \times (1 + WACC)^{0.5}$$

就估值而言，假设现金流量大约在年度中期产生，意味着承认大多数企业的现金流在全年内平稳地产生这一事实，因此，估值时假设企业的现金流全部在年末发生是不合理的。由上面的公式可以看出，这一假设很容易在 Excel 中进行计算：只需要使用 Excel 中的 NPV 函数并且将其乘以 $(1 + WACC)^{0.5}$。

【例 4-1】B 公司是一家生产家居服饰的公司，目前准备上马一条新的服装生产线。据估计，这条生产线能够运转 4 年，而后可能会由于技术进步而被淘汰。据公司市场部门测算，该生产线每年能够为公司创造 6 000 万元的新增销售额，生产成本和运行费用分别为 250 万元和 900 万元。为帮助员工熟悉新的生产线，需要投入培训费用 600 万元。设备购置费用为 2 400 万元，设备采用直线折旧法计提折旧，折旧年限为 4 年。假设该生产线不需要额外投入净营运资本，公司适用的边际税率为 40%。

资本成本有关数据如下：该项目的借款成本为 $R_D = 8\%$，市场上的无风险利率为 $R_f = 4\%$，市场指数收益率为 $R_m = 12\%$，β 系数为 1.5，项目的目标负债权益比为 1：4。根据以上信息，采用 WACC 法对该项目价值进行评估。

根据对现金流量估算知识的学习，可知培训费用属于项目相关现金流量，且应该在生产线正式投入使用前对员工进行技能培训，故在进行项目现金流量评估时，应该在第 0 年减去这部分支出；同时，考虑其税收抵扣作用。设备每年的折旧额为 600 万元，首先列出项目的预计利润表与预计现金流量表，如表 4.1 和表 4.2 所示。

表 4.1　预计利润表 单位：万元

年份	0	1	2	3	4
销售收入	0	6 000	6 000	6 000	6 000
−生产成本	0	2 500	2 500	2 500	2 500
−培训费用	600	0	0	0	0
−运行费用	0	900	900	900	900
−折旧	0	600	600	600	600
=息税前利润	−600	2 000	2 000	2 000	2 000
−企业所得税	−240	800	800	800	800
=净利润	−360	1 200	1 200	1 200	1 200

由于设备原值为 2 400 万元，4 年后，其账面价值为 0，例题背景中并没有涉及设备 4 年后可供出售的市场价值，可以默认为 0，所以不用考虑其税后净残值。项目自由现金流量（FCF）= 来自资产的现金流量（CFFA）−资本性支出（CapEx）−营运资本净增加（ANWC），其中 CFFA = EBIT × $(1 - T_c)$ + Dep（Dep 为折旧）。由此，可以得出 B 公司该项目的预计现金流量表（表 4.2）。

表 4.2 预计现金流量表　　　　　　　　　　　　　　　单位：万元

年份	0	1	2	3	4
净利润	−360	1 200	1 200	1 200	1 200
+折旧	—	600	600	600	600
=CFFA	—	1 800	1 800	1 800	1 800
−资本性支出	2 400	—	—	—	—
−ΔNWC	—	—	—	—	—
=FCF	−2 760	1 800	1 800	1 800	1 800

①由项目资本成本的有关数据得，负债的税后成本为：

$$R_D \times (1 - T_c) = 8\% \times (1 - 40\%) = 4.8\%$$

②根据 CAPM，股东所要求的必要收益率为：

$$R_E = R_f + \beta_i \times (R_m - R_f) = 4\% + 1.5 \times 8\% = 16\%$$

③根据公式，可以计算得到项目的加权平均资本成本为：

$$WACC = \frac{D}{D + E} \times R_D \times (1 - T_c) + \frac{E}{D + E} \times R_E$$

$$= \frac{1}{5} \times 8\% \times (1 - 40\%) + \frac{4}{5} \times 16\% = 13.76\%$$

④最后，采用 WACC 对项目的自由现金流量进行贴现，可以得到该项目为企业创造的现金流量的价值：

$$V_L = \frac{1\ 800}{1 + 13.76\%} + \frac{1\ 800}{(1 + 13.76\%)^2} + \frac{1\ 800}{(1 + 13.76\%)^3} + \frac{1\ 800}{(1 + 13.76\%)^4}$$

$$= 5\ 270.59(万元)$$

【例4-2】已知 A 公司，经分析师估计其债务资本成本为6%，权益资本成本为11%，且 A 公司负债权益比为1.5。预计未来五年每年 A 公司的 EBIT（息税前利润）会以10%的增长率稳定增长，五年以后将以5%的增长率永续增长。A 公司经营现金流如表4.3所示。假设净营运资本和资本性支出共占 EBIT 的30%，折旧占比为10%，税率为10%，应如何估算 A 公司的总价值？

对于 A 公司，应先计算加权平均资本成本：

$$6\% \times 0.6 + 11\% \times 0.4 = 8\%$$

所以 A 公司的加权平均资本成本为8%。

表 4.3 A 公司经营现金流　　　　　　　　　　　　　　　单位：万元

经营年份	第一年	第二年	第三年	第四年	第五年
EBIT	100	110	121	133.1	146.4
税收	10	11	12.1	13.31	14.64
税后利润	90	99	108.9	119.79	131.76
折旧	10	11	12.1	13.31	14.64
净营运资本与资本性支出	30	33	36.3	39.93	43.92
经营性现金流	50	55	60.5	66.55	73.2

前五年净现金流的现值为：

$$PV_1 = \frac{50}{1+8\%} + \frac{55}{(1+8\%)^2} + \frac{60.5}{(1+8\%)^3} + \frac{66.55}{(1+8\%)^4} + \frac{73.20}{(1+8\%)^5} = 240(百万元)$$

五年后的净现金流现值为：

$$PV_1 = \frac{73.20 \times (1+5\%)}{8\% - 5\%} \times \frac{1}{(1+8\%)^5} = 1\,743.66(百万元)$$

公司总价值为：

$$240 + 1\,743.66 = 1\,983.66(百万元)$$

【例4-3】Mojito铸币公司的负债权益比为1。市场无风险利率为3%，β系数为2，市场风险溢价为7%，公司负债的税前资本成本为9%。公司预期将无限期地稳定保持上一年的销售收入水平，即28 900 000美元。可变成本为销售收入的60%，税率为40%，该公司在每年年末都将所有的盈利作为股利发放。

(1)计算权益的必要收益率

利用CAPM计算公式可得：

$$R_S = R_f + \beta(\overline{R}_m - R_f) = 3\% + 2 \times 7\% = 17\%$$

(2)计算公司的加权平均资本成本

$$WACC = \frac{B}{B+S} \times R_B \times (1-t) + \frac{S}{B+S} \times R_S$$

$$= \frac{1}{2} \times 9\% \times (1-40\%) + \frac{1}{2} \times 17\% = 11.2\%$$

(3)计算公司价值

第一步，计算每年年末流入公司的净现金流CF：

$$CF = 28\,900\,000 \times (1-60\%) \times (1-40\%) = 6\,936\,000(美元)$$

第二步，运用加权资本成本估计公司价值：

$$V = \frac{CF}{WACC} = \frac{6\,936\,000}{11.2\%} = 61\,928\,571.43(美元)$$

第二节　公司财务预测

因为公司估值基于未来趋势，所以需要进行财务预测。由于公司是永续经营的，首先需要将公司未来漫长的经营期进行分段。比如，根据"竞争性均衡假说"，如果公司的超额利润在第5年年底消失或公司在第5年年底进入稳定期，可以将公司未来漫长经营期分成前5年和后$n-5$年两段，然后分别进行财务预测。公司进入稳定期的时点被称为"终年"。一旦确定"终年"（如第5年年底），前5年财务预测可理解为短期财务预测，即以公司财务目标为基点，通过对市场需求的研究和分析，以销售预测为主导，进而对未来若干年（即公司进入稳定期之前）的生产、成本和现金收支等方面进行预算，据此编制未来若干年每年的预计财务报表，得到税后经营收益（NOPLAT）、自由现金流（FCFF）等预测值。后$n-5$年财务预测是长期财务预测，即对未来若干年之后（即公司进入稳定期之后）影响公司价值的驱动性指标(投入资本回报率 ROIC、收益增长率 g 等指标)进行估计。显然，长短期财务预测的重点不同。

一、短期财务预测

(一)公司财务预测的起点

财务预测一般的做法是从收入预测开始做起，然后进行短期财务报表预测，以及驱动性指标预测，最后预测自由现金流。理由是，财务报表的所有会计分项都与收入有着直接或间接的关系。因此，收入预测是整个预测的第一步。对大多数公司而言，销售预测是财务预测的起点，也是关键的"驱动轮"，其他预测工作可以围绕它展开。销售预测的方法很多，可视情况而定。根据有无历史销售数据划分，销售预测有两种方法。

1. 基于销售历史数据的预测

在将销售历史数据视为预测基础时，通常有三种做法：第一种，以上一年销售额为基础；第二种，以上一年销售额为基础，并将近期的趋势考虑在内；第三种，以前几年的平均销售额为基础。

这些做法的共同点是为销售预测提供了一个有用的基点。尽管以销售历史数据为基点的做法招致了一些批评，但事实证明，在没有特殊情形出现的情况下，销售历史数据还是比较接近具体分析后的预测值。当然，在进行销售预测时，还要充分考虑销售渠道的增加和变更对销售额的正面(加效应)和负面(替代效应)影响，以及客户对新产品的接受度、营销计划、价格策略的变化、竞争对手的行为、预期经济状况等对销售增长的影响。

2. 基于目标市场的预测

如何预测收入？就方法而言，有"由上而下"和"由下而上"两种做法。下面先介绍"由上而下"的做法。

(1)"由上而下"收入预测

这类方法适合成熟市场产品的销售预测，如光明乳业的巴氏奶产品属于成熟市场产品，因此，可以用"由上而下"法进行收入预测。其基本逻辑是：预测市场规模；确定公司市场占有率；预测价格；预测收入。如何了解市场规模呢？可以参考一些权威数据，例如，农业部数据显示，中国城乡居民的年人均奶制品消费量(含乳饮料、冰激凌蛋糕等食品中奶制品消费量)将继续增加，2024 年预计达到每人 39.56 千克；2024 年，奶制品国内总消费规模预计达到 6 303 万吨。

如何确定市场占有率呢？在没有销售历史数据可供参考的情形下，可以先对目标市场的大小(即目标市场总需求)进行分析和判断，根据既定的竞争战略来预测公司的市场渗透能力，即究竟是以低成本还是以差异化，或者两者兼得的竞争战略寻求市场份额，然后推算达到某个市场占有率需要的时间。

此外，还需考虑一些其他问题：价格变化趋势如何？公司能否提供获取市场份额所需的优质产品和服务？其他竞争对手是否具有能够代替自己公司在市场上的产品和服务？

(2)"由下而上"收入预测

它适用于新产品市场的销售预测。"由下到上"的基本逻辑是：了解公司已有客户需求；了解产品渗透速度；预测客户流失率和潜在新客户；收入预测。

但是新产品市场收入预测很难。主要难点有：客户偏好可能发生剧变；公司战略不断变化（不可预知性）。因此，此类产品市场更需要背景分析，这有助于降低不确定性。应该看到，销售预测绝非易事。销售预测不仅是一个方法论，更重要的是，它需要分析者熟悉被分析对象所处的宏观经济环境，以及所处行业现状和发展前景，熟知被分析对象的竞争策略，这样有助于分析者将被分析对象视为一个整体加以分析和预测。同时，还要求分析者善于利用来自供应商、竞争对手、销售渠道、研究部门等各种渠道的信息，以便更加详尽地了解各种不同产品的特征、分销渠道以及根据竞争和被分析对象的品牌决定的价格，并据此对单个产品进行销售预测。

（二）编制预计财务报表

在收入预测结束之后，需进行短期财务报表预测。由于财务报表的所有会计分项都与收入有着直接或间接的关系，我们需要根据以往的历史数据以及背景分析，确定一系列运营假设。也就是说，确定报表中所有会计分项的驱动性因素（会计分项究竟由什么因素决定，如收入、成本、净资产），以及相关关系（如现金占收入的比例、折旧占固定资产净值的比例）。

1. 编制预计利润表

（1）识别和确定利润表各分项的驱动性因素

预计利润表反映公司在未来某个时期内，收入、成本以及预计的盈亏等情况。由于公司的损益是收入与成本费用相抵后的差额，编制预计利润表的关键是对销售收入（营业收入）和成本费用的预测。以中国为例，公司主要的成本费用项目有营业成本、销售费用、管理费用、研发费用、其他费用（包括财务费用、税费等），其中前三项是占比最高的成本费用项目。为此，可以从研究、观察营业收入与成本费用之间的关系入手来编制预计利润表。

（2）预计利润表的编制原理

尽管大多数成本费用项目与营业收入有关，但各项成本费用与营业收入的相关程度存在差异，有的甚至与营业收入之间的关系甚微，因此，为增加可信度，应进行分项预测。第一，主要由销售引起的成本费用项目预测。营业成本与销售收入（营业收入）密切相关，销售费用、管理费用也与销售非常相关。显然，与销售密切相关的成本费用项目可根据目前或过去各项成本费用在营业收入中的占比、销售预测额以及其他一些因素来估算。第二，研发费用预测。研发费用有两种会计处置方法，即资本化和费用化。就费用化而言，研发费用与公司采取的竞争策略直接有关，比如，对于奉行差异化策略的公司，其研发费用就非常高。因此，从结果看，研发费用并不一定会增加未来销售，尤其不会增加当前销售，且研发费用也不一定由销售活动引起。为此，分析者应该主要根据公司已有的竞争策略以及可能的变化来推算研发费用。第三，其他费用预测。其他费用与公司自身发生的原因有关，但与销售没有多大关联，或没有直接联系。例如，利息费用与公司举债规模和利率水平直接相关，折旧费用与折旧政策和上期固定资产净额有关，税收与现有税制有关等。因此，与销售无关或没有太大关联的成本费用项目则需要视情况而定。

2. 编制预计资产负债表

（1）识别和确定资产负债表各分项的驱动性因素

预计资产负债表反映了公司在未来某个时间点，各有关资产、负债和股东权益的预计执行结果。除受到销售影响之外，资产负债表项目还可能由其他不同的因素决定，因此，在编制预计资产负债表之前，需对资产负债表项目进行逐项分析，识别和确定各分项的预测驱动性因素。确认资产负债表各项目的驱动性因素，并据此确定预测比率，然后结合销售预测额来估算各资产和负债项目。

（2）预计资产负债表的编制原理

第一，主要由销售引起的流动资产项目预测。从本质上讲，经营性现金资产、应收账款、存货等流动资产项目几乎无一例外由销售引起。在公司的销售政策、商业信用政策、资产利用率等不变的情况下，经营性现金、应收账款等项目与营业收入（销售收入）之间存在着近乎正向的线性关系。例如，由于经营性现金与营业收入呈近乎正向线性关系，因此，可以根据未来预计销售收入和预测比率来预测未来某一时点的经营性现金。存货与销货成本（营业成本）之间也存在着近乎正向线性关系。

第二，主要由销售引起的流动负债项目预测。应付账款、应计费用、应交税金等是最常见的流动负债项目。在赊销这一现代销售方式下，应付账款是公司数量最大的"自发负债"，在商业信用政策一定的情况下，其规模大小取决于赊购数量。此外，应计费用和应交税金与销售收入也呈正向关系。因此，这些流动负债项目由销售引起，在付款政策不变的情况下，它们与销售收入之间也具有近乎正向的线性关系。为此，与销售密切相关的负债项目可根据目前各项负债在销售收入中的占比、销售预测额来估算，还要将能够预见的付款政策的变化考虑在内。

第三，长期资产项目预测。资本性支出形成长期资产。从长期看，固定资产也由销售活动引起，但它与销售收入的关联程度比不上流动资产。如果预计销售收入增长幅度很大，产量也将有大幅增加，当现有设备的生产能力无法满足产量的急速增长时，就需要添置新设备，增加资本性支出。此时，在建工程、固定资产就与销售收入有关。如果现有设备的生产能力能够满足产量的有限增长时，就无须对固定资产进行追加投资。此时，固定资产与销售收入的关系不大。无形资产能够带来超常收入，但是，账面上的无形资产常常只是公司无形资产的一部分，甚至一小部分，如尽管品牌、客户忠诚度等会带来超常收入，但它们的价值在账面上无法体现。因此，无形资产与销售的真实关系不易被识别和确认。长期股权投资主要与公司未来发展潜力、投资策略有关，并非由销售直接引起。可见，长期资产项目的预测比较费时费力，需结合公司背景信息（如宏观环境、行业环境、公司竞争策略等）逐项进行分析后给出预测值。

第四，长期负债和股东权益预测。长期负债和股东权益为公司提供了长期资金，从长期看，公司对这些长期资金的总需求也和销售有关，但是这些长期资金的配置又具有独立于销售的特点。公司资金缺口可用以下公式估算：

$$EF = \frac{A}{S_0}(\Delta S) - \frac{L}{S_0}(\Delta S) - S_1 \times m \times b$$

式中，A 为与当期销售收入成正向线性关系的当期资产；L 表示与当期销售收入成正向线性关系的当期自发负债；S_0 表示当期销售收入；S_1 表示下一期预期销售收入；ΔS 表示销售收入增量；m 表示税后利润占销售收入的百分比（即销售利润率）；b 表示留存收益占净利润的百分比。

（三）估算"终年"之前各年的 NOPLAT、FCFE

公司资产可分成经营资产和非经营资产两大类，而公司价值由这两大类资产所产生的现金流或收益决定，前者决定公司的经营价值，后者决定公司的非经营价值，公司价值=经营价值+非经营价值。富余现金和交易性金融资产是公司最常见的一种非经营性资产，它们的估值比较简单，因此，本章主要介绍公司经营价值的估算。

1. 投入资本估算

（1）经营资产

首先需要识别经营资产和非经营资产，将全部资产扣除非经营资产后的差额视作经营资产，即

$$经营资产（OA）=负债（D）+股东权益（E）-非经营资产（NOA）$$

（2）投入资本

负债有经营负债和非经营负债之分，因此，要对经营负债和非经营负债进行识别和分类。会计恒等式可变换为：

$$经营资产（OA）+非经营资产（NOA）=经营负债（OL）+非经营负债（D）$$
$$+股东权益（E）$$

投入资本是指经营资产和经营负债的差额，为正确理解投入资本，需从会计恒等式入手，即

$$经营资产（OA）-经营负债（OL）=非经营负债（D）+股东权益（E）$$
$$-非经营资产（NOA）$$

根据投入资本定义，可将上式变换为：

$$投入资本（OA-OL）=非经营负债（D）+股东权益（E）-非经营资产（NOA）$$

2. NOPLAT 计算口径

NOPLAT 是指公司的税后经营收益，由经营资产引起。如果不考虑递延税项，NOPLAT 可用 EBIT$(1-t)$ 表示。根据预计利润表，可计算预计 NOPLAT，即

$$NOPLAT=（营业收入-营业成本-销售费用-管理费用）×经营税率$$

式中，经营税率=[预计利润表中的税金+财务费用×（1-企业所得税税率）-非营业收入税金]/NOPLAT。

3. FCFF 计算口径

FCFF 是指公司的自由现金流，即在满足了经营和投资需要之后，归股东和债权人共同所有的价值增值，即

$$FCFF=NOPLAT+D-CE-\Delta WC$$

由于净投资=CE+ΔWC-D，因此，上式可转换为：

$$FCFF=NOPLAT-净投资$$

由于再投资比率（IR）=净投资/NOPLAT，因此，又可变换成：

$$FCFF=NOPLAT-NOPLAT×IR$$

由于收益增长率（g）=再投资比率（IR）×投入资本回报率（ROIC），可将上式变换为：

$$FCFF=NOPLAT（1-g/ROIC）$$

其中，投入资本回报率（ROIC）=NOPLAT/投入资本

二、中长期预测

(一)中长期预测的驱动性指标

从长远看,一家公司终年价值取决于新投入资本回报率(RONIC)和公司收益增长(g)的能力。以贴现现金流量法(DCF)为例,通过集中考察 RONIC 和 g,可以将预测置于合理的大环境中。假设 RONIC 和 g 在未来保持不变,则:

$$\text{连续价值}_{终年} = \frac{\text{FCFF}_{终年+1}}{\text{WACC} - g} = \frac{\text{NOPLAT}_{终年+1}(1 - \text{IR})}{\text{WACC} - g} = \frac{\text{NOPLAT}_{终年+1}(1 - g/\text{RONIC})}{\text{WACC} - g}$$

式中,IR 表示投资率(净投资/NOPLAT),若公司投资所需资金仅靠内源资金加以解决,IR 也可理解为留存比率(b)或(1-股利发放率);NOPLAT 表示税后经营收益,可用 EBIT(1-t)替代。RONIC 表示新投入资本回报率,其计算公式是 NOPLAT/投入资本。净投资=(投入资本$_{t+1}$-投入资本$_t$),是指这一年和下一年投入资本的增加额,也可以理解为 Δ 资本性支出(CE-D)与 Δ 营运资本支出(ΔWC)之和。g 可表示为收入或利润的平均增长率。

(二)稳定期(终年)后的驱动性指标估计

1. 稳定期后的 ROIC

由于竞争原因,几乎所有公司投入的资本回报率(ROIC)都会发生衰减,只是程度不一而已。因此,当公司进入稳定期后,公司的投入资本回报率通常会出现两种情形:第一,公司的 ROIC 渐渐趋近于行业平均的 ROIC;第二,公司的 ROIC 渐渐趋近于公司的加权平均资本成本 WACC。

显然,公司进入稳定期意味着其失去了获取超额利润的机会,公司进入稳定期后的 ROIC 就可以使用行业平均 ROIC 或者 WACC。

2. 稳定期后的 g

同样,竞争也会使公司收益增长率(g)发生衰减。通常,其衰减速度超过 ROIC 的衰减速度。因收益增长率(g)由再投资率(IR)和投入资本回报率(ROIC)决定,故有:

$$g = \text{IR} \times \text{NOPLAT}/\text{投入资本}$$
$$= \text{IR} \times (1 - t) \times (\text{EBIT}/\text{收入}) \times (\text{收入}/\text{投入资本})$$
$$= \text{IR} \times \text{销售利润率} \times \text{平均资本周转率}$$

第三节　基于折现现金流计算企业价值

企业估值的折现现金流方法是企业价值以加权平均资本成本为折现率计算的未来预期自由现金流的现值。自由现金流被认为是由该公司的生产性资产——其营运资金、固定资产、商誉等产生的现金流量。

一、应用自由现金流进行企业估值

(一)定义自由现金流

现金流折现的概念就是针对风险和收益及时间价值的基本原理:公司的项目、投资或资产的价值,等于其未来现金流按现金流的风险水平折现到今天的现值。现金流折现估值法的优点在于可以对任何公司、资产、项目或投资进行估值，且只需要以预计现金流和折现率作为输入变量。

以公司估值为目的的现金流折现分析，等于公司的无杠杆自由现金流按加权平均资本成本折现后的现值。无杠杆自由现金流是指公司创造的、尚未扣除融资成本的现金流，融资成本包括向债务持有人支付的利息以及向股东支付的股息。为确定公司仅对股权持有人而言的隐含股权价值，则需要从现金流折现分析得到的企业价值中扣除债务净额。

需要重点强调的是，使用自由现金流及加权平均资本成本进行折现，得到的结果就是企业价值。股权价值是基于自由现金流折现的结果，是在企业价值的基础上减去净负债计算得出的。也可以使用权益现金流，就是在自由现金流的基础上扣除掉银行还本付息，即将归属于债务人的现金流扣除，剩下的只是归属于股东的现金流，因此，权益现金流折现的结果对应的就是股权价值。除此之外，还可以将股利折现，因为股利同样是归属于股东的现金流，股利折现的结果同样对应的是股权价值。

（二）计算现金流的方法

自由现金流衡量的是公司运营过程中产生了多少现金，主要有两种方法进行计算。其中，基于损益表计算的自由现金流如表 4.4 所示，基于 EBIT 的自由现金流如表 4.5 所示。

表 4.4　基于损益表计算的自由现金流

税后利润	这是公司营利能力的基本计量方法，但它是一个会计计量，包括筹资活动产生的现金流（如利率）和非现金支出（如折旧）。税后利润没有说明公司在运行资本或新固定资产采购这两个方面有什么变化，但公司最重要的现金消耗是在这两个方面
+折旧和其他非现金支出	在计算 FCF 时，折旧这项非现金支出被追加到税后利润中。如果公司的损益表中有其他非现金支出，它们也应该被加回
-经营性流动资产的增加	当公司的销售增加，更多的投资是在存货、应收账款等方面。该流动资产的增加不是以税收为目的的支出（因此在税后利润中也被忽视），但它是公司现金消耗的一个方面。调整流动资产时，应当注意不要调整与销售没有直接关系的金融性流动资产，如现金和有价证券
+经营性流动负债的增加	销售增加时常常会引起与销售有关的融资的增加（如应付账款和应付税金）。流动负债增加——当涉及销售时——给公司提供现金。因为它直接与销售有关，因此在自由现金流计算中包括此现金。调整流动负债时，应当注意不要调整与销售没有直接关系的金融性流动负债：最重要的例子是短期借款和长期负债的当期分摊额的变化
-固定资产原值的增加（资本支出）	固定资产（公司长期生产性资产）的增加也消耗现金，它将减少公司的自由现金流
+税后利息支付（净）	FCF 试图测量由公司业务活动产生的现金。为抵消利息支付对公司利润的影响： • 加上税后的债务利息成本（税后；因为利息支付是免税的） • 减去现金和有价证券的税后利息支付

表 4.5　基于 EBIT 的自由现金流

EBIT				
+折旧和其他非现金支出				
−经营性流动资产的增加			−ΔCA+ΔCL 求和表示该公司的净营运资本	
+经营性流动负债的增加			的变化 ΔNWC	
−固定资产原值的增加(资本支出)				

二、预测未来自由现金流

公司价值评估最重要的方面是预测其未来自由现金流量。本书中采用两种方法得出预测未来自由现金流。这两种方法主要是基于会计数据。由于会计数据是历史数据，需要判断这些数据在未来的发展趋势。

(一)基于合并现金流量表的自由现金流

1. 现金流量表概述

虽然利润表提供了企业在一段时间内产生的利润的规模和质量信息，但信息使用者却无法从利润表中获知企业到底产生了多少现金。其原因有两点：第一，利润表中包含了非现金项目，如折旧和摊销；第二，现金的某些使用项目不反映在利润表中，如购买存货的支出。因此，需要专门编制相关的报表来反映企业的现金流状况。现金流量表是反映企业经营活动、投资活动和筹资活动对其现金及现金等价物产生的影响的会计报表。通过观察现金流量表财务报告，使用者能够更好地了解企业现金流量的变化情况，并对其未来的状况做出预测。现金流量表较为特殊的一点在于，它是以收付实现制为基础的，这有助于信息使用者了解企业真实的现金流量情况。

2. 现金流量表的基本结构

合并现金流量表(CSCF)主要由三个部分组成，包括经营活动产生的现金流量、投资活动产生的现金流量以及筹资活动产生的现金流量。

(1)经营活动产生的现金流量

经营活动产生的现金流量是指企业投资活动和筹资活动以外的所有交易和事项产生的现金流量。经营活动流入的现金主要包括：销售商品、提供劳务收到的现金(指本期实际收到的现金，不考虑销售商品和提供劳务的时间)；收到的税费返还；收到的其他与经营活动有关的现金(如经营性租赁收到的租金、罚款收入等)。经营活动流出的现金主要包括：购买商品、接受劳务支付的现金(指本期实际支付的现金，不考虑购买商品和接受劳务的时间)；支付给职工以及为职工支付的现金；支付的各项税费，支付的其他与经营活动有关的现金(如差旅费、业务招待费、保险费等)。

(2)投资活动产生的现金流量

投资活动产生的现金流量是指企业非流动资产的购建和处置以及不包括在现金等价物范围内的投资性资产的取得和处置活动所产生的现金流量。其中，现金等价物是指企业持有的期限短、流动性强、风险低的金融工具，由于具有高度的变现能力，被称为现金等价物，如国库券等。

投资活动流入的现金主要包括：收回投资收到的现金；取得投资收益收到的现金（不包括股票股利）；处置固定资产、无形资产和其他长期资产收回的现金净额（由于自然灾害造成长期资产损失而获得的保险赔偿包含在此项目）。

投资活动流出的现金主要包括：购建固定资产、无形资产和其他长期资产支付的现金（借款利息和融资租入固定资产的租赁费在筹资活动产生的现金流中反映）；投资支付的现金（投资现金等价物除外）。

（3）筹资活动产生的现金流量

筹资活动产生的现金流量是指导致企业的权益或债务的规模和构成发生变化的活动所产生的现金流量。

筹资活动流入的现金主要包括：吸收投资收到的现金；取得借款收到的现金；等等。

筹资活动流出的现金主要包括：偿还债务支付的现金（指偿还本金）；分配股利、利润或偿付利息支付的现金；等等。

当用 CSCF 来确定自由现金流时，通常涉及以下步骤：

①接受公司报告的经营活动现金流量。

②检查投资活动现金流量，将与生产有关的投资活动现金流用于 FCF 的计算，并剔除与公司金融资产投资有关的投资活动现金流。

③不将任何筹资活动的现金流计入 FCF。

④在所有情况下，都应该仔细考虑特定的项目是只发生一次，还是重复发生，而不用考虑那些只发生一次的项目。

⑤通过加回已付利息净额来调整 CSCF 中数据的总和。

具体到经营活动现金流量、投资活动现金流量和筹资活动现金流量的计算方法如下：

（1）经营活动现金流量

经营活动现金流量是用收益的非现金扣减额和公司净营运资产的变动来调整公司的净利润。由于现代会计报表包括许多非现金项目，将公司的各账户转为现金收付制需要进行很多调整。一个典型的调整就是将折旧加回至该公司的收入中：由于折旧是公司的一项非现金支出，因此在调整现金流时必须被加回。

当公司向员工发行股票期权时，这些期权的价值被从公司的收入中扣除，公司给予其员工具有一定价值的期权，同时必须在公司的损益表中记账反映。但是实际上，期权的价值是非现金扣减项，在合并现金流量表中会被加回。

公司的损益表反映商誉的减少（即所谓的"资产减值"）。资产减值——该公司购买的无形资产的经济价值的损失——对公司股东而言是一种经济损失。但由于它不是现金流的损失，在合并现金流量表中会被加回。

为了计算公司的自由现金流，通常可以保留合并现金流量表经营活动现金流量部分的所有项目。

（2）投资活动现金流量

合并现金流量表的第二部分包含了企业的所有投资。这些投资既包括证券投资，也包括对公司经营性资产的投资。证券投资是指买卖公司所持有的证券，证券投资不是公司自由现金流的一部分，自由现金流仅用于衡量与公司核心业务活动有关的现金流量。为了计算公司的自由现金流，必须区别金融投资的现金流（不是 FCF 的一部分）和对形成公司业务收入的资产的投资（是 FCF 的一部分）。

（3）筹资活动现金流量

合并现金流量表的最后一部分涉及公司融资的变动。对于自由现金流的计算，可以忽略这一部分。

【例 4-4】基于 ABC 公司合并现金流量表进行企业估值。2008—2012 年 ABC 公司的合并现金流量表如图 4.1 所示。

	A	B	C	D	E	F	G
1			ABC公司 合并现金流量表, 2008—2012				
2		2008	2009	2010	2011	2012	
3	经营活动:						
4	净收益	479,355	495,597	534,268	505,856	520,273	
5	将净收益调整为经营活动现金流量						
6	加回折旧和摊销	41,583	47,647	46,438	45,839	46,622	
7	经营性资产和负债的变化:						
8	减去应收账款的增加	9,387	25,951	-12,724	1,685	-2,153	
9	减去存货的增加	-37,630	-22,780	-16,247	-15,780	-5,517	
10	减去预付费用和其他资产的增加	-52,191	13,573	16,255	14,703	-2,975	
11	加上应付账款、应计费用、养老金和其他负债的增加	29,612	51,172	6,757	40,541	60,255	
12	经营活动提供的净现金流量	470,116	611,160	574,747	592,844	616,505	<-- =SUM(F4:F11)
13							
14	投资活动:						
15	短期投资, 净额	-5,000	-55,000	50,000	-10,000	20,000	
16	购买财产、厂房和设备	-48,944	-70,326	-89,947	-37,044	-88,426	
17	财产、厂房和设备的处置收入	197	6,956	22,942	6,179	28,693	
18	投资活动使用的净现金流量	-53,747	-118,370	-17,005	-40,865	-39,733	<-- =SUM(F15:F17)
19							
20	筹资活动:						
21	债务偿还	0	0	-300,000	0	-7,095	
22	循环信贷借款所得	1,242,431	0	0	0	250,000	
23	股票发行收入	48,286	114,276	69,375	68,214	37,855	
24	股利支付	-332,936	-344,128	-361,208	-367,499	-378,325	
25	股票回购	-150,095	-200,031	-200,038	-200,003	-597,738	
26	筹资活动使用的净现金流量	807,636	-429,883	-791,871	-499,288	-695,303	<-- =SUM(F21:F25)
27							
28	现金结余的变化	1,224,005	62,907	-234,129	52,691	-118,531	<-- =F12+F18+F26
29							
30	补充披露现金流量信息						
31	本期支付现金						
32	所得税	255,043	175,972	314,735	283,618	305,094	
33	利息	83,553	83,551	70,351	57,151	57,910	
34							
35	所得税税率	34.73%	26.20%	37.07%	35.92%	36.96%	<-- =F32/(F4+F32)

图 4.1 2008—2012 年 ABC 公司的合并现金流量表

ABC 公司将 CSCF 转化为 FCF 如图 4.2 所示。

①保留经营活动下的所有项目。

②在投资活动部分，剔除与经营活动不相关的项目。例如，应当剔除投资活动下反映买卖金融资产的"短期投资，净额"项目。

③完全忽略筹资活动的现金流。

④还要在剩余项目总和的基础上加回税后净利息以抵消净收益中所扣除的利息。

图 4.2　ABC 公司将 CSCF 转化为 FCF

以历史自由现金流为基础预测未来现金流，ABC 公司估值结果如图 4.3 所示。

图 4.3　ABC 公司估值结果

（二）基于预计财务报表的自由现金流

几乎所有的财务报表模型都是销售驱动的，这说明在财务报表中，一些重要的变量都要尽可能假设为企业销售收入的函数。例如，会计的应收账款直接就是企业销售收入的百分比。

同时，为了求解财务预测模型，必须区分财务报表中的项目。在这些项目中，一些项目是销售收入的函数，而另一些项目则是由相关政策所决定的。一般来说，在资产负债表中资产部分的项目都可设为销售收入的函数。流动负债一般也可设为销售收入的函数，而余下的长期负债和所有者权益一般是由政策决定的。

【例4-5】D公司的资产负债表和损益表如表4.6所示。

表4.6　D公司的资产负债表和损益表

销售增长/%	10
流动资产(销售)/%	15
流动负债(销售)/%	8
固定资产净值(销售)/%	77
产品销售成本(销售)/%	50
折旧率/%	10
债券利率/%	10.00
对现金和有价证券支付的利息/%	8.00
税率/%	40
派息比率/%	40
年	0
损益表	
销售/万元	1 000
商品销售成本/万元	−100
债务利息支付/万元	57
现金和有价证券所得利息/万元	32
折旧/万元	−100
税前利润/万元	889
所得税/万元	−356
税后利润/万元	533
股息	0
留存收益/万元	533
资产负债表	
现金和有价证券/万元	80
流动资产/万元	80
固定资产	
按成本/万元	800
折旧/万元	−300

续表

固定资产净值/万元	500
总资产/万元	660
流动负债/万元	770
债务/万元	−710
股票/万元	450
累计留存收益/万元	150
总负债和所有者权益/万元	660

该企业目前(第 0 年)的销售收入是 1 000 万元。预计该企业的销售收入将按每年 10% 的比率增长。另外，该预期财务报表满足表 4.7 中的关系。

表 4.7 D 公司财务报表项目间的关系

流动资产	假设为该年销售收入的 15%
流动负债	假设为该年销售收入的 8%
固定资产净值	假设为该年销售收入的 77%
折旧	假设为年内平均账面资产的 10%
固定资产原值	净资产加上累计折旧
长期债务	企业既不偿还已有的债务，在五年内也不借入更多的资金
现金和有价证券	资产负债表的一个调节变量；假设现金和流动证券的平均余额有 8% 的利息收入

1. 调节变量为现金和有价证券

由于一些重要的变量为企业销售收入的函数，就涉及一个调节变量，从而确定资产负债表的"闭合"。这主要是指会计视角的"闭合"，即保证资产和负债是相等的；另外，也要保证财务视角的"闭合"，也就是企业对增长的投资如何融资。在预计财务报表中的调节变量可以从①现金和有价证券；②负债；③股票中选取，如表 4.8 所示某公司资产负债表。

表 4.8 某公司资产负债表

资产	负债及股东权益
现金和有价证券	流动负债
流动资产	长期负债
固定资产	权益
原值	股本(股东直接提供的资金净额)
−累计折旧	累积留存收益(未分配利润)

续表

资产	负债及股东权益
固定资产净值	
总资产	负债和股东权益总计

在表4.8中，假设现金和有价证券是一个"调节变量"。

①"调节变量"的机制含义定义为：现金和有价证券=总负债和所有者权益-流动资产-固定资产净值。通过使用这个定义，可以确保资产和负债总能相等。

②"调节变量"的财务含义：通过将"调节变量"定义为现金和有价证券，还可以说明企业如何进行内部融资。在例4-5中，企业没有出售额外的股票、未偿还任何原有的负债，也没有再增加负债。这个定义意味着企业所有融资（如果需要）的增量都来自现金和有价证券账户；同时，这也意味着如果企业有额外的现金，它们也都将被列入这个账户。

例4-5中，损益表和资产负债表的等式如下：

（1）损益表中的等式

$$销售收入=起始销售收入×(1+销售增长率)^{年数}$$

$$销售成本=销售收入×销售成本/销售收入$$

$$负债的利息费用=负债利息率×年平均负债$$

$$现金和有价证券的利息收入=现金利息率×现金和有价证券的年平均值$$

$$折旧=折旧率×固定资产原值的年平均值$$

$$税前利润=销售收入-销售成本-债务的利息支付+现金和有价证券的利息收入-折旧$$

$$税金=税率×税前利润$$

$$税后利润=税前利润-税金$$

$$股利=股利支付率×税后利润$$

$$未分配利润=税后利润-股利$$

（2）资产负债表中的等式

$$现金和有价证券=总负债和所有者权益-流动资产-固定资产净值$$

$$流动资产=流动资产/销售收入×销售收入$$

$$固定资产净值=固定资产净值/销售收入×销售收入$$

$$累计折旧=上一年的累计折旧余额+折旧率×固定资产原值的年平均值$$

$$流动负债=流动负债/销售收入×销售收入$$

假设长期债务不变。

股本金不变。

$$累计未分配利润=上一年的累计未分配利润+本年增加的未分配利润$$

由此可以得到D公司第1~5年的损益表和资产负债表，如图4.4所示。

	A	B	C	D	E	F	G	H
1				预计财务模型，D公司				
2	销售增长	10%						
3	流动资产/销售	15%						
4	流动负债/销售	8%						
5	固定资产净值/销售	77%						
6	产品销售成本/销售	50%						
7	折旧率	10%						
8	债券利率	10.00%						
9	对现金和有价证券支付的利息	8.00%						
10	税率	40%						
11	派息比率	40%						
12								
13	年	0	1	2	3	4	5	
14	损益表							
15	销售	1000	1100	1210	1331	1464	1611	<-- =F15*(1+$B$2)
16	商品销售成本	-500	-550	-605	-666	-732	-805	<-- =G15*$B$6
17	债券利息支付	-32	-32	-32	-32	-32	-32	<-- =$B$8*(F36+G36)/2
18	现金和有价证券所得利息	6	9	14	20	26	33	<-- =$B$9*(F27+G27)/2
19	折旧	-100	-117	-137	-161	-189	-220	<-- =$B$7*(G30+F30)/2
20	税前利润	374	410	450	492	538	587	<-- =SUM(G15:G19)
21	所得税	-150	-164	-180	-197	-215	-235	<-- =G20*$B$10
22	税后利润	225	246	270	295	323	352	<-- =G21+G20
23	股息	-90	-98	-108	-118	-129	-141	<-- =$B$11*G22
24	留存收益	135	148	162	177	194	211	<-- =G23+G22
25								
26	资产负债表							
27	现金和有价证券	80	144	213	289	371	459	<-- =G39-G28-G32
28	流动资产	150	165	182	200	220	242	<-- =G15*$B$3
29	固定资产							
30	按成本	1070	1264	1486	1740	2031	2364	<-- =G32-G31
31	折旧	-300	-417	-554	-715	-904	-1124	<-- =F31+G19
32	固定资产净值	770	847	932	1025	1127	1240	<-- =G15*$B$5
33	总资产	1000	1156	1326	1513	1718	1941	<-- =G32+G28+G27
34								
35	流动负债	80	88	97	106	117	129	<-- =G15*$B$4
36	债务	320	320	320	320	320	320	<-- =F36
37	股票	450	450	450	450	450	450	<-- =F37
38	累计留存收益	150	298	460	637	830	1042	<-- =F38+G24
39	总负债和所有者权益	1000	1156	1326	1513	1718	1941	<-- =SUM(G35:G38)

图 4.4　D公司第1~5年的损益表和资产负债表

对图4.4中的损益表和资产负债表进行自由现金流的计算，结果如图4.5所示。

	A	B	C	D	E	F	G	H
40								
41	年	0	1	2	3	4	5	
42	自由现金流的计算							
43	税后利润		246	270	295	323	352	<-- =G22
44	加回折旧		117	137	161	189	220	<-- =G19
45	减去流动资产的增加		-15	-17	-18	-20	-22	<-- =-(G28-F28)
46	加回流动负债的增加		8	9	10	11	12	<-- =G35-F35
47	减去固定资产原值的增加		-194	-222	-254	-291	-333	<-- =-(G30-F30)
48	加回税后债务利息		19	19	19	19	19	<-- =(1-$B$10)*G17
49	减去税后现金和有价证券利息		-5	-9	-12	-16	-20	<-- =(1-$B$10)*G18
50	自由现金流		176	188	201	214	228	<-- =SUM(G43:G49)

图 4.5　第1~5年自由现金流计算结果

如果加权平均资本成本为20%，自由现金流长期增长率为5%，则可以计算出企业的价值及企业每股股票的价值，企业估值结果如图4.6所示。

	A	B	C	D	E	F	G	H
52								
53	评估公司价值							
54	加权平均资本成本	20%						
55	自由现金流长期增长率	5%						
56								
57	年	0	1	2	3	4	5	
58	FCF		176	188	201	214	228	
59	终值						1,598	<-- =G58*(1+B55)/(B54-B55)
60	总和		176	188	201	214	1,826	
61								
62	企业价值，第60行的现值	1,348	<-- =NPV(B54,C60:G60)*(1+B54)^0.5					
63	加上初始（第0年）的现金和有价证券	80	<-- =B27					
64	第0年的资产价值	1,428	<-- =B63+B62					
65	减去公司目前债务的价值	-320	<-- =-B36					
66	权益价值	1,108	<-- =B64+B65					
67	每股价值（100股）	11.08	<-- =B66/100					

图 4.6　企业估值结果

2. 调节变量为负债

在上述模型中，现金和有价证券是一个调节变量，负债是一个常量。但是对于有些模型参数，可能得到负的现金和有价证券。

【例4-6】该模型参数值有些不同设定，与例4-5有所差异，具体如图4.7所示。

图 4.7　D 公司修改模型参数后的损益表和资产负债表

从图 4.7 中可以发现，现金和有价证券账户在第 2 年转为负数，其不符合逻辑。这表明，如果销售收入增加，流动资产和固定资产需求增加，以及股利支付增加，企业都需要筹措更多的资金。为此，需要注意：①现金不能小于零；②当企业需要筹资时，可以借钱。

若"流动资产+固定资产净值>流动负债+去年的负债+股票+累计未分配利润"，在这种情况下，即使现金和有价证券等于 0，还是需要增加负债余额以筹措企业生产活动的所需资金。若"流动资产+固定资产净值<流动负债+去年的负债+股票+累计未分配利润"，那么不存在增加负债的需要。

基于图 4.8 获得的损益表和资产负债表，可以计算出 D 公司第 1~5 年的自由现金流，如图 4.9 所示。进而计算企业价值。

图 4.8　D 公司负债为调节变量的报表

	A	B	C	D	E	F	G	H
40								
41	年	0	1	2	3	4	5	
42	**自由现金流量计算**							
43	税后利润		264	314	373	443	527	<-- =G22
44	追加折旧		124	156	194	242	299	<-- =G19
45	减去流动资产的增加		(40)	(48)	(58)	(69)	(83)	<-- =(G28-F28)
46	追加流动负债的增加		16	19	23	28	33	<-- =G35-F35
47	减去固定资产原值的增加		(284)	(348)	(425)	(518)	(631)	<-- =(G30-F30)
48	加债务的税后利息		24	25	28	34	40	<-- =(1-$B$10)*G17
49	减去现金和有价证券的税后利息		(3)	(1)	0	0	0	<-- =(1-$B$10)*G18
50	**自由现金流量计算**		101	118	137	159	186	<-- =SUM(G43:G49)

图 4.9　D 公司第 1~5 年的自由现金流

三、现金流折现分析的主要优缺点

（1）主要优点

现金流折现分析被认为是确定公司自身价值或内在估值的最佳方法之一，因为相对于其他估值方法，其不容易受到外部因素的影响。此外，现金流折现分析具有较大的灵活性，可用于对独立的单位、子公司或资产进行估值。

现金流折现分析在并购环境下尤为有效，因为它是一种前瞻性分析，可以在预测中充分考虑公司长期战略规划，以及增长率和营业利润率等关键变量的预期变化。

（2）主要缺点

使用现金流折现分析的最大挑战在于，现金流折现分析的基础是预测，而任何预测都不可能是完美无瑕的。相反，它们只是对未来有一定根据的猜测。此外，编制预测财务报表的人往往会对公司的未来前景持乐观态度。这种乐观偏差或许会导致现金流折现分析被夸大价值。而另一个有可能导致现金流折现分析夸大估值的问题是：在计算对公司现金流进行折现的 WACC 时，采用的数据往往来自规模较大且风险较小的同行企业。也就是说，如果 WACC 被人为压低，公司得到的现金流折现价值就会被夸大。

还有一个常见的错误是：预测并没有涵盖公司的整个经营周期。比如，如果公司预测仅延续 5 年，但企业却在第 7 年发生重大变化，那么，采用 5 年预测期的现金流折现分析就有可能夸大或低估价值（具体取决于第 7 年的变化是有利还是不利的），因为预测并没有反映出发生在第 7 年的重大变化。为避免这种风险的出现，必须保证预测财务报表至少应覆盖一个完整的商业周期（通常是 5~10 年），或者让预测期覆盖整个现金流保持"正常化"的期限，一直延续到现金流出现"非正常化"再到正常化为止。此外，现金流折现分析往往对某些假设极为敏感（比如销售增长率、营业利润率、资本性支出、计算终值的方法以及预测期等），因此，必须对这些变量的预测采取非常谨慎的态度。

根据实际要求和数据的可获取性，现金流折现分析既有可能非常简单，也有可能极为复杂。归根到底，为进行分析所需的预测质量将最终决定现金流折现分析的完整性和正确性。

2023年12月，中央经济工作会议在北京召开，阶段性总结做好经济工作的规律性认识，提出"5个必须"，即必须把坚持高质量发展作为新时代的硬道理；必须坚持深化供给侧结构性改革和着力扩大有效需求协同发力；必须坚持依靠改革开放增强发展内生动力；必须坚持高质量发展和高水平良性互动；必须把推进中国式现代化作为最大的政治。

目前，估值报告已在创投企业、境外并购和上市公司开展应用，但各类监管政策对估值工作程序和估值报告内容缺乏规范性要求；为加强国有资产评估监管，规范估值报告的审核和使用，需要对估值程序规范、估值报告要件、估值方法适用和估值机构管理提出明确要求，进一步提高估值报告的专业性和规范性。

中央企业估值报告审核指引

第一章　总　则

第一条　为规范中央企业估值项目管理工作，提高估值报告审核效率，依据《中华人民共和国企业国有资产法》《中央企业境外国有产权管理办法》（国务院国资委令第27号）、《上市公司国有股权监督管理办法》（国务院国资委 财政部 中国证监会令第36号）及本通知等规定，制定本指引。

第二条　中央企业及其子企业发生本通知规定可以进行估值的经济行为时，对估值报告进行审核，适用本指引。

第三条　审核估值报告时，应重点关注估值报告基本要素是否完整、准确，估值方法应用说明是否详细、合理等。

第二章　估值报告审核要点

第四条　审核估值报告，应当关注估值报告是否包含标题、目录、正文及附件等。估值报告内容是否完整，文字描述是否准确、清晰，是否能够从估值角度为委托方提供价值参考和相关风险提示。

第五条　审核估值报告标题，应当关注是否采用"委托方名称+经济行为描述+估值对象+估值报告"的形式。

第六条　审核估值报告目录，应当关注是否列明正文、附件的内容及页码，是否有助于快速清晰地查看相关内容。

第七条　审核估值报告正文，应当关注是否包括估值目的、估值委托方和被估值对象概况、估值基准日、估值假设和限制条件、价值类型、估值程序实施过程和情况、估值方法、估值结论、特别事项说明、签字盖章等。

第八条　审核估值目的，应当关注是否清晰、明确说明本次估值服务的经济行为，以及经济行为的决策或批准情况。

第九条 审核估值委托方概况，应当关注是否说明企业基本情况。审核被估值对象概况，被估值对象为企业股权的，应当关注是否介绍企业历史沿革、股权结构、近三年财务及经营状况等，企业存在重大关联交易的，应当关注是否参考或引用其他尽职调查情况披露关联方、关联业务、交易方式等内容；被估值对象为单项资产或资产组的，应当关注是否介绍资产的基本情况、权属状况、经济状况、质量状况等。

第十条 审核估值基准日，应当关注是否接近经济行为或特定事项的实施日期。被估值企业在估值基准日后如遇到可能对估值结果产生重大影响的事项，是否合理调整估值基准日或在估值结论以及交易条件中予以考虑。

第十一条 审核估值假设和限制条件，应当关注是否结合宏观经济情况、行业发展现状及前景、企业发展现状及前景、资产的应用场景等进行假设。估值假设和限制条件是否存在背离事实，或其他颠覆性影响估值结论的内容。针对未决事项的假设，是否说明其可能影响估值结论的情况。

第十二条 审核价值类型，应当关注是否列明所选择的价值类型及定义，尤其选择市场价值以外的价值类型，应当关注其选取理由是否合理。

第十三条 审核估值程序，应当关注是否介绍估值机构履行估值程序的方式、内容等。是否对影响估值结论较大的事项或资料进行调查、分析。是否存在未履行与委托方商定的估值程序，未能履行的程序是否对估值结论存在影响等。

第十四条 审核估值方法，应当关注是否采用两种及以上估值方法进行估值，是否说明选取估值方法的合理性。只能采用一种估值方法估值的，是否说明其他估值方法不适用的原因或者所受限制。

第十五条 审核估值结论，对采用两种及以上估值方法进行估值的，应当关注是否说明不同估值方法结果的差异及原因，以及最终确定估值结论的理由。

第十六条 审核特别事项说明，应当关注是否结合或引用其他尽职调查情况，充分披露可能对估值结论影响重大的事项形成的原因、性质、对估值结论可能产生的影响以及在估值过程中如何予以考虑。对不适宜在估值报告中披露且可能对估值结果影响重大的事项，企业是否形成专项处理意见。

第十七条 审核盖章或签字时，应当关注估值报告的盖章或签字是否符合被估值对象所在国家、区域的法律法规或行业规定。

第十八条 审核估值报告的附件时，应当关注是否包括与估值目的相对应的经济行为批准文件、被估值对象核心资产的权属证明文件(如有)、财务资料、估值业务委托合同中与估值工作相关的内容页、被估值企业和估值机构营业执照(如有)、估值机构和估值人员独立性声明、其他对估值报告或估值结论有重要支撑作用的相关材料。

第三章 估值方法审核要点

第十九条 审核收益法及其衍生方法时，应当关注是否满足未来收益可以合理预测，主要风险可以考量，重要参数可以计量，收益期限能够确定等条件。

第二十条　审核收益法模型，应当关注是否结合企业资本结构、经营模式、发展阶段、收益情况等因素进行选择；是否形成被估值对象的收入、成本及费用、折旧摊销、营运资金、折现率等完整的预测表，是否在条件允许时，形成资本性支出、非经营性资产及负债的预测表；是否充分结合宏观经济情况、行业情况、企业历史年度及估值基准日经营情况以及未来发展规划等因素，充分说明主要参数预测和计算依据。

第二十一条　审核市场法及其衍生方法，应当关注可比公司或可比交易案例是否能够获得，与被估值对象是否具有可比性，对价值影响因素存在的主要差异是否可以修正。

第二十二条　审核市场法选取的价值比率或分析模型，应当关注是否符合被估值对象的行业特点、盈利模式等；是否对可比对象和被估值对象所处行业、行业地位、企业规模、盈利模式、主要财务数据等进行分析比对，是否对存在的差异进行修正，并说明修正依据。采用可比交易案例估值时，还需关注是否对可比交易案例和被估值对象的交易时间、交易条件、交易股比等进行分析比对，是否对存在的差异进行修正，并说明修正依据。

第二十三条　审核资产基础法及其衍生方法，应当关注被估值对象资产负债表及表外各项资产、负债是否可识别，各项资产、负债的价值是否可判断、可估算。

第二十四条　审核资产基础法相关参数，应当关注是否说明各项资产、负债重置成本的构成要素，是否结合被估值对象的实际情况以及影响其价值变化的条件，充分考虑可能影响资产贬值的因素，是否合理确定各项贬值。主要资产、负债是否选取典型案例，是否描述估值过程、方法、参数选取及结论等。

第二十五条　审核其他估值方法时，应当关注估值方法是否与被估值对象匹配，关键参数和估值依据是否合理。

2021 年 11 月 30 日，由中国电子商会、中国中小企业协会等单位联合发起并制定的首部《中小微企业估值规范》团体标准正式发布，且于 2022 年 1 月 1 日起实施。

《中小微企业估值规范》团体标准立足中小微企业，规定了中小微企业估值的指标体系、估值流程、估值技术、数据安全管理、估值报告等，适用于中小微企业以股权投资为主要目的的估值。

《中小微企业估值规范》从企业经营环境、企业和人员资质、核心竞争力、财务状况、盈利水平、抗风险及信用评价七个方面对企业进行"画像"，以算术为核心，对中小微企业估值方法、估值流程以及估值报告进行规范和指引，对客观公正评价中小微企业的估值具有积极影响和深远意义。

练习题

1. 使用给定的估值模板对 E 公司进行估值（图 4.10）。假设该公司的加权平均资本成本为 12.6%，第 1~5 年的增长率为 4%，长期增长率为 0。请计算企业的每股价值。

	A	B	C	D	E
1		E公司合并现金流量表			
2	截至	2012/7/27	2011/7/29	2010/7/30	
3	净收益	8,041,000	6,490,000	7,767,000	
4	经营活动现金流量				
5	折旧	2,602,000	2,486,000	2,030,000	
6	净收益调整项	1,046,000	1,268,000	718,000	
7	应收账款变动	-574,000	-1,318,000	-2,524,000	
8	负债变动	1,337,000	1,025,000	2,438,000	
9	存货变动	-287,000	-147,000	-158,000	
10	其他经营性资产变动	-674,000	275,000	-98,000	
11	总的经营活动现金流	11,491,000	10,079,000	10,173,000	<-- =SUM(D3:D10)
12					
13	投资活动现金流量				
14	购买投资	-41,810,000	-37,130,000	-48,690,000	
15	投资处置收入	27,365,000	17,538,000	19,300,000	
16	投资到期收入	12,103,000	18,117,000	23,697,000	
17	购买财产和设备	-1,126,000	-1,174,000	-1,008,000	
18	企业收购获得的净现金及现金等价物	-375,000	-266,000	-5,279,000	
19	在私营公司购买投资	-380,000	-204,000	-137,000	
20	私营公司投资回报	242,000	163,000	58,000	
21	其他	166,000	22,000	128,000	
22	总的投资活动现金流	-3,815,000	-2,934,000	-11,931,000	<-- =SUM(D14:D21)
23					
24	筹资活动现金流量				
25	股利分配	-1,501,000	-658,000	-	
26	发行股票所得	-3,388,000	-5,065,000	-4,586,000	
27	借款净额	-557,000	1,508,000	4,985,000	
28	其他筹资活动现金流	-93,000	151,000	222,000	
29	总的筹资活动现金流	-5,539,000	-4,064,000	621,000	<-- =SUM(D25:D28)
30	汇率变动的影响	-		-	
31					
32	现金及现金等价物的变化	2,137,000	3,081,000	-1,137,000	<-- =D11+D22+D29
33					
34	利息净支付	681,000	777,000	692,000	
35	所得税税率	20.85%	17.06%	17.50%	
36	税后净利息				
37					

图 4.10 估值模板

2. 例4-5中模型包括销售成本，但不包括销售费用、管理费用和办公费用。假如 F 公司每年这方面的费用为 200 元(不考虑销售收入水平)。按上述假设改变这个模型。请列出损益表、资产平衡表的结果。

第五章　筹资决策实验

内容简介

本章为筹资决策实验，为支撑长期资产的投资，必须筹集相应的长期资本。本章将主要讲解资本筹集的相关知识，以及长期借款筹资模型和租赁与举债筹资模型，并利用Excel练习相关财务函数的使用方法。

教学目的

要了解资本筹集的动机，熟悉资本筹集的方式及其特点；掌握资本筹集的方式；掌握函数年金的使用方法，掌握长期借款筹资模型和租赁与举债筹资模型。

第一节　筹资决策概述

根据企业资金来源的性质，企业的资金来源可分为权益资本和债务资本。权益资本是由企业所有者(股东)向企业投的资金。对于权益资本，企业可以长期使用，不用偿还。债务资本是由企业债权人向企业投入的资金。对这一类资金，企业需依约使用，按期偿还。有些借入资本可按事先的约定转化为权益资本，如可转换公司债。筹资是筹资者用未来的收益与投资者现在的资金投入相交换，这种交换本身并不创造价值，但不公平的交换有可能在投资者与筹资者之间发生价值转移。

一、筹资的性质与目的

(一)筹资与价值创造

在筹资时，筹资者按照投资者要求的投资回报率，用未来的投资收益交换投资者现在的资金投入，这一过程不会导致价值增加。当筹到的资金被用于具体的投资项目并取得成功，创造出的收益超过了投资者要求的回报率时，价值才被创造出来，而这些增加的价值归投资者所有。由此，尽管没有筹资就没有投资，但价值是在投资过程中而不是在筹资过程中创造的。值得指出的是，筹资尽管不能创造价值，但如果筹资活动不是一个公平的交换，它会导致价值转移。

假设一家公司发行在外的普通股股票为100万股，而该公司股票的实际价值只有每股10元，公司股东权益的总价值为1 000万元。假设该公司以每股15元的价格成功发行100万股新股。新股发行后，公司股东权益的总价值为2 500万元，即发行前的股东权益总价值1 000万元，加上发行后的1 500万元。总股份为200万股，每股股票的价值为12.5元。新股东(购买新股的投资者)以每股15元的价格买入了每股价值只有12.5元的股票，每股损失了2.5元。但是，公司老股东的价值增加不是价值创造的结果，而是从新股东那里转移而来。在企业发行股票筹资之前，公司老股东手中100万股股票的价值1 000万元加上准备购买公司的新股东手中的1 500万元现金，相应的价值总额是2 500万元，并没有增加。筹资完成之后，企业新老股东所拥有的总价值依然是2 500万元，并没有增加。筹资前，公司老股东所拥有的股票价值只有1 000万元，筹资完成后成了1 250万元。筹资前新股东所拥有的现金价值是1 500万元，筹资完成之后其手中股票的价值只有1 250万元。显然，老股东手中股票价值的增加就等于新股东手中股票价值的减少，在筹资过程中总价值并没有增加，只是在新老股东间发生了价值转移。同理，如果股票的发行价格低于其价值，则价值会由老股东向新股东转移。

筹资活动中的价值转移不仅发生在新老股东之间，也可能发生在股东与债权人之间。当公司通过发行股票筹资时，公司的资产负债率与债权人的投资风险随之降低，债权人要求的投资回报率也会相应降低，进而导致债务资本价值上升，公司的股权价值因而向公司债权人转移。同样，当公司过度负债时，债权人的投资风险大幅提高，债权价值将向股东转移。

(二)筹资的目的

1. 满足生产经营的需要

企业的基本功能是生产产品和提供服务。为此，所有企业都需要物质资本，如经营场所、设备以及在生产过程中使用的其他中间投入品。为形成物质资本，企业必须借助于金融系统，并通过一定的方法从资金盈余方手中获取金融资本。伴随着生产经营规模的扩大，企业对物质资本的投资不断扩大，相应地，也必须对金融资本进行筹集。可见，企业筹集金融资本的目的在于满足生产经营的需要。

2. 满足资本结构调整的需要

所谓资本结构，是指权益资本和债务资本在资本来源中的构成。因为不同融资方式的资本成本是不同的，所以不同资本结构下的平均资本成本也是不同的。根据对企业价值的理解，决定企业价值的因素之一是企业的平均资本成本。因此，若要实现企业价值最大化的目标，就需要尽可能降低企业的平均资本成本，也就等于需要调整资本结构。

在公司资本结构中，负债筹资具有正效应，即负债具有抵税效应，能够降低平均资本成本，增加公司价值；同时负债又具有负效应，即负债能带来财务困境成本，降低公司价值。因此，客观上，公司存在一个能使价值最大化的最优资本结构。如果公司的资本结构偏离最优资本结构，从而对公司价值产生不利影响，就需要对资本结构进行调整，而调整资本结构就是借助资本筹集的方式进行的。如筹集权益资本以偿还部分债务，筹集债务资本以回购股票等。

二、资本筹集的方式

(一)权益融资和债权融资

1. 权益融资

权益融资形成企业的股权资本，也称股权性筹资，是企业依法取得并长期拥有，可自主调配运用的资本。根据我国有关法规制度规定，企业的股权资本由投入资本(或股本)、资本公积、盈余公积和未分配利润组成。按照国际惯例，股权资本通常包括实收资本(股本)和留用利润(或保留盈余、留存收益)两部分，其具有以下特征：

①股权融资筹集的资本形成公司的股本。股本是股东对公司实施股权控制和享有剩余索取权的基础。

②股权融资筹集的股本的多少制约着公司的负债能力。

③股权融资具有股权稀释效应，即股权融资会弱化原有股东对公司的控制权和收益权。

2. 债权融资

债权融资是指公司通过出售债权而向债权人筹集资本的一种方式。债权融资筹集的资本形成公司的负债，因此，债权融资也称为债务融资。债权融资的方式有发行公司债券、向银行借款以及融资租赁等，具有以下特征：

①债权融资形成公司的负债，具有偿还性的特征。

②债权融资能够提高股东的回报率，具有财务杠杆效应。

③债权融资的利息在税前列支，具有抵税效应。

④债权融资形成债权人对公司的债权控制。债权控制是一种相机控制，即如果公司能够向债权人按期支付本金和利息，公司的控制权就掌握在股东手中，否则债权人就会对公司实施债权控制。

(二)内源融资和外源融资

1. 内源融资

内源融资是指公司从内部筹集资本的一种融资方式，包括公司设立时股东投入的股本、折旧以及留存收益，是企业将自己的储蓄转化为投资的过程，其具有以下特征：

①自主性。内源融资获取的资本来源于公司内部，公司在使用这部分资本时，具有较大的自主权，受外部制约和影响较小。

②低成本。相对于外源融资支付的大量费用而言，内源融资无发行成本。

③低风险。外源融资特别是债务融资需要承担还本付息的财务负担，容易使企业陷入破产的困境，而内源融资的风险较低。

④有限性。内源融资资本来源中的主要部分是保留盈余，主要取决于公司的盈利，因此，相对于外源融资而言，内源融资的融资量是有限的，不适用于大规模的资金需求。

2. 外源融资

外源融资是公司从外部其他经济主体筹集资本的一种融资方式，包括发行股票和债券、向银行借款、融资租赁等。

①高效性。外源融资不受公司自我积累能力的限制，资金来源极其广泛，方式多种多样，使用灵活方便，可以满足资金短缺者各种各样的资金需求，提高资金的使用效率。

②限制性。公司的外源融资要受诸多条件的限制，特别是公开融资，比如，公开发行债券和股票，条件比较严格，不符合条件者很难获得资金供给，公司缺乏自主性。

③高成本。发行债券和股票需要支付较高的发行费用，银行借款和融资租赁要支付手续费用，因此与内源融资相比，外源融资会发生较高的发行成本。

④高风险。对于债务融资而言，公司不仅要向债权人还本，还要支付利息，因此债务融资不仅具有偿还性的特点，还具有较高的财务风险。权益融资有可能导致原有的企业控制者面临企业控制权转移的风险。

（三）直接筹资和间接筹资

根据筹资者与投资者之间的经济关系，可将筹资行为分为直接筹资和间接筹资。直接筹资是指筹资者直接从最终投资者手中获得资金，投资者与筹资者之间建立起直接的借贷关系或权益资本投资关系。直接筹资主要通过筹资者发行股票或债券来完成。

1. 直接筹资

股权融资是指公司通过出售股权而向股东筹集资本的一种方式。股权融资筹集的资本形成公司的股本，因此，股权融资也称为权益融资。股权融资的方式包括IPO、增发以及配股等，其具有以下特征：

①直接筹资中，企业不借助银行等金融机构，直接与资本所有者协商进行筹资活动。

②直接筹资主要有投入资本、发行股票、发行债券和商业信用等筹资方式。

③直接筹资的手续较为繁杂，所需文件较多，准备时间较长，故筹资效率较低，筹资费用较高。

2. 间接筹资

间接筹资是指筹资者通过金融中介机构进行的筹资活动。在这种筹资方式下，投资者并不直接投资于企业等筹资者，不与筹资者发生直接的经济关系，而是将手中多余的资金以存款等形式投资于有关的金融机构，这些金融机构以借款等形式将其集中起来的资金投资于企业等筹资者，间接筹资具有以下特征：

①间接筹资的基本方式是银行借款，此外还有信托贷款、融资租赁等筹资方式。

②间接筹资中，企业借助银行等金融机构来融通资本进行筹资活动。

③间接筹资手续比较简单，过程比较简单，故筹资效率较高，筹资费用较低。

第二节　权益资本筹资

一、公开发行

（一）首次公开发行

1. 首次公开发行的方式

首次公开发行（IPO）是公司在其成长历程中从金融角度分析最为重要的阶段，因为通过 IPO,它将从一家私人公司转变为公众公司。IPO 的方式包括一般现款发行和附权发行。在现款发行中,有三种方式可供选择:代销、包销和荷兰式拍卖。代销是指承销商尽最大的努力帮助公司发行,如果发行不成功,股票将会被撤回。包销是指承销商从法律上买下公司所有的股票,再以发行价卖出,如果不能全部卖出,风险由承销商来承担。在实际操作中,大多数情况下,IPO 采取的是承销商承诺包销制。投资者在一段时间内公开竞价,按照价格由高到低排序(在覆盖了所有发行数量时的价格被确定为 IPO 发行价),并按同一价格(IPO 发行价)向所有中标者发售,此为荷兰式拍卖。在近年的实践中,也有通过直接向公众拍卖的方式进行首次公开发行的。

2. 首次公开发行的一般步骤

①承销前会议。在会议上需要讨论的内容包括融资规模,发行什么类型的证券,确定主承销商和副承销商,成立承销团;讨论承销合约,即与承销商协商确定承销差价和绿鞋选择权。上述事宜还要取得董事会的批准,整个过程需要花几个月的时间。

②向监管机构提交发行注册登记,印发招股说明书的草案。注册登记中包含了关键的财务数据和公司经营的信息。提交注册登记后要经历约 20 天的等待期。

③准备定价。由于不像增资发行(如增发或配股)那样有历史市场价可供参考,IPO 定价需要进行大量的研究分析工作。

④安排路演。向潜在投资者推介公司股票,登记意向认购量,并最终确定发行价格。

⑤证券交易委员会批准发行注册,公司和承销商达成发行价格,承销商分发股票。

⑥上市交易开始,承销商通过做市稳定价格。承销商一般会在发行后的一个月内承担稳定股价的任务,随时做好准备在某个价格水平上下单买入公司的股票。承销商可以从市场上购回股票,或者利用绿鞋选择权来增加自己手中的股票,以维护股票市场的流动性,并提供公司的调研报告。

(二)增资发行

1. 增资发行方式

上市公司对于外部资本的需求不会止于一次公开发行。一般而言,当上市公司面临新的成长机会,仅依靠内部融资不够时,公司会再次转向权益市场(也包括债券市场),发行新股融资,这就是增资发行。

增资发行和 IPO 的流程基本一致。主要的差别在于,公司增资发行时已经有了可以参照的二级市场定价。增资发行可以选择一般现款发行或认购权发行。一般现款发行(国内一般称为"公募增发")的对象是所有投资者(包括现有股东),而老股东也可以借此机会转让手中的股票。认购权发行(国内一般称为"配股")中一般只有现有股东参与增资。当公司管理层认为股价被市场低估时,可以选择这种方式增资,而不至于使现有股东遭受损失。由于增资发行涉及新、老股东的利益,往往需要多关注发行的方式和定价问题。

2. 认购权发行方式

当公司发行新股时,现有股东若不参与认股,其控制权会被稀释,因而给每个现有股东认购权(认股权证),将可以规避股份的稀释。认股权证赋予股东在一段时间内以一定的价格认购一定数量新发行股份的权利。

（三）其他发行方式

1. 储架注册发行

在美国的股票发行实践中，还有一种被称为"储架注册"（Shelf Registration）的发行方式，即证券交易委员会允许一些规模较大的公司在一份注册说明书中纳入最多可实施三年之久的发行融资计划。在此计划范围内，无论是公司需要融资还是公司认为证券能以有利的价格发售，公司都可以及时发行证券，只需很少的附加文件就能完成。在美国，具备一定资格的发行人提交的《储架注册说明书》，经美国证监会审核并宣布生效后，其即被允许通过建立"储架"在三年内连续多次发行证券。发行人还可以随时注册新的三年期"储架"。由此可以看出，与传统发行机制比较，这种发行机制不是每次发行都要重新注册，因此，该机制可以简化注册程序，提高融资灵活性，降低融资成本，提升市场效率。关于储架注册发行方式，也有一些争议，主要是信息披露的质量和实效性得不到保证，因为公司主要的注册招股说明书可能是在发行的两三年之前做的。储架注册发行制度是一项放松行政审批管制、加强监管的措施，为提高上市公司再融资行为的监管审批效率提供了具有参考价值的模式。上市公司证券发行可参照储架发行的方式，在核准再融资申请后设定一个有效期，允许发行人在有效期内延后或持续多次发行证券。每次发行时，不需要再启动核准程序，只需要对具体的项目披露信息进行审查。

2. OTC 柜台发行

OTC（Over the Counter）市场又称为场外市场、柜台交易市场。它的主要功能在于解决处于初创阶段中后期的中小企业在筹集资本性资金方面的需求，以及这些企业的资产价值评价、原始股东的风险分散和风险投资的股权交易和退出问题等。OTC 市场的准入制度较为宽松，一般采用协议转让或做市商制度作为交易制度。OTC 市场作为多层次资本市场体系当中的一个层级，在成熟的资本市场体系中具有重要意义，如美国的纳斯达克（NASDAQ）就是一个场外交易市场。在 OTC 市场挂牌的企业可以通过转板机制进入更高层级的市场。

3. 境外上市

在我国资本市场准入门槛非常高的情况下，有不少成长性好，但不满足国内上市要求的公司通过在境外上市的途径，募集到发展所需资金。"红筹上市"就是其中很典型的一种。

"红筹上市"通常是指境内企业的实际控制人以个人名义在开曼群岛、英属维尔京群岛、百慕大群岛等离岸金融中心设立壳公司，再以境内股权或资产对壳公司进行增资扩股，并购境内企业的资产，以境外壳公司的名义达到曲线境外上市的目的。一般的操作方式是：企业实际控制人先以个人名义在开曼群岛、英属维尔京群岛、百慕大群岛等地设立注册壳公司，再把境内股权或资产以增资扩股方式注入壳公司；之后，以境外公司的名义申请在美国、中国香港、新加坡等地上市。

设立境外特殊目的公司面临很多法律问题，比如外汇监管的问题。我国发改委和商务部在核准国内企业在境外投资开办企业方面也有相当多的规定，如 2006 年，商务部等六部委发布的《关于外国投资者并购境内企业的规定》（俗称"10 号文"）通过要求境内企业报送申请等一系列严格规定，限制了境内企业以"红筹方式"在海外上市。不过，2010 年以后，以京东、阿里巴巴等为代表的一批企业实现了在海外上市的目标，海外上市仍然是我国一些企业的融资选择。

4. 中国存托凭证

中国存托凭证（Chinese Depository Receipt，CDR）是指在境外上市的公司将部分已发行或新增发的股票托管在当地保管银行，由中国境内的存托银行发行、在 A 股市场上市、以人民币为交易结算、供境内投资者买卖的投资凭证，可以实现股票的异地买卖。CDR 可以在基本不改变境内现行法律框架的基础上，为境外上市公司在 A 股上市提供更便捷、更低成本的通道。CDR 试点有助于推动我国在境外上市的优质新经济企业重返 A 股市场，有利于深化资本市场改革，以及提升资本市场服务实体经济的能力，也有利于拓宽资本市场投资渠道，使国内投资者更好地分享新经济企业成长红利，是 A 股市场接轨国际市场的重要尝试。2018 年 5 月 21 日，中国证券登记结算有限责任公司发布《存托凭证登记结算业务细则（公开征求意见稿）》，向市场参与主体公开征求意见。6 月 6 日，证监会发布《存托凭证发行与交易管理办法（试行）》等文件。

我国在境外上市的新经济企业多采用 VIE 架构（采用协议方式实现海外上市主体对境内经营主体的控制权），普遍存在同股不同权的股权结构安排。相对于"借壳上市"，CDR 不用拆除 VIE 架构，上市手续简单，发行周期缩短，因此成本更低，更具优势。CDR 试点更重要的意义在于带动发行上市制度、上市公司监管规则的改革，完善资本市场估值体系。如果我国在境外上市的新经济企业回归 A 股或境外上市公司在 A 股上市，理应参照境外市场的估值体系和监管标准。在适当的制度安排下，CDR 标的估值体系和监管标准可以为 A 股市场提供参考和借鉴，有助于完善 A 股市场估值体系和 A 股上市公司提高监管效率，更有助于形成价值投资的氛围。

二、发行普通股筹资的成本

公开发行证券筹资会产生一定的发行成本。发行成本的高低是决定选择哪种筹资方式的一个重要因素。发行普通股筹资所面临的发行成本种类较多，包括价差（支付给承销商的承销费）、其他直接成本、间接费用、股票价格异常收益和首次发行的折价等。

价差是指股票发行价格与发行者实际得到的每股发行收入的差额，这一差额就是发行企业支付给承销商的（部分）发行费用。根据股票发行数量的不同，这笔费用将从发行收入的百分之几到百分之十几不等。

其他直接成本是指发行引起的除支付给承销商的发行费用外的其他直接成本，包括申请过程所发生的申请费用、公关费用、律师费用、审计和资产评估费用等。间接成本是指为发行普通股发生的，没有列在招股说明书中或无法精确衡量和区分的相关费用，如公司为发行投入的研究时间、管理层投入的时间和精力等。

股票价格异常收益是指增发新股时股票价格下跌给现有公司股东造成的财富损失。

首次发行的折价，即股票发行价格低于其内在价值给公司老股东造成的损失。

表 5.1 给出了 2006—2012 年中国 A 股上市公司首次公开发行的承销费用和总费用占发行收入的比例。从表 5.1 中可以清楚地看出，承销费用和总费用占筹资额的比例随筹资额的增加而降低。另外，不同公司的发行费用率差异较大，高的可以达到百分之二十多。这样高的发行费用率会极大地增加公司的融资成本，降低股东的投资收益。

表 5.1　2006—2012 年中国 A 股上市公司首次公开发行的承销费用和总费用占发行收入的比例

筹资金额/百万元	样本数	平均费用率(加权平均)/%	平均承销费用率(加权平均)/%
0~50	1	23.23	10.34
50~100	1	14.30	10.87
100~200	63	9.80	6.76
200~300	110	8.96	6.38
300~400	132	8.44	6.36
400~500	145	7.59	5.85
500~750	259	6.71	5.30
750~1 000	141	6.03	4.97
1 000~10 000	265	4.02	3.43
10 000 以上	31	1.80	1.56
总计或平均	1 148	3.74	3.08

三、普通股筹资的优缺点

(一)普通股筹资的优点

1. 普通股筹资没有固定的股利负担

公司有盈利，并认为适合分配股利，可以分给股东；公司盈利较少，或虽有盈利但资本短缺或有更有利的投资机会，也可以少支付或者不支付股利。但对于债券或借款的利息，无论企业是否有盈利及盈利多少，都必须支付。

2. 普通股没有规定的到期日

不用偿还，是公司的永久性资本，除非公司清算，才予以清偿。这对于保证公司对资本的最低需要额，促进公司持续稳定经营具有重要作用。

3. 利用普通股筹资的风险小

由于普通股股本没有固定的到期日，一般也不用支付固定的股利，不存在还本付息的风险。

4. 发行普通股筹集股权资本能提升公司的信誉

普通股股本以及由此产生的资本公积金和盈余公积金等，是公司筹措债务资本的基础。较多的股权资本有利于提高公司的信用价值；同时，也可为利用更多的债务资本筹资提供强有力的支持。

(二)普通股筹资的缺点

1. 资本成本较高

一般而言，普通股筹资的成本要高于债务资本。这主要是因为普通股风险较大，相应要求较高的报酬，且股利要从所得税后利润中支付，而债务筹资方式的债权人风险较小，所支付的利息允许在税前扣除。此外，普通股发行成本也较高。一般来说，发行证券费用最高的是普通股，其次是优先股，再次是公司债券，最后是长期借款。

2. 容易分散控制权

利用普通股筹资，增加新股东时，一方面，可能会分散公司的控制权；另一方面，新股东对公司已积累的盈余具有分享权，会降低普通股的每股收益，从而可能引起普通股股价的下跌。

第三节　债务资本筹资

一、债券的基本内容

(一)债券的基本条款

通常，债券的票面价值为 100 元，也称作"本金"或"面额"。我国的公司债券一般按面值发行，即平价发行。债券市场上买卖双方之间的交易决定了债券的市场价值。债券的市场价值主要取决于市场利率水平。我国的绝大多数公司债券都是每年支付一次利息，但美国等西方国家的债券多是每季度或半年支付一次利息。债券利息的定期支付是债券发行企业必须履行的责任，如果公司无力支付到期利息，债权人就可以要求立即清偿债务，而不是等到事态进一步恶化。因此，债券利息的定期支付义务为债权人的权益提供了一定的保障。

(二)偿付条款

1. 偿债基金

偿债基金是指为清偿债券而设立的由债券信托人管理的账户。通常，债券发行公司每年会向信托人支付一笔款项，信托人从市场上购回公司的债券，或者采用抽签方式随机选择债券并以面值赎回。偿债基金一般有必须支付的强制性基金、由发行人决定是否还款的非强制性基金两种。

对于次级债券，由于其信用级别较低，一般要求在债券期限内，支付给偿债基金的资金要足以在有效期内分期等额赎回发行的全部债券；而对于高信用级别债券，其偿债基金的要求较低，一般只要到期时能拿出偿付的资金即可。

偿债基金与定期支付利息一样考验着公司的偿债能力，如果公司无法向偿债基金支付现金，那么债权人可以要求公司提前偿还债务。所以，低信用级别的长期债券通常要有较大规模的偿债基金。虽然偿债基金会给公司带来财务负担，但可以降低债券的风险和利率。

2. 赎回条款

赎回条款赋予债券发行企业在规定的日期或之后，以预先确定的赎回价格回购所有流通在外的债券的权利。赎回价格一般被设定为等于或高于债券的面值，以面值的百分比来表示。债券的赎回选择权使公司可以在利率下降和信用评级上升的情况下收回高利率债券，也能够使公司有效地防范那些不愿就债券条款重新谈判的债券持有者。

对发行企业来说，可赎回债券提供了一个保障：当利率下降时，发行企业不必被迫支付高额的利息费用，可以赎回高利率的债券而改为发行低利率的债券。但对投资者而言，这种债券的吸引力弱于不可赎回债券。当市场利率低于债券持有者当前所得到的息票利率时，可赎回债券的持有者将由于债券被赎回而蒙受损失，从而面临再投资风险。因此，可赎回债券的交易价格要比对等的不可赎回债券的价格低。

那么，如何理解其他条款对等的可赎回债券与不可赎回债券之间的价格关系呢？假设某只债券约定在某一特定的赎回日按面值赎回，在赎回日当天，如果债券的市场利率低于息票利率，可赎回债券将被赎回，其价格为债券的面值；如果债券的市场利率高于息票利率，可赎回债券将不会被赎回，则其价格与不可赎回债券相同。在债券赎回日之前，如果债券的市场利率低于息票利率，投资者预期债券很有可能被赎回，于是其价格与在赎回日到期的对等的不可赎回债券的价格较为接近：如果债券的市场利率高于息票利率，投资者预期债券将不太可能被赎回，于是其价格与对等的不可赎回债券接近。

【例5-1】计算债券的赎回收益率。假设某公司按面值100元平价发行了息票利率为8%、6年期的公司债券，每年付息一次，债券可在1年后或其后的任何付息日按面值的105%赎回。目前该债券的市价为102元，则该债券的到期收益率和赎回收益率分别是多少？

①债券的现值为：

$$B = \sum_{t=1}^{n} \frac{利息_t}{(1+YTM)^t} + \frac{本金}{(1+YTM)^6}$$
$$102 = \sum_{t=1}^{6} \frac{100 \times 8\%}{(1+YTM)^t} + \frac{100}{(1+YTM)^6}$$

得出债券的到期收益率YTM为7.57%（图5.1）。

	A	B
1	计算债券到期收益率	
2	债券成交日	2023/11/19
3	债券到期日	2029/11/19
4	息票利率	8%
5	债券购买价格	102
6	债券面值	100
7	付息次数	1
8	日计数基准	3
9		
10	债券的收益率 到期收益率（YTM）	7.57%

图5.1 计算债券到期收益率

②若债券在第1年就被赎回，其赎回收益率YTC可按下式计算：

$$102 = \frac{8}{(1+YTC)} + \frac{105}{(1+YTC)}$$

得出债券的赎回收益率为10.78%（图5.2）。

$$YTC = 10.78\%$$

	D	E
1	**计算债券赎回收益率**	
2	债券成交日	2023/11/19
3	债券到期日	2029/11/19
4	息票利率	8%
5	债券购买价格	102
6	债券面值	100
7	付息次数	1
8	日计数基准	3
9	债券赎回日	45615
10	债券赎回价格	105
11	债券的收益率赎回收益率（YTC）	10.78%

图 5.2　计算债券赎回收益率

3. 可转换条款

一些公司债的条款赋予债券持有者将所持债券转化为普通股的选择权/期权，即按照既定的转换比率将每份债券转化为一定数量的普通股，这种债券被称为可转换债券。公司发行可转换债券，就相当于赋予债权人一种期权，而期权总是有价值的，因此可转换债券的价值要比对应的不可转换的普通债券的价值高。如果这两种债券都按照面值发行，则不可转换债券必须提供较高的票面利率。

可转换债券一般附有可赎回条款以及可回售条款，以分别保护发行企业和投资者的利益。当公司正股价格和转债价格持续上升，已经超过转股价格一定幅度并持续一段时间时，发行企业可以启动可赎回条款。此时可转换债券持有者将面临决策：或者选择转换，或者接受被赎回。这样，公司便可通过提前赎回债券，迫使债券持有者提早执行转换，而不是按照自己的意愿(等待更高的股价)进行转换决策。

根据 MM 理论(一种关于公司资本结构的经济学理论)，在完善的资本市场中，融资选择不会影响公司价值。对发行企业而言，可转换债券之所以较便宜是因为它的利率低，这种看法其实是一种误解。实际上，可转换债券的票面利率之所以低是因为它含有转换期权。

(三) 限制性条款

为保护债权人的利益，债券合约中一般都设有限制性条款来限制债券发行者的行为。这些限制性条款主要包括以下几个方面：

1. 融资条款

新债券的发行会稀释现有债券的价值，因此限制条款通常会限制新债券的数量。如果新债券没有担保，或者也没有优先于现有债券，这种稀释作用会更加明显。因此，该条款规定了公司可以发行新债券的金额以及在公司违约的情况下新债券持有者可以享受的对公司资产的求偿权。同时，其还会限定公司所有新债券的持有者对资产都只拥有位于现有债券之后的次级求偿权。如果允许新债券的持有者在公司破产时对资产的求偿权与现有债券持有者的优先顺序一样，新债券的数量往往要受到限制。

2. 股利条款

该条款是对公司支付股利进行限制的条款。如果公司给股东支付了大量的现金股利，那么公司用于偿还债务的现金资产就会减少，导致公司偿债能力下降。因此，债券合约常会对公司现金股利的支付做出限制。

3. 资产条款

由于股东的索取权是凸的，所以他们可以通过风险上升而获益，而具有凹索取权的债权人则会受损。因此，限制条款要致力于保护债权人免于遭受风险上升，从而会对公司使用和分配资产的行为做出规定。例如，禁止公司投资新业务，或者限制公司的增长，或者规定出售的资产不得超过一定比例(10%或15%或更多)。另外，该条款还规定了债券持有者在公司违约时对公司资产享有的权利。某些债券属于高级债券，它的持有者有优先于次级债券持有者对公司资产进行清算或管理的权利，而次级债券对公司资产的要求权是靠后的。

4. 对公司并购的限制条款

对外并购常常会大量减少公司的现金流量；同时，还会增加公司的债务。如果并购不当，也会增加公司的经营风险。这些都将使现有债权人的利益受到侵害。为了防止这种情况的发生，债券契约中要对发行公司的并购行为做出限制。

5. 对租赁的限制条款

公司除了直接发行债券购买资产外，也可以签订长期协议租赁资产。但对于债权人而言，租金的支付也会减少公司的现金流量，降低债券的求偿权价值。因此，契约中也会含有限制租赁的条款。

二、债券筹资的优缺点

(一)债券筹资的优点

1. 债券筹资成本较低

与股票的股利相比，债券的利息允许在所得税前支付，公司可享受节税利益，故公司实际负担的债券成本一般低于股票成本。

2. 债券筹资能够发挥财务杠杆的作用

无论发行公司的盈利是多少，债券持有人一般只收固定的利息，而更多的利润可分配给股东或留用公司经营，从而增加股东和公司的财富。

3. 债券筹资能够保障股东的控制权

债券持有人无权参与发行公司的管理决策，因此，公司发行债券不像增发新股那样可能会分散股东对公司的控制权。

4. 债券筹资便于调整公司的资本结构

在公司发行可转换债券以及可提前赎回债券的情况下，便于公司主动、合理地调整资本结构。

(二)债券筹资的缺点

1. 债券筹资的财务风险较大

债券有固定的到期日，并需定期支付利息，发行公司必须承担按期还本付息的义务。在公司经营不景气时，也需向债券持有人还本付息，这会给公司带来更大的财务困难，甚至导致公司破产。

2. 债券筹资的限制条件较多

发行债券的限制条件一般要比长期借款、租赁筹资的限制条件多且严格，从而限制了公司对债券筹资方式的使用，甚至会影响公司以后的筹资能力。

3. 债券筹资的数量有限

公司利用债券筹资一般受一定额度的限制。多数国家对此都有限定。《公司法》规定，公司流通在外的债券累计总额不得超过该公司净资产的 40%。

三、债券调换

用发行新债券的方式取代尚未到期的旧债券的行为叫作债券调换。那么，公司为什么会进行债券调换呢？其原因有三点：①通过发行低利率的新债券来降低借款成本；②废除限制性债券条款；③延长未偿还债券的期限。

(一) 税收考虑

所有与债券调换有关的费用都是可以减税的，与清偿旧债券有关的费用在进行债券调换的当年扣除；而与发行新债券有关的费用可在偿还期内摊销。

在债券调换当年可以扣除的费用包括：①提前偿债溢价，即提前偿债价格与面值的差额；②旧债券的发行费用中还未摊销的余额；③重复的利息支出，公司常在偿还旧债券之前就发行新债券，这样，从发行新债券到偿还旧债券这一期间就会发生新旧债券的利息重复支出。

(二) 债券调换的决策

和公司其他决策一样，只有当债券调换能增加公司价值时才可以进行债券调换。债券调换的净现值等于债券调换产生的现金流量节约额的现值减去税后交易成本，其计算公式为：

$$NPV = \sum_{t=1}^{n} \frac{CF_t}{(1+r)^t} - C$$

式中，NPV 为债券调换的净现值；CF 是每年节约的税后现金流；r 为新债券的利率；C 是债券调换所需的税后交易成本。

与债券调换有关的交易成本主要涉及四种现金流量，即提前偿债溢价、新债发行费用、重复利息支出以及尚未摊销的旧债券发行费用产生的税收抵免。

当 NPV 大于 0 时，公司应该进行债券调换；当 NPV 小于 0 时，不应该进行债券调换；当 NPV 等于 0 时，债券调换与否不影响企业价值。

【例 5-2】公司债券调换决策。某公司现有未偿还的可赎回债券 50 000 万元，该债券的息票年利率是 10%，每年付息一次，剩余期限为 5 年。契约规定提前赎回需支付溢价 5%。目前，债券还有未摊销的发行费用 50 万元。由于市场利率下降，现在公司准备发行利率为 8% 的新债券赎回旧债券。新债券的发行费用为 100 万元，债券调换还将产生 20 天的利息重复支付。公司所得税税率为 25%。那么，该公司是否应该进行债券调换？

①计算债券调换带来的税后交易成本 C：

C = 税后的提前支付溢价 + 税后重复利息支出 + 新债券的发行费用
　　 - 未摊销的旧债券发行费用的节税额

$= 50\ 000 \times 5\% \times (1 - 25\%) + 50\ 000 \times 10\% \times \frac{20}{360} \times (1 - 25\%) + 100 - 50 \times 25\%$

$= 2\ 170.83$（万元）

②计算每年节约的现金流量 CF：

旧债券的年税后现金流量 = 税后利息支出 − 发行费用摊销的节税额

$$= 50\,000 \times 10\% \times (1 - 25\%) - \frac{50}{5} \times 25\%$$

$$= 3\,747.5(万元)$$

新债券的年税后现金流量 = 税后利息支出 − 发行费用摊销的节税额

$$= 50\,000 \times 8\% \times (1 - 25\%) - \frac{100}{5} \times 25\%$$

$$= 2\,995(万元)$$

每年节约的现金流量 CF = 旧债券的年税后现金流量 − 新债券的年税后现金流量

$$= 3\,747.5 - 2\,995$$

$$= 752.5(万元)$$

③计算债券调换的净现值：

$$NPV = \sum_{t=1}^{n} \frac{CF_t}{(1+r)^t} - C$$

$$= \sum_{t=1}^{5} \frac{752.5}{1.08^t} - 2\,170.83$$

$$= 833.68(万元)$$

由于债券调换得到的净现值大于 0，所以该公司应该进行债券调换（图 5.3）。

	A	B	C	D	E	F
1	公司债券调换决策					
2	旧债券			新债券		
3	可赎回债券面值	50000	万元	新债券发行利率	8%	
4	息票年利率	10%		新债券发行费用	100	万元
5	付息次数	1		利息重复支付	20	天
6	剩余期限	5		所得税税率	25%	
7	提前赎回溢价	5%				
8	未摊销发行费	50				
9						
10	1、计算债券调换带来的税后交易成本C：					
11	C=税后的提前支付溢价+税后重复利息支出+新债券的发行费用−未摊销的旧债券发行费用的节税额					
12	2170.83	万元				
13	2、计算每年节约的现金流量CF：					
14	旧债券的年税后现金流量=税后利息支出−发行费用摊销的节税额					
15	3747.5	万元				
16	新债券的年税后现金流量=税后利息支出−发行费用摊销的节税额					
17	2995	万元				
18	每年节约的现金流量CF=旧债券的年税后现金流量−新债券的年税后现金流量					
19	752.5	万元	第一年			
20	752.5	万元	第二年			
21	752.5	万元	第三年			
22	752.5	万元	第四年			
23	752.5	万元	第五年			
24	3、计算债券调换的净现值：					
25	833.68	万元				

图 5.3 公司债券调换决策

四、长期借款

(一)长期借款的分类

按照不同的标准可对长期借款进行分类。

①根据贷款用途，可分为基本建设贷款、专项贷款和流动资金贷款。

基本建设贷款是指政府或企业为新建、改建、扩建生产经营固定资产、城市建设基础设施及公益设施等而向银行申请借入的款项。

专项贷款是指政府或企业因为专门用途而向银行申请借入的款项，包括更新改造贷款、大修理贷款、科技开发贷款、小型技术措施贷款等。

流动资金贷款是指企业专门为了满足流动资金需求而向银行申请借入的款项，包括生产周转借款、建设项目铺底流动资金、临时借款、流动基金借款等。

②根据借款人获得借款时是否提供担保，可分为信用贷款和担保贷款。

信用贷款是指借款人不提供任何担保，仅凭自身的信誉而得到的贷款。担保贷款是指借款人向贷款人提供某种担保而获得的贷款。

根据担保方式的不同，担保贷款分为以下几种：

保证贷款，即以第三方承诺在借款人不能偿还所借款项时，按约定承担一般保证责任或连带责任为前提而发放的贷款。

抵押贷款，即由借款人或第三方的财产作为抵押物而发放的贷款。在我国，抵押方式应符合《担保法》中的有关规定。

质押贷款，即以借款人或第三方的动产或权利作为质押物而发放的贷款。在我国，质押方式应符合《担保法》中的有关规定。

③根据提供贷款的机构和单位的不同，可分为政策性银行贷款、商业银行贷款和其他金融机构贷款。

政策性银行贷款，是指由执行国家政策性贷款业务的银行提供的贷款，我国目前已建立的政策性银行有进出口银行、国家开发银行等。

商业银行贷款是指由商业银行出于营利目的而提供的贷款。

其他金融机构贷款是指除商业银行外其他可从事贷款业务的金融机构(如信托投资公司、保险公司、企业集团财务公司、金融租赁公司、城乡信用合作社等)提供的贷款。

(二)长期借款的基本条件

银行等金融机构为降低贷款风险，对借款企业提出了必要条件。这些条件包括：

①借款人应当是经工商管理机关(或主管机关)核准登记的企业法人、其他经济组织及个体工商户。

②遵守国家有关的政策法规和信贷制度，经营方向和业务范围符合国家产业政策。

③经营管理制度健全，有固定的经营场所，财务状况良好，不挤占、挪用信贷资金，恪守信用，资产负债率符合贷款人的要求，有按时还本付息的能力。

④企业具有一定的物资和财产保证，如果由第三方担保，则担保单位应具有相应的经济实力。

⑤在银行开立基本账户或一般存款账户，通过银行办理结算。

⑥企业应经工商管理部门办理年检手续。

⑦除国务院规定外，有限责任公司和股份有限公司对外权益性投资累计额未超过其净资产的 50%。

符合以上条件的企业如果需要资金，可向银行或非银行金融机构提出借款申请。

五、长期借款的优缺点

（一）长期借款筹资的优点

1. 筹资速度快

与发行股票和发行债券相比，借款筹资的速度较快。长期借款筹资是借贷双方的权利义务关系，一般不涉及广大投资公众。因此，这种筹资活动只要借贷双方通过协商达成一致、签订借款合同后，企业即可筹到所需资金，不需要通过审批、承销发行等一系列程序，故筹资速度较快。

2. 筹资成本低

借款筹资的利息可以在缴纳所得税前支付，能够减少企业的实际利息负担，因此其成本远低于股票筹资。另外，由于长期借款筹资不涉及审批发行等问题，其交易成本低于发行债权筹资。

3. 灵活性大

借款是企业与债权人双方直接协商的结果，因此，无论是借款的期限数额、利率及其他条件都较容易根据双方的实际情况商定或变更，具有较大的灵活性。

（二）长期借款筹资的缺点

1. 风险大

与股权筹资相比，长期借款需要按期还本付息，如果企业因经营不善或资金周转困难而不能按期还本付息，其将面临破产的可能。

2. 约束强

长期借款合同对企业的各项行为有严格的约束，在一定情况下将可能妨碍企业正常的生产经营活动。

3. 筹资数额有限

银行一般都不愿进行巨额的长期借款，因此，利用银行借款筹资都有一定的上限，不像股票债券那样可以一次筹到大笔资金。

第四节　租赁

租赁是承租人和出租人之间的一项契约性协议。协议中规定承租人拥有使用租赁资产的权利；同时，必须定期向资产的所有者——出租人支付租金。出租人可以是资产的制造商，也可以是独立的租赁公司。如果出租人是独立的租赁公司，必须先向制造商购买有关设备，再把资产交付给承租人，这样，租赁才生效。就承租人而言，使用一项资产是最重要的，而不是拥有它。借助一份租赁合同就可取得一项资产使用权。然而，使用者也可以通过购买方式来取得资产，故租赁和购买就会涉及一项资产使用权的不同融资安排。

一、租赁的构成要素

租赁是由"租"和"赁"两个词构成的。"租"是指将物件借给他人使用而收取报酬，"赁"是指从他人手中借入物件使用而支付费用。因此，租赁是指出租人按照合同的规定，将物件在一定期限内出租给承租人使用，承租人按照约定向出租人支付租金的经济行为。一个完整的租赁关系主要由以下要素构成：

1. 租赁当事人

租赁的基本当事人是出租人和承租人。在融资租赁、杠杆租赁等租赁活动中，租赁当事人除了出租人、承租人外，还包括其他当事人，如供货商、贷款人。

2. 租赁标的

在租赁业务中由于出租的是租赁物的使用权，因而在理论上可以合法转让使用权的物品都可以作为租赁标的。不过，在实务操作过程中，各国对租赁标的都有一些限制。

3. 租赁权

租赁权在性质上属于债权，它是基于租赁交易在出租人与承租人之间产生的债权债务关系。

4. 租金

租金是承租人在租赁期内获得租赁物品的使用权而支付给出租人的代价。

5. 租期

租期是指出租人出让物品给承租人使用的期限。租期的长短与租赁标的的性质及租赁业务类型有关，由出租人和承租人约定。金融租赁的租期一般为 5~10 年。

二、租赁的分类及特点

根据租赁期限和双方的权利义务关系，租赁活动可分为经营租赁和融资租赁两大类。

1. 经营租赁

经营租赁又称服务租赁，是由出租人向承租人出租设备，并提供设备维修保养和人员培训等的服务性业务。经营租赁通常为短期租赁。

承租企业采用经营租赁的目的主要不在融通资金，而是为了获得设备的短期使用以及出租人提供的专门技术服务。从承租企业无须先筹资再购买设备即可享有设备使用权的角度来看，经营租赁也有短期筹资的功效。

经营租赁具有以下特点：

①承租企业根据需要可随时向出租人提出租赁资产。

②租赁期较短，不涉及长期的固定义务，而出租人在一次租赁期内只能收回租赁设备

的部分投资，一个设备需要经过多次出租才能收回投资并产生利润。

③在租赁期内承租人可预先通知出租人终止租赁合同，这对承租企业比较有利。

④出租人提供专门服务。

⑤由于租赁期短，出租人承担租赁设备的风险，并负责设备的维修保养等服务，故收取的租赁费较高。

⑥租赁期满或合同终止时，租赁设备由出租人收回。

2. 融资租赁

融资租赁又称财务租赁或金融租赁，是由租赁公司按照承租企业的要求融资购买设备，并在契约或合同规定的较长期限内提供给承租企业使用的信用性业务，是一种不可撤销的、完全付清的中长期融资形式，是现代租赁的主要类型。通过融资租赁，承租企业以"融物"的形式达到了融资的目的。一般融资的对象是资金，而融资租赁集融资与融物于一身，实际上相当于一项与设备有关的贷款业务，是承租企业筹集长期借入资金的一种特殊方式。

融资租赁为长期租赁，可适应承租企业对设备的长期需要，主要特点有：

①涉及三方当事人，即由承租企业向租赁公司(出租人)提出申请，由租赁公司代为融资，承租人直接与供货商洽谈选定设备，再由出租人出面购进设备租给承租人使用。

②涉及两个或两个以上合同，即出租人与承租人之间的租赁合同、出租人与供货商之间的买卖合同，如果出租人资金不足，可能还要有出租人与金融机构之间的贷款合同。

③租赁合同比较稳定，在规定的租期内非经双方同意任何一方不得中途解约，这有利于维护双方的利益。

④租赁期限较长，大多为设备耐用年限的一半以上，基本租期的设备只租给一个特定的客户使用，出租人可在一次租期内完全收回投资并营利。

⑤承租企业负责设备的维修保养和投保事宜，但无权自行拆卸改装。

⑥租赁期满时按事先约定的办法处置设备，一般有退还或续租、留购三种选择，通常由承租企业留购。

经营租赁与融资租赁的对比见表5.2。

表 5.2 经营租赁与融资租赁的对比

对比项目	经营租赁	融资租赁
业务原理	融资融物于一体	无融资特征，只是一种融物方式
租赁目的	融通资金，添置设备	暂时性使用，预防无形损耗风险
租期	较长，相当于设备经济寿命的大部分	较短
租金	包括设备价款	只是设备使用费
契约法律效力	不可撤销合同	经双方同意可中途撤销合同
租赁标的	通常为专用设备，也可为通用设备	通用设备较多
维修与保养	专用设备多为承租人负责；通用设备多为出租人负责	全部为出租人负责

对比项目	经营租赁	融资租赁
承租人	通常为一个	设备经济寿命期内轮流租给多个承租人
灵活、方便	不明显	明显

融资租赁按其业务特点的不同，可分为以下三种具体形式：

①直接租赁。由出租人向设备制造商购进设备后直接出租给承租人使用，是融资租赁的典型形式。普通的直接租赁一般由出租人与承租人之间的租赁合同和出租人与供货商之间的买卖合同构成。

②售后租回(回租)。在这种形式下，制造企业按照协议先将其资产给租赁公司，再作为承租企业将所售资产租回使用，并按期向租赁公司支付租金。采用这种融资租赁形式承租，企业因出售资产获得了一笔现金的同时，还因将资产租回保留了资产的使用权。这与抵押贷款有些相似。

③杠杆租赁。杠杆租赁是国际上比较流行的一种融资租赁形式，一般涉及承租人、出租人和贷款人三方当事人。从承租人的角度来看，与其他融资租赁形式并无区别，同样是按合同的规定，在租期内获得资产的使用权，按期支付租金。但对于出租人却不同，出租人只垫支购买资产所需现金的一部分(一般为20%~40%)，其余部分(为60%~80%)则以租赁设备的第一抵押权租赁合同及收取租金的受让权为担保向贷款人借资支付。因此，在这种情况下，租赁公司既是出租人又是借款人，据此既要收取租金又要支付债务。这种融资租赁形式，由于租赁收益一般大于借款成本支出，出租人借款购物可获得财务杠杆利益，故被称为杠杆租赁。

融资租赁的程序：

①选择租赁公司。企业决定采用租赁方式筹取某项设备时，首先需了解各租赁公司的经营范围、业务能力、资信情况，以及与金融机构(如银行)的关系，取得租赁公司的融资条件和租赁费率等资料，加以分析比较，择优选定。

②办理租赁委托。企业选定租赁公司后，便可向其提出申请，办理委托。这时，承租企业需填写租赁申请书，说明所需设备的具体要求，同时还要向租赁公司提供财务状况文件，包括资产负债表、利润表和现金流量表等资料。

③签订购货协议。由承租企业与租赁公司的一方或双方合作组织选定设备供应商，并与其进行技术和商务谈判，在此基础上签订购货协议。

④签订租赁合同。租赁合同由承租企业与租赁公司签订。它是租赁业务的重要文件，具有法律效力。

⑤办理验货、付款与保险。承租企业按购货协议收到租赁设备时，要进行验收，验收合格后签发交货及验收证书，并提交租赁公司，租赁公司据以向供应商支付设备价款。同时，承租企业向保险公司办理投保事宜。

⑥支付租金。承租企业在租期内按合同规定的租金数额、支付方式等，向租赁公司支付租金。

⑦合同期满处置设备。融资租赁合同期满时，承租企业根据合同约定，对设备采取续租、退还或留购的处置方式。

三、融资租赁筹资的优缺点

1. 融资租赁筹资的优点

①融资租赁能够迅速获得所需资产。融资租赁集融资与融物于一体，一般要比先筹措现金再购置设备更快，可使企业尽快形成生产经营能力。

②融资租赁的限制条件较少。企业运用股票、债券、长期借款等筹资方式，都受到相当多的资格条件的限制，相比之下，租赁筹资的限制条件很少。

③融资租赁可以免遭设备陈旧过时的风险。随着科学技术的不断进步，设备陈旧过时的风险很大，而多数租赁协议规定这种风险由出租人承担，承租企业不必承担。

④融资租赁的全部租金通常在整个租期内分期支付，可以适当降低不能偿付的风险。

⑤融资租赁的租金费用允许在缴纳所得税前扣除，承租企业能够享受节税利益。

2. 融资租赁筹资的缺点

融资租赁筹资也有其不足之处：租赁筹资的成本较高，租金总额通常要比设备价值高出30%；承租企业在财务困难时期，支付固定的租金也将成为一项沉重的负担。另外，采用租赁筹资方式如不能享有设备残值，也可视为承租企业的一种机会成本。

四、租赁分析方法

1. 购买还是租赁

【例5-3】一家公司决定获得一台价值600 000美元机器的使用权。如果购买该机器，则将按直线法折旧直到残值为零。机器的估计使用寿命是6年，公司税率T是40%。购买机器的另一种替代方案是租赁它，租期是6年。出租人表示愿意以每年140 000美元的租金出租该机器给公司，第一笔付款是现在并且以后的5年租金在这5年中每年的年初支付。

分析该问题的一种方法是比较租赁和购买资产公司现金流的现值。公司感觉租赁费的支付和折旧的避税是无风险的。进一步假设，无风险收益率是12%。根据以下计算，公司应该租赁该资产(图5.4)。

$$\text{NPV(租赁)} = \sum_{t=0}^{5} \frac{(1-T_c) \times \text{租赁租金}}{(1+12\%)^t} = \sum_{t=0}^{5} \frac{(1-T_c) \times 140\ 000}{(1+12\%)^t} = 386\ 801\text{(美元)}$$

$$\text{NPV(购买)} = \text{资产成本} - \text{PV(折旧的避税)} = 600\ 000 - \sum_{t=1}^{6} \frac{0.40 \times 100\ 000}{(1+12\%)^t} = 435\ 544$$
(美元)

	A	B	C
1		不能如此分析租赁	
2	资产成本	600,000	
3	利率	12%	
4	租赁租金	140,000	
5	每年折旧	100,000	
6	税率	40%	
7			
8	净现值（租赁）	386,801	<-- =-PV(B3,5,B4*(1-B6))+B4*(1-B6)
9	净现值（购买）	435,544	<-- =B2+PV(B3,6,B6*B5)

图 5.4 租赁还是购买的计算

该分析认为租赁资产比购买要好。然而，这是一种误导，因为它忽视了租赁事实上是类似于贷款购买资产。当将租赁（包括用贷款融资来购买）与不贷款融资直接购买作比较时，可以知道这两种方式其财务风险是不同的。如果该公司愿意租赁资产，那么它也应该愿意借钱购买资产。借钱将改变现金流的模式并可能产生应税利润。因此，如果考虑到隐含的贷款，那么租赁决策就会改变。

2. 约当贷款法

在约当贷款法（图5.5）的背后是要设计一笔假设贷款，该贷款在某种程度上等价于租赁。这样就能很容易看出资产租赁和购买哪一种更好。

【例5-4】从承租人角度比较租赁和购买。

图 5.5　约当贷款法

图5.5中第2~6行给出了该问题的各种参数。随后比较了租赁和购买的两个税后现金流，用"-"表示流出，用"+"表示流入（如折旧避税）。

租赁资产的现金流量是(1-税率)×0-5年中每年支付的租金。

购买资产的现金流量是第0年的资产成本（为现金流出，因此是负数）和第1~6年中资产折旧上的避税，税率×折旧（为现金流入，因此这里用正号）。

图5.5中第18行显示了租赁和购买之间现金流量的差额。该行表明了用租赁代替购买资产，结果：

第0年有516 000美元的现金流入。这个流入是租赁在时间0的现金节约；购买资产需要600 000美元，而租赁资产税后只需要花费84 000美元。因此，租赁最初为承租人节约了516 000美元。

第1~5年每年有124 000美元的现金流出，第6年有40 000美元的现金流出。该流出是这些年购买与租赁的边际税后成本之差。该边际成本有两个组成部分：税后租赁费（84 000美元）和当承租人租赁时，不能得到资产折旧（40 000美元）上的避税好处。因此，用租赁代替购买资产就好像得到516 000美元的贷款。这笔贷款在第1~5年的税后还款为124 000美元，在第6年的税后还款为40 000美元。

租赁可以被看作融资的一种替代方法。为了比较租赁和购买，可以转而比较融资与替代融资的成本。差额现金流的内部收益率——8.30%——提供给用户一个关于租赁的隐含融资成本；由于它大于公司借款的税后成本，在该案例中（公司的税率是40%，它的借款成本是12%），这个成本是7.20%。因此可以得到结论：购买比租赁好。

为了进一步论证上文的结论，假设该公司能按12%的成本借到款，它对于同样的税后偿还计划来说能筹到更多的资金，如图 5.6 所示。

图 5.6　进一步论证

图 5.6 显示了一个利率为 12% 的假设银行贷款的本金。在第 0 年年初，公司从银行借款 532 070 美元。在年底，公司偿还 149 539 美元给银行，其中 63 848（12%×532 070）美元是利息，剩下的部分 85 691 美元是归还的本金。在第 1 年的净税后还款——假设全部利息都可以抵税——是 124 000〔（1-40%）×63 848＋85 691〕美元。以后年付款的计算类似。第 6 年年初，仍然有 37 313 美元的本金未偿付，将在年底以税后偿还额 40 000 美元完全清偿。

如果公司考虑租赁资产是为了获得由租赁带来的 516 000 美元的融资，那么它应该改为按 12% 的利率从银行借款 532 070 美元，它能以隐含在租赁中的相同税后现金流量偿还这笔数额更大的贷款。结果：购买仍然比租赁资产好。

【例 5-5】出租人问题：计算可接受的最低租赁费率。出租人问题与承租人是相反的：承租人决策是——对于给定的租金率——购买还是租用资产，哪个更好。出租人决策是以什么样的最小租金率将该资产租出去。用 Excel 的"单变量求解"（工具 | 单变量求解）得到 134 822 美元，它是出租人的最小可接受租金（图 5.7）。

图 5.7　出租人问题：计算可接受的最低租赁费率

这里的目标寻找如下：承租人的问题和出租人的问题是对立的，如果承租人想要租赁，那么出租人购买资产出租是无利可图的。然后，在某些情况下，可能由于折旧时间表和承租人与出租人之间的税率差异使出租人有利润，从而能够达成一个租赁协议（图 5.8 和图 5.9）。

图 5.8　单变量求解

图 5.9　"规划求解参数"对话框

【例5-6】资产的残值和其他考虑(图 5.10)。假如在第 7 年，你认为资产会有 100 000 美元的市场价值；假定该价值被完全课税(毕竟，在最初 6 年要将资产折旧为零值)，那么税后残值将会是：(1−税率)×100 000＝60 000(美元)。

	A	B	C	D	E	F	G	H	I
1	租赁分析中的残值								
2	资产成本	600,000							
3	利率	12%							
4	租赁租金支付	140,000							
5	每年的折旧	100,000							
6	税率	40%							
7	残值	100,000	<-- 预期在第7年实现; 完全课税						
8									
9	年	0	1	2	3	4	5	6	7
10	租赁的税后现金流								
11	税后租赁租金	-84,000	-84,000	-84,000	-84,000	-84,000	-84,000		
12									
13	购买资产的税后现金流								
14	资产成本	-600,000							
15	折旧避税		40,000	40,000	40,000	40,000	40,000	40,000	
16	税后残值								60,000
17	购买的净现金流	-600,000	40,000	40,000	40,000	40,000	40,000	40,000	60,000
18									
19	现金流量的差额								
20	租赁减购买	516,000	-124,000	-124,000	-124,000	-124,000	-124,000	-40,000	-60,000
21									
22	现金流差额的IRR	10.49%	<-- =IRR(B20:I20,0)						
23	决策？？	购买	<-- =IF(B22<(1-B6)*B3,"租赁","购买")						

图 5.10　租赁分析中的残值

由资产所有权带来的额外现金流量使得租赁的吸引力降低了(可以从通过单元格 B22 中现金流量的 IRR 的收益率注意到该差额,从最初例子中的 8.30% 增加到 10.49%)。Excel 假设决定残值的肯定当量系数是 0.7(图 5.11)。

图 5.11 租赁分析中的残值分析——肯定当量系数

	A	B	C	D	E	F	G	H	I	J
1	租赁分析中的残值分析--肯定当量系数 估计的残值乘以表示残值实现的不确定程度的肯定当量系数									
2	资产成本	600,000								
3	利率	12%								
4	租赁租金支付	140,000								
5	每年的折旧	100,000								
6	税率	40%								
7	残值	100,000	<-- 预计第七年实现;全部课税							
8	肯定当量系数	0.70								
9										
10	年	0	1	2	3	4	5	6	7	
11	租赁的税后现金流量									
12	税后租赁租金	-84,000	-84,000	-84,000	-84,000	-84,000	-84,000			
13										
14	购买资产的税后现金流量									
15	资产成本	-600,000								
16	折旧避税		40,000	40,000	40,000	40,000	40,000	40,000		
17	税后残值								42,000	<-- =(1-B6)*B7*B8
18	购买的净现金流量	-600,000	40,000	40,000	40,000	40,000	40,000	40,000	42,000	
19										
20	现金流量的差额									
21	租赁减购买	516,000	-124,000	-124,000	-124,000	-124,000	-124,000	-40,000	-42,000	
22										
23	现金流量的差额的IRR	9.88%	<-- =IRR(B21:I21,0)							
24	决策??	购买	<-- =IF(B23<(1-B7)*B4,"租赁","购买")							

知识库

2023 年中央经济工作会议明确"坚持稳中求进、以进促稳、先立后破"的要求。"要多出有利于稳预期、稳增长、稳就业的政策。""在转方式、调结构、提质量、增效益上积极进取,不断巩固稳中向好的基础。""要强化宏观政策逆周期和跨周期调节,继续实施积极的财政政策和稳健的货币政策,加强政策工具创新和协调配合"的总体布局。

为贯彻落实党中央、国务院决策部署,按照《关于印发"十四五"促进中小企业发展规划的通知》(工信部联规〔2021〕200 号)《关于印发助力中小微企业稳增长调结构强能力若干措施的通知》(工信部企业函〔2023〕4 号)工作安排,加快构建中小微企业融资促进良好生态,推动中小微企业高质量发展,工业和信息化部、人民银行、金融监管总局、证监会、财政部等五部门组织开展"一链一策一批"中小微企业融资促进行动。以习近平新时代中国特色社会主义思想为指导,深入贯彻党的二十大和中央经济工作会议精神,认真落实国务院的工作部署,围绕提升重点产业链供应链韧性和安全水平,聚焦链上中小微企业,发挥市场决定性作用,丰富金融服务策略,优化金融资源配置,深化产融信息对接,推动政策协同发力,不断完善金融促进中小微企业发展的机制,实现产业金融良性循环。

练习题

1. 某公司按面值 100 元平价发行了息票利率为 10%、5 年期的公司债券,约定每半年付息一次,债券可在 1 年后或其后的任何付息日按面值的 105% 赎回。目前,该债券的市价为 103 元。那么,该债券的到期收益率和赎回收益率分别是多少?

2. 你工作的核研究实验室正准备租赁一台诊断扫描仪。该扫描仪的成本为 700 万美元，而且以直线折旧法计算，6 年后其价值为 0。实际上，由于辐射污染，这台机器 6 年后也将毫无价值。你以每年 135 万美元的租金将其租赁 6 年，现在支付第一笔资金，并且以后的 5 年租金在这 5 年中的每年年初支付。假设税率为 35%，你可以用税前 8% 的利率融资。请问：你选择租赁还是购买？

第六章 投资决策实验

 内容简介

投资决策决定着企业未来的经营状况和经营成果，本章介绍了投资决策的作用、类型和制定决策的程序。阐释了投资决策的净现值法、内部收益率法等投资决策方法，以及投资组合的投资决策过程和目的。

 教学目的

学习本章后，要理解投资的含义，掌握其分类；掌握资本投资决策的各种方法并将其熟练应用。

第一节 投资决策概述

投资决策是指投资主体为了实现其预期的投资目标，运用一定的科学理论、方法和手段，通过一定的程序，对若干个可行的投资方案进行研究论证，从中选出最满意的投资方案的过程。本节主要介绍资本投资的含义、项目投资的分类以及基本步骤。

一、资本投资的含义

资本投资指的是预期可以产生持续一年以上现金流的现金支出。大至价值几十亿元的并购，小至定期组织的员工培训，只要是预期能给企业带来长期持续的现金流的，都可以视为资本投资项目。而企业分析、评估和挑选资本项目的过程则被称为资本预算或企业的投资决策。

二、项目投资的分类

在筛选投资项目时，通常面临两种不同类型的投资项目：独立项目（Independent Project）和互斥项目（Mutually Exclusive Project）。所谓独立项目，就是对其接受或者放弃的决策不受其他项目投资决策影响的投资项目。对于独立项目，考虑的仅仅是要么接受、要么拒绝的单一独立项目决策。接受独立项目，不会限制公司接受其他项目的能力。然而，有时公司必须从几个可能的项目中选择一个。也就是说，这些选择是互斥的，比如，管理者在为一种新产品选择外包装设计时，他只能选择其中一种设计方案。总之，所谓互斥项目，就是若选择一个项目，则意味着必须放弃其他项目。

三、项目投资的基本步骤

项目投资决策是分析公司的投资机会，并对接受还是拒绝项目做出决定的过程。这一过程的步骤主要包括：①预测项目的收入和成本，并基于此来估计项目的未来期望现金流；②评估项目的风险，确定适当的资本成本来贴现项目的自由现金流；③根据这些现金流和资本成本计算项目的 NPV，即项目对企业价值的贡献，接下来，依靠投资决策法则，可以确定接受还是拒绝该项目；④由于现金流的预测总是具有很大的不确定性，一般还可以计算 NPV 相对于预测的不确定性的敏感度。

四、基于 Excel 的多方案投资组合决策与规划求解

实践中，企业在一定时期内可能面对多个可行的投资方案，但由于筹集资金数额或筹资时间等条件的限制，不可能同时接受全部投资项目或方案，而是需要从中选取某些投资方案构成的投资组合，这时就涉及多方案投资组合决策的问题。

解决多方案投资组合决策问题的步骤是：首先建立多方案投资组合决策问题的数学模型，即以多个方案构成的投资组合的净现值最大为目标函数，以一定时期的资金限额等限制条件为约束条件，建立线性规划模型，然后利用 Excel 中的规划求解工具求出最优解。

假如有 n 个独立的投资项目，其初始投资额和净现值分别为 I_j 和 $NPV_j (j = 1, 2, \cdots, n)$，资金限额为 I_0。用 x_j 表示是否接受 j 项目的变量，$x_j = 0$ 表示 j 项目没有被选中，$x_j = 1$ 表示 j 项目被选中，则可建立以下线性规划模型：

目标函数：

$$\max\{NPV\} = \sum_{j=1}^{n} x_j NPV_j$$

约束条件：

$$\sum_{j=1}^{n} x_j \cdot I_j \leq I_0$$

$$x_j = 0 \text{ 或 } 1$$

上述公式即资金有限额的条件下多方案投资组合决策问题的线性规划基本模型，它是一个 0-1 整数规划模型。假如各个项目之间存在着某种联系，如项目之间存在着互斥性、依存关系、互补关系等，则需要在约束条件中添加这些限制条件。如果各个项目的投资分为几期进行，并且在这些期限内对资金也有限额要求，则这些限制也需要添加到约束条件中。

【例 6-1】某企业现有 5 个备选项目，投资分 2 年，每年在年初进行，2 年的投资限额分别为 200 万元和 100 万元，各个项目的净现值已估算完毕，如表 6.1 所示。在这 5 个项目中，项目 A 和项目 B 为互斥项目(即两个项目中只能选择其中的一个)，项目 B 和项目 C 为互依项目(即这两个项目要么同时接受，要么同时拒绝)。第 1 年未用完的资金可以供下期使用，银行存款的年利率为 2%。

表 6.1　项目的有关资料

项目	投资额/万元		净现值/万元
	第 0 期	第 1 期	
A	80	50	90
B	60	30	100
C	30	20	70
D	80	35	80
E	40	25	60
资金限额	200	100	

根据已知条件，可以列出以下线性规划模型：

目标函数：

$$\mathrm{Max}\left\{\sum \mathrm{NPV}\right\} = 90x_1 + 100x_2 + 70x_3 + 80x_4 + 60x_5$$

约束条件：

$$\begin{cases} 80x_1 + 60x_2 + 30x_3 + 80x_4 + 40x_5 \leqslant 200 \\ 50x_1 + 30x_2 + 20x_3 + 35x_4 + 25x_5 \leqslant 100 + [200 - (80x_1 + 60x_2 + 30x_3 + 80x_4 \\ + 40x_5)] \times (1 + 2\%) \\ x_1 + x_2 = 1(\text{项目 A、B 二选一}) \\ x_2 - x_3 = 0(\text{项目 B、C 同时接受或同时拒绝}) \\ x_i = 0 \text{ 或 } 1(i = 1, 2, 3, 4, 5) \end{cases}$$

利用 Excel 求解上述模型的步骤如下：

①设计工作表格(图 6.1)。

	A	B	C	D	E	F	G	H
1		已知数据						
2	项目	投资额（万元）		净现值（万元）	项目	决策变量	项目间的关系	
3		第0期	第1期					
4	A	80	50	90	A	0	A与B	1
5	B	60	30	100	B	1	B与C	0
6	C	30	20	70	C	1		
7	D	80	35	80	D	1		
8	E	40	25	60	E	0		
9	资金限额	200	100		净现值合计	250		
10	银行存款利率	2%			第0年使用资金	170	年可供使用资金合计	
11					第1年使用资金	85	130.6	
12					共使用资金	255	最终剩余资金	45.6

图 6.1　投资项目最优组合

②将单元格区域 F4：F8 设为变动单元格，存放决策变量 x 的值，不必赋初值。

③在单元格 F9 中存放目标函数(净现值合计)，计算公式为：“=SUMPRODUCT(D4：D8，F4：F8)”。

④在单元格 H4 中输入反映项目 A 与 B 之间互斥关系的表达式“=F4+F5”。

⑤在单元格 H5 中输入反映项目 B 与 C 之间互依关系的表达式“=F5-F6”。

⑥在单元格 F10 中输入第 0 年使用资金的计算公式“=SUMPRODUCT(B4：B8，F4：

F8)"。

⑦在单元格 G11 中输入第 1 年可供使用资金合计数的计算公式："=（B9−F10）*（1+B10）+C9"。

⑧在单元格 F11 中输入第 1 年使用资金的计算公式"=SUMPRODUCT（C4：C8，F4：F8）"。

⑨在单元格 F12 中输入 2 年投资期共使用资金的计算公式"=F10+F11"。

⑩在单元格 H12 中输入最终剩余资金的计算公式"=G11−F11"。

⑪单击"工具"菜单，选择"规划求解"项，打开"规划求解参数"对话框，其中"设置目标单元格"设置为单元格"$F$9"。"等于"设置为"最大"。"可变单元格"设置为"$F$4：$F$8"。在"约束"中输入以下约束条件："$F$10<=$B$9"，"$F$11<=$G$11"，"$F$4：$F$8<=1"，"$F$4：$F$8>=0"，"$F$4：$F$8=整数"，"$H$4=1"，"$H$5=0"。

⑫单击"求解"按钮，即可得到优化的结果。最终优化结果为：$x_1=0$，$x_2=1$，$x_3=1$，$x_4=1$，$x_5=0$，即应选取项目 B、C、D，放弃项目 A 和 E，可得到最大净现值 250 万元，共使用资金 255 万元，最终剩余资金 45.6 万元（在第 1 年年末的价值）。

第二节　净现值和内部收益率

投资决策要借助一定的方法进行，这些方法主要有净现值法、内部收益率法和盈利指数法等。本节主要阐述这些决策方法的含义、评价法则及其实用性。

一、净现值法

（一）净现值法的含义

项目的净现值（Net Present Value，NPV）是指项目生命周期内的现金流按相应的贴现率折算成现值后与初始投资额之差，它反映了项目的净经济价值。以现值或净现值评估项目/企业价值的方法被称为贴现现金流法（Discounted Cash Flow，DCF）。所用的贴现率是项目的资本成本，也就是投资者要求的期望收益率。净现值的计算公式如下：

$$NPV = CF_0 + \sum_{t=1}^{n} \frac{CF_t}{(1+r)^t}$$

式中，NPV 表示净现值；CF_0 表示初始资额；CF_t 表示年现金量；r 表示贴现率；n 表示投资项目的寿命周期。

如将初始投资额看作在 0 时点发生的现金流量；同时，考虑到 $(1+r)^0=1$，则上式可以简化为：

$$NPV = \sum_{t=0}^{n} \frac{CF_t}{(1+r)^t}$$

（二）净现值评价法则

如果净现值为正值，项目在经济上可行，就应该接受；如果净现值为负值，项目在经济上不可行，就应该放弃。一种极端的情况是，项目的净现值为零，此时，接受或放弃该项目都无差异。

因为在 NPV 为正值时，项目未来带来的收入现金量：①能够收回项目的初始投资，满足投资者对安全性的要求；②能够给投资者带来按其要求的预期收益率计算的资本报酬，满足投资者对收益性的要求；③能够给投资者带来超额收益，其现值为 NPV。

假设企业实施新项目之前的价值为 V。根据对企业价值的定义，项目未来带来的收入现金流量的增加，会增加企业价值。假设企业实施项目投资后的价值为 V'，

$$V' = V + PV = V + CF_0 + NPV$$

从上式可以看出，要使 V' 最大，在 V 既定的情况下，就是要使 PV 最大，进而在投资金额既定的情况下，就是要使 NPV 最大。因此 NPV 为正值是企业价值最大化在投资项目评估中的具体要求。

二、内部收益率法

(一) 内部收益率法的含义

内部收益率是使投资收益现值等于初始投资额的收益率，或者使净现值为零的贴现率，即下述方程（未知数为 IRR）的解：

$$NPV = CF_0 + \sum_{t=1}^{n} \frac{CF_t}{(1 + IRR)^t} = 0$$

式中，IRR 为内部收益率，其他符号的含义与净现值公式中相同。

内部收益率可以采用插入法计算，其计算步骤是：首先，选取一个贴现率 r_1 代入净现值的计算公式，计算出 NPV_1。如果计算出的净现值大于 0，说明选取的贴现率比 IR 要高，则再次提高贴现率代入净现值的计算公式，直至根据选取的贴现率计算出的净现值为正值且趋向于 0，将此种情况下的贴现率称为 r_1，与该贴现率对应的净现值为 NPV_1。

接下来，选取贴现率 r_2 代入净现值的计算公式中，算出净现值，称为 NPV_2，该净现值为负值且接近 0。这时就可以说，IRR 比 r_1 大，比 r_2 小，介于 r_1 和 r_2 之间。

$$\frac{r_1 - IRR}{r_1 - r_2} = \frac{NPV - 0}{NPV_1 - NPV_2}$$

$$IRR = r_1 + (r_2 - r_1) \times \frac{NPV_1}{NPV_1 - NPV_2}$$

(二) 内部收益率法则

如果一项投资的 IRR 超过必要报酬率，就可以接受这项投资，否则就应该拒绝。因为在内部收益率超过必要报酬率时，项目未来带来的收入现金量：

①能够收回项目的初始投资，满足投资者对安全性的要求。

②能够给投资者带来按其要求的预期收益率，计算的收益率满足投资者对收益性的要求。

③能够给投资者带来超额收益率——必要报酬率。

(三) 净现值和内部收益率的联系

净现值和内部收益率所用的公式其实是同一个，而所不同的是，净现值是用投资者要求的期望收益率作为贴现率对未来的现金流量进行贴现。内部收益率是给定项目的净现值为 0，求出贴现率。如果投资项目只是在初始阶段发生现金流出，其后始终是现金流入，

即现金流量符号是按照-、+、+…的模式排列(前面的负号可以多于一个，但不能在出现正号以后再次出现负号)，净现值与内部收益率之间的关系如图6.2所示。

从图6.2可知，给定未来现金流，随贴现率r的增大，净现值单调下降，并在IRR处为0。根据内部收益率的决策准则，如果项目的内部收益率大于资本成本，则项目可行。根据净现值的决策准则，如果按照资本成本贴现后项目的净现值大于0，则项目可行。从图6.2中可知，当资本成本小于内部收益率(位于IRR左侧)时，贴现后项目的净值大于0。同样，当资本成本大于内部收益率(位于IRR右侧)时，贴现后项目的净现值小于0。所以，净现值大于0等价于内部收益率大于资本成本。进一步，在独立决策中，净现值与内部收益率两个决策指标的结论是一致的。

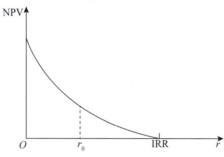

图6.2　净现值与内部收益率之间的关系

【例6-2】计算表6.2中两个项目的内部收益率。

表6.2　两个项目的内部收益率　　　　　　　　　　　　　单位：千元

年	现金流	
	项目A	项目B
0	-3 500	-2 300
1	1 800	900
2	2 400	1 600
3	1 900	1 400

答：内部收益率是使项目的净现值等于0的利率值，因此，项目A的IRR等式如下：

$$0 = C_0 + \frac{C_1}{1 + \text{IRR}} + \frac{C_2}{(1 + \text{IRR})^2} + \frac{C_3}{(1 + \text{IRR})^3}$$

$$0 = -3\ 500 + \frac{1\ 800}{1 + \text{IRR}} + \frac{2\ 400}{(1 + \text{IRR})^2} + \frac{1\ 900}{(1 + \text{IRR})^3}$$

$$\text{IRR} = 33.37\%$$

(四)内部收益率法的缺陷

与净现值相比，内部收益率指标存在一些重要缺陷，具体分为以下几种情况：

1. 项目的寿命周期内其现金流量多次改变符号

在此情况下，有可能出现多个内部收益率共存的现象，而即使是独立决策，用内部收益率指标也可能得出错误的结论。

【例6-3】通过表6.3，不难看出项目F的IRR有两个值，20%和40%。

表6.3　两个内部收益率　　　　　　　　　　　　　　　　　单位：千元

时期	0	1	2	NPV($r=10\%$)
现金流量	−100	260	−168	−2.48

若项目的资本成本为10%，则两个IRR之值均大于资本成本。根据内部收益率指标的判别原则，应接受这一项目。但是，这一项目的净现值为负值，应予以拒绝。显然，在这种情况下净现值指标与内部收益率指标的结论是相互矛盾的，且后者的结论是错误的。之所以出现这种情况，是因为在投资项目的寿命期内现金流两次改变符号（负正正负），使项目的净现值不再是贴现率的单调函数。

由图6.3可知，只有当贴现率20%<r<40%时，项目才会有正的净现值，其他情况下其净现值均为负值。

即使现金流的模式非常简单——项目现金流只改变一次符号，在互斥决策中，内部收益率与净现值的决策结果也可能大相径庭。

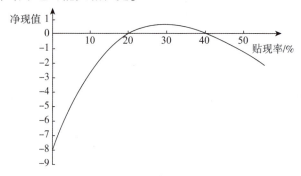

图6.3　净现值与贴现率之间的关系

2. 初始投资额不等

在两个或两个以上项目的互斥决策中经常会遇到不同项目的初始投资额不等的情况。由于内部收益率指标完全忽视了投资规模，它会偏向于选择投资规模小的项目。

【例6-4】如表6.4所示，项目A和B初始投资额不等。

表6.4　项目A和B初始投资额不等　　　　　　　　　　　　单位：千元

时期	0	1	2	3	NPV($r=10\%$)
项目A	−1 000	505	505	505	256
项目B	−11 000	5 000	5 000	5 000	1 435

如果两个项目A和B中只能选择一个，根据内部收益指标，应选取项目A，而根据净现值指标，应选取项目B，因为两者是相矛盾的。

3. 现金流发生的时间不同

虽然内部收益率与净现值都对现金流贴现，但是它们采用的贴现率不同。净现值指标采用资本成本贴现；而内部收益率指标采用内部收益率贴现。当内部收益率大于资本成本时，远期的现金流受贴现的影响偏大。由于内部收益率指标的决策原则是选择内部收益率大于资本成本的项目，因此，内部收益率指标偏向于低估期限长的项目和现金流分布靠后的项目，进而选择期限短的项目和现金流分布靠前的项目。

【例6-5】如表6.5所示，项目C、D的初始投资规模完全相同，但现金流发生的时间不同。

表6.5　项目C和项目D的现金流发生时间不同　　　　　　　单位：千元

时期	0	1	2	3	4	…	NPV($r=10\%$)
项目C	-200	110	110	110	0	…	73.6
项目D	-200	30	30	30	30	…	100

项目C集中在三年内发生，每年发生的数额较大；项目D的现金流则在项目产生效益后始终保持，但每年发生的数额较小。不难计算出C项目的内部收益率为29.9%，D项目的内部收益率为15%。根据内部收益率进行取舍，应选取项目C，放弃项目D。但是，在资本成本为0.10时，项目C的净现值只有73.6千元，而项目D的净现值达到100千元。根据净现值进行取舍，应选取项目D，放弃项目C。显然这两个结论是相矛盾的。造成这一差异的原因是这两个项目的现金流发生的时间不同。项目C的现金流集中在近期发生，当贴现率较高时近期的现金流对净现值的贡献起主要作用，这时项目C就表现出一定的优势。当贴现率较低时，远期现金流对净现值的影响相应增加，项目D的优势就逐渐表现出来。图6.4清楚地表现了这一点。当贴现率大于11.2%时，项目C的净现值大于项目D的净现值，内部收益率指标的结论与净现值指标的结论一致；当贴现率小于11.2%时，项目D的净现值大于项目C的净现值，内部收益率指标的结论与净现值指标的结论相反。本例中采用的贴现率为10%，因为小于11.2%，内部收益率指标的结论与净现值指标的结论相反。

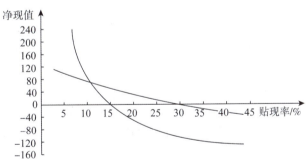

图6.4　净现值与贴现率之间的关系

在第三种情况下，导致净现值指标与内部收益率指标的决策结果不一致的深层原因是，内部收益率指标假设各期现金流按照项目的内部收益率进行再投资。该假设不合理，原因包括两个方面：①未来投资项目的收益可能达不到当前项目的内部收益率水平，但只要未来项目的收益水平大于资本成本，那些项目仍然应该投资；②如果未来项目的收益水平相当于甚至高于当前项目的内部收益率，那么这种高收益项目按照资本成本去衡量，理所当然会被接受，因而没有必要、也不应该将未来项目的价值计入当前的项目之中。

第二种和第三种情况出现的问题可用现金流增量分析的办法作进一步的说明。对于第二种情况，可以考虑用项目A的现金流减去项目B的现金流，即对项目(B-A)进行投资分析，其结果如表 6.6 所示。

【例 6-6】如表 6.6 所示，项目 B 的内部收益率为 17%，项目 A 的内部收益率为 24%。

表 6.6　项目（B-A）投资分析　　　　　　　　单位：千元

时期	0	1	2	3	NPV（$r=10\%$）
项目 B	-11 000	5 000	5 000	5 000	1 435
项目 A	-1 000	505	505	505	256
项目（B-A）	-10 000	4 495	4 495	4 495	1 179

项目（B-A）的内部收益率为 16.6%，大于 10% 的必要报酬率，根据内部收率指标的决策标准可以接受。同时，这一项目的净现值为 1 179 千元，大于 0，同样符合净现值指标的要求。因此，项目（B-A）是应该接受的。投资者在选择了项目 A 之后，还应继续选择项目（B-A），两者之和为项目 B，即应该选取项目 B。

对于第三种情况，可用同样的方法进行分析。

【例 6-7】如表 6.7 所示，可以得到项目（D-C）的内部收益率为 11.2%，大于 10% 的资本成本。其现值为 26.4 千元，大于 0，应予接受。

表 6.7　项目（D-C）投资分析　　　　　　　　单位：千元

时期	0	1	2	3	4	…	NPV（$r=10\%$）
项目 D	-200	30	30	30	30	…	100
项目 C	200	110	110	110	0	…	73.6
项目（D-C）	0	-80	80	80	30	…	26.4

除了以上三个方面的问题之外，内部收益率指标还存在两个缺陷。第一，在某些特殊情况下，由于方程没有实数解，因此无法用该指标进行投资决策。第二，内部收益率指标没有区分借方和贷方。给定任何一个项目 X，设其内部收益率大于资本成本，把项目 X 的全部现金流改变符号，从而得到另一个项目，记作（-X）。显然项目（-X）的内部收益率等于 X 项目的内部收率，这样用内部收益率指标进行投资决策，项目 X 与项目（-X）都是好项目。由于它们的现金流正好相反，因此它们的净现值的符号也正好相反。依照净现值标准，它们有且只有一个项目是好项目。这样，采用内部收益率指标与净现值指标得出的结论相互矛盾。

以上分析说明尽管内部收益率指标也考虑了资金的时间价值且是一种常用的投资决策指标，但在某些情况下，其也可能给出错误的选择。

三、其他投资决策方法

（一）盈利指数法

盈利指数（Profit Ability Index，PI）也称为获利能力指数，是指项目的未来现金流量的现值除以项目的初始投资，其数学表达式为：

$$盈利指数（PI）=\frac{现金流量的现值}{初始投资}=\frac{PV}{CF_0}$$

与净现值相比，盈利指数衡量的是每一单位投资金额所能获得的净现值的大小，即现金流量现值相对于初始投资的倍数。盈利指数越高，表明项目的回报率越高，而在资本有限的情况下，公司应力求将资金投资于回报率高的项目。

下面分三种情况对盈利指数进行分析：

①独立项目。如果两个都是独立项目，根据净现值法的基本投资法则，只要净现值为正就可以采纳。也就是盈利指数（PI）大于1。因此，FT 的投资法则为：

对于独立项目，若 PI>1，可以接受；若 PI<1，必须放弃。

②互斥项目。假如两个项目中只能选择一个，根据净现值法，应该选择净现值比较大的项目。盈利指数在互斥项目中应用所面临的问题和内部收益率一样，忽略了互斥项目之间规模上的差异。

③资本配置。以上两种情况实际上都假设公司有充足的资金用于投资，当资金不足以支付所有净现值为正的项目时，就需要进行资本配置。

盈利指数的决策准则是：当项目的盈利指数大于1时，选取该项目；当项目的盈利指数小于1时，放弃该项目；当有多个互斥项目并存时，在盈利指数大于1的项目中选取盈利指数最大的项目。

盈利指数与净现值指标所使用的数据相同，都是项目的初始资额和投资收益的现值，但使用的方法不同。盈利指数度量投资收益现值与初始投资额的相对大小，而净现值是投资收益现值与初始投资额的差。在独立决策中盈利指数与净现值的决策效果完全等价。在互斥决策中，如果各备选项目的初始投资额相同，盈利指数与净现值的决策结论也一致。但是，如果初始投资额不同，两者可能会得出不同的结论。

盈利指数刻画的是投资收益的相对值，考虑的是项目投资使用资金的效率，因此特别适用于资本限量条件下的投资决策。

（二）回收期法

回收期是指收回项目初始投资所需要的时间，一般用年为单位来表示，其计算公式为：

$$回收期 = 收回全部投资的年数 - 1 + \frac{未收回的投资}{收回全部投资年份的现金流量}$$

回收期法则：如果一个项目的回收期低于公司预先设定的年份，这项投资就可以接受；如果是比较不同的项目，回收期短的项目相对较好。

【例6-8】讨论一个初始拟资为-50 000 美元的项目。项目前3年的现金流量依次为30 000 美元、20 000 美元和10 000 美元（图 6.5）。

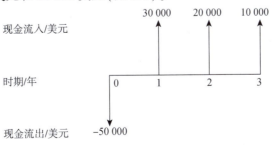

图 6.5　回收期法则案例

50 000 美元前的负号提醒我们，这对投资者而言是一项现金流出，而不同数字之间的逗号表明在不同的时点收到现金，或者如果是现金流出，那么则表明在不同的时点支付现金。在本例中，我们假定现金流发生的时间各间隔 1 年，当第一笔现金流发生时就是我们决定进行此项投资之时。

公司在项目运营的前 2 年将收到 30 000 美元和 20 000 美元，加起来就相当于初始投资 50 000 美元。这意味着公司在 2 年内就可以收回投资。2 年就是项目的"回收期"。

回收期法的决策过程很简单。选择一个具体的回收期决策标准，比如 2 年，所有回收期等于或小于 2 年的项目都可行，而那些回收期在 2 年以上的项目便不可行。

回收期法的缺陷：

①回收期法没有考虑整个项目期间的现金流，忽略了回收期后项目产生的现金流，因而它不能全面反映项目的价值。

②回收期法忽略了货币的时间价值。

③回收期的可接受期限完全是主观选择，依公司制定的回收期标准而定。

回收期法的优点：

这种方法只是强调了投资项目的流动性，可以作为衡量项目风险的一个粗略指标，适合中小公司。

（三）贴现回收期法

回收期法的缺陷之一是忽略了货币时间价值，回收期的另一种变化形式——贴现回收期解决了这一问题。所谓贴现回收期，是指贴现现金流量的总和等于初始投资所需要的时间。

贴现回收期法则：如果一项投资的贴现回收期低于某个预先设定的年份，那么该投资就是可以被接受的。

由于普通回收期是现金流量之和等于初始投资所需要的时间，也就是说普通回收期是达到会计保本点所需要的时间。而贴现回收期是贴现现金流量的总和等于初始投资所需要的时间，也就是说，贴现回收期是达到经济保本点所需要的时间。

1. 贴现回收期法的优点

①充分考虑了货币的时间价值。

②不会接受预期 NPV 为负值的投资。

③偏向于高流动性。

2. 贴现回收期法的缺点

①回收期的可接受期限完全是主观选择，这一点与回收期法相同。

②忽略了取舍时限后的现金流量，这一点与回收期法相同。

③偏向于拒绝长期项目，如研究与开发新项目等。

④可能拒绝 NPV 为正值的投资。

四、用 Excel 计算内部收益率

【例6-9】一项初期投入 800 万元的项目，在以后 1~5 年的每年年底回报不等的一组现金流序列。该项目 IRR（单元格 B10）是 22.16%（图 6.6）。

	A	B	C
1		**内部收益率**	
2	年	现金流量	
3	0	-800	
4	1	200	
5	2	250	
6	3	300	
7	4	350	
8	5	400	
9			
10	内部收益率	22.16%	<-- =IRR(B3:B8)

图 6.6　计算内部收益率

【例 6-10】IRR 是投资的复合收益率。为了完全理解这一点，可以制作一张贷款表，它显示了该投资的现金流被分割为投资收益和投资本金返还两部分(图6.7)。

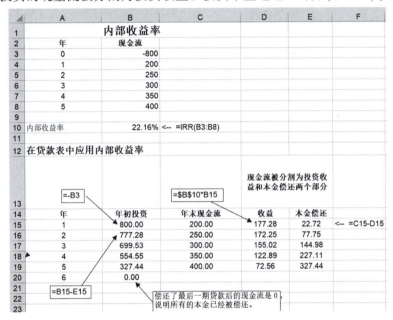

图 6.7　现金流分割为投资收益和投资本金返还

【例 6-11】Excel 中的 Rate 函数用来计算一列未来恒定偿还额的 IRR。在图 6.8 所示的例子中，期初投资 1 000 美元，在接下来的 30 年中，每年获得偿还额 100 美元。Rate 函数表明 IRR 为 9.307%。

	A	B	C
1	**运用实际利率函数计算内部收益率**		
2	期初投资	1,000	
3	每期现金流	100	
4	偿付期数	30	
5	内部收益率	9.307%	<-- =RATE(B4,B3,-B2)

图 6.8　用 Rate 函数计算内部收益率

注意：Rate 函数的运行与 PMT 和 PV 非常相似，需要在期初投资和偿付期现金流之间改变符号(注意在 B5 单元格中我们使用的是-B2)。另外，它还允许期初偿付转换为期末偿付。

【例6-12】有时一组现金流量有多个IRR。在图6.9和图6.10所示的例子中，可以看到单元格区域B6：B11中的一组现金流有两个IRR，因为NPV曲线与X轴相交两次。

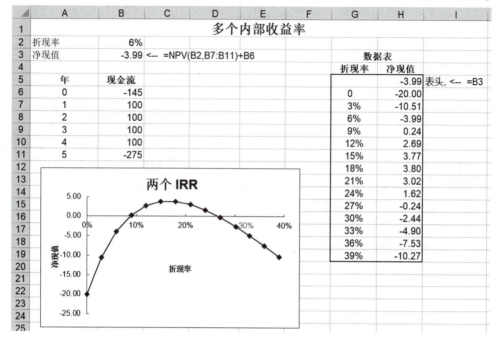

图6.9 画图说明两个内部收益率

	A	B	C	D
29	两个IRR的确定			
30	第一个IRR	8.78%	<-- =IRR(B6:B11,0)	
31	第二个IRR	26.65%	<-- =IRR(B6:B11,0.3)	

图6.10 计算两个内部收益率

Excel的IRR函数允许增加一个额外参数来找到两个IRR，可以用IRR(B6：B11，guess)代替IRR(B6：B11)。参数guess是Excel中用以寻找IRR算法的一个起始点，通过调整guess，我们能识别两个IRR单元格，B23和B24给出了一个说明。在这个过程中有两个注意事项：

参数guess只需要接近IRR，它不是唯一的。例如通过设定guess为0.1和0.5，仍会得到相同的两个IRR。

为了识别数值和IRR的近似值，按各种不同折现率函数作一个投资的NPV图是非常有帮助的。内部收益率则是曲线与X轴相交点，这些点附近位置的值应该被用来作为IRR函数中的guess。从纯粹的技术观点来看，只有当一组现金流量的符号至少有两次变化时，它才可能有多个IRR。

【例6-13】许多"典型的"现金流量的符号只有一次变化。票面利率为10%、面值为1 000美元8年到期的一个债券的现金流。如果其现在市场价格是800美元，则该现金流量符号变化只有一次(从第0年负值到第1~8年的正值)。因此，只有一个IRR(图6.11)。

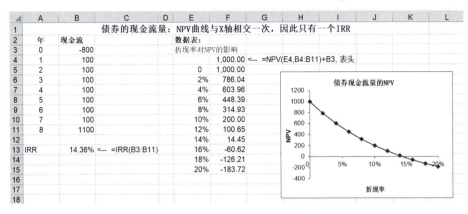

图 6.11　只有一个内部收益率

第三节　不确定性下的投资决策分析

敏感性分析是投资项目评价过程中常用的一种分析风险的方法，它可以用来反映当投资方案中某个因素的实际值与预测值发生偏离时，对该投资方案预期结果的影响程度。如果某个因素在较小的范围内发生变动就会影响原定方案的经济效果，即表明该因素的敏感性强；反之，如果某个因素在较大的范围内变动时才会影响原定方案的经济效果，则表明该因素的敏感性弱。

敏感性分析有助于有关的管理者找出在执行决策方案时应注意的问题，从而可以预先考虑措施和对策，避免决策上的失误。在投资方案实施的过程中对于敏感性强的因素进行重点控制，这有利于保证投资方案取得预定的经济效果。

通常需要做敏感性分析的因素主要包括投资额、项目寿命期、产品的产销量、产品价格、经营成本、折现率等。根据需要，可以分别对净现值、内部收益率或投资回收期等评价指标做敏感性分析。

1. 根据因素变动的上下限进行敏感性分析

净现值和内部收益率等评价指标的敏感性分析可以根据各因素的预测数值，以及各因素预测变动的上下限为基础来进行。

【例6-14】项目的初始投资为200万元，寿命期为5年，预计期末残值为12万元，固定资产按平均年限法计提折旧，要求的最低收益率为15%，所得税税率为25%。各因素预测数据如表6.8所示。试计算该项目的净现值和内部收益率，并进行敏感性分析。

表 6.8　各因素预测数据

因素	变动下限	预测值	变动上限
销售量/万件	5.5	6	6.5
单价/(元·件$^{-1}$)	75	80	85
单位变动成本/(元·件$^{-1}$)	58	60	62
年付现固定成本/万件	45	50	55

计算分析步骤如下：

①首先应设计计算分析表格（图6.12）。

②在单元格C12中输入公式：

"=PV（\$B\$5，\$B\$3，-（E3*（\$E\$4-\$E\$5）-\$E6）*（1-\$B\$6）-（\$B\$2-\$B\$4）/\$B\$3*\$B\$6，-\$B\$4）-\$B\$2"。

③在单元格C13中输入公式：

"=PV（\$B\$5，\$B\$3，-（\$E\$3*（E4-\$E\$5）-\$E6）*（1-\$B\$6）-（\$B\$2-\$B\$4）/\$B\$3*\$B\$6，-\$B\$4）-\$B\$2"。

	A	B	C	D	E	F
1	项目的基本数据		因素预测值及变动范围			
2	初始投资（万元）	200	因素	下限	最可能情况	上限
3	寿命期（年）	5	销售量（万件）	5.5	6	6.5
4	预计期末残值（万元）	12	单价（元/件）	75	80	85
5	贴现率	15%	单位变动成本（元/件）	58	60	62
6	所得税税率	25%	年付现固定成本（万元）	45	50	55
7	折旧方法	平均年限法				
8						
9	计算分析					
10	净现值的敏感性分析					
11	因素变动	下限	最可能情况	上限		
12	销售量	-17.68	13.46	27.24		
13	单价	-62.6	13.46	72.15		
14	单位变动成本	31.73	13.46	-22.18		
15	年付现固定成本	16.01	13.46	-6.45		
16	内部收益率的敏感性分析					
17	因素变动	下限	最可能情况	上限		
18	销售量	11.30%	17.74%	20.49%		
19	单价	1.28%	17.74%	29.13%		
20	单位变动成本	21.38%	17.74%	10.34%		
21	年付现固定成本	18.26%	17.74%	13.66%		

图6.12　投资项目的敏感性分析

④在单元格C14中输入公式：

"=PV（\$B\$5、\$B\$3、-（\$E\$3*（\$E\$4-E5）-\$E6）*（1-\$B\$6）-（\$B\$2-\$B\$4）/\$B\$3*\$B\$6、-\$B\$4）-\$B\$2"。

⑤在单元格C15中输入公式：

"=PV（\$B\$5，\$B\$3，-（\$E\$3*（\$E\$4-\$E\$5）-E6）*（1-\$B\$6）-（\$B\$2-\$B\$4）/\$B\$3*\$B\$6，-\$B\$4）-\$B\$2"。

⑥选取单元格区域C12：C15，将其复制到单元格区域B12：B15和D12：D15。这样就完成了净现值的敏感性分析。

⑦在单元格C18中输入公式：

"=RATE（\$B\$3，（E3*（\$E\$4-\$E\$5）-\$E\$6）*（1-\$B\$6）+（\$B\$2-\$B\$4）/\$B\$3*\$B\$6，-\$B\$2，\$B\$4）"。

⑧在单元格C19中输入公式：

"=RATE（\$B\$3，（\$E\$3*（E4-\$E\$5）-\$E\$6）*（1-\$B\$6）+（\$B\$2-\$B\$4）/\$B\$3*\$B\$6，-\$B\$2，\$B\$4）"。

⑨在单元格 C20 中输入公式：

"=RATE($B$3,（$E$3＊($E$4−E5)−$E$6)＊(1−$B$6)+($B$2−$B$4)/$B$3＊$B$6,−$B$2,$B$4)"。

⑩在单元格 C21 中输入公式：

"=RATE($B$3,（$E$3＊($E$4−$E$5)−E6)＊(1−$B$6)+($B$2−$B$4)/$B$3＊$B$6,−$B$2,$B$4)"。

⑪选取单元格区域 C18：C21，将其复制到单元格区域 B18：B21 和 D18：D21。

这样就完成了内部收益率的敏感性分析。

由计算结果可以看出，该项目基础方案(即各因素保持最可能的预测值不变)的净现值为 13.46 万元，内部收益率为 17.74%。

从敏感性分析的结果可以看出，各因素变动对净现值和内部收益率产生的不利影响由大到小的排列顺序依次为单价、单位变动成本、销售量和年付现固定成本。

2. 根据因素变动率进行敏感性分析

净现值和内部收益率等评价指标的敏感性分析可以根据各因素的预测数值，以及各个影响因素在一定范围内的变动率为基础来进行。

【例6-15】某一投资项目的初始投资为 200 万元，寿命期为 5 年，预计期末残值为 12 万元，固定资产按平均年限法计提折旧，贴现率为 15%，所得税税率为 25%。项目投产后预计每年的产品销售量为 6 万件，单价为 80 元/件，单位变动成本为 60 元/件，年付现固定成本和贴现率变化的可能性较大，可能的变化范围在 ±30%。试计算项目的净现值并对其进行敏感性分析(图 6.13)。

	A	B	C	D	E	F	G	H
1			项目的基本数据					
2	初始投资（万元）	200	年产销量（万件）	6				
3	寿命期（年）	5	单价（元/件）	80				
4	预计期末残值（万元）	12	单位变动成本（元/件）	60				
5	所得税税率	25%	年付现固定成本（万元）	50				
6	折旧方法	平均年限法	贴现率	15%				
7								
8			净现值的敏感性分析（各因素不同变动率下的净现值 单位：万元）					
9	因素变动率	−30%	−20%	−10%	0	10%	20%	30%
10	年产销量	−77.04	−46.87	−16.70	13.46	43.63	73.80	103.97
11	单价	−348.57	−227.89	−107.21	13.46	134.14	254.82	375.50
12	单位变动成本	284.99	194.48	103.97	13.46	−77.04	−167.55	−258.06
13	年付现固定成本	51.18	38.61	26.04	13.46	0.89	−11.68	−24.25
14	贴现率	38.97	29.94	21.46	13.46	5.93	−1.18	−7.90

图 6.13　净现值的敏感性分析

计算和分析步骤如下：

①在单元格区域 B9：H9 中输入各因素的变动率序列。

②在单元格 B10 中输入公式：

"=PV($E$6,$B$3,−($E$2＊(1+B9)＊($E$3−$E$4)−$E$5)＊(1−$B$5)($B$2−$B$4)/$B$3＊$B$5,−$B$4)−$B$2"，计算销售量变动时的净现值。

③在单元格 B11 中输入公式：

"=PV($E$6,$B$3,−($E$2＊($E$3＊(1+B9)−$E$4)−$E$5)＊(1−$B$5)−($B$2−$B$4)/$B$3＊$B$5,−$B$4)−$B$2"，计算单价变动时的净现值。

④在单元格 B12 中输入公式：

"=PV（\$E\$6，\$B\$3，-（\$E\$2*（\$E\$3-\$E\$4*（1+B9））-\$E\$5）*（1-\$B\$5）-（\$B\$2-\$B\$4）/\$B\$3*\$B\$5，-\$B\$4）-\$B\$2"，计算单位变动成本变动时的净现值。

⑤在单元格 B13 中输入公式：

"=PV（\$E\$6，\$B\$3、-（\$E\$2*（\$E\$3-\$E\$4）-\$E\$5*（1+B9））*（1-\$B\$5）-（\$B\$2-\$B\$4）/\$B\$3*\$B\$5，-\$B\$4）-\$B\$2"，计算年付现固定成本变动时的净现值。

⑥在单元格 B14 中输入公式：

"=PV（\$E\$6*（1+B9），\$B\$3，-（\$E\$2*（\$E\$3-\$E\$4）-\$E\$5）*（1-\$B\$5）-（\$B\$2-\$B\$4）/\$B\$3*\$B\$5，-\$B\$4）-\$B\$2"，计算贴现率变动时的净现值。

⑦选取单元格区域 B10：B14，将其向右一直填充复制到单元格区域 H10：H14，得到各因素不同变动率下的净现值。

⑧选取单元格区域 A9：H14，单击工具栏上的"图表向导"按钮，选择"XY 散点图"中的"平滑线散点图"，按照图表向导的操作步骤提示逐步操作，并对图表进行调整，最后得到净现值的敏感性分析图，如图 6.14 所示。

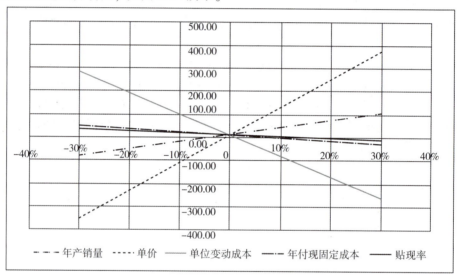

图 6.14　净现值的敏感性分析图

计算结果表明，该投资项目各因素均保持预测值不变时的基础方案的净现值为 13.46 万元。由敏感性分析的计算结果可以看出，各因素变动对净现值影响的敏感性由强到弱的排列顺序依次为产品单价、单位变动成本、销售量、年付现固定成本和贴现率。而敏感性分析图也验证了这一结论。在敏感性分析图中，某条线的斜率越大，相对应的因素变动对净现值影响的敏感性就越强。

3. 动态盈亏平衡分析

动态盈亏平衡分析是指在考虑资金的时间价值因素的条件下所进行的盈亏平衡分析。动态盈亏平衡点的产销量实际上也就是使投资项目的净现值或净年值为零的产销量。在投资项目寿命期内各年的产销量相等、固定资产按平均年限法计提折旧的情况下，动态盈亏平衡点的年产销量 Q 应满足下面的计算公式：

$$Q \cdot (p - v) - F \cdot (1 - T) + \frac{I - S}{n} \times T + \frac{S}{\mathrm{FVIFA}_{i,\,n}} - \frac{1}{\mathrm{PVIF}_{i,\,n}} = 0$$

式中，p 为产品单价；v 为产品单位变动成本；F 为固定经营成本；I 为初始固定资产投资；S 为固定资产预计期末残值；T 为所得税税率。

可以利用单变量求解工具求出上式中的年产销量，即动态盈亏平衡点的年销量。动态盈亏平衡点其他相关指标的计算公式与相关的静态盈亏平衡点分析中的其他相关指标的计算公式相同。

【例6-16】本例仍以例6-15中投资项目的有关资料为例进行动态盈亏平衡分析（图6.15）。

	A	B	C	D
1	项目的基本数据			
2	初始投资（万元）	200	年销售量（万件）	6
3	寿命期（年）	5	单价（元/件）	80
4	预计期末残值（万元）	12	单位变动成本（元/件）	60
5	所得税税率	25%	年付现固定成本（万元）	50
6	折旧方法	平均年限法	贴现率	15%
7				
8	动态盈亏平衡分析			
9	年折旧抵税额（万元）		9.40	
10	初始投资的等值年金（万元）		59.66	
11	期末残值的等值年金（万元）		1.78	
12	目标函数（净年值，万元）		0.00	
13	盈亏平衡点的年产销量（万件）		5.73	
14	盈亏平衡点的年产销额（万元）		458.58	
15	安全边际量（万件）		0.27	
16	安全边际额（万元）		21.42	
17	安全边际率		4.46%	

图 6.15 动态盈亏平衡分析

具体计算步骤为：

①在单元格 C9 中输入公式"=SLN(B2，B4，B3)＊B5"，计算年折旧抵税额。

②在单元格 C10 中输入公式"=B2/PV(E6，B3，-1)"，计算初始投资的等值年金。

③在单元格 C11 中输入公式"=B4/FV(E6，B3，-1)"，计算期末残值的等值年金。

④在单元格 C12 中输入净年值的计算公式"=［C13＊E3-E4)-E5]＊(1-B5)+C9+C11-C10"。

⑤单击"工具"菜单中的"单变量求解"命令，在弹出的"单变量求解"对话框中，在目标单元格中输入"C12"，在目标值栏中输入"0"，在可变单元格栏中输入"C13"，再单击"确定"按钮后，便可在 C13 单元格中得到动态盈亏平衡点的年产销量。

⑥在单元格 C14 中输入公式"=C13＊\$E\$3"，计算动态盈亏平衡点的年销售额。

⑦在单元格 C15 中输入公式"=\$E\$2-C13"，计算安全边际量。

⑧在单元格 C16 中输入公式"=C15＊\$E\$3"，计算安全边际额。

⑨在单元格 C17 中输入公式"=C15/\$E\$2"，计算边际安全率。

由计算结果可以看出，与6万件的年产销量相比，动态盈亏平衡点的年产销量和年销售额很高，安全边际的有关指标都很低，表明该项目的风险极高。

知识库

2023 年的中央经济工作会议上明确：稳健的货币政策要灵活适度、精准有效。保持流动性合理充裕，使社会融资规模、货币供应量同经济增长和价格水平预期目标相匹配。发挥好货币政策工具总量和结构双重功能，盘活存量、提升效能，引导金融机构加大对科技创新、绿色转型、普惠小微、数字经济等方面的支持力度。促进社会综合融资成本稳中有降。保持人民币汇率在合理均衡水平上的基本稳定。

工业和信息化部、中国人民银行、国家金融监督管理总局、中国证监会、财政部关于开展"一链一策一批"中小微企业融资促进行动的通知中明确表示各地工业和信息化主管部门落实"锻长板、补短板、强基础"要求，选择本地区制造业重点产业链参与融资促进行动。要结合先进制造业集群、中小企业特色产业集群培育和大中小企业融通创新、中小企业"链式"数字化转型、工业互联网一体化进园区"百城千园行"活动等工作，依托产业链龙头企业、专精特新"小巨人"企业等重点企业，进一步梳理一批在产业链上发挥强链补链稳链作用的优质中小微企业，形成产业链图谱或链企名单，摸清名单内企业基本情况，列出融资需求清单。推动建立"政府—企业—金融机构"常态化对接协作机制，按照市场化法治化原则，邀请各类金融机构参与融资促进行动；金融机构在自愿自主、风险可控、商业可持续的基础上，对接链上中小微企业合理融资需求，有序提供专业金融服务，共同构建中小微企业融资促进良好生态。

此外，还要丰富综合服务策略，支持多样化融资需求。调动各类金融机构积极性，鼓励有条件的金融机构为链上中小微企业多样化融资需求匹配多元化金融服务。规范发展供应链金融，鼓励银行业金融机构通过应收账款、票据、订单融资等方式加大对产业链上游中小微企业信贷支持，通过开立银行承兑汇票、国内信用证、预付款融资，为产业链下游中小微企业获取货物、支付货款提供信贷支持，规范开展动产和权利质押融资。继续推进首台(套)重大技术装备、重点新材料首批次应用保险补偿机制试点政策。优化结售汇服务和相关授信管理，为中小微企业提供合适的外汇避险产品。发挥出口信用保险作用，进一步优化承保和理赔条件，扩大中小微企业承保覆盖面和规模。融资租赁公司丰富业务模式，对中小微企业配置固定资产、更新改造生产设备等予以支持。期货公司立足期货及衍生品，强化对企风险管理、库存管理等服务，帮助中小微企业促进利润的平滑波动、稳定生产经营。

练习题

1. 如果一项资产的价格是 600 美元，该资产能在未来 10 年中的每年年底提供 100 美元的现金流量。

(1) 如果该资产的折现率是 8%，你应该购买它吗？

(2) 资产的 IRR 是多少？

2. 项目 A 和项目 B 的现金流见表 6.9。

表 6.9　项目 A 和项目 B 的现金流　　　　　　　单位：美元

年份	项目 A	项目 B
0	-1 000	-2 000
1	C1A	C1B
2	C2A	C2B
3	C3A	C3B

（1）如果两个项目的现金流均相同，哪个项目将会有更高的内部收益率？为什么？

（2）如果 C1B =2C1A，C2B =2C2A，C3B =2C3A，那么 IRRA=IRRB 吗？

3. 假设现金流量模型有两个 IRR（表 6.10）。先使用 Excel 画出作为折现率的函数的现金流量的 NPV 图，然后使用 IRR 函数识别两个 IRR。假如机会成本是 20%，你会投资这个项目吗？

表 6.10　现金流量模型　　　　　　　单位：美元

年份	现金流
0	-500
1	600
2	300
3	300
4	200
5	-1 000

第七章 证券市场投资组合

内容简介

本章介绍了投资组合理论的基本内容，并采用 Excel 构建两个资产和多个资产的投资组合，进而寻找最小方差组合，最后介绍了方差–协方差矩阵的计算过程。

教学目的

熟悉 Excel 的数组函数运用，掌握 Excel 构建两个资产和多个资产投资组合和寻找最小方差组合的方法，掌握方差–协方差矩阵的计算过程。

第一节 投资组合理论概述

投资者一般会同时持有多种证券或资产，即持有投资组合。投资组合就是多种资产构成的资产集合，一般可以将投资者分为风险厌恶者、风险偏好者和风险中性者。投资组合理论上假设投资者基本上是风险厌恶的，也就是说，如果给出两种收益率相同的资产，投资者会选择风险较低的投资。投资者是风险厌恶的证据之一就是投资者购买各类保险，包括寿险、汽车险和健康险。而买保险就是支出已知的数额，来预防未来不确定的、数额更大的支出。进一步证明投资者风险厌恶的证据是不同等级的债券的保证收益率是不同的，它们的信用风险程度是不同的。具体来说，就是从 AAA 级（风险最低）、AA 级到 A 级，再到其他等级，保证收益率越高，这就意味着投资者接受更高的风险是需要更高回报的。显然，风险厌恶型的投资者总是希望选择高期望收益率、低风险的投资组合。

在 20 世纪 60 年代，哈里·马科维茨建立了基本的投资组合模型，他推出投资组合预期收益率和预期风险的度量方法。马科维茨说明在某种合理的解释下，收益率方差是投资组合风险中一种有意义的度量，他还推导出投资组合方差的计算公式。这个投资组合方差的计算公式不仅说明了投资多样化对减少投资组合整体风险的重要性，还说明了如何有效实现多样化。现代投资组合理论的分析框架正是基于投资者对资产组合的期望收益率和标准差的选择。

一、投资组合的风险和收益

预期收益的方差或者标准差是一种测量风险的方法。它是对收益与其预期值离散程度的一种度量方法，较大的方差或者标准差意味着离散程度较大。对预期收益的离散程度越大，则对未来收益的不确定性越高。

假设投资组合 P 由 N 种风险资产构成，这 N 种资产的收益率向量为 $(r_1, r_2, \cdots, r_N)$，投资组合中每种资产的价值的比重用权重向量 $(x_1, x_2, \cdots, x_N)$ 表示，满足 $\sum_{i=1}^{N} x_i = 1$。权重是每项投资占总投资的价值百分比，每个权重向量 $(x_1, x_2, \cdots, x_N)$ 就是一个投资组合。

投资组合中的每一种风险资产的收益率是一个随机变量，由这 N 种资产构成的投资组合的收益率也是随机变量，用 r_p 来表示投资组合的收益率，其等于组合中每种资产收益率的加权平均：

$$r_p = x_1 r_1 + x_2 r_2 + \cdots + x_N r_N$$

投资组合的期望收益率就是组合中每个证券期望收益率的加权平均，即

$$E(r_p) = \mu_P = E\left(\sum_{i=1}^{N} x_i r_i \right) = \sum_{i=1}^{N} x_i E(r_i)$$

马科维茨采用证券收益的方差或标准差来衡量单一证券的投资风险，这种衡量方法已被人们广泛认可。当投资组合中包含多个证券时，由于多个证券间的风险具有相互抵消的可能性，证券组合的风险就不能简单地等于单个证券的风险以投资比重为权数的加权平均数。N 个证券构成的投资组合的方差由下式给出：

$$\mathrm{Var}(r_p) = \sigma_P^2 = \mathrm{Var}\left(\sum_{i=1}^{N} x_i r_i \right) = \sum_{i=1}^{N} \sum_{j=1}^{N} x_i x_j \mathrm{Cov}(r_i, r_j)$$

式中，$\mathrm{Cov}(r_i, r_j)$ 表示证券和收益率之间的协方差，当 $i=j$ 时，就成为证券 i 或 j 的方差。当证券组合中证券的种类足够大时，对证券组合的风险起决定性作用的是各证券收益之间的协方差，也即各证券收益变动的相关性。协方差衡量的是两个证券收益率相互影响的大小和方向。协方差为正意味着两个证券收益率同向变动；协方差为负意味着两个证券收益率反向变动；协方差为零意味着两个证券收益率线性不相关。协方差的计算公式为：

$$\mathrm{Cov}(r_i, r_j) = \sigma_{ij} = E\{[r_i - E(r_i)][r_j - E(r_j)]\} = \rho_{ij}\sigma_i\sigma_j$$

式中，ρ_{ij} 为证券 i 和 j 收益率的相关系数。相关系数的取值范围是$-1 \sim 1$。如果相关系数等于 1，说明两个证券的收益率完全正相关；如果相关系数等于-1，则说明两个证券的收益率完全负相关。

投资组合的方差大小更多地取决于组合中各证券之间的协方差而非每个证券自身的方差（即证券自身与自身的协方差）。比如，在含有 30 种证券的组合中，单一证券的风险对证券组合风险的影响仅占到 1/30，而各证券收益之间的协方差因素对证券组合风险的影响要占到 29/30。投资组合的方差可以进一步写成：

$$\sigma_P^2 = \sum_{i=1}^{N} \sum_{j=1}^{N} x_i x_j \sigma_{ij} = \sum_{i=1}^{N} x_i^2 \sigma_i^2 + \sum_{i \neq j} x_i x_j \sigma_{ij}$$

或者

$$\sigma_P^2 = \sum_{i=1}^{N} \sum_{j=1}^{N} x_i x_j \sigma_{ij} = \sum_{i=1}^{N} x_i \left(\sum_{j=1}^{N} x_j \sigma_{ij} \right) = \sum_{i=1}^{N} x_i \sigma_{iP}$$

其中

$$\sigma_{iP} = \sum_{j=1}^{N} x_j \sigma_{ij} = \mathrm{Cov}\left(r_i, \sum_{j=1}^{N} x_j r_j \right) = \mathrm{Cov}(r_i, r_P)$$

在这个求和公式中，共有 N^2 项，其中只有 N 项是方差项，也就是说，投资组合的方差可以写成 N 项方差与 N^2-N 项协方差的和，也可以写成组合中每一个证券与组合收益的协方差的加权平均值。因此，单个证券对组合风险的贡献取决于它与组合收益的协方差。

【例7-1】某投资组合由三只股票构成，这三只股票的权重和期望收益率，以及两两之间的协方差如表7.1所示。请计算投资组合的期望收益率和标准差。

表7.1 投资组合的基本情况

股票	权重	期望收益率/%	协方差		
			A	B	C
A	0.3	2	0.25	0	0.05
B	0.4	3	0	0.25	-0.02
C	0.3	1	0.05	-0.02	0.25

投资组合的期望收益率为：

$$E(r_P) = x_A E(r_A) + x_B E(r_B) + x_C E(r_C)$$
$$= 0.3 \times 0.02 + 0.4 \times 0.03 + 0.3 \times 0.01 = 2.1\%$$

投资组合期望收益率的方差为：

$$\sigma_P^2 = x_A^2 \sigma_A^2 + x_B^2 \sigma_B^2 + x_C^2 \sigma_C^2 + 2x_A x_B \sigma_{A,B} + 2x_A x_C \sigma_{A,C} + 2x_B x_C \sigma_{B,C}$$
$$= 0.3^2 \times 0.25 + 0.4^2 \times 0.25 + 0.3^2 \times 0.25 + 2 \times 0.3 \times 0.3 \times 0.05$$
$$+ 2 \times 0.4 \times 0.3 \times (-0.02)$$
$$= 0.089\ 2$$

投资组合期望收益率的标准差为：

$$\sigma_P = \sqrt{0.089\ 2} = 29.87\%$$

二、期望收益率–方差投资组合模型

在 N 个资产的组合中，假设在投资组合中的资产 i 的比例用 x_i 表示，则要求 x_i 必须满足：

$$\sum_i x_i = 1$$

但是对于 x_i 的符号并没有限制。如果 $x_i > 0$ 就说明买入资产 i，如果 $x_i < 0$ 就意味着卖空。通常把投资组合比率和平均收益 $E(r)$ 写为列向量：

$$\boldsymbol{x} = \begin{bmatrix} x_1 \\ x_2 \\ \vdots \\ x_N \end{bmatrix} \quad E(\boldsymbol{r}) = \begin{bmatrix} E(r_1) \\ E(r_2) \\ \vdots \\ E(r_N) \end{bmatrix}$$

还可以用 x^T、$E(r)^T$ 分别表示 x、$E(r)$ 的转置：

$$x^T = [x_1, x_2, \cdots, x_N], \quad E(r)^T = [E(r_1), E(r_2), \cdots, E(r_N)]$$

投资组合期望收益是个别股票期望收益的加权平均：

$$E(r_x) = \sum_{i=1}^N x_i E(r_i)$$

然后可以用矩阵写出投资组合的期望收益：

$$E(r_p) = \sum_{i=1}^N x_i E(r_i) = x^T E(r) = E(r)^T x$$

投资组合的方差是：

$$\mathrm{Var}(r_x) = \sum_{i=1}^N (x_i)^2 \mathrm{Var}(r_i) + 2 \sum_{j=1}^N \sum_{i=i+1}^N x_i x_j \mathrm{Cov}(r_i, r_j)$$

方差的另一种写法是：

$$\mathrm{Var}(r_i) = \sigma_{ii}, \quad \mathrm{Cov}(r_i, r_j) = \sigma_{ij}$$

然后写成：

$$\mathrm{Var}(r_x) = \sum_i \sum_j x_i x_j \sigma_{ij}$$

投资组合方差最简略的表达是用矩阵符号。对资产较多的投资组合用 Excel 表达比较方便。在第 i 行第 j 列的值 σ_{ij} 的矩阵为方差-协方差矩阵：

$$S = \begin{bmatrix} \sigma_{11} & \sigma_{12} & \sigma_{13} & \cdots & \sigma_{1N} \\ \sigma_{21} & \sigma_{22} & \sigma_{23} & \cdots & \sigma_{2N} \\ \sigma_{31} & \sigma_{32} & \sigma_{33} & \cdots & \sigma_{3N} \\ \vdots & \vdots & \vdots & \cdots & \vdots \\ \sigma_{N1} & \sigma_{N2} & \sigma_{N3} & \cdots & \sigma_{NN} \end{bmatrix}$$

投资组合的方差可写成 $\mathrm{Var}(r_p) = x^T S x$。在 Excel 公式中，记为数组函数 mmult(mmult(transpose(x), S), x)。

如果有两个投资组合 $x = [x_1, x_2, \cdots, x_N]$ 和 $y = [y_1, y_2, \cdots, y_N]$，可以列出这两个投资组合的协方差 $\mathrm{Cov}(x, y) = x S y^T = y S x^T$，在 Excel 公式中记为数组函数 mmult(mmult(x, S), transpose(y))。

【例 7-2】假如有四个风险资产，其方差-协方差矩阵和平均收益如图 7.1 所示。

	A	B	C	D	E	F
1	四资产的投资组合问题					平均收益 E(r)
2	方差-协方差, S					
3	0.10	0.01	0.03	0.05		6%
4	0.01	0.30	0.06	-0.04		8%
5	0.03	0.06	0.40	0.02		10%
6	0.05	-0.04	0.02	0.50		15%
7						
8	资产组合 x	0.20	0.30	0.40	0.10	
9	资产组合 y	0.20	0.10	0.10	0.60	

图 7.1　四个资产方差-协方差矩阵和平均收益

下面计算这两个投资组合的均值、方差和协方差。可以使用 Excel 的数组函数 MMULT

来做这些计算；同时，使用数组函数 TANSPOSE 在 Excel 中转置这两个投资组合(图 7.2)。

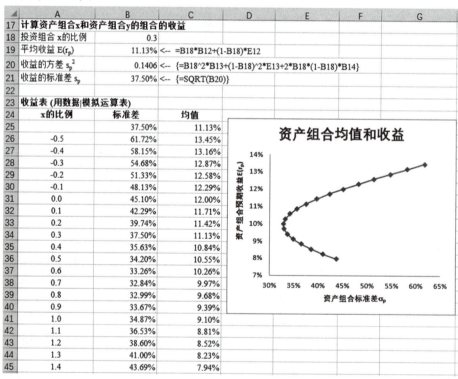

	A	B	C	D	E	F	G
1		**四资产的投资组合问题**					
2		**方差-协方差, S**				平均收益 E(r)	
3	0.10	0.01	0.03	0.05		6%	
4	0.01	0.30	0.06	-0.04		8%	
5	0.03	0.06	0.40	0.02		10%	
6	0.05	-0.04	0.02	0.50		15%	
7							
8	资产组合 x	0.20	0.30	0.40	0.10		
9	资产组合 y	0.20	0.10	0.10	0.60		
10							
11	资产组合 x 和 y 的统计量：均值，方差，协方差，相关系数						
12	均值, E(r_x)	9.10%		均值, E(r_y)	12.00%	<-- {=MMULT(B9:E9,F3:F6)}	
13	方差 s_x^2	0.1216		方差 s_y^2	0.2034	<--	
14	协方差Cov(x,y)	0.0714				{=MMULT(MMULT(B9:E9,A3:	
15	相关系数 r_xy	0.4540	<-- =B14/SQRT(B13*E13)			D6),TRANSPOSE(B9:E9))}	

图 7.2　计算资产组合 x 和资产组合 y 的均值、方差和协方差

现在可以计算投资组合 x 和 y 的再组合的收益及其标准差。注意，一旦计算两个投资组合收益的均值、方差和协方差，任意多个投资组合的均值、方差都可按两资产的情况同样进行计算(图 7.3)。

	A	B	C	D	E	F	G
17	计算资产组合x和资产组合y的组合的收益						
18	投资组合 x 的比例	0.3					
19	平均收益 E(r_p)	11.13%	<-- =B18*B12+(1-B18)*E12				
20	收益的方差 s_p^2	0.1406	<-- {=B18^2*B13+(1-B18)^2*E13+2*B18*(1-B18)*B14}				
21	收益的标准差 s_p	37.50%	<-- {=SQRT(B20)}				
22							
23	收益表 (用数据\模拟运算表)						
24	x 的比例	标准差	均值				
25		37.50%	11.13%				
26	-0.5	61.72%	13.45%				
27	-0.4	58.15%	13.16%				
28	-0.3	54.68%	12.87%				
29	-0.2	51.33%	12.58%				
30	-0.1	48.13%	12.29%				
31	0.0	45.10%	12.00%				
32	0.1	42.29%	11.71%				
33	0.2	39.74%	11.42%				
34	0.3	37.50%	11.13%				
35	0.4	35.63%	10.84%				
36	0.5	34.20%	10.55%				
37	0.6	33.26%	10.26%				
38	0.7	32.84%	9.97%				
39	0.8	32.99%	9.68%				
40	0.9	33.67%	9.39%				
41	1.0	34.87%	9.10%				
42	1.1	36.53%	8.81%				
43	1.2	38.60%	8.52%				
44	1.3	41.00%	8.23%				
45	1.4	43.69%	7.94%				

图 7.3　资产组合 x 和资产组合 y 的收益表

【例 7-3】选择 5 只股票，导出它们在 2022 年的日 K 线数据，建立期望收益率-方差投资组合模型。

步骤一：从 choice 金融终端中导出个股数据。

导出的数据为：沪深 300(000300)

中国神华（601088）

比亚迪（002594）

中国铝业（601600）

美的集团（000333）

注意：导出的个股数据应选择复权数据，此处的数据全部选用后复权数据，导出的结果如图7.4所示。

	A	B	C	D	E	F
1	交易时间	沪深300	中国神华	比亚迪	中国铝业	美的集团
2	2022-01-04	4,917.7650	45.4317	276.5152	6.1880	356.2566
3	2022-01-05	4,868.1200	44.7721	258.4141	5.9331	360.5585
4	2022-01-06	4,818.2310	44.4123	255.1082	5.9739	354.4602
5	2022-01-07	4,822.3680	44.9920	251.5166	6.1064	367.6969
6	2022-01-10	4,844.0450	45.5317	251.3125	6.2083	367.7915
7	2022-01-11	4,797.7730	45.3718	243.9558	6.3511	357.3912
8	2022-01-12	4,845.5780	45.6316	261.2099	6.3715	351.1510
9	2022-01-13	4,765.9190	46.3511	260.5059	6.2083	341.8853
10	2022-01-14	4,726.7310	45.0120	258.2917	6.0452	340.3726
11	2022-01-17	4,767.2760	44.7521	271.9134	5.9739	345.2418
12	2022-01-18	4,813.3470	46.6510	271.4950	6.0656	346.5182
13	2022-01-19	4,780.3780	46.9907	258.1182	6.0860	355.6421
14	2022-01-20	4,823.5090	47.7303	256.1796	6.0147	371.6679
15	2022-01-21	4,779.3140	47.9901	255.4959	5.9535	365.9478
16	2022-01-24	4,786.7370	48.2100	256.5163	5.8108	364.3877
17	2022-01-25	4,678.4510	46.7709	245.2006	5.5151	358.5730
18	2022-01-26	4,712.3100	46.3112	254.5674	5.7700	361.6931
19	2022-01-27	4,619.8760	46.9308	246.1801	5.6375	353.7038
20	2022-01-28	4,563.7720	45.0520	231.4156	5.3622	346.0454
21	2022-02-07	4,634.0890	46.9907	249.3738	5.7292	353.1365
22	2022-02-08	4,608.7720	49.8889	241.7926	6.0045	351.2456
23	2022-02-09	4,652.0600	48.8496	250.1697	6.2695	362.0713
24	2022-02-10	4,639.8620	51.1681	245.0067	6.3816	348.1728
25	2022-02-11	4,601.3950	52.1875	234.8746	6.2695	350.4892
26	2022-02-14	4,551.6870	51.5079	236.7011	6.1178	345.0999
27	2022-02-15	4,600.1020	50.1688	243.1599	6.1370	340.5144
28	2022-02-16	4,617.9890	50.3487	245.4965	6.1472	346.5182
29	2022-02-17	4,629.1640	50.5885	250.4044	6.2899	341.6489
30	2022-02-18	4,651.2350	51.5479	247.9045	6.3816	345.0999

图 7.4　数据导出结果

步骤二：计算各数据日收益率。

公式：$fx=(B3-B2)/B2$

以沪深300为例，其余数据的处理方法与其相同。取沪深300在2022年1月4日的收盘价为1月5日收益率基数，输入上述公式（图7.5），输出结果为−1.01%，对其他日期的处理方法与此相同。

	A	B	C
1	交易时间	沪深300	收益率
2	2022-01-04	4,917.7650	
3	2022-01-05	4,868.1200	=(B3-B2)/B2
4	2022-01-06	4,818.2310	
5	2022-01-07	4,822.3680	
6	2022-01-10	4,844.0450	
7	2022-01-11	4,797.7730	
8	2022-01-12	4,845.5780	
9	2022-01-13	4,765.9190	
10	2022-01-14	4,726.7310	
11	2022-01-17	4,767.2760	
12	2022-01-18	4,813.3470	
13	2022-01-19	4,780.3780	
14	2022-01-20	4,823.5090	

图 7.5　收益率计算方法

所有数据处理完毕的结果如图 7.6 所示。

	A	B	C	D	E	F
1	交易时间	沪深300	中国神华	比亚迪	中国铝业	美的集团
2	2022-01-05	-1.01%	-1.45%	-6.55%	-4.12%	1.21%
3	2022-01-06	-1.02%	-0.80%	-1.28%	0.69%	-1.69%
4	2022-01-07	0.09%	1.31%	-1.41%	2.22%	3.73%
5	2022-01-10	0.45%	1.20%	-0.08%	1.67%	0.03%
6	2022-01-11	-0.96%	-0.35%	-2.93%	2.30%	-2.83%
7	2022-01-12	1.00%	0.57%	7.07%	0.32%	-1.75%
8	2022-01-13	-1.64%	1.58%	-0.27%	-2.56%	-2.64%
9	2022-01-14	-0.82%	-2.89%	-0.85%	-2.63%	-0.44%
10	2022-01-17	0.86%	-0.58%	5.27%	-1.18%	1.43%
11	2022-01-18	0.97%	4.24%	-0.15%	1.54%	0.37%
12	2022-01-19	-0.68%	0.73%	-4.93%	0.34%	2.63%
13	2022-01-20	0.90%	1.57%	-0.75%	-1.17%	4.51%
14	2022-01-21	-0.92%	0.54%	-0.27%	-1.02%	-1.54%
15	2022-01-24	0.16%	0.46%	0.40%	-2.40%	-0.43%
16	2022-01-25	-2.26%	-2.99%	-4.41%	-5.09%	-1.60%
17	2022-01-26	0.72%	-0.98%	3.82%	4.62%	0.87%
18	2022-01-27	-1.96%	1.34%	-3.29%	-2.30%	-2.21%
19	2022-01-28	-1.21%	-4.00%	-6.00%	-4.88%	-2.17%
20	2022-02-07	1.54%	4.30%	7.76%	6.84%	2.05%
21	2022-02-08	-0.55%	6.17%	-3.04%	4.80%	-0.54%
22	2022-02-09	0.94%	-2.08%	3.46%	4.41%	3.08%
23	2022-02-10	-0.26%	4.75%	-2.06%	1.79%	-3.84%
24	2022-02-11	-0.83%	1.99%	-4.14%	-1.76%	0.67%
25	2022-02-14	-1.08%	-1.30%	0.78%	-1.46%	-1.54%
26	2022-02-15	1.06%	-2.60%	2.73%	-0.66%	-1.33%
27	2022-02-16	0.39%	0.36%	0.96%	0.17%	1.76%
28	2022-02-17	0.24%	0.48%	2.00%	2.32%	-1.41%
29	2022-02-18	0.48%	1.90%	-1.00%	1.46%	1.01%
30	2022-02-21	-0.36%	2.40%	-0.44%	-1.60%	-0.41%

图 7.6　数据处理结果

步骤三：计算各股之间的年化收益率。

①采用 Excel 中的函数 AVERAGE(numberl，number2，…)计算日平均收益率，过程如图 7.7 所示。

	A	B	C	D	E	F
222	2022-12-02	-0.61%	-1.57%	-1.72%	-1.33%	-0.56%
223	2022-12-05	1.96%	1.50%	0.49%	9.91%	3.46%
224	2022-12-06	0.54%	0.40%	1.61%	1.02%	0.60%
225	2022-12-07	-0.25%	-2.37%	2.29%	-2.64%	2.50%
226	2022-12-08	0.02%	-0.48%	0.20%	-0.21%	0.98%
227	2022-12-09	0.99%	0.03%	0.15%	2.51%	4.93%
228	2022-12-12	-1.12%	-2.34%	-1.75%	-3.67%	0.24%
229	2022-12-13	-0.20%	0.77%	-0.03%	-0.21%	-0.88%
230	2022-12-14	0.23%	0.59%	-1.26%	1.06%	1.74%
231	2022-12-15	-0.07%	-1.53%	1.90%	-0.84%	-2.30%
232	2022-12-16	0.06%	0.70%	-0.35%	0.21%	0.69%
233	2022-12-19	-1.54%	-1.54%	-1.48%	-2.95%	-0.59%
234	2022-12-20	-1.65%	-0.82%	-1.84%	-0.43%	-3.93%
235	2022-12-21	0.04%	-0.64%	-0.31%	-1.09%	0.21%
236	2022-12-22	0.14%	-0.76%	-0.62%	-0.88%	1.01%
237	2022-12-23	-0.20%	0.55%	-2.70%	0.22%	0.34%
238	2022-12-26	0.40%	0.00%	4.06%	-0.44%	-1.68%
239	2022-12-27	1.15%	1.45%	-0.11%	2.90%	2.80%
240	2022-12-28	-0.43%	0.32%	-2.86%	-0.22%	-1.68%
241	2022-12-29	-0.38%	-2.10%	0.05%	-3.04%	-0.61%
242	2022-12-30	0.39%	0.18%	0.87%	0.22%	0.14%
243	日平均收益率	=average(B2:B242)				

图 7.7　日平均收益率计算过程

②通过日平均收益率×242(2022年共有242个交易日)计算年化收益率，过程如图7.8所示。

	A	B
234	2022-12-20	-1.65%
235	2022-12-21	0.04%
236	2022-12-22	0.14%
237	2022-12-23	-0.20%
238	2022-12-26	0.40%
239	2022-12-27	1.15%
240	2022-12-28	-0.43%
241	2022-12-29	-0.38%
242	2022-12-30	0.39%
243	日平均收益率	-0.09%
244	年化收益率	=B243*242

图7.8　年化收益率计算过程

日平均收益率与年化收益率计算结果如图7.9所示。

	A	B	C	D	E	F
1	交易时间	沪深300	中国神华	比亚迪	中国铝业	美的集团
232	2022-12-16	0.06%	0.70%	-0.35%	0.21%	0.69%
233	2022-12-19	-1.54%	-1.54%	-1.48%	-2.95%	-0.59%
234	2022-12-20	-1.65%	-0.82%	-1.84%	-0.43%	-3.93%
235	2022-12-21	0.04%	-0.64%	-0.31%	-1.09%	0.21%
236	2022-12-22	0.14%	-0.76%	-0.62%	-0.88%	1.01%
237	2022-12-23	-0.20%	0.55%	-2.70%	0.22%	0.34%
238	2022-12-26	0.40%	0.00%	4.06%	-0.44%	-1.68%
239	2022-12-27	1.15%	1.45%	-0.11%	2.90%	2.80%
240	2022-12-28	-0.43%	0.32%	-2.86%	-0.22%	-1.68%
241	2022-12-29	-0.38%	-2.10%	0.05%	-3.04%	-0.61%
242	2022-12-30	0.39%	0.18%	0.87%	0.22%	0.14%
243	日平均收益率	-0.09%	0.14%	0.02%	-0.09%	-0.12%
244	年化收益率	-22.00%	34.44%	3.89%	-21.06%	-29.00%

图7.9　日平均收益率与年化收益率计算结果

步骤四：计算各股之间的年化收益率协方差。

①使用Excel函数VARP(numberl，number2，…)计算日收益率之间的方差。其中样本方差用VARP()函数，协方差用COVAR()函数，方差的计算过程及其结果如图7.10和图7.11所示。

日收益率方差	沪深300	中国神华	比亚迪	中国铝业	美的集团
沪深300	=VARP($B$2:$B$244)				
中国神华					
比亚迪					
中国铝业					
美的集团					

图7.10　日收益率方差计算过程

日收益率方差	沪深300	中国神华	比亚迪	中国铝业	美的集团
沪深300	0.000360596				
中国神华	-0.000221691	0.00105048			
比亚迪	0.000188161	0.000145891	0.00105048		
中国铝业	0.000395617	-5.33354E-06	0.000212131	0.000914532	
美的集团	0.000449329	-5.33354E-06	0.000128747	0.000456263	0.000792631

图7.11　日收益率方差计算结果

②计算年化收益率协方差（2022 年共有 242 个交易日），计算结果如图 7.12 所示。

年化收益率协方差	沪深300	中国神华	比亚迪	中国铝业	美的集团
沪深300	0.087264268				
中国神华	-0.053649128	0.254216119			
比亚迪	0.04553498	0.035305661	0.254216119		
中国铝业	0.095739431	-0.001290716	0.051335714	0.221316763	
美的集团	0.108737697	-0.001290716	0.031156883	0.110415602	0.191816712

图 7.12　年化收益率协方差计算结果

步骤五：计算各股权重。

①使用 Excel 中的函数 RAND 自动生成各年化收益率对应随机数，确定各股收益率权重系数，生成结果如图 7.13 所示。并通过 SUM 函数对随机数进行加总求和，输出结果在 G9 单元格内，为 2.686。

	A	B	C	D	E	F
1	协方差	沪深300	中国神华	比亚迪	中国铝业	美的集团
2	沪深300	0.087264268	-0.053649128	0.04553498	0.095739431	0.108737697
3	中国神华	-0.053649128	0.254216119	0.035305661	-0.001290716	-0.001290716
4	比亚迪	0.04553498	0.035305661	0.254216119	0.051335714	0.031156883
5	中国铝业	0.095739431	-0.001290716	0.051335714	0.221316763	0.110415602
6	美的集团	0.108737697	-0.001290716	0.031156883	0.110415602	0.191816712
7	年化收益率					
8						
9	随机数	0.854478305	0.675980568	0.193656197	0.954112947	0.00776928

图 7.13　随机数自动生成结果

②通过已知各股年化收益率与系数总和的比值，确定各股权重，权重计算结果如图 7.14 所示。同步骤一方式对权重 W 进行加总，结果为 1。

B10　=B9/$G9

	A	B	C	D	E	F
1	协方差	沪深300	中国神华	比亚迪	中国铝业	美的集团
2	沪深300	0.087264268	-0.053649128	0.04553498	0.095739431	0.108737697
3	中国神华	-0.053649128	0.254216119	0.035305661	-0.001290716	-0.001290716
4	比亚迪	0.04553498	0.035305661	0.254216119	0.051335714	0.031156883
5	中国铝业	0.095739431	-0.001290716	0.051335714	0.221316763	0.110415602
6	美的集团	0.108737697	-0.001290716	0.031156883	0.110415602	0.191816712
7	年化收益率					
8						
9	随机数	0.854478305	0.675980568	0.193656197	0.954112947	0.00776928
10	W	0.318123293	0.251668372	0.072098433	0.355217389	0.002892512

图 7.14　各股权重计算结果

注意：由于随机数会一直发生变化，产生的随机数值可能会与此不同，但不影响最终结果，因为同时采用 SUM 函数将权重相加，会发现其结果仍然为 1。

步骤六：计算该组合下的方差。

利用 MMULT，TRANSPOSE 两个语法合并计算：

（MMULT（MMULT（B10：F10，B2：F6），TRANSPOSE（B10：F10）））

但此处为方便计算，将 B10：F10 单元格区域名称定义为 w，将 B2：F6 单元格区域名称定义为 f（定义方法：选中需定义的单元格，单击图 7.15 所示区域，直接更改即可）。

f　　　0.0872642677884886

	沪深300	中国神华	比亚迪	中国铝业	美的集团	
2　沪深300	0.087264268	-0.053649128	0.04553498	0.095739431	0.108737697	
3　中国神华	-0.053649128	0.254216119	0.035305661	-0.001290716	-0.001290716	
4　比亚迪	0.04553498	0.035305661	0.254216119	0.051335714	0.031156883	
5　中国铝业	0.095739431	-0.001290716	0.051335714	0.221316763	0.110415602	
6　美的集团	0.108737697	-0.001290716	0.031156883	0.110415602	0.191816712	
7　年化收益率	-22.00%	34.44%	3.89%	-21.06%	-29.00%	
8						
9　随机数	0.724684989	0.170720884	0.033520343	0.180018596	0.390999086	1.49
10　W	0.483141396	0.113818179	0.022347731	0.120016886	0.260675807	
11						

图 7.15　更改区域名称

输入定义公式后，按 Ctrl+Shift+Enter 组合键，输出结果如图 7.16 所示。

$$=(MMULT(MMULT(f, w), TRANSPOSE(w)))$$

H10　　{=(MMULT(MMULT(w, f), TRANSPOSE(w)))}

	A　协方差	B　沪深300	C　中国神华	D　比亚迪	E　中国铝业	F　美的集团	G	H
1	协方差	沪深300	中国神华	比亚迪	中国铝业	美的集团		
2	沪深300	0.087264268	-0.053649128	0.04553498	0.095739431	0.108737697		
3	中国神华	-0.05364913	0.254216119	0.035305661	-0.001290716	-0.001290716		
4	比亚迪	0.04553498	0.035305661	0.254216119	0.051335714	0.031156883		
5	中国铝业	0.095739431	-0.001290716	0.051335714	0.221316763	0.110415602		
6	美的集团	0.108737697	-0.001290716	0.031156883	0.110415602	0.191816712		
7	年化收益率	-22.00%	34.44%	3.89%	-21.06%	-29.00%		
8								
9	随机数	0.434157422	0.056254016	0.839446992	0.16094708	0.828768024	2.31957353	方差
10	W	0.187171226	0.024251879	0.361897124	0.069386496	0.357293275	1	10.15%

图 7.16　方差计算输出结果

步骤七：计算证券组合下资产收益率的期望值。

利用 SUMPRODUCT(array1，array2，array3，…)函数计算各股年化收益率与其对应权数的乘积，得到各股在资产组合下的期望收益率，输出结果为-6.89%，如图 7.17 所示。

I10　　=SUMPRODUCT(B7:F7, B10:F10)

	A　协方差	B　沪深300	C　中国神华	D　比亚迪	E　中国铝业	F　美的集团	G	H	I
1	协方差	沪深300	中国神华	比亚迪	中国铝业	美的集团			
2	沪深300	0.087264268	-0.05364913	0.04553498	0.095739431	0.108737697			
3	中国神华	-0.053649128	0.254216119	0.03530561	-0.00129072	-0.00129072			
4	比亚迪	0.04553498	0.035305661	0.25421612	0.051335714	0.031156883			
5	中国铝业	0.095739431	-0.00129072	0.05133571	0.221316763	0.110415602			
6	美的集团	0.108737697	-0.00129072	0.03115688	0.110415602	0.191816712			
7	年化收益率	-22.00%	34.44%	3.89%	-21.06%	-29.00%			
8									
9	随机数	0.14307289	0.674156471	0.47879058	0.884615574	0.828657758	3.00929327	方差	期望值
10	W	0.047543684	0.224024849	0.15910399	0.293961237	0.275366235	1	8.57%	-6.89%

图 7.17　期望收益率输出结果

步骤八：利用 Excel 的模拟运算表功能随机产生包含上述证券的 1 000 个组合的期望收益率和方差。

①选中 G10 单元格，在其中输入"1"，在菜单栏中选择"编辑/填充/序列"，将序列产生修改为"列"，步长值为"1"，终止值为"1000"，单击"确定"按钮，如图 7.18 所示。

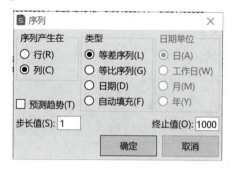

图 7.18　序列填充

②选中 G10 至 11009 单元格，选择"数据/模拟运算表/列"，在空白区域任选定一个空白单元格，单击"确定"按钮(此处方差与前文计算结果不同，源于随机数的变化，不影响最终结果)，如图 7.19 所示。

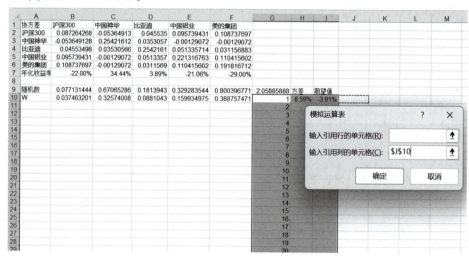

图 7.19　模拟运算表的运算过程

模拟运算表的运算结果如图 7.20 所示。

1.35223066	方差	期望值
1	9.62%	9.67%
2	6.94%	-6.16%
3	9.96%	-14.81%
4	7.20%	-1.36%
5	8.26%	-5.16%
6	8.36%	-5.58%
7	9.16%	-14.49%
8	6.38%	-4.51%
9	10.84%	-14.18%
10	8.54%	-11.93%
11	9.54%	-13.13%
12	7.23%	-2.91%
13	6.45%	-3.70%
14	9.71%	-17.99%
15	8.36%	-10.32%
16	7.74%	-10.54%
17	6.99%	2.31%

图 7.20　模拟运算表的运算结果

步骤九：绘制数据散点图。

选中 H10 至 11009 单元格，选择"插入/图表"，选中散点图，单击"下一步"按钮，并将图表名称修改为"资产组合"，绘制结果如图 7.21 所示。

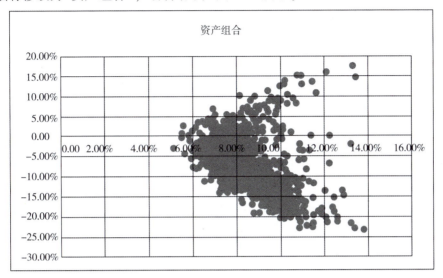

图 7.21　资产组合——收益率与方差组合绘制结果

第二节　最优投资组合的选择

投资者将如何选择最优投资组合呢？两个风险资产构成的组合相对容易分析，其原理也可应用于多个资产组合。下面就从仅包含两种风险资产时的投资组合选择讲起，然后讨论投资者在面对所有风险资产时的选择。

一、两种风险资产构成的投资组合

前文已介绍，组合的期望收益率是组合中每个证券期望收益率的加权平均，组合的方差是组合中每个证券与投资组合之间的协方差的加权平均。对于只有两种证券的投资组合来说，期望收益率和方差为：

$$E(r_p) = x_1 E(r_1) + x_2 E(r_2)$$

$$\sigma_p^2 = x_1^2 \sigma_1^2 + x_2^2 \sigma_2^2 + 2x_1 x_2 \sigma_{12} = x_1^2 \sigma_1^2 + x_2^2 \sigma_2^2 + 2x_1 x_2 \rho_{12} \sigma_1 \sigma_2$$

标准差为：

$$\sigma_p = \sqrt{x_1^2 \sigma_1^2 + x_2^2 \sigma_2^2 + 2x_1 x_2 \rho_{12} \sigma_1 \sigma_2}$$

这个公式表明投资组合的标准差是单项资产方差的加权平均（权重的平方）与所有资产协方差的加权平均之和的函数。投资组合的标准差不仅包括单项资产的方差，也包括所有组合内任意两个资产的协方差。

可以看出，投资组合的期望收益率与两种资产之间的相关系数 ρ 无关，而投资组合收益率的标准差则与两种资产收益率之间的相关系数有关。也就是说，相关系数 ρ_{12} 的变化将改变投资组合的风险状况。下面针对 $\rho_{12}=1$，$\rho_{12}=0$，$\rho_{12}=-1$ 三种特殊情况分别讨论投资组合的期望收益率和方差随组合权重的调整而变化的情况。在以下讨论中，假设不允许买空卖空，所以 $0 \leq x_1$，$x_2 \leq 1$。

（1）$\rho_{12}=1$

当投资组合中的两个证券的收益率完全正相关时，组合的标准差可简化为：

$$\sigma_p = \sqrt{x_1^2 \sigma_1^2 + x_2^2 \sigma_2^2 + 2x_1 x_2 \sigma_1 \sigma_2}$$
$$= \sqrt{(x_1 \sigma_1 + x_2 \sigma_2)^2}$$
$$= x_1 \sigma_1 + x_2 \sigma_2$$

也就是说，组合的标准差等于每个证券标准差的加权平均。此时，分散化没有降低组合风险的效果。例如，当 $\sigma_1 = \sigma_2 = \sigma$，$x_1 = x_2 = 0.5$ 时，有

$$\sigma_p = 0.5\sigma + 0.5\sigma = \sigma$$

组合收益率的标准差和单个证券的收益率的标准差相等。

（2）$\rho_{12}=0$

当投资组合中的两个证券的收益率之间不存在线性相关时，组合的标准差为：

$$\sigma_p = \sqrt{x_1^2 \sigma_1^2 + x_2^2 \sigma_2^2}$$

由于两个证券的收益率不相关，可以通过分散化降低组合风险。例如，当 $\sigma_1 = \sigma_2 = \sigma$，$x_1 = x_2 = 0.5$ 时，有

$$\sigma_p = \sqrt{0.25\sigma^2 + 0.25\sigma^2} \approx 0.71\sigma$$

组合比单个证券的收益率的标准差降低了约 30%。

（3）$\rho_{12}=-1$

当投资组合中的两个证券的收益率完全负相关时，组合的标准差为：

$$\sigma_p = \sqrt{x_1^2 \sigma_1^2 + x_2^2 \sigma_2^2 - 2x_1 x_2 \sigma_1 \sigma_2} = \sqrt{(x_1 \sigma_1 - x_2 \sigma_2)^2} = |x_1 \sigma_1 - x_2 \sigma_2|$$

此时，令 $x_1 \sigma_1 - x_2 \sigma_2 = 0$，即 $x_1 = \sigma_2 / (\sigma_1 + \sigma_2)$，$x_2 = \sigma_1 / (\sigma_1 + \sigma_2)$ 时，两个证券的收益波动相互抵消，组合收益率的标准差将为零，组合的风险被完全消除。

二、多种风险资产构成的投资组合

可行集又叫机会集，它代表由一组 n 种证券形成的所有组合。一般来说，可行集的形状类似伞形。与包含两种证券时不同的是，多种风险资产在期望收益率-标准差平面上构造的投资组合的可行集不再是一条简单的曲线，而是一个有边界区域。这个区域里的不同点代表了不同权重组合下投资组合的期望收益率和风险。对每个给定的期望收益率，都能找到风险最小的投资组合所代表的点，这些点都位于投资可行集的左侧边界，被称为最小方差边界。在最小方差边界上的投资组合中，还能找到一个全局最小方差投资组合，该组合是投资可行集里方差最小的组合，是投资可行集中最凸向左侧的那个点。

同样，对于给定的风险水平，能在可行集中找到期望收益率最大的组合称为有效组合，而将最小方差边界上的有效组合部分称为有效边界。具体来讲，有效边界代表给定风

险水平时收益率最高的一组投资组合，或者说给定收益率而风险最低的投资组合。所有最小方差边界上最小方差组合上方的点提供最优的风险和收益，因此可以作为最优组合，即有效边界。对于最小方差点下方的组合，其正上方就存在具有相同标准差但期望收益更高的组合。因此，最小方差组合下部的点是非常有效的。如图 7.22 所示，在最小方差边界上全局最小方差投资组合右上方的这一段曲线，即多种风险资产构成的投资组合的有效边界。有效边界上的任意投资组合都是在给定期望收益率下标准差最小的投资组合，也是在给定标准差下期望收益率最高的投资组合，也就是说，与有效边界以下投资组合相比，有效边界上每一个投资组合在同等风险水平下具有较高的收益，或者说在收益相同的情况下风险较低。因此，如果投资者根据资产的期望收益率和标准差来选择，风险厌恶型的投资者选择的最优风险资产组合一定位于有效边界上。

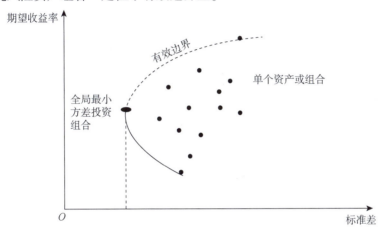

图 7.22　多种风险资产构成的投资组合的有效边界

三、无差异曲线与仅包含风险资产时的最优投资组合

投资者的目标是投资效用最大化，而投资效用取决于预期收益率与风险。预期收益率带来正的效用，风险带来负的效用。为投资者带来相同效用水平的具有不同标准差和期望收益率的资产的集合被称为无差异曲线。无差异曲线的特征：①斜率为正；②无差异曲线是向下凸的；③同一投资者有无限多条无差异曲线；④同一投资者在同一时间、同一时点的任何两条无差异曲线都不能相交。如图 7.23 所示，I_1、I_2、I_3为某个投资者的三条无差异曲线，每条无差异曲线上的所有组合对该投资者来说期望效用相同。对于风险厌恶型的投资者而言，为了得到相同的效用，资产或资产组合的风险越高，投资者所要求的期望收益率就越高，无差异曲线展示了投资者在风险与收益之间的权衡，因此，风险厌恶型投资者的无差异曲线在图 7.23 所示的期望收益率-标准差平面上斜率为正，且风险厌恶程度越高的投资者，其无差异曲线的斜率越大。同时，给定风险下期望收益率越高的资产组合和给定期望收益率下风险越小的资产组合带来的效用越高，因此，三条无差异曲线的效用水平排序为$I_3>I_2>I_1$。同一投资者的任何两条无差异曲线不能相交。

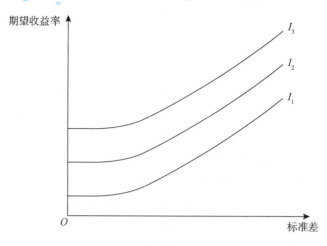

图 7.23　投资者的无差异曲线

前文中介绍过，风险厌恶型的投资者选择的最优风险资产组合一定位于有效边界上。给定投资者的无差异曲线，投资者一定会选择有效边界上能够触及最高的无差异曲线的投资组合来最大化投资者的效用。也就是说，在仅包含风险资产时，投资者的最优投资组合为图 7.24 所示的无差异曲线与有效边界相切的切点 P 所代表的风险资产组合。

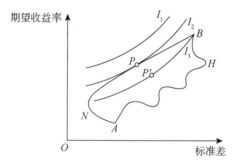

图 7.24　仅包含风险资产时的最优投资组合

四、使用 Excel 来寻找最小方差组合

【例 7-4】运用例 7-3 中的数据，计算有效边界上前沿组合的方差和期望收益。

步骤一：建立新的 Excel 工作表，复制上例中股票数据和公式。权重可任意输入。

B10＝SUM(B9：F9)

B11＝MMULT(MMULT(B9：F9，B2：F6)，TRANSPOSE(B9：F9))

按 Ctrl+Shift+Enter 组合键，得出计算结果：

B12＝SUMPRODUCT(B9：F9，B8：F8)

组合的方差和期望收益如图 7.25 所示。

	A	B	C	D	E	F
1	协方差	沪深300	中国神华	比亚迪	中国铝业	美的集团
2	沪深300	0.087264268	-0.05364913	0.04553498	0.095739431	0.108737697
3	中国神华	-0.053649128	0.254216119	0.03530566	-0.00129072	-0.00129072
4	比亚迪	0.04553498	0.035305661	0.25421612	0.051335714	0.031156883
5	中国铝业	0.095739431	-0.00129072	0.05133571	0.221316763	0.110415602
6	美的集团	0.108737697	-0.00129072	0.03115688	0.110415602	0.191816712
7	年化收益率	-22.00%	34.44%	3.89%	-21.06%	-29.00%
8						
9	权重W	0.138718423	0.020056055	0.14293753	0.223506011	0.474781985
10	权重之和	1				
11	方差	11.41%				
12	期望收益率	-20.28%				
13						

图 7.25　组合的方差和期望收益

步骤二：选择 B11 单元格，单击"工具—规划求解"，目标单元格为 B11，选择最小值。添加约束条件，约束条件修改为：①个股权重 B9≥0，C9≥0，D9≥0，E9≥0，F9≥0；②G9=1，即权数加总为1；③期望值 B12=0.2，操作过程如图 7.26 所示。

图 7.26　规划求解操作过程

单击"求解"按钮便可知道结果，如图 7.27 所示。当期望收益率为 20% 时，方差为 12.61%。

	A	B	C	D	E	F
1	协方差	沪深300	中国神华	比亚迪	中国铝业	美的集团
2	沪深300	0.087264268	-0.05364913	0.04553498	0.095739431	0.108737697
3	中国神华	-0.053649128	0.254216119	0.03530566	-0.00129072	-0.00129072
4	比亚迪	0.04553498	0.035305661	0.25421612	0.051335714	0.031156883
5	中国铝业	0.095739431	-0.00129072	0.05133571	0.221316763	0.110415602
6	美的集团	0.108737697	-0.00129072	0.03115688	0.110415602	0.191816712
7						
8	年化收益率	-22.00%	34.44%	3.89%	-21.06%	-29.00%
9	权重W	0.255781658	0.744218296	3.747E-08	4.38941E-09	3.46936E-09
10	权重之和	1				
11	方差	12.61%				
12	期望收益率	20.00%				

图 7.27　规划求解结果

步骤三：重复上述步骤，可以分别求出不同目标期望收益率的前沿组合。最后用 Excel 的绘图功能绘制散点图，就得到资产组合最优边界，如图 7.28 所示。这样，利用 Excel 的规划求解功能，就可以非常直观地演示前沿组合的求解过程。

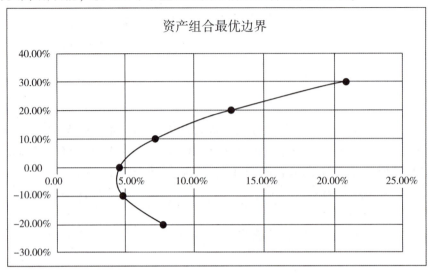

图 7.28　资产组合最优边界

【例 7-5】运用例 7-3 中的数据，使用 Excel 规划求解功能寻找有效前沿。

步骤：将原有数据和公式复制到新的工作表，G11 = SUM(B11：F11)。其他公式保持不变。

设置规划求解参数如图 7.29 所示。单击"求解"按钮便可得到运算结果，如图 7.30 所示。

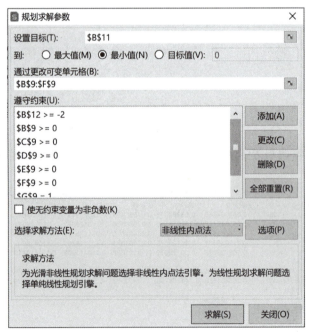

图 7.29　设置规划求解参数

	A	B	C	D	E	F
1	协方差	沪深300	中国神华	比亚迪	中国铝业	美的集团
2	沪深300	0.087264268	-0.05364913	0.04553498	0.095739431	0.108737697
3	中国神华	-0.053649128	0.254216119	0.03530566	-0.00129072	-0.00129072
4	比亚迪	0.04553498	0.035305661	0.25421612	0.051335714	0.031156883
5	中国铝业	0.095739431	-0.00129072	0.05133571	0.221316763	0.110415602
6	美的集团	0.108737697	-0.00129072	0.03115688	0.110415602	0.191816712
7						
8	年化收益率	-22.00%	34.44%	3.89%	-21.06%	-29.00%
9	权重W	0.872013783	0.127986197	7.7737E-09	5.60352E-09	5.84982E-09
10	权重之和	1				
11	方差	5.85%				
12	期望收益率	-14.78%				

图 7.30　规划求解结果

可知，方差最小的前沿组合主要由 87.2% 的沪深 300、12.8% 的中国神华构成，此时方差为 5.85%，收益率为 -14.78%。利用 Excel 的规划求解功能也可以找到切点组合。

【例 7-6】运用例 7-3 数据，设无风险利率为 2.5%，求有效边界的切点组合。

步骤一：在单元格 B14 中输入夏普比率的计算公式"B14 =（B12-2.5%）/B11"，任意输入三个权重数据。

步骤二：单击"规划求解"按钮，设置目标单元格 B14 等于最大值，可变单元格为 B9：G9，约束条件如图 7.31 所示；单击"求解"按钮就可以求出切点组合了，如图 7.32 所示。

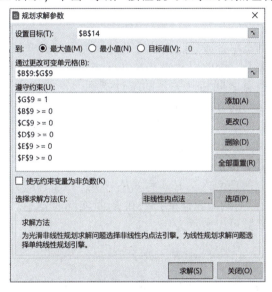

图 7.31　规划求解设置约束条件

	A	B	C	D	E	F
1	协方差	沪深300	中国神华	比亚迪	中国铝业	美的集团
2	沪深300	0.087264268	-0.05364913		0.04553498	0.095739431	0.108737697
3	中国神华	-0.053649128	0.254216119		0.035305661	-0.00129072	-0.00129072
4	比亚迪	0.04553498	0.035305661		0.254216119	0.051335714	0.031156883
5	中国铝业	0.095739431	-0.00129072		0.05133571	0.221316763	0.110415602
6	美的集团	0.108737697	-0.00129072		0.031156883	0.110415602	0.191816712
7						
8	年化收益率	-22.00%	34.44%		3.89%	-21.06%	-29.00%
9	权重W	8.61539E-09	0.999999925		5.7893E-08	4.65716E-09	3.35749E-09
10	权重之和	1				
11	方差	25.42%	0				
12	期望收益率	34.44%	2.50%				
13						
14	夏普比率	1.256261062				
15						

图 7.32　规划求解结果

步骤三：利用 Excel 绘图功能得到切点组合图形(图 7.33)。

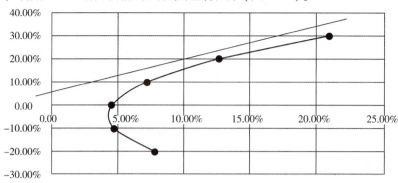

图 7.33　切点组合图形

第三节　方差–协方差矩阵

一、协方差和相关系数

方差和标准差度量的是单个股票收益的变动性。为了度量一只股票的收益率与另外一只股票的收益率之间的关系，因此引入协方差(Covariance)和相关系数(Correlation)。协方差是一个度量两种证券收益之间相互关系的统计指标。正的协方差说明在一段相同时间内，两种股票的收益率运动的方向相同，而负的协方差则说明在一段特定时期内，两种股票的收益率朝着不同的方向运动。此外，这种相互关系也可以用两种证券收益之间的相关系数来反映。协方差和相关系数是理解 β 系数的基础。

协方差的数学公式可以写为：

$$\sigma_{AB} = \mathrm{Cov}(R_A,\ R_B) = \left[(R_A - \overline{R_A})(R_B - \overline{R_B}) \right]$$

式中，$\overline{R_A}$ 和 $\overline{R_B}$ 是两只股票的期望收益率；R_A 和 R_B 是实际收益率。A 和 B 的协方差等于 B 和 A 的协方差。而相关系数可以表示为：

$$\rho_{AB} = \mathrm{Corr}(R_A,\ R_B) = \frac{\mathrm{Cov}(R_A,\ R_B)}{\sigma_A \sigma_B}$$

式中，σ_A 和 σ_B 分别是标准差。用 $\mathrm{Corr}(R_A,\ R_B)$ 或者 ρ_{AB} 表示相关系数。与协方差一样，两个变量的先后顺序不重要，即 A 与 B 的相关系数等于 B 与 A 的相关系数。因为标准差总是正值，所以两个变量相关系数的符号和两个变量协方差的符号是一样的。如果相关系数为正，则这两个变量之间正相关，如果相关系数为负，则这两个变量之间负相关，如果相关系数为 0，则两个变量不相关。

二、组合的方差和标准差

(一)投资于两种资产

假设投资者投资 A、B 两种证券，且投资比例分别为 ω_A 和 ω_B。

1. 方差

由 A 和 B 两种证券构成的投资组合的方差是：

$$\text{Var}(\text{组合}) = \omega_A^2 \sigma_A^2 + 2\omega_A \omega_B \sigma_{AB} + \omega_B^2 \sigma_B^2$$

投资组合的方差取决于组合中各种证券的方差和两种证券之间的协方差。证券的方差度量证券收益的变动程度。协方差度量两种证券收益之间的相关关系。在证券方差给定的情况下，两种证券收益呈现正相关或协方差为正会增加整个组合的方差；两种证券收益呈现负相关或协方差为负会降低整个组合的方差。

2. 协方差矩阵（表7.2）

表7.2　协方差矩阵

项目	A 证券	B 证券
A 证券	$\omega_A^2 \sigma_A^2$	$\omega_A \omega_B \sigma_{AB}$
B 证券	$\omega_A \omega_B \sigma_{AB}$	$\omega_B^2 \sigma_B^2$

由表7.2的协方差矩阵可以得出投资组合的方差，即

$$\text{Var}(\text{组合}) = \omega_A^2 \sigma_A^2 + 2\omega_A \omega_B \sigma_{AB} + \omega_B^2 \sigma_B^2$$

3. 标准差

$$\sigma = \text{SD}(\text{组合}) = \sqrt{\text{Var}(\text{组合})}$$

只要 $\rho < 1$，两证券投资组合的标准差就小于这两种证券各自的标准差的加权平均数。也就是说，只要两种证券收益没有完全相关，组合多元化的效应就会发生作用。

(二)多种资产组合

设投资权重为 $\omega = (\omega_1, \omega_2, \cdots, \omega_n)^T$，不限制卖空，即允许 $\omega_i < 0$。设资产收益率向量为 $\gamma = (\gamma_1, \gamma_2, \cdots, \gamma_n)^T$，这 N 项资产的协方差矩阵如下：

$$\Sigma = \begin{bmatrix} \sigma_{11} & \sigma_{12} & \cdots & \sigma_{1n} \\ \sigma_{21} & \sigma_{22} & \cdots & \sigma_{2n} \\ \vdots & \vdots & \ddots & \vdots \\ \sigma_{n1} & \sigma_{n2} & \cdots & \sigma_{nn} \end{bmatrix}$$

该协方差矩阵是正定、非奇异的。可以把有关相关系数的理解扩展到多种证券的情形。也就是说，只要多种证券两两之间的相关系数小于1，多种证券投资组合的标准差就小于组合中各种证券的标准差的加权平均数。

三、计算方差-协方差矩阵

假如有 N 个资产在 M 期上的收益数据，可以将资产 i 在时期 t 的收益写为 r_{it}。资产 i 的平均收益写为 $\overline{r}_i = \dfrac{1}{M}\sum_{t=1}^{M} r_{it}$，$i = 1, 2, \cdots, N$。那么，资产 i 和资产 j 收益的协方差的计算为：

$$\sigma_{ij} = \text{Cov}(i, j) = \frac{1}{M-1}\sum_{t=1}^{M}(r_{it} - \overline{r}_i) \times (r_{jt} - \overline{r}_j), \quad i, j = 1, 2, \cdots, N$$

这些协方差的矩阵（包括 $i = j$ 时的方差）为样本方差-协方差矩阵。定义超额收益矩阵（Excess Return Matrix）为：

$$A = 超额收益矩阵 = \begin{bmatrix} r_{11} - \overline{r_1} \cdots r_{N1} - \overline{r_N} \\ r_{12} - \overline{r_1} \cdots r_{N2} - \overline{r_N} \\ \vdots \qquad \vdots \\ r_{1M} - \overline{r_1} \cdots r_{NM} - \overline{r_N} \end{bmatrix}$$

A 的每一列减去了每项资产的平均收益。该矩阵的转置为：

$$A^T = \begin{bmatrix} r_{11} - \overline{r_1} & r_{12} - \overline{r_1} & \cdots & r_{1M} - \overline{r_1} \\ r_{N1} - \overline{r_N} & r_{N2} - \overline{r_N} & \cdots & r_{NM} - \overline{r_N} \end{bmatrix}$$

A^T 先乘以 A，再除以 $M-1$，得到样本方差–协方差矩阵：

$$S = \begin{bmatrix} \sigma_{ij} \end{bmatrix} = \frac{A^T \cdot A}{M-1}$$

【例7-7】使用股票数 $N=10$、月数 $M=60$ 的收益数据计算方差–协方差矩阵，如图 7.34 所示。

	A	B	C	D	E	F	G	H	I	J	K
1					5年内的10只股票价格						
2		McDonalds	US Steel	Arcelor-Mittal	Microsoft	Apple	Kellogg	General Electric	Bank of America	Pfizer	Exxon
4	Date	MCD	X	MT	MSFT	AAPL	K	GE	BAC	PFE	XOM
5	1-Feb-07	37.57	84.74	44.84	25.53	84.61	43.45	28.97	44.68	19.57	64.20
6	1-Mar-07	38.74	94.76	46.63	25.26	92.91	44.83	29.34	44.85	19.80	67.58
7	2-Apr-07	41.52	97.03	47.10	27.14	99.80	46.12	30.59	44.74	20.74	71.10
8	1-May-07	43.47	108.33	53.19	27.91	121.19	47.31	31.18	45.07	21.78	74.81
9	1-Jun-07	43.65	104.10	55.32	26.80	122.04	45.39	32.00	43.45	20.26	75.45
61	3-Oct-11	92.16	25.27	20.51	26.43	404.78	53.73	16.55	6.82	18.87	77.20
62	1-Nov-11	95.52	27.26	18.89	25.58	382.20	49.16	15.76	5.44	19.86	80.00
63	1-Dec-11	100.33	26.42	18.19	25.96	405.00	50.57	17.91	5.56	21.42	84.30
64	3-Jan-12	99.05	30.14	20.52	29.53	456.48	49.52	18.71	7.13	21.18	83.28
65	1-Feb-12	99.99	31.01	23.30	30.77	493.17	50.21	19.13	8.18	21.14	84.88

图 7.34 5 年内的 10 只股票价格

基于 Excel 函数 $\ln(p_t/p_{t-1})$ 计算月收益，如图 7.35 所示。

	A	B	C	D	E	F	G	H	I	J	K
1					5年内的10只股票月度收益						
2	日期	MCD	X	MT	MSFT	AAPL	K	GE	BAC	PFE	XOM
3	1-Mar-07	3.07%	11.18%	3.91%	-1.06%	9.36%	3.13%	1.27%	0.38%	1.17%	5.13%
4	2-Apr-07	6.93%	2.37%	1.00%	7.18%	7.15%	2.84%	4.17%	-0.25%	4.64%	5.08%
5	1-May-07	4.59%	11.02%	12.16%	2.80%	19.42%	2.55%	1.91%	0.73%	4.89%	5.09%
6	1-Jun-07	0.41%	-3.98%	3.93%	-4.06%	0.70%	-4.14%	2.60%	-3.66%	-7.23%	0.85%
7	2-Jul-07	-5.85%	-10.11%	-2.23%	-1.66%	7.66%	0.04%	1.24%	-3.06%	-8.39%	1.49%
8	1-Aug-07	2.83%	-3.72%	8.65%	-0.53%	4.97%	6.42%	0.28%	6.66%	6.70%	1.09%
9	4-Sep-07	10.08%	11.45%	16.86%	2.49%	10.28%	1.92%	6.98%	0.44%	-1.67%	7.67%
10	1-Oct-07	9.25%	1.83%	2.01%	22.28%	21.33%	-5.90%	-0.60%	-4.04%	0.71%	-0.61%
58	3-Oct-11	5.58%	14.13%	26.47%	6.77%	5.97%	1.90%	9.37%	10.99%	8.57%	7.24%
59	1-Nov-11	3.58%	7.58%	-8.23%	-3.27%	-5.74%	-8.89%	-4.89%	-22.61%	5.11%	3.56%
60	1-Dec-11	4.91%	-3.13%	-3.78%	1.47%	5.79%	2.83%	12.79%	2.18%	7.56%	5.24%
61	3-Jan-12	-1.28%	13.17%	12.05%	12.88%	11.97%	-2.10%	4.37%	24.87%	-1.13%	-1.22%
62	1-Feb-12	0.94%	2.85%	12.71%	4.11%	7.73%	1.38%	2.22%	13.74%	-0.19%	1.90%

图 7.35 5 年内的 10 只股票月度收益

计算超额收益矩阵(图 7.36)。

	A	B	C	D	E	F	G	H	I	J	K	L
81					超额收益：$r_{t,i}-r_i$							
82		MCD	X	MT	MSFT	AAPL	K	GE	BAC	PFE	XOM	
83	1-Mar-07	0.0144	0.1285	0.0501	-0.0137	0.0642	0.0289	0.0196	0.0321	0.0104	0.0467	<-- =K3-K$64
84	2-Apr-07	0.0530	0.0404	0.0209	0.0687	0.0422	0.0260	0.0486	0.0258	0.0451	0.0461	<-- =K4-K$64
85	1-May-07	0.0296	0.1269	0.1325	0.0249	0.1648	0.0231	0.0260	0.0356	0.0476	0.0462	<-- =K5-K$64
86	1-Jun-07	-0.0122	-0.0231	0.0502	-0.0437	-0.0224	-0.0438	0.0329	-0.0083	-0.0736	0.0039	<-- =K6-K$64
87	2-Jul-07	-0.0748	-0.0843	-0.0114	-0.0197	0.0473	-0.0020	0.0193	-0.0023	-0.0852	0.0102	
88	1-Aug-07	0.0119	-0.0205	0.0974	-0.0084	0.0204	0.0618	0.0097	0.0949	0.0657	0.0063	
89	4-Sep-07	0.0845	0.1313	0.1795	0.0217	0.0734	0.0168	0.0768	0.0327	-0.0180	0.0720	
90	1-Oct-07	0.0762	0.0351	0.0310	0.2197	0.1839	-0.0615	0.0009	-0.0121	0.0058	-0.0108	
139	1-Nov-11	0.0195	0.0926	-0.0714	-0.0358	-0.0868	-0.0913	-0.0420	-0.1978	0.0498	0.0310	
140	1-Dec-11	0.0328	-0.0145	-0.0268	0.0116	0.0286	0.0259	0.1348	0.0501	0.0743	0.0477	
141	3-Jan-12	-0.0292	0.1485	0.1314	0.1257	0.0903	-0.0234	0.0506	0.2770	-0.0126	-0.0168	
142	1-Feb-12	-0.0069	0.0452	0.1380	0.0380	0.0479	0.0114	0.0291	0.1657	-0.0032	0.0144	

图 7.36　股票月度超额收益矩阵

计算方差-协方差矩阵(图 7.37)。

	A	B	C	D	E	F	G	H	I	J	K
66					方差-协方差矩阵						
67		MCD	X	MT	MSFT	AAPL	K	GE	BAC	PFE	XOM
68	MCD	0.0020	0.0037	0.0028	0.0015	0.0017	0.0007	0.0020	0.0031	0.0015	0.0011
69	X	0.0037	0.0380	0.0284	0.0076	0.0111	0.0031	0.0127	0.0176	0.0043	0.0043
70	MT	0.0028	0.0284	0.0267	0.0065	0.0097	0.0031	0.0102	0.0133	0.0038	0.0039
71	MSFT	0.0015	0.0076	0.0065	0.0063	0.0049	0.0010	0.0046	0.0079	0.0018	0.0014
72	AAPL	0.0017	0.0111	0.0097	0.0049	0.0126	0.0016	0.0049	0.0049	0.0007	0.0020
73	K	0.0007	0.0031	0.0031	0.0010	0.0016	0.0026	0.0028	0.0046	0.0011	0.0003
74	GE	0.0020	0.0127	0.0102	0.0046	0.0049	0.0028	0.0122	0.0163	0.0041	0.0022
75	BAC	0.0031	0.0176	0.0133	0.0079	0.0049	0.0046	0.0163	0.0393	0.0080	0.0017
76	PFE	0.0015	0.0043	0.0038	0.0018	0.0007	0.0011	0.0041	0.0080	0.0041	0.0011
77	XOM	0.0011	0.0043	0.0039	0.0014	0.0020	0.0003	0.0022	0.0017	0.0011	0.0026
78				<-- {=MMULT(TRANSPOSE(B83:K142),B83:K142)/59}							

图 7.37　方差-协方差矩阵

> 📖 **知识库**
>
> 　　2023 年召开的中央金融工作会议强调，当前和今后一个时期，做好金融工作必须坚持和加强党的全面领导，以习近平新时代中国特色社会主义思想为指导，全面贯彻党的二十大精神，完整、准确、全面贯彻新发展理念，深刻把握金融工作的政治性、人民性，以加快建设金融强国为目标，以推进金融高质量发展为主题，以深化金融供给侧结构性改革为主线，以金融队伍的纯洁性、专业性、战斗力为重要支撑，以全面加强监管、防范化解风险为重点，坚持稳中求进工作总基调，统筹发展和安全，牢牢守住不发生系统性金融风险的底线，坚定不移走中国特色金融发展之路，加快建设中国特色现代金融体系，不断满足经济社会发展和人民群众日益增长的金融需求，不断开创新时代金融工作新局面。
>
> 　　为贯彻落实中央金融工作会议精神，全面加强机构监管，进一步完善证券公司风险控制指标体系，证监会拟对《证券公司风险控制指标计算标准规定》进行修订，主要内容包括：一是促进功能发挥，突出服务实体经济主责主业。对证券公司开展做市、资产管理、参与公募 REITs 等业务的风险控制指标计算标准予以优化，进一步引导证券公司在投资端、融资端、交易端发力，充分发挥长期价值投资、服务实体经济融资、服务居民财富管理、活跃资本市场等作用。二是强化分类监管，拓展优质证券公司资本空间。适当调整连续三年分类评价居前的证券公司的风险资本准备调整系数和表内外资产总额折算系数，推动试点内部模型法等风险计量高级方法，支持合规稳健的优质证券公司适度拓展资本空间，提升资本使用效率，做优做强。三是突出风险管理，切实提升风控指标的有效性。根据业务风险特征和期限匹配性，合理完善计算标准，细化不同期限资产的所需稳定资金，进一步提高风险控制指标的科学性。对场外衍生品等适当提高计量标准，加强监管力度，提高监管的有效性，从而维护市场的稳健运行。

练习题

1. 计算出收益中各统计量的值并绘制出两只股票组合的前沿(图 7.38)。

	A	B	C
11	日期	Kellogg	IBM
12	2/Jan/92	16.60	16.87
13	4/Jan/93	18.52	10.23
14	3/Jan/94	16.40	11.59
15	3/Jan/95	17.22	15.03
16	3/Jan/96	24.55	22.86
17	2/Jan/97	22.81	33.43
18	2/Jan/98	31.05	42.35
19	4/Jan/99	27.89	79.14
20	3/Jan/00	17.10	97.42
21	2/Jan/01	19.21	97.66
22	2/Jan/02	23.45	94.54
23	2/Jan/03	26.14	69.03
24	2/Jan/04	30.51	88.26
25	3/Jan/05	36.90	83.73
26	3/Jan/06	36.31	73.55
27	3/Jan/07	42.70	90.91
28	2/Jan/08	42.38	99.58
29	2/Jan/09	39.77	86.70
30	4/Jan/10	51.14	118.10
31	3/Jan/11	48.73	159.31
32	3/Jan/12	50.89	180.00

图 7.38 练习题 1 图

2. (1)计算出投资组合的如下统计量:均值、方差、标准差、协方差、相关系数。
(2)绘制出投资组合 1 和投资组合 2 的组合的均值和标准差的图像(图 7.39)。

	A	B	C	D	E	F
1		方差-协方差矩阵				均值
2		0.30	0.02	-0.05		10%
3		0.02	0.40	0.06		12%
4		-0.05	0.06	0.60		14%
5						
6		投资组合1	投资组合2			
7	资产1	30%	50%			
8	资产2	20%	40%			
9	资产3	50%	10%			
10						
11	投资组合的统计量					
12		投资组合1	投资组合2			
13	均值					
14	方差					
15	标准差					
16	协方差					
17	相关系数					
18						
19	一个投资组合					
20	投资组合1的比例	0.3				
21	均值					
22	标准差					

图 7.39 练习题 2 图

第八章 证券市场线

内容简介

本章介绍了资本市场线、证券市场线及两者的区别，然后对资产定价模型进行了详细的阐述，对该理论的假设条件、分离定理、市场组合进行了简要介绍，还阐述了使用Excel进行证券市场线的构建及检验。

教学目的

要掌握基于CAPM进行证券估值的方法，并能够使用Excel进行证券市场线的构建以及检验。

第一节 基于 CAPM 模型的证券估值

作为资产组合理论的发展，资本资产定价模型（CAPM）由夏普（Sharpe，1964）、林特勒（Lintner，1965）和莫辛（Mossin，1966）等人在现代投资组合理论的基础上提出，该模型主要用于描述均衡市场中，资产的期望收益率与风险之间的关系，即如何根据资产的风险大小进行合理定价。

一、资本资产定价模型

（一）资本资产定价模型的假设条件

为了分析资本市场均衡状态下各变量之间的内在关系，资本资产定价模型首先提出了如下假设：

1. 资本市场不存在摩擦

摩擦指的是对整个市场的信息和资金自由流动的障碍，没有摩擦的市场将不存在与交易有关的费用，也没有对股息和资本收益的税收；同时，对于所有投资者而言，信息都是免费的并且是立即可得的，而且能够无限制地买卖资产。

2. 投资者根据资产组合理论做出投资决策

与资产组合理论相似，任何一位投资者都根据期望收益率和方差进行资产选择，投资者都是理性的，且他们都是风险厌恶者，总是希望自己的投资组合在相同方差下具有最大期望收益率或者在相同收益率下具有最小方差。因此，为了做出决策，投资者只需要了解资产的期望收益率和方差。

3. 投资者具有同质预期

根据已有假设可知，所有投资者都能获得相同信息，并且他们都按资产组合理论进行投资决策，运用同一种方法估计所得到的期望收益率和方差自然相同，投资者最后都会得到一样的预期。

4. 单一的投资期限

对所有投资者而言，他们的投资期限都一样，而且在这一期间资本市场的投资机会成本不变。投资者都在投资期的期初计划并实施投资策略，直到期末获取投资收益。

5. 存在无风险资产

资本市场上的资产借贷利率相等，投资者可以按同一利率水平无限制地借贷无风险资产。

6. 每种资产都是无限可分的，而且投资者可按相同的无风险利率借入或贷出资金

有了以上假定，在市场均衡情况下，切向投资组合就是市场投资组合。市场投资组合是所有风险资产的总体，每种风险资产占市场组合的权重是其市值与总市值之比。此时，风险资产的预期收益率是：

$$r - r_f = \beta(R_M - r_f)$$

式中，R_M 是市场组合的期望收益率；$\beta = \dfrac{\mathrm{Cov}(r_i, R_M)}{\sigma_M^2}$，$\sigma_M$ 是市场组合标准差。

（二）资本资产定价模型的理解

①资本资产定价模型认为单个证券的合理风险溢价取决于单个证券对投资者整个资产组合风险的贡献程度。

②资产组合风险对于投资者而言，其意义在于投资者根据资产组合风险确定其要求的风险溢价。

【例8-1】通过一个数值化的例子演示资本资产定价模型推导证明的过程。

由图8.1可知，5种风险资产与市场投资组合形成的投资组合的有效边界与资本市场线相切。

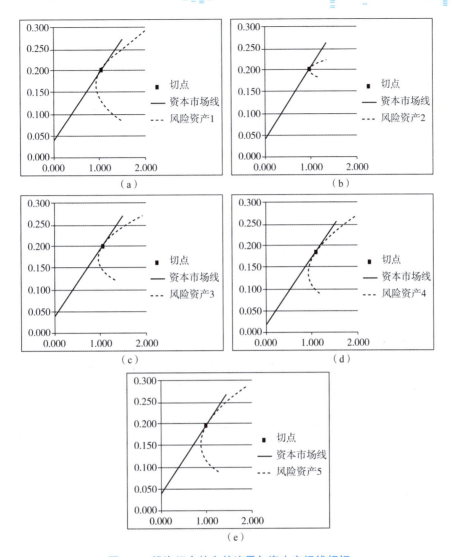

图 8.1　投资组合的有效边界与资本市场线相切

（a）示意一；（b）示意二；（c）示意三；（d）示意四；（e）示意五

其计算模型如图 8.2 所示。

	A	B	C	D	E	F	G	H
1		1	2	3	4	5		
2	市场权重	-19%	101%	62%	-17%	-26%	100%	
3								
4	收益率	风险资产5	市场组合		无风险收益	4%		
5	收益率	9.50%	20.30%					
6	标准差	1.30	1.035					
7								
8	协方差矩阵							
9		1.70	0.36					
10		0.36	1.07					
11							资本市场线	
12	权重	单一证券	市场组合				风险	收益
13		20%	80%				0.000	4.00%
14							0.025	4.39%
15		风险	收益				0.050	4.79%
16		0.930	0.182				0.075	5.18%
17	-100%	2.130	0.311				0.100	5.58%
18	-95%	2.066	0.306				0.125	5.97%
19	-90%	2.002	0.300				0.150	6.36%
20	-85%	1.938	0.295				0.175	6.76%

图 8.2　计算模型

资本资产模型的证明如下：

假定由 5 种风险资产构成的市场，在市场组合权重条件下，一种风险资产与市场组合构成一个新的投资组合（α，1−α）。那么，当 α=0 时，该投资组合的风险和收益应当等同于市场组合 M。显然，点 M 应当在资本市场线上；同时，又应当在新投资组合的有效边界上。该投资组合的有效边界不能与资本市场线相交，因为如果相交就会有投资组合超出资本市场线，与资本市场线是投资组合有效边界矛盾。此时，只有一种可能，即新投资组合的有效边界与资本市场线相切。既然相切，其切线斜率与资本市场线斜率相等。

二、资本市场线

（一）分离定理

在上述假定的基础上，按照现代资产组合理论，投资者肯定具有相同的有效集曲线，虽然不同投资者有不同的无差异曲线，无差异曲线斜率的不同使得投资者的最佳资产组合出现差异，但任何一位投资者的风险资产组合的构成却是一样的，即尽管每位投资者的最佳资产组合会有差异，但是他们的最佳资产组合都由无风险资产与风险资产组合构成，其中风险资产组合的构成必然一样。每位投资者都选择由相同风险资产组合和无风险资产构成的最佳资产组合，差别在于不同最佳组合中的资金分配不同，这就是分离定理（图8.3），即投资者对风险和收益的偏好状况与该投资者最优风险资产组合的构成是无关的，投资者需要做的只是根据风险偏好确定最佳组合中无风险资产与风险资产组合各自的投资比例。

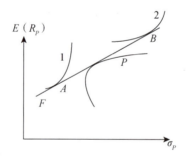

图 8.3　分离定理

根据以上假设条件，从图 8.3 中看出，曲线 2 代表厌恶风险程度较轻的投资者的无差异曲线，该投资者的最优投资组合位于点 B，这表明他将借入的资金投资于风险资产组合；曲线 1 代表厌恶风险程度较高的投资者的无差异曲线，该投资者的最优投资组合位于点 A，这表明他将部分资金投资于无风险资产，将另一部分资金投资于风险资产组合。虽然点 A 和点 B 位置不同，但它们都是由无风险资产 F 和相同的最优风险组合 P 组成，因此他们的风险资产组合中各种风险资产的构成比例是相同的。

（二）市场组合

分离定理不仅决定了投资者的最佳组合，而且保证投资组合在均衡状态下包含了市场上任何一种证券。这是因为根据分离定理，每位投资者的投资组合中都包含相同的风险资产组合 P。如果一种证券在组合 P 中所占的比例为 0，这就意味着市场上没有哪位投资者持有这种证券，即它的市场需求量为 0，该证券的价格自然会下降，引发证券收益率的上升。当证券收益率上升到一定程度后,受高收益率的吸引,投资者开始在风险资产组合 P 中包含该种证券,该种证券被引入投资组合。因此,在市场达到均衡状态、证券价格保持稳定水平时,投资组合应该包含市场上所有的证券。

因此,在均衡状态下,每位投资者对每一种证券都愿意持有一定的数量,市场上各种证券的价格都处于使该证券供求相等的水平上,无风险利率的水平也正好使借入资金的总量等于贷出资金的总量。综上所述,均衡状态下,投资者最佳组合中的风险资产组合由市场上的所有证券构成,而且其中任何一种证券的资金分配比例都等于该证券总市值与全部证券总市值的比例。此证券组合称为市场组合(Market Portfolio),通常用 M 来表示。

从图形上看,无差异曲线与有效集曲线的切点代表的投资组合 P 就是市场组合。理论上,市场组合应该包括市场上所有的证券,但在现实世界中,由于构造组合的成本问题及投资者自身的限制很难做到这一点。为了尽可能恰当地代表市场上的全部证券,实践中常常用一些指数近似代替市场组合。这些指数在编制时一般都选择具有一定代表性的证券,它们能够比较合理地反映市场组合的大部分信息,从而可以作为市场组合的近似替代,如我国的沪深 300 指数、美国的标普 500 指数等。

(三)资本市场线

1. 概述

由上述分析可知,当市场达到均衡状态时,市场组合就是无差异曲线与有效集曲线的切点组合,它代表任何一位投资者的风险资产组合。投资者在选择最佳组合时,只需要在无风险资产 F 与市场组合 M 之间分配资金就可以了,因此,连接 F 和 M 的直线可以表示任意一位投资者的最佳组合,这条直线就是资本市场线(CML),也即在允许无风险借贷情况下的线性有效集。CML 以期望收益率和标准差为坐标轴,资本市场线表明在均衡状态下,任何一个最佳组合都是由市场组合 M 与无风险资产 F 构成,如图 8.4 所示。

任何不利用 R 市场组合以及不进行无风险借贷的所有其他组合都位于资本市场线的下方。

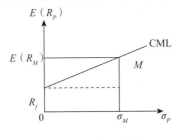

图 8.4 资本市场线

从图 8.4 可以看出,资本市场线的斜率等于市场组合预期收益率与无风险证券收益率之差(R_M-R_f)除以它们的风险之差(σ_M-0),即$(R_M-R_f)/\sigma_M$。由于资本市场线与纵轴的截距为 R_f,其表达式可以写为:

$$E(R_P) = R_f + \frac{E(R_M) - R_f}{\sigma_M}\sigma_P$$

式中,$E(R_P)$ 和 σ_P 分别为投资组合的期望收益率和标准差;资本市场线的斜率 $\dfrac{[E(R_M)-R_f]}{\sigma_M}$ 为市场组合的单位风险报酬,主要用于度量增加单位风险所需要增加的期望收益率。由表达式可以看出，市场的均衡状态由无风险利率 R_f 和单位风险报酬表示，它们分别描述时间报酬和风险报酬的大小。前者度量资金的时间价值，后者度量承担单位风险所要求的回报。

2. 寻找市场投资组合：资本市场线

假设存在一个无风险资产，而且假设这个资产的预期收益为 r_f。让 M 成为有效投资组合，它是下列方程的解：

$$E(r) - r_f = Sz$$

$$M_i = \frac{z_i}{\sum_{j=1}^{N} z_j}$$

现在考虑投资组合 M 的一个凸组合和无风险资产 r_f。举例来说，假设以投资组合方式的无风险资产权数是 α，下面是投资组合收益和 σ 的标准方程：

$$E(r_P) = ar_f + (1 - a)E(r_M)$$

$$\sigma_P = \sqrt{a^2\sigma_{rf}^2 + (1 - a)^2\sigma_M^2 + 2a(1 - a)\mathrm{Cov}(r_f, y)} = (1 - a)\sigma_M$$

所有 $\alpha \geqslant 0$ 的组合轨迹与著名的资本市场线一样，与有效前沿一起的图形如图 8.5 所示。

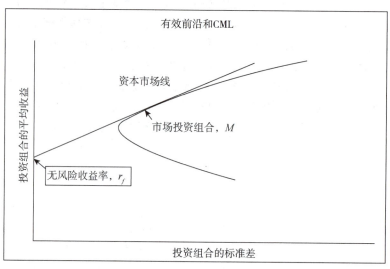

图 8.5　有效前沿和 CML

组合投资 M 被称为市场资组合有几个原因，假设投资者认同有关投资组合的统计信息[例如，列中的预期收益 $E(r)$ 和方差 - 协方差矩阵 S]。此外，假设投资者只是对给定投资组合标准差的投资组合的最大预期收益感兴趣，那么所有的最优投资组合将在 CML 上。根据上面的情况进一步假设投资组合 M 是含在所有最优投资组合中唯一的风险资产投资组合。它应该包括所有风险资产，每个资产的权数与它的市场价值成比例，即

$$M = \frac{V_i}{\sum_{i=1}^{N} V_i}$$

这里的 V_i 是资产 i 的市场价值。当我们知道 r 的时候，寻找 M 不是很困难，只需要在常数 $c = r_f$ 的条件下求解有效投资组合就可以了。当 r_f 变化时，我们得到不同的"市场"组合——这正是给定常数 r_f 时的一个有效投资组合。

3. Excel 计算投资组合(图 8.6)

【例 8-2】计算两个包络线上的投资组合。

	A	B	C	D	E	F
1	计算有效前沿					
2	方差-协方差矩阵, S					期望收益 $E(r)$
3	0.10	0.01	0.03	0.05		6%
4	0.01	0.30	0.06	-0.04		8%
5	0.03	0.06	0.40	0.02		10%
6	0.05	-0.04	0.02	0.50		15%

图 8.6 方差-协方差矩阵和期望收益

为了求解 $R - c = Sz$ 中的 z，这里使用两个不同的 c 值。对每个 c 值求解 z，然后设置 $x_i = z_i / \sum_h z_h$，找到一个有效投资组合。

先设 $c = 0$，得到结果如图 8.7 所示。

	A	B	C	D	E	F	G	H
10	计算包络线常数=0时的资产组合							
11	z					包络线投资组合 x		
12	0.3861	<-- {=MMULT(MINVERSE(A3:D6),F3:F6)}				0.3553	<-- {=A12/SUM($A$12:$A$15)}	
13	0.2567					0.2362		
14	0.1688					0.1553		
15	0.2752					0.2532		
16				总和		1.0000	<-- =SUM(F12:F15)	

图 8.7 常数 $c = 0$ 时的投资组合 x

z 列：=MMULT(MINVERSE(A3：D6)，F3：F6)。范围单元格区域 A3：D6 包含方差-协方差，单元格区域 F3：F6 包含资产的平均收益。

x 列：每个单元格包含被所有 z 值分别除以 z 值的总和，如单元格 F12 包含了公式＝＝A12/SUM($A$12：$A$15)。

为了找到第二个包络线投资组合，用 $c = 0.04$ 求解。首先计算得到 $E(r) - c$ 值(图 8.8)，进一步计算投资组合 y，如图 8.9 所示。

	A	B	C	D	E	F	G	H
1	计算有效前沿							
2	方差-协方差矩阵, S					期望收益 $E(r)$	期望收益 $E(r)$ 减常数	
3	0.10	0.01	0.03	0.05		6%	2.00%	<-- =F3-$B$8
4	0.01	0.30	0.06	-0.04		8%	4.00%	
5	0.03	0.06	0.40	0.02		10%	6.00%	
6	0.05	-0.04	0.02	0.50		15%	11.00%	
7								
8	常数c	4.00%						

图 8.8 计算期望收益减常数

	A	B	C	D	E	F	G	H
18	计算包络线投资组合，常数=4%					包络线投资组合 y		
19	z							
20	0.0404	<-- {=MMULT(MINVERSE(A3:D6),G3:G6)}				0.0782	<-- {=A20/SUM($A$20:$A$23)}	
21	0.1386					0.2684		
22	0.1151					0.2227		
23	0.2224					0.4307		
24				总和		1.0000	<-- =SUM(F20:F23)	

图 8.9　常数 $c=0.04$ 时的投资组合 y

进一步计算投资组合 x 和 y 的均值、标准差和收益协方差(图 8.10)。

	A	B	C	D	E	F	G
26	均值E(x)	9.37%			均值E(y)	11.30%	<-- {=MMULT(TRANSPOSE(F20:F23),F3:F6)}
27	方差Var(x)	0.0862			方差Var(y)	0.1414	<-- {=MMULT(MMULT(TRANSPOSE(F20:F23),A3:D6),F20:F23)}
28	标准差Sigma(x)	29.37%			标准差Sigma(y)	37.60%	<-- =SQRT(F27)
29							
30	协方差Cov(x,y)	0.1040	<-- {=MMULT(MMULT(TRANSPOSE(F12:F15),A3:D6),F20:F23)}				
31	相关系数Corr(x,y)	0.9419	<-- =B30/(B28*F28)				

图 8.10　计算投资组合 x 和 y 的均值、标准差和收益协方差

向量 x 和 y 的转置是用插入的数组函数 TRANSPOSE 实现的。投资组合 x 和 y 的均值、方差和协方差的计算方式如下：

$E(x)$：使用数组公式 MMULT(TRANSPOSE_x，means)。

$Var(x)$：使用数组公式 MMULT(MMULT(TRANSPOSE_x，var_cov)，x)。

$Sigma(x)$：使用公式 SQRT(var_x)。

$Cov(x，y)$：使用数组公式 MMULT(MMULT(TRANSPOSE_x，var_cov)，y)。

$Corr(x，y)$：使用公式 $Cov(x,y)/(sigma\_x * sigma\_y)$。

这部分所有处理结果如图 8.11 所示。

	A	B	C	D	E	F	G	H
1				计算有效前沿				
2	方差-协方差矩阵, S					期望收益E(r)	期望收益E(r)减常数	
3	0.10	0.01	0.03	0.05		6%	2.00%	<-- =F3-$B$8
4	0.01	0.30	0.06	-0.04		8%	4.00%	
5	0.03	0.06	0.40	0.02		10%	6.00%	
6	0.05	-0.04	0.02	0.50		15%	11.00%	
8	常数c	4.00%						
10	计算包络线常数=0时的资产组合							
11	z					包络线投资组合 x		
12	0.3861	<-- {=MMULT(MINVERSE(A3:D6),F3:F6)}				0.3553	<-- {=A12/SUM($A$12:$A$15)}	
13	0.2567					0.2362		
14	0.1688					0.1553		
15	0.2752					0.2532		
16				总和		1.0000	<-- =SUM(F12:F15)	
18	计算包络线投资组合，常数=4%					包络线投资组合 y		
19	z							
20	0.0404	<-- {=MMULT(MINVERSE(A3:D6),G3:G6)}				0.0782	<-- {=A20/SUM($A$20:$A$23)}	
21	0.1386					0.2684		
22	0.1151					0.2227		
23	0.2224					0.4307		
24				总和		1.0000	<-- =SUM(F20:F23)	
26	均值E(x)	9.37%			均值E(y)	11.30%	<-- {=MMULT(TRANSPOSE(F20:F23),F3:F6)}	
27	方差Var(x)	0.0862			方差Var(y)	0.1414	<-- {=MMULT(MMULT(TRANSPOSE(F20:F23),A3:D6),F20:F23)}	
28	标准差Sigma(x)	29.37%			标准差Sigma(y)	37.60%	<-- =SQRT(F27)	
30	协方差Cov(x,y)	0.1040	<-- {=MMULT(MMULT(TRANSPOSE(F12:F15),A3:D6),F20:F23)}					
31	相关系数Corr(x,y)	0.9419	<-- =B30/(B28*F28)					

图 8.11　投资组合 x 和 y 的均值、方差、协方差的计算

第二节　证券市场线概述

资本市场线描述的是均衡状态下，有效组合的期望收益率与标准差之间的关系，但因为单个证券不可能是一个有效组合，所以它们不会出现在资本市场线上，只能位于该直线之下，因此，资本市场线并不能告诉我们单个证券的预期收益与标准差之间存在怎样的关系。为了表示单个证券期望收益率与标准差之间的关系，有必要引入证券市场线这一概念。

一、单个证券风险的度量

在介绍证券市场线之前，先分析单个证券的风险度量问题。

资本市场线给出了有效组合的期望收益率与风险的关系：期望收益率与风险之间具有线性关系，随着风险的增加，期望收益率也将增加。这种关系存在的前提是：资本资产定价模型中假定，对于有效组合可以用标准差衡量投资者承担的具有收益回报的风险，然而对于单个证券，就不能再用标准差衡量投资者承担的这种风险。造成差别的原因是单个证券的风险总是包含系统性风险和非系统性风险，在均衡市场上，只有系统性风险能够得到补偿，非系统性风险与收益无关。有效组合中的非系统性风险通常已经被完全分散，剩下的只有可以带来收益的系统性风险，因此，可以用标准差衡量有效组合的风险。单个证券中存在的非系统性风险并不能为投资者带来任何收益，只有系统性风险才在某种意义上代表投资者的期望收益率。所以，对于单个证券，只需要了解它们的系统性风险与期望收益率之间的关系即可。

根据协方差的性质，证券 i 与市场组合 M 的协方差 σ_{im} 等于证券与市场组合中每种证券的协方差的加权平均数，即 $\sigma_M^2 = \sum_{i=1}^{N} \omega_{iM} \sigma_{iM}$。

有效组合的标准差是由每个单独的证券分别贡献形成，单个证券的总风险中只有对有效组合的标准差有贡献的部分才能获得收益，市场组合的方差等于所有证券与市场组合协方差的加权平均值，权数为证券在市场组合中的比重，即可以用单个证券与市场组合之间的协方差衡量该种证券对市场组合方差的贡献大小。

因此，单个证券的风险水平应该由其与市场组合的协方差衡量。

二、证券市场线简介

由于单个证券的风险可以通过其与市场组合的协方差衡量，具有较大协方差的证券必须提供较高的收益率以弥补投资者承受的高风险。对于任何一种证券，如果它的收益率低于与其自身风险相符的收益率，投资者会选择把这种证券从投资组合中剔除。投资者的出售行为将直接导致证券价格下降，从而证券收益率上升。当收益率上升到适当水平时，投资者才会重新购买这种证券，此时市场重新达到均衡。同样，如果某种证券的收益率高于与其自身风险相符的收益率，投资者会扩大组合中该种证券的比例，需求量的增加会提高证券的价格，导致证券收益率下降。当收益率下降到适当水平时，投资者会停止购买这种证券，此时市场实现新的均衡。在均衡状态下，与资本市场线一样，单个证券的收益和风险的关系也可以用一个直线方程描述：

$$E(R_i) = R_f + \frac{[E(R_M) - R_f]}{\sigma_M^2}\sigma_{iM} = R_f + [E(R_M) - R_f]\beta_i$$

上述公式就是著名的证券市场线（Security Market Line，SML），它反映了单个证券与市场组合的协方差和其预期收益率之间的均衡关系。它表明在市场达到均衡时，任何一种证券的期望收益率都由两部分组成：一是无风险收益率 R_f，二是风险溢价 $[E(R_m) - R_f]$。

其中，$\beta_i = \dfrac{\sigma_{iM}}{\sigma_M^2}$，反映证券 i 对市场组合风险的贡献度，通常称为 β 系数。

对于证券市场线而言，如果以期望收益率为纵轴、协方差为横轴，在坐标图中将每个证券期望收益率与协方差的关系表示出来，所有证券肯定会位于同一直线上，如图 8.12(a) 所示。直线上的点 M 代表市场组合，对应的纵轴上的值为市场组合的期望收益率 $E(R_M)$，横轴上的值为市场组合的方差 σ_M^2。协方差小于 σ_M^2 的证券位于 M 点的左下方，反之，位于 M 点的右上方。

如果以期望收益率为纵轴、β 值为横轴在坐标图中描述证券期望收益率与协方差的关系，可以得到图 8.12(b)。此时，市场组合 M 的 β 值为 1，因为市场组合自身与自身的协方差就是市场组合的方差，由协方差与方差相除得到的市场组合的 β 值自然为 1，可以根据证券 β 值的大小判断它们在直线上所处的位置：β 值小于 1 的证券位于 M 点的左下方，大于 1 的证券位于 M 点的右上方。

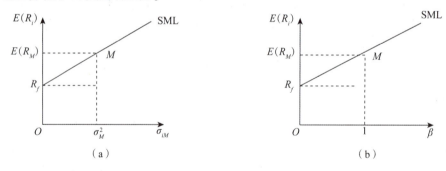

（a）　　　　　　　　　　　　（b）

图 8.12　证券市场线

三、证券市场线与资本市场线

证券市场线和资本市场线都可以用于描述有效组合的收益率与风险的关系。与资本市场线不同的是，证券市场线还可以描述单个证券的收益率与风险的关系，或者说所有的证券都可以在证券市场线上找到对应的点。因此，资本市场线给出有效组合的期望收益率与标准差之间的线性关系，证券市场线同时给出单个证券和有效组合的期望收益率与标准差之间的线性关系。

对证券市场线而言，有效组合在期望收益率-β 值坐标图中的位置与单个证券一样，都在证券市场线上。但是，对资本市场线而言，情况就有些不同了。单个证券在期望收益率-标准差坐标图中的位置与有效组合不一样，它不会落在资本市场线上，而是在资本市场线的下方。原因很简单，与有效组合相比，具有相同总风险的单个证券只能获得较小的期望收益率。单个证券的总风险中有一部分是没有回报的非系统性风险，有效组合的总风险不包含非系统性风险，有效组合自然能够获得高一些的期望收益率。

资本资产定价模型的假设条件与现实情况存在差距。为了简化问题，进行适当的假定是必要的，但是这些假设也导致了资本资产定价模型在实际运用中暴露出其缺陷，于是对资本资产定价模型的某些假设条件逐步放松，就得到资本资产定价模型的扩展模型。例如，放松了无风险资产一定存在的假设，得到零贝塔模型；在考虑投资风险时，除了证券价格变动，加入未来收入水平变化、未来物价水平变化等引起的风险，得到多要素资本资产定价模型；放松不存在市场摩擦的严苛假设，推导出存在税收时的模型等。

四、β 系数的含义、性质与估计

1. β 系数的含义和性质

β 是金融学的基本概念，它反映了资产或资产组合的系统风险。β 起源于资本资产定价模型（CAPM），因此，常用特征线（Characteristic Line）方程来估计 β 系数。

$$R_{it} - R_{ft} = \alpha_i + \beta_i(R_{mt} - R_{ft}) + \mu_{it}$$

式中，R_{it} 为资产 i 在第 t 期的收益率；R_{mt} 为市场指数的收益率；R_{ft} 为无风险利率；α_i 为截距项；β_i 为回归系数；μ_{it} 为随机误差项。

由投资组合理论可知，只有不可分散的系统风险才会获得风险溢价作为补偿。一个证券的系统风险取决于其对市场组合的风险贡献程度。在 CAPM 框架下，这个贡献程度量化为证券的收益率与市场收益率的协方差除以市场收益率自身的方差，即 β 系数。当某个证券的 β 系数大于 1 时，该证券表现出大于市场波动的波动性；当某个证券的 β 系数小于 1 时，该证券表现出小于市场波动的波动性。

如果知道每个证券的 β 系数，那么由这些证券构成的投资组合的 β 系数是这些证券的 β 系数的加权平均：

$$\beta_p = x_1\beta_1 + x_2\beta_2 + \cdots + x_n\beta_n$$

这是 β 系数的线性特征。以简单的两种证券的组合为例来验证这一特性。根据 β 系数的定义有：

$$\beta_p = \frac{\text{Cov}(R_p, R_m)}{\text{Var}(R_m)}$$

而组合 p 的收益率是两个证券收益率的加权平均，运用协方差的运算法则，可以得到：

$$\beta_p = \frac{\text{Cov}(x_1R_1 + x_2R_2, R_m)}{\text{Var}(R_m)}$$
$$= \frac{x_1\text{Cov}(R_1, R_m) + x_2\text{Cov}(R_2, R_m)}{\text{Var}(R_m)}$$
$$= x_1\beta_1 + x_2\beta_2$$

【例8-3】假如你持有下列资产组合：市值为 70 000 美元的耐克公司股票和市值为

30 000 美元的微软公司股票。耐克公司股票的 β 系数为 0.583，微软公司股票的 β 系数为 1.353。假设无风险利率为 4%，市场的超额收益率为 8%。你持有股票组合的 β 系数是多少？期望收益率是多少？

该组合的 β 系数为：

$$\beta_p = x_1\beta_1 + x_2\beta_2 = 70\% \times 0.583 + 30\% \times 1.353 = 0.814$$

根据 CAPM，该组合的期望收益率为：

$$E(r_p) = r_f + \beta_p[E(R_m) - r_f]$$
$$= 4\% + 0.814 \times 8\% = 10.512\%$$

2. β 系数的估计

CAPM 方程给我们提供了一种方法以估计证券的期望收益率。具体的操作需要我们知道该证券的系统风险，即 β 系数。下面以股票为例，介绍一下如何用回归分析来估计一个证券的 β 系数。

实际估计 β 系数时，需要考虑以下技术问题：

①收益率的选择。可以选择简单收益率或对数收益率，实践中，这两种收益率往往差异较小。

②市场指数的选择。理论上，应该采用市场证券组合，即包含所有可投资品，其权重为各自市值所占比重。实践中，这样的市场证券组合并不存在，只能选择一个近似的替代物。但应该注意，选择不同的指数，最终得到的 β 系数会有较大的差异。

③无风险利率的选择。这有较大的争议，如在美国，有采用 3 个月期国库券利率的，也有采用长期国债利率的。

④收益率频率问题。可以选择日收益率、周收益率或月收益率。使用日收益率，可以增加样本容量，增加 β 系数估计的时效性。但也会带来如日收益率的非正态性和非同步交易等问题。

⑤样本期间长短。采用数据的时段越长，系数的方差将能得到改善，其稳定性可能会提高。但时段过长，由于企业经营的变化、市场的变化、技术的更新、竞争力的变迁、企业间的兼并与收购行为以及证券市场特征的变化等都有可能影响 β 系数的计算结果。大多数研究采用 2~5 年的数据。

β 系数是市场组合的超额收益率变化 1% 所带来的证券超额收益率的变化率。图 8.13 给出了通用汽车（GM）公司股票的月度超额收益率与市场组合（以标普 500 指数代替）的月度超额收益率的关系。该散点图表明当市场向上的时候，GM 公司股票的收益率也趋于向上，反之亦然。图 8.13 中给出了对 GM 公司股票与市场收益率的散点拟合程度最好的直线。β 系数就是这条直线的斜率。在计量经济学中，通过一系列的散点来确定最佳拟合直线的统计技术叫作线性回归。考虑如下一个简单的线性回归方程：

$$r_{it} - r_{ft} = \alpha_i + \beta_i(r_{mt} - r_{ft}) + \varepsilon_{it}$$

式中，r_{it} 是证券 i 在时间 t 内的历史收益率；r_{mt} 是市场指数在时间 t 内的历史收益率；r_{ft} 是时间 t 内的无风险利率；ε_{it} 是回归的误差项，它代表实际观测数据与回归直线上的对应点值之差（残差），且其均值为 0。

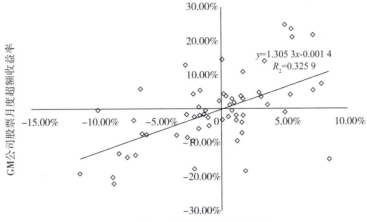

图 8.13　GM 公司股票的回归分析

回归方程有两个参数需要估计，一个是斜率 β_i；另一个是截距 α_i。斜率 β_i 表示股票对市场风险的敏感度，其估计的公式为：

$$\hat{\beta}_i = \frac{\text{Cov}(r_{it} - r_{ft},\ r_{mt} - r_{ft})}{\text{Var}(r_{mt} - r_{ft})} = \frac{\text{Cov}(r_{it},\ r_{mt})}{\text{Var}(r_{mt})}$$

与 CAPM 方程中 β 系数的定义一致，截距项 α_i 度量了证券 i 的收益率是否偏离了对其系统风险的合理补偿。从历史数据中计算出来的回归系数是对在总体中 β 和 α 真实值的一个估计，所以需要根据两个估计的标准误差来判断该估计值在统计意义上是否显著地不为 0。如果 CAPM 很好地解释了证券的平均收益率，α 的估计应该是不显著的。

回归方程把一个证券的总风险分解成了两部分：

$r_{it} - r_{ft}$ 的总变动中能被市场收益率解释的那一部分是 $\beta_i(r_{mt} - r_{ft})$，即证券具有的系统风险；

$r_{it} - r_{ft}$ 的总变动中未能被市场收益率解释的那一部分是残差 ε_{it}，即证券具有的非系统风险。

一个证券收益率变动的总方差是 σ_i^2，其被市场收益率所解释的部分的方差是 $\beta_i^2\sigma_m^2$，残差部分的方差是 σ_t^2。因此，回归方程为：

$$\sigma_i^2 = \beta_i^2\sigma_m^2 + \sigma_t^2$$

回归方程的拟合优度 R^2 衡量了一个证券的总风险中有多少比例被市场风险所解释：

$$R^2 = \frac{系统风险}{总风险} = \frac{\beta_i^2\sigma_m^2}{\sigma_i^2}$$

有时候也用市场模型（Market Model）来估计 β 系数：

$$R_{it} = \alpha_i + \beta_i R_{mt} + \mu_{it}$$

如果估计期内无风险利率为常数，则利用市场模型和特征线模型这两种估计方法所估计的 β 系数是一致的。

【例 8-4】利用 Excel 估计股票的历史 β 系数。

采用数据的时段越长，系数的方差将能得到改善，其稳定性可能会提高。但时段过长，由于企业经营的变化、市场的变化、技术的更新、竞争力的变迁、企业间的兼并与收购行为以及证券市场特征的变化等都有可能影响 β 系数的计算结果。考虑到国内证券市场波动性较大，本例采用 2 年的周收益率来估计 β 系数。考虑到 2 年期间无风险利率变化较大，所以用特征线模型而不是市场模型来估计 β 系数。样本期间从 2020 年 1 月 4 日至 2022 年 12 月 30 日，共 154 周。

本例所用的 6 只样本股票从沪深 300 指数的成分股随机抽取，它们分别是美的集团（000333）、潍柴动力（000338）、招商银行（600036）、青岛双星（000599）、长城汽车（601633）、比亚迪（002594）。6 只样本股票的周收益率、周无风险利率来自锐思数据库，导出的结果如图 8.14 所示。

	A	B	C	D	E	F	G	H	I	J
1	日期_Date	000333	000338	002594	600036	000599	601633	上证指数	周无风险收益率	
2	2020-01-03	0.0185	0.069	0.0443	0.0407	0.0447	0.0468	0.0262	0.000577	
3	2020-01-10	0.0297	-0.0901	-0.0233	-0.0091	-0.0061	-0.0044	0.0028	0.000556	
4	2020-01-17	0.0053	-0.0154	0.2351	-0.0284	-0.0369	-0.0427	-0.0054	0.000551	
5	2020-01-23	-0.0864	-0.0802	0.0324	-0.0295	-0.0957	-0.0446	-0.0322	0.00055	
6	2020-02-07	-0.0412	-0.014	-0.0323	-0.0378	-0.0918	-0.0754	-0.0338	0.000539	
7	2020-02-14	0.0172	0.072	-0.0173	0.0062	0.0078	0.0324	0.0143	0.000509	
8	2020-02-21	0.01	0.0427	0.1863	0	0.0874	0.1117	0.0421	0.000484	
9	2020-02-28	-0.0227	-0.0389	-0.0316	-0.0404	-0.0567	-0.0011	-0.0524	0.000471	
10	2020-03-06	0.0518	0.037	-0.0002	0.0354	0.0752	0.0294	0.0535	0.000449	
11	2020-03-13	-0.0699	-0.0828	-0.1484	-0.0565	-0.0256	0.0176	-0.0485	0.000428	
12	2020-03-20	-0.0549	-0.0756	-0.0564	-0.0709	-0.0598	-0.0949	-0.0491	0.00041	
13	2020-03-27	0.0082	0.0016	0.043	0.0541	0.0305	0.0667	0.0097	0.000388	
14	2020-04-03	-0.0216	0.0087	0.004	-0.0174	-0.0346	-0.0883	-0.003	0.000367	
15	2020-04-10	0.0186	0.0353	-0.0078	-0.0016	-0.0179	-0.0098	0.0118	0.00032	
16	2020-04-17	0.0164	0.0205	0.0775	0.0237	-0.0052	0.0012	0.015	0.000278	
17	2020-04-24	0.0383	-0.026	-0.0012	-0.0107	0.0445	-0.0222	-0.0106	0.000268	
18	2020-04-30	0.0335	0.0229	0.0209	0.0794	-0.0476	0.019	0.0184	0.000269	
19	2020-05-08	0.048	0.0731	-0.003	-0.0034	0.0684	0.0409	0.0123	0.000269	
20	2020-05-15	0.011	-0.0424	-0.0304	-0.032	-0.0172	-0.0167	-0.0093	0.000269	
21	2020-05-22	0.003	-0.0349	-0.0333	-0.0065	0.0501	-0.0279	-0.0191	0.000269	
22	2020-05-29	0.0333	-0.0188	0.0246	0.0056	0.0239	-0.0037	0.0137	0.000274	
23	2020-06-05	0.0259	0.0529	0.1009	0.042	0.0186	0.0238	0.0275	0.000291	
24	2020-06-12	0.0175	-0.0036	-0.0272	-0.021	-0.0206	0.0171	-0.0038	0.000346	
25	2020-06-19	-0.0035	0.0015	0.0896	-0.0186	0.0304	-0.0084	0.0164	0.000392	
26	2020-06-24	-0.0012	-0.0117	0.0703	0.0012	0.0612	-0.0121	0.004	0.000406	
27	2020-07-03	0.0451	0.1211	0.1067	0.0838	-0.0791	0.0638	0.0582	0.000407	
28	2020-07-10	0.0162	0.0099	0.1216	0.0465	0.0371	0.158	0.0731	0.000407	
29	2020-07-17	0.0079	0.0391	-0.0833	-0.0314	0.1521	0.0954	-0.05	0.000432	
30	2020-07-24	0.0407	0.0144	0.0173	-0.041	0.0233	0.2228	-0.0054	0.000478	
31	2020-07-31	0.0789	0.0019	0.0288	0.0058	-0.0475	0.0222	0.0354	0.000496	
32	2020-08-07	-0.0167	0.0136	-0.0001	0.052	0.016	0.0936	0.0133	0.0005	
33	2020-08-14	0.0211	-0.0299	-0.0404	0.038	-0.0118	-0.0288	0.0018	0.0005	
34	2020-08-21	-0.0369	-0.0247	-0.028	-0.0061	-0.0139	-0.0254	0.0061	0.0005	
35	2020-08-28	0.013	-0.0318	0.073	0.018	-0.0222	-0.0101	0.0068	0.000503	
36	2020-09-04	-0.0212	0.0067	0.054	-0.0429	-0.0351	0.1615	-0.0142	0.000509	
37	2020-09-11	-0.0379	-0.0553	0.0133	0.012	-0.0107	0.0868	-0.0283	0.000517	
38	2020-09-18	0.062	0.1708	0.2664	0.047	-0.0151	0.1118	0.0238	0.000517	
39	2020-09-25	0.0003	-0.0976	-0.0901	-0.0464	-0.0504	-0.0984	-0.0356	0.000514	
40	2020-09-30	0.0327	0.0087	0.1061	-0.0317	0.0254	0.1046	-0.0004	0.000516	
41	2020-10-09	0.0109	0.0457	0.0354	0.005	0.0113	0.0403	0.0168	0.000519	

data　excess_return　＋

图 8.14　导出结果

利用 Excel 估计资产的历史 β 系数的主要步骤如下：

步骤一：超额收益率的计算。将 6 只样本股的周收益率减去周无风险利率，即得其超额收益率（Excess Retur）。为此，在工作簿添加一张新的工作表并将其命名为"excess_return"。在工作表"excess_return"的"B2"单元格中输入公式"=data!B2-data!I2",并将之自动填充至区域"B2：H155",得到 6 只样本股和上证综指的周超额收益率,如图 8.15 所示。

	B2			fx	=data!B2-data!I2			
	A	B	C	D	E	F	G	H	I
1	日期_Date	000333	000338	002594	600036	000599	601633	上证指数	
2	2020-01-03	0.017923	0.069	0.0443	0.0407	0.0447	0.0468	0.0262	
3	2020-01-10	0.029144	-0.0901	-0.0233	-0.0091	-0.0061	-0.0044	0.0028	
4	2020-01-17	0.004749	-0.0154	0.2351	-0.0284	-0.0369	-0.0427	-0.0054	
5	2020-01-23	-0.08695	-0.0802	0.0324	-0.0295	-0.0957	-0.0446	-0.0322	
6	2020-02-07	-0.041739	-0.014	-0.0323	-0.0378	-0.0918	-0.0754	-0.0338	
7	2020-02-14	0.016691	0.072	-0.0173	0.0062	0.0078	0.0324	0.0143	
8	2020-02-21	0.009516	0.0427	0.1863	0	0.0874	0.1117	0.0421	
9	2020-02-28	-0.023171	-0.0389	-0.0316	-0.0404	-0.0567	-0.0011	-0.0524	
10	2020-03-06	0.051351	0.037	-0.0002	0.0354	0.0752	0.0294	0.0535	
11	2020-03-13	-0.070328	-0.0828	-0.1484	-0.0565	-0.0256	0.0176	-0.0485	
12	2020-03-20	-0.05531	-0.0756	-0.0564	-0.0709	-0.0598	-0.0949	-0.0491	
13	2020-03-27	0.007812	0.0016	0.043	0.0541	0.0305	0.0667	0.0097	
14	2020-04-03	-0.021967	0.0087	0.004	-0.0174	-0.0346	-0.0883	-0.003	
15	2020-04-10	0.01828	0.0353	-0.0078	-0.0016	-0.0179	-0.0098	0.0118	
16	2020-04-17	0.016122	0.0205	0.0775	0.0237	-0.0052	0.0012	0.015	
17	2020-04-24	0.038032	-0.026	-0.0012	-0.0107	0.0445	-0.0222	-0.0106	
18	2020-04-30	0.033231	0.0229	0.0209	0.0794	-0.0476	0.019	0.0184	
19	2020-05-08	0.047731	0.0731	-0.003	-0.0034	0.0684	0.0409	0.0123	
20	2020-05-15	0.010731	-0.0424	-0.0304	-0.032	-0.0172	-0.0167	-0.0093	
21	2020-05-22	0.002731	-0.0349	-0.0333	-0.0065	0.0501	-0.0279	-0.0191	
22	2020-05-29	0.033026	-0.0188	0.0246	0.0056	0.0239	-0.0037	0.0137	
23	2020-06-05	0.025609	0.0529	0.1009	0.042	0.0186	0.0238	0.0275	
24	2020-06-12	0.017154	-0.0036	-0.0272	-0.021	-0.0206	0.0171	-0.0038	
25	2020-06-19	-0.003892	0.0015	0.0896	-0.0186	0.0304	-0.0084	0.0164	
26	2020-06-24	-0.001606	-0.0117	0.0703	0.0012	0.0612	-0.0121	0.004	
27	2020-07-03	0.044693	0.1211	0.1067	0.0838	-0.0791	0.0638	0.0582	
28	2020-07-10	0.015793	0.0099	0.1216	0.0465	0.0371	0.158	0.0731	
29	2020-07-17	0.007468	0.0391	-0.0833	-0.0314	0.1521	0.0954	-0.05	
30	2020-07-24	0.040222	0.0144	0.0173	-0.041	0.0233	0.2228	-0.0054	
31	2020-07-31	0.078404	0.0019	0.0288	0.0058	-0.0475	0.0222	0.0354	
32	2020-08-07	-0.0172	0.0136	-0.0001	0.052	0.016	0.0936	0.0133	
33	2020-08-14	0.0206	-0.0299	-0.0404	0.038	-0.0118	-0.0288	0.0018	
34	2020-08-21	-0.0374	-0.0247	-0.028	-0.0061	-0.0139	-0.0254	0.0061	
35	2020-08-28	0.012497	-0.0318	0.073	0.018	-0.0222	-0.0101	0.0068	
36	2020-09-04	-0.021709	0.0067	0.054	-0.0429	-0.0351	0.1615	-0.0142	
37	2020-09-11	-0.038417	-0.0553	0.0133	0.012	-0.0107	0.0868	-0.0283	
38	2020-09-18	0.061483	0.1708	0.2664	0.047	-0.0151	0.1118	0.0238	
39	2020-09-25	-0.000214	-0.0976	-0.0901	-0.0464	-0.0504	-0.0984	-0.0356	
40	2020-09-30	0.032184	0.0087	0.1061	-0.0317	0.0254	0.1046	-0.0004	
41	2020-10-09	0.010381	0.0457	0.0354	0.005	0.0113	0.0403	0.0168	

| | | data | excess_return | + |

图 8.15 周超额收益率

步骤二：估算资产的历史 β 系数。如果仅仅估计各资产的历史 β 系数,可以使用 Slope( ) 函数来估计。Slope( )函数是一个功能单一的函数,用最小二乘法计算平面一组点数据的一次线性回归方程的斜率,即 $y=kx+b$ 中的斜率 k,函数返回值为一个双精度数值(截距 b 值可以用 INTERCEPT 函数计算)。在"B157"单元格输入公式"=SLOPE(B\$2：B\$155,\$H\$2：\$H\$155)",得到"美的集团"在该期间的历史 β 系数。这里,"B\$2：B\$155"为"美的集团"最近 2 年的周超额收益率,"\$H\$2：\$H\$155"为相应期间指数的超额收益率。将上述公式自动填充至区域"B157：G157",完成 6 只样本股历史 β 系数的估计,其结果如图 8.16 所示。

	B157	▾	Q fx	=SLOPE(B$2:B$155, $H$2:$H$155)				

	A	B	C	D	E	F	G	H	I
1	日期_Date	000333	000338	002594	600036	000599	601633	上证指数	
119	2022-04-15	0.022549	−0.0482	−0.0319	−0.0074	−0.0155	−0.0251	−0.0125	
120	2022-04-22	−0.029046	−0.0704	−0.0034	−0.0925	−0.0289	−0.0514	−0.0387	
121	2022-04-29	0.001669	−0.0485	0.0323	−0.0605	−0.1274	0.0189	−0.0129	
122	2022-05-06	0.018975	−0.042	−0.0038	−0.0506	−0.0124	−0.0407	−0.0149	
123	2022-05-13	−0.020818	0.0177	0.1157	−0.02	0.0786	0.2419	0.0276	
124	2022-05-20	−0.002303	0.0761	0.0652	0.0756	0.0641	0.1701	0.0202	
125	2022-05-27	−0.066787	−0.0017	0.0041	−0.021	0.1096	0.0093	−0.0052	
126	2022-06-02	0.021116	0.0418	0.042	−0.0051	0.084	0.0178	0.0208	
127	2022-06-10	−0.006285	−0.0049	0.1587	0.0308	0.1139	0.0296	0.028	
128	2022-06-17	0.047615	0.0403	−0.031	−0.0067	−0.1616	0.0706	0.0097	
129	2022-06-24	0.055115	−0.004	0.0386	0.0088	0	0.0207	0.0099	
130	2022-07-01	0.016715	0.0214	−0.0622	0.0294	−0.0268	−0.0672	0.0113	
131	2022-07-08	−0.003984	0.0047	0.0267	−0.0379	−0.0201	−0.0344	−0.0093	
132	2022-07-15	−0.058081	−0.082	0.0006	−0.0859	−0.046	−0.0403	−0.0381	
133	2022-07-22	−0.002371	0.0261	−0.0253	0.0206	0.078	0.02	0.013	
134	2022-07-29	−0.002359	−0.0164	−0.0278	−0.0146	0.0399	−0.0205	−0.0051	
135	2022-08-05	−0.03694	−0.0134	0.0129	−0.022	0.0887	−0.0795	−0.0081	
136	2022-08-12	0.003283	0.0127	−0.0387	0.002	−0.0771	−0.0057	0.0155	
137	2022-08-19	−0.010608	−0.0268	0.0239	−0.0151	0.0764	−0.0304	−0.0057	
138	2022-08-26	−0.007507	−0.003	−0.0115	−0.0044	−0.0754	0.1556	−0.0067	
139	2022-09-02	0.026893	0.0044	−0.1068	0.0184	0.0144	−0.1047	−0.0154	
140	2022-09-09	0.033092	0.0078	−0.0082	0.0052	0.0189	−0.0107	0.0237	
141	2022-09-16	−0.006108	−0.0718	−0.0491	0.013	−0.0626	−0.0776	−0.0416	
142	2022-09-23	−0.068909	−0.0363	0.0016	−0.0169	−0.0099	−0.0135	−0.0122	
143	2022-09-30	−0.039817	−0.0696	−0.054	−0.0207	−0.065	−0.0242	−0.0207	
144	2022-10-14	−0.027123	0.0021	0.0497	−0.0764	0.0267	−0.0299	0.0157	
145	2022-10-21	−0.083425	−0.0035	0.0067	−0.0483	0	−0.0256	−0.0108	
146	2022-10-28	−0.073932	−0.0326	−0.0992	−0.0811	−0.0365	0.1016	−0.0405	
147	2022-11-04	0.056863	0.0935	0.168	0.0699	0.0595	0.0777	0.0531	
148	2022-11-11	0.058552	0.0149	−0.0407	0.0743	0.0459	−0.0186	0.0054	
149	2022-11-18	0.050899	0.0127	−0.0525	0.0266	−0.0244	−0.0519	0.0032	
150	2022-11-25	−0.027127	0.0251	−0.0378	0.0296	0.0025	−0.0189	0.0014	
151	2022-12-02	0.028478	−0.0038	0.0695	0.0415	0.0973	0.0959	0.0176	
152	2022-12-09	0.129871	0.0331	0.0482	0.0686	−0.0045	0.0109	0.0161	
153	2022-12-16	−0.005943	−0.0082	−0.0153	0.0093	−0.0251	−0.0323	−0.0122	
154	2022-12-23	−0.030457	−0.0471	−0.0678	−0.0194	−0.0258	−0.0321	−0.0385	
155	2022-12-30	−0.011564	−0.0126	0.019	0.0245	0.0072	0.0024	0.0142	
156									
157	beta	1.036045834	1.330471288	1.5879355	1.153506603	0.736419217	1.27633997		
158									

图 8.16　样本股的系数估计结果

此处介绍另一种函数。结合使用 LINEST( ) 函数和 INDEX( ) 函数。LINEST( ) 函数是一个功能强大的函数，可计算一组点数据的一次或高次回归方程的各个系数、各系数标准误差、Y 估计值的标准误差、相关系数……计算斜率只是这个函数最基本的功能之一。需要注意的是，该函数返回值为一个数组，需要使用 INDEX( ) 函数配合使用。

可以对于简单回归模型公式 $r_{it} - r_{ft} = \alpha_i + \beta_i(r_{mt} - r_{ft}) + \varepsilon_{it}$，LINEST( ) 函数返回一个 5 行 2 列的矩阵，其中 β 系数位于矩阵的第 1 行第 1 列，其估计标准误位于矩阵的第 2 行第 1 列，回归标准误位于第 3 行第 2 列，有关 LINEST( ) 函数的进一步信息，可以参阅该函数的帮助文件。我们可以使用 Index( ) 函数来提取这 3 个值。为此，在"B159"单元格输入公式" = INDEX（LINEST（B $2：B $155，$H $2：$H $155，TRUE，TRUE），1，1）"，得到"美的集团"在该期间的历史 β 系数。这里，"B $2：B $155"为"美的集团"最近 2 年的周超额收益率，"$H $2：$H $155"为相应期间指数的超额收益率，第 1 个"TRUE"表示需要估计的截距项，第 2 个"TRUE"表示需要返回如参数标准误和决定系数等额外统计量（图 8.17）。

图 8.17　美的集团历史 β 系数

类似地，在"B160"单元格输入公式"= INDEX（LINEST（B $2：B $155，$H $2：$H $155，TRUE，TRUE），2，1)"，得到"美的集团"在该期间历史 β 系数的估计标准误(图 8.18)。

图 8.18　美的集团历史 β 系数的估计标准误

在"B161"单元格输入公式"= INDEX（LINEST（B $2：B $155，$H $2：$H $155，TRUE，TRUE），3，2)"，得到"美的集团"在该期间历史 β 系数估计的回归标准误(图 8.19)。

图 8.19　美的集团历史 β 系数估计的回归标准误

将上述 3 个公式自动填充至区域"B159：G161"，完成 6 只样本股历史 β 系数的估计，其结果如图 8.20 所示。

	B159		fx	=INDEX(LINEST(B\$2:B\$155, \$H\$2:\$H\$155, TRUE, TRUE), 1, 1)				
	A	B	C	D	E	F	G	H	I
1	日期_Date	000333	000338	002594	600036	000599	601633	上证指数	
142	2022-09-23	-0.068909	-0.0363	0.0016	-0.0169	-0.0099	-0.0135	-0.0122	
143	2022-09-30	-0.039817	-0.0696	-0.054	-0.0207	-0.065	-0.0242	-0.0207	
144	2022-10-14	-0.027123	0.0021	0.0497	-0.0764	0.0267	-0.0299	0.0157	
145	2022-10-21	-0.083425	-0.0035	0.0067	-0.0483	0	-0.0256	-0.0108	
146	2022-10-28	-0.073932	-0.0326	-0.0992	-0.0811	-0.0365	0.1016	-0.0405	
147	2022-11-04	0.056863	0.0935	0.168	0.0699	0.0595	0.0777	0.0531	
148	2022-11-11	0.058552	0.0149	-0.0407	0.0743	0.0459	-0.0186	0.0054	
149	2022-11-18	0.050899	0.0127	-0.0525	0.0266	-0.0244	-0.0519	0.0032	
150	2022-11-25	-0.027127	0.0251	-0.0378	0.0296	0.0025	-0.0189	0.0014	
151	2022-12-02	0.028478	-0.0038	0.0695	0.0415	0.0973	0.0959	0.0176	
152	2022-12-09	0.129871	0.0331	0.0482	0.0686	-0.0045	0.0109	0.0161	
153	2022-12-16	-0.005943	-0.0082	-0.0153	0.0093	-0.0251	-0.0323	-0.0122	
154	2022-12-23	-0.030457	-0.0471	0.058	-0.0194	-0.0258	-0.0321	-0.0385	
155	2022-12-30	-0.011564	-0.0126	0.019	0.0245	0.0072	0.0024	0.0142	
156									
157	beta	1.036045834	1.330471288	1.5879355	1.153506603	0.736419217	1.27633997		
158									
159	beta	1.036045834	1.330471288	1.5879355	1.153506603	0.736419217	1.27633997		
160	se(beta)	0.133885476	0.138607852	0.224484579	0.113534625	0.160802734	0.259869246		
161	se(y-hat)	0.037792315	0.039125316	0.063366036	0.03204781	0.045390342	0.073354188		
162									

图 8.20　历史 β 系数估计的回归标准误

知识库

2023 年的中央金融工作会议强调，金融是国民经济的血脉，是国家核心竞争力的重要组成部分。金融活，经济活；金融稳，经济稳。现代金融不仅深度融入经济运行所有环节，与每个人的幸福感、获得感、安全感息息相关，还深刻影响社会稳定、国家治理、国际竞争等各个领域。要加快建设金融强国，全面加强金融监管，完善金融体制，优化金融服务，防范化解风险，坚定不移走中国特色金融发展之路，推动我国金融高质量发展，为以中国式现代化全面推进强国建设、民族复兴伟业提供有力支撑。

2023 年的中央金融工作会议提出，强化债券承销、做市、投资者合格性等市场机制建设，加快多层次市场体系发展，完善金融债券宏观管理，提升债券市场韧性和市场化定价能力。促进货币市场平稳运行，持续规范票据市场发展，加强黄金市场监督管理，推动人民币衍生品市场和资产支持证券市场稳健发展。健全金融基础设施统筹监管框架，深入推进债券市场、衍生品市场等对外开放；推进大型平台企业金融业务全面完成整改，加强常态化监管，支持平台企业健康规范发展；推动出台公司债券管理条例、修订票据法。要牢牢守住不发生系统性金融风险的底线；要全面加强金融监管，有效防范化解金融风险。准入工作必须深刻把握金融监管的审慎性，守好、守住防范金融风险、强化金融监管的第一道关口。一方面，要在准入审核过程中牢牢把握实质性风险，在提升工作效率的同时，前移风险监管关口、提高金融市场门槛。另一方面，要积极支持高风险金融机构处置，及时排除系统性金融风险隐患，确保金融强国建设行稳致远。中央金融工作会议指出，当前金融领域各种矛盾和问题相互交织、相互影响，有的还很突出，经济金融风险隐患仍然较多。严监管与防风险是密不可分的整体，如果缺乏对违法违规行为的有效监管，风险就会四处蔓延。"长牙带刺"、严格执法有利于对违法违规行为形成有力打击和及时阻断，及时将风险遏制在萌芽状态，要抓早抓小，避免形成和累积为区域性系统性风险。

中国在资产定价方面有一系列的法律法规、政策文件和行业规范来指导和约束资产定价行为，以确保定价的公平、公正和合理。如《资产评估收费管理办法》《国务院关于国有企业发展混合所有制经济的意见》等资产定价标准规范文件中，明确了资产定价的基本原则和方法。在资产定价中，准确、公正、合规是基本原则。准确性要求对于不同类型的资产进行全面、客观的评估，确保定价结果能够反映资产的真实价值。公正性要求在资产定价中遵循市场化的原则，不偏袒任何一方。合规性要求资产定价符合相关法规和监管要求，遵循风险管理的基本原则；还规定了不同类型资产的具体定价方法，如房地产的定价可以采用市场比较法、收益法和成本法等。标准规范文件对于不同类型资产的定价方法进行了详细的说明，使融资企业贷款方面的专家在资产定价过程中有章可循。

练习题

基于 2008—2012 年美国的 10 只股票和标准普尔 500 指数(图 8.21)，对此进行两次回归，验证 CAPM 的有效性。

	A	B	C	D	E	F	G	H	I	J	K	L
1				价格数据：10只股票和标准普尔500指数，2008-2012								
2		1	2	3	4	5	6	7	8	9	10	11
3		Apple	Google	Whole Foods	Seagate	Comcast	Merck	Johnson-Johnson	General Electric	Hewlett Packard	Goldman Sachs	S&P 500
4												
5	Date	AAPL	GOOG	WFM	STX	CMCSA	MRK	JNJ	GE	HPQ	GS	VFINX
6	7/Jan/08	134.17	564.30	37.53	17.89	16.56	36.76	53.37	29.01	40.93	188.57	114.97
7	1/Feb/08	123.92	471.18	33.45	19.04	17.82	35.32	52.72	27.43	44.72	160.30	111.23
8	3/Mar/08	142.24	440.47	31.37	18.48	17.69	30.53	55.19	30.64	42.82	156.29	110.74
9	1/Apr/08	172.42	574.29	31.25	16.76	18.80	30.60	57.08	27.07	43.46	181.18	116.12
10	1/May/08	187.09	585.80	27.76	19.02	20.58	31.34	57.18	25.43	44.13	167.02	117.61
11	2/Jun/08	165.97	526.42	22.68	16.99	17.35	30.62	55.13	22.34	41.53	165.59	107.67
12	1/Jul/08	157.55	473.75	21.41	13.40	18.93	26.73	58.67	23.68	42.08	174.58	106.78
13	1/Aug/08	168.04	463.29	17.68	13.35	19.44	28.98	60.74	23.52	44.07	155.54	108.32
14	2/Sep/08	112.66	400.52	19.34	10.85	18.02	25.92	59.75	21.63	43.51	121.42	98.69
15	1/Oct/08	106.64	359.36	10.35	6.06	14.52	25.42	52.90	16.55	36.02	88.01	82.12
16	1/Nov/08	91.85	292.96	10.22	3.83	15.97	21.95	50.94	14.56	33.20	75.16	76.22
17	1/Dec/08	84.60	307.65	9.12	4.03	15.55	25.33	52.03	14.01	34.22	80.30	77.04
18	2/Jan/09	89.34	338.53	9.90	3.45	13.54	23.79	50.16	10.49	32.77	76.81	70.56
19	2/Feb/09	88.52	337.99	11.73	3.94	12.07	20.16	43.84	7.57	27.38	87.13	63.04
20	2/Mar/09	104.19	348.06	16.22	5.51	12.61	22.66	46.12	9.00	30.32	101.43	68.57
21	1/Apr/09	124.72	395.97	20.02	7.48	14.26	20.54	45.91	11.26	34.03	122.93	75.13
41	1/Dec/10	319.72	593.97	48.85	13.78	21.04	33.03	57.55	17.08	40.33	163.52	112
42	3/Jan/11	336.33	600.36	50.03	12.84	21.88	30.40	55.61	18.81	43.77	159.11	114.64
43	1/Feb/11	350.10	613.40	56.66	11.64	22.74	29.85	57.68	19.67	41.79	156.60	118.56
44	1/Mar/11	345.44	586.76	63.76	13.21	23.78	30.61	55.63	18.86	39.32	154.55	118.6
45	1/Apr/11	347.05	544.10	60.82	16.32	25.33	33.33	61.70	19.23	38.75	147.16	122.09
46	2/May/11	344.77	529.02	59.27	15.56	24.39	34.07	63.72	18.47	35.88	137.49	120.69
47	1/Jun/11	332.72	506.38	61.59	14.97	24.48	33.07	63.00	17.88	35.05	130.03	118.67
48	1/Jul/11	387.04	603.69	64.75	12.86	23.31	31.99	61.36	16.98	33.87	131.86	116.24
49	1/Aug/11	381.44	540.96	64.10	10.87	20.88	31.02	62.87	15.47	25.07	113.89	109.91
50	1/Sep/11	377.96	515.04	63.49	9.65	20.30	31.01	60.85	14.57	21.74	92.65	102.16
51	3/Oct/11	401.22	592.64	70.11	15.16	22.88	32.72	61.52	16.00	25.76	107.35	113.3
52	1/Nov/11	378.84	599.39	66.20	16.24	22.12	33.91	62.41	15.23	27.06	94.30	113.04
53	1/Dec/11	401.44	645.90	67.64	15.77	23.25	36.19	62.34	17.31	25.05	88.96	114.2
54	3/Jan/12	452.46	580.11	72.11	20.07	26.06	36.73	63.56	18.08	27.21	109.66	119.29
55	1/Feb/12	537.67	618.25	78.64	25.17	28.84	36.64	63.31	18.58	24.61	113.61	124.43
56	1/Mar/12	594.27	641.24	81.04	25.84	29.42	37.27	64.17	19.57	23.29	122.72	128.52
57	2/Apr/12	578.84	604.85	81.05	29.74	29.92	38.08	63.33	19.09	24.20	113.62	127.69
58	1/May/12	572.64	580.86	86.45	22.65	28.50	36.47	61.33	18.62	22.16	94.88	120.01
59	1/Jun/12	578.86	580.07	93.13	23.91	31.68	40.96	66.36	20.50	19.77	95.04	124.95
60	2/Jul/12	605.38	632.97	89.68	29.02	32.26	43.34	68.00	20.41	17.93	100.03	126.66
61	1/Aug/12	662.22	685.09	94.53	31.25	33.23	42.24	66.84	20.37	16.59	105.27	129.49
62	4/Sep/12	664.07	754.50	95.30	30.22	35.42	44.67	68.31	22.50	16.90	113.20	132.83
63	1/Oct/12	592.61	680.30	92.75	26.68	37.36	45.20	70.20	20.87	13.72	121.87	130.36
64	1/Nov/12	585.28	698.37	91.35	24.87	37.04	43.88	69.73	20.94	12.87	117.79	131.09
65	3/Dec/12	532.17	707.38	91.16	30.42	37.36	40.94	70.10	20.99	14.25	127.56	131.37
66	2/Jan/13	527.00	737.97	91.22	31.45	38.07	41.97	71.55	21.20	15.14	134.51	135.11

图 8.21　10 只股票和标准普尔 500 指数

第九章 久期计算和风险模拟实验

内容简介

　　本章主要介绍久期的计算以及风险模拟实验。久期是债券投资中的一个重要概念，本章第一节介绍了久期的含义，并且介绍了久期的几种分类及其计算方法。第二节主要内容为债券的到期收益率和到期期限之间的关系，即利率的期限结构理论。第三节主要介绍了风险模拟实验的相关内容。

教学目的

　　通过本章的学习，要掌握久期的含义及其计算，了解利率期限结构理论及风险模拟模型。

第一节　久期的含义及计算

　　债券投资中有一个很重要的概念——久期（Duration）。债券的久期就是债券投资者为收到债券所提供的所有现金流平均要等待的时间。显然，一个 n 年到期的零息债券的久期就是 n 年。因为除开当前买价外，这种债券所带来的现金流只能在第 n 年才发生。而一个 n 年的附息债券的久期小于 n 年。因为在第 n 年之前这个债券已经通过利息支付了一些现金流。

一、久期的分类与计算

　　久期有许多不同的形式和解释。几种尤为重要的种类是麦考莱久期（Macaulay Duration）、修正久期（Modified Duration）、封闭式久期（Closed-form Duration）和有效久期（Effective Duration）。

1. 麦考莱久期

久期又叫作持续期。它的出现要归功于 F. R. 麦考莱。麦考莱在 1938 年提出，要通过衡量债券的平均到期期限来研究债券的时间结构。当被运用于不可赎回债券时，麦考莱久期就是以年数表示的可用于弥补证券初始成本的货币加权平均时间价值。久期对于财务经理的主要价值在于：它是衡量利率风险的直接方法，且久期越长，利率风险越大。

麦考莱久期有如下假设：收益率曲线是平坦的；用于所有未来现金流的贴现率是固定的。

$$D = \frac{\sum_{t=1}^{N} \frac{C_t}{(1+R)^t} t}{P}$$

式中，D 为久期；C_t 为 t 时的现金流；R 为到期收益率（每期）；P 为债券的现价；N 为到期前的时期数；t 为收到现金流的时期。

上述公式给出了理解麦考莱久期的方法。它表明时间的权重是每期收到的现金流的现值。每一贴现的现金流都代表了债券现金流现值的一部分。如果加总债券所有贴现现金流，就可以得到债券的价格。

麦考莱久期也可以表达为连续复利形式：

$$D = \frac{\sum_{t=1}^{N} \frac{C_t}{(1+R)^t} t}{P} = \frac{\sum_{t=1}^{N} \frac{C_t}{(e^{\ln(1+R)})^t} t}{P} = \frac{\sum_{t=1}^{N} C_t e^{-t\ln(1+R)} \times t}{P}$$

2. 修正久期

债券价格等于与债券相关的现金流的现值：

$$P = \sum_{t=1}^{N} \frac{C_t}{(1+R)^t} = \frac{C_1}{1+R} + \frac{C_2}{(1+R)^2} + \cdots + \frac{C_N}{(1+R)^N}$$

利用上式对利率 R 求导，得到公式：

$$\frac{dP}{dR} = \frac{-1}{1+R}\left[\frac{C_1}{1+R} + \frac{2C_2}{(1+R)^2} + \cdots + \frac{NC_N}{(1+R)^N}\right]$$

上述公式表示当债券收益率发生很小变动时以美元表示的债券价值发生的变动。将公式两边同时除以债券价格，便得到了每一单位利率百分比变动时债券价格的百分比变动：

$$\frac{dP}{dR}\frac{1}{P} = \frac{-1}{1+R}\left[\frac{C_1}{1+R} + \frac{2C_2}{(1+R)^2} + \cdots + \frac{NC_N}{(1+R)^N}\right]\frac{1}{P}$$

上述公式是修正久期的表达式。括号中的项是麦考莱久期公式的分子。因此，修正久期等于麦考莱久期除以（1+到期收益率）：

$$D_{修正} = \frac{D_{麦考莱}}{1+R}$$

修正久期显示了与债券到期收益率的小变动相关的价格百分比变化。注意，按上述公式计算的久期是负值，这是因为债券价格与利率水平的运动方向相反是一致的。实际上，久期的负号经常被忽略。

3. 封闭式久期

这一方法的优点在于计算简便，这也是为什么大多数计算久期的软件程序都使用封闭形式的公式。莱西和纳沃尔卡给出了至少 6 种不同的按息票支付日期计算债券久期的封闭式解法，以及其他一些在支付日期之间支付的持续期方法。虽然这些方法都得出了同样的久期值，但它们在复杂程度和要求输入变量的数字上存在差别。

一个有名的例子是裴阿(Chua)的封闭式久期公式：

$$D = \frac{C_t \dfrac{(1 + R)^{N+1} - (1 + R) - R^N}{R^2 (1 + R)^N} + \dfrac{F^N}{(1 + R)^N}}{P}$$

式中，F 为债券面值(平价)；其他变量和前面的定义相同。

4. 有效久期

弗兰克·法博齐(Frank Fabozzi)描述了另一种衡量久期的方法，它是从修正久期的含义发展而来的。有效久期是衡量不同利率水平下债券价格敏感性的方法。在收益率发生很小变动时，它是修正久期的近似值。有效久期对可赎回债券或其他期限和现金流不确定的证券尤为有用。用下列公式可以计算有效久期：

$$D_{有效} = \frac{P_- - P_+}{P_0 (R_+ - R_-)}$$

式中，P_- 为利率下降 x 个基本点时的债券价格；P_+ 为利率上升 x 个基本点时的债券价格；R_- 为初始收益率减去 x 个基本点；R_+ 为初始收益率加上 x 个基本点；P_0 为债券的初始价格。

考虑 8 年期利率为 9.5% 的债券，每半年支付 1 次利息，按面值 90% 出售，其到期收益率为 11.44%。现在用收益率中 5 个基本点的变化来计算其有效持续期。当收益率为 11.49% 时，相关债券价格为 89.77%；收益率 11.39% 时，价格为 90.25%。

$$D_{有效} = \frac{90.25 - 89.77}{90 \times (0.114\ 9 - 0.113\ 9)} = 5.33$$

将这一结论与裴阿的封闭式持续期相比较：
其中，$C = \$47.50$；$F = \$1\ 000$；$P = \$900$；$R =$ 每年 11.44%，或每半年 5.72%；$N = 8$ 年，或 16 个半年期。

$$D = \frac{47.5 \times \dfrac{(1 + 0.057\ 2)^{16+1} - 1.057\ 2 - 0.057\ 2 \times 16}{0.057\ 2^2 \times 1.057\ 2^{16}} + \dfrac{1\ 000 \times 16}{1.057\ 2^{16}}}{900}$$

$= 11.29$ 个半年期或 5.64 年

裴阿的封闭式久期公式得出了麦考莱久期，为了将它变为修正久期，除以(1+半年到期收益率)，或除以 1.057 2。

$$D_{修正} = \frac{5.64}{1.057\ 2} = 5.33$$

在这个例子中，由于没有隐含期权(Embedded Options)影响债券价格，有效久期和修正久期相等。

二、应用 Excel 计算久期

【例 9-1】考虑两个债券。债券 A 刚刚发行，面值为 1 000 美元，票面利率和现在的市场利率一样为 7%，10 年到期。债券 B 于五年前发行，当时的利率较高，面值为 1 000 美元，票面利率为 13%，发行时其成熟期为 15 年，所以债券 B 还有 10 年到期。市场利率为 7%，债券 B 的市场价格为：

$$\sum_{t=1}^{10} \frac{130}{1.07^t} + \frac{1\,000}{1.07^{10}} = 1\,421.41（美元）$$

计算两个债券的久期是值得的（仅计算一次），运用 Excel 建立表格来计算，如图 9.1 所示。

	A	B	C	D	E	F	G
1					基本的久期计算		
2	到期收益率（YTM）	7%					
3							
4	年	Ct,A	$t*C_{t,A}/$ 价格$_A*(1+YTM)^t$		Ct,B	$t*C_{t,B}/$ 价格$_B*(1+YTM)^t$	
5	1	70	0.0654		130	0.0855	<--=\$A5*E5/(E\$16*(1+\$B\$2)^A5)
6	2	70	0.1223		130	0.1598	<--=\$A6*E6/(E\$16*(1+\$B\$2)^A6)
7	3	70	0.1714		130	0.224	
8	4	70	0.2136		130	0.2791	
9	5	70	0.2495		130	0.326	
10	6	70	0.2799		130	0.3657	
11	7	70	0.3051		130	0.3987	
12	8	70	0.3259		130	0.4258	
13	9	70	0.3427		130	0.4477	
14	10	1070	5.4393		1130	4.0413	
15							
16	债券价格	1000.00	<--=NPV(B2,B5:B14)		1421.41	<--=NPV(B2,E5:E14)	
17	久期	7.5152	<--=SUM(C5:C14)		6.7535	<--=SUM(F5:F14)	
18							
19	使用Excel中的Duration函数及"自制的"Dduration函数						
20	债券A	7.5152	<--=DURATION(DATE(1996,12,3),DATE(2006,12,3),7%,B2,1)				
21		7.5152	<--=dduration(A14,7%,B2,1)				
22							
23	债券B	6.7535	<--=DURATION(DATE(1996,12,3),DATE(2006,12,3),13%,B2,1)				
24		6.7535	<--=dduration(A14,13%,7%,1)				

图 9.1　基本的久期计算

经计算可知，债券 A 的久期长于债券 B 的久期，因为债券 A 的平均清偿时间大于债券 B 的平均清偿时间。从另一个角度观察这种关系，债券 A 第一年付款（70 美元）的现值代表了债券价格的 6.54%，而债券 B 第一年付款（130 美元）的现值代表了其价格的 8.55%，第二年付款的现值分别代表债券价格的 6.11%和 7.99%。

Excel 中有两个久期公式，Duration（）和 MDuration（）。MDuration（有时被不精确地称为麦考莱久期）被定义为：

$$MDuration = \frac{Duration}{1 + \dfrac{到期收益率}{每年支付利息的次数}}$$

两个公式具有相同的句法。例如，对于 Duration（），句法为：

Duration（结算日、到期日、票面利率、收益率、频率、基准）。这里，结算日为债券的结算日（也就是购买日）；到期日为债券的到期日；票面利率为债券的票面利率；收益率为债券的到期收益率；频率为每年的息票支付次数；基准为"天数计算基准"（也就是一年的天数），用代号 0~4 表示，如表 9.1 所示。

表 9.1　天数计算基准

0 或缺省	美国（NASD）30/360
1	实际天数/实际天数
2	实际天数/360
3	实际天数/365
4	欧洲 30/360

三、久期的经济学含义

麦考莱久期是以现金流量的对应现值作为权重，并乘以金融资产每笔现金流量的支付时间，然后加总，再除以金融资产的现价，得到的即为久期。久期的经济学含义有两个：一是衡量金融资产的加权平均到期期限；二是衡量利率变化时金融资产价格变化的百分比。该资产的久期越大，利率变动就会导致该金融资产的价格变化越大，反之则越小。

1. 久期是衡量金融资产的加权平均到期期限

以麦考莱久期为例说明。久期 D 的公式如下：

$$D = \frac{\sum_{t=1}^{N} \frac{C_t}{(1+R)^t} \times t}{P}$$

将公式展开：

$$D = \frac{\frac{C_1}{1+r}}{P} \times 1 + \frac{\frac{C_2}{(1+r)^2}}{P} \times 2 + \cdots + \frac{\frac{C_N}{(1+r)^N}}{P} \times N$$

此公式表示收回金融资产价格 P 的 $\frac{\frac{C_1}{1+R}}{P}$ 部分需要 1 期，收回金融资产价格的 $\frac{\frac{C_1}{(1+R)^2}}{P}$ 需要 2 期，收回金融资产价格的 $\frac{\frac{C_N}{(1+R)^N}}{P}$ 需要 N 期。全部收回金融资产价格 P 的投资需要的平均时间就是久期。

【例 9-2】某银行在年初以 15% 的利率向一家公司提供 100 万元的一年期贷款；同时，要求该公司在 6 个月先偿还半年利息和 50% 贷款本金，其余的在年底归还。求该资产的久期值。上述银行在半年之后收到的现金流量等于 50 万元本金加上 7.5（100×7.5%）万元的利息，等于 57.5 万元，一年后到期的现金流 = 50+50×7.5% = 53.75（万元）。上述两笔现金流的现值分别表示如下：

$$PV_{\frac{1}{2}} = \frac{57.5}{1+7.5\%} = 53.49$$

$$PV_1 = \frac{53.75}{(1+7.5\%)^2} = 46.51$$

此例中提到的 $T=1/2$ 年和 $T=1$ 年这两个时点上，以现值衡量的现金流量的相对重要性 $X_\frac{1}{2}$、X_1，分别等于：

$$X_\frac{1}{2} = \frac{PV_\frac{1}{2}}{P} = \frac{53.49}{100} = 53.49\%$$

$$X_1 = \frac{PV_1}{P} = \frac{46.51}{100} = 46.51\%$$

现在利用每笔现金流的现值在资产价格中所占比率作为每笔现金流支付时间的权重，对金融资产每笔现金流的支付时间进行加权平均来计算久期。

本题的久期 D 等于：

$$D = X_\frac{1}{2} \times \frac{1}{2} + X_1 \times 1 = 53.49\% \times \frac{1}{2} + 46.51\% \times 1 = 0.732\,6$$

也就是收回这笔 100 万元贷款的 53.49% 需要半年，收回这笔贷款另外的 46.51% 需要一年，收回这笔 100 万元贷款的平均期限是 0.732 6 年，这就是久期。

2. 久期是衡量利率变化时金融资产价格变化的百分比

金融资产的久期数值越大，该资产的价格对利率变动的敏感程度就越高，反之就越低。下面以债券为例介绍债券价格等于与债券相关的现金流现值：

$$P = \frac{C_1}{1+R} + \frac{C_2}{(1+R)^2} + \cdots + \frac{C_N}{(1+R)^N}$$

对 P 求到期收益率 R 的一阶导数，得到公式：

$$\frac{\mathrm{d}P}{\mathrm{d}R} = \frac{-1C_1}{(1+R)^2} + \frac{-2C_2}{(1+R)^3} + \cdots + \frac{-NC_N}{(1+R)^{N+1}}$$

$$= \frac{-1}{1+R} \times \left[\frac{C_1}{(1+R)^1} + \frac{2C_2}{(1+R)^2} + \cdots + \frac{NC_N}{(1+R)^N} \right]$$

等式两边同时除以 P，得到：

$$\frac{\mathrm{d}P}{\mathrm{d}R} \times \frac{1}{P} = \frac{\mathrm{d}P/P}{\mathrm{d}R} = \frac{-1}{1+R} \times \left[\frac{C_1}{(1+R)^1} + \frac{2C_2}{(1+R)^2} + \cdots + \frac{NC_N}{(1+R)^N} \right] \times \frac{1}{P}$$

$$= \frac{-1}{1+R} \times \left[\sum_{t=1}^{N} \frac{C_t}{(1+R)^t} \times t \right] \times \frac{1}{P} = \frac{-1}{1+R} \times D$$

化简得到：

$$D = -\frac{\mathrm{d}P/P}{\mathrm{d}R/(1+R)}$$

从公式中可以看出，久期代表债券价格变化对利率变化的敏感性，显示了收益率的任何提高或下降 $\left(\frac{\mathrm{d}R}{1+R} \right)$ 引起的债券价格的下降或上升的百分比 $-\mathrm{d}P/P$。

公式变化为：

$$\mathrm{d}P/P = -D \times \left[\mathrm{d}R/(1+R) \right]$$

该公式表示当债券收益率发生很小变动时，债券价格都将发生反比例的变动，而且其变动的程度取决于金融资产的久期长短，久期越长，金融资产的价格变动幅度越大；反之，则越小。

在上述的例子中，假设市场利率上升 10%，从 7% 涨到 7.7%，债券价格将如何变化？债券 A 的价格将变为：

$$\sum_{t=1}^{10} \frac{70}{1.077^t} + \frac{1\,000}{1.077^{10}} = 952.39 \text{（美元）}$$

类似计算得到债券 B 的价格为：

$$\sum_{t=1}^{10} \frac{130}{1.077^t} + \frac{1\,000}{1.077^{10}} = 1\,360.50 \text{（美元）}$$

正如价格波动公式预计的那样，债券价格的变化可按公式 $\Delta P \approx -DP\Delta r/(1+r)$ 近似计算（图 9.2）。为说明这种关系，应计算出每个债券的 ΔP。

	A	B	C	D	E	F
1				久期作为价格弹性 债券价格的变化可近似为 $\Delta P \approx -$久期*价格*$\Delta r/(1+r)$		
2	折现率	7%				
3						
4	债券A			Bond B		
5	票面利率	7%		票面利率	13%	
6	面值	1000		面值	1000	
7	期限（年）	10		期限（年）	10	
8						
9	价格	1000.00		价格	1421.41	<-- =PV($B$2,E7,-E5*E6)+E6/(1+$B$2)^E7
10	久期	7.5152		久期	6.7535	<-- =DURATION(DATE(1996,1,1),DATE(2006,1,1),E5,B2,1)
11						
12	新的折现率	7.70%				
13	新的价格	952.39			1360.50	<-- =PV($B$12,E7,-E5*E6)+E6/(1+$B$12)^E7
14						
15	价格的变化					
16	实际值	47.61			60.92	<-- =E9-E13
17	用久期近似值 DP≈-久期*价格*$\Delta r/(1+r)$	49.17			62.80	<-- =-E10*E9*($B$2-$B$12)/(1+$B$2)
18						
19	使用Mduration函数	49.17			62.80	<-- =-($B$2-$B$12)*E9 *MDURATION(DATE(1996,1,1),DATE(2006,1,1),E5,$B$2,1)

图 9.2　久期作为价格弹性

在 Excel 中，也可以不用 Duration 乘以 $\Delta r/(1+r)$ 来计算，而用 MDuration 乘以 Δr 来计算。

3. 久期的近似效应

用久期来估算利率对债券价格的影响是一种近似，而且就像一阶泰勒展开一样，是一种一阶近似。因此，严格地说，可用久期来估计利率的微小变化对债券价格的影响。如果利率变化的幅度较大，那就需要用到二阶甚至更高阶近似了。债券的曲率（Convexity）就是用来做二阶近似的。

此外，用久期来估算利率的微小变化对债券价格的影响，事实上假设了各期限的利率都会同幅度变化。换言之，分析的是收益率曲线的平移对债券价格的影响。具体而言，当利率上升 1 个百分点，久期 10 年的债券价格下跌 10% 时，其实说的就是未来 10 年里的市场利率都比之前预期的要高 1 个百分点。如果只是未来一两年利率变高 1 个百分点，而更远期限的利率预期保持不变的话，那么债券价格跌不了 10% 那么多。

对债券组合也能计算久期。一个由多只债券组成的债券组合的久期，是其中每只债券久期的加权平均。权重是每只债券的价格。债券组合的久期决定了组合价值对利率变化的敏感性。投资者可以通过组合配置的调整来人为改变组合久期，实现自己的投资目的。

债券市场中有一种常见投资策略叫作久期策略，基于对未来利率走势的预测来主动调整组合的久期。具体来说，如果投资者预期利率水平会上升，就缩短自己组合的久期（卖出长债）以减少组合价值下跌的幅度。而如果投资者预期利率水平会下降，就拉长自己组合的久期（买入长债），以尽可能多地享受利率下降带来的债券价格上升的好处。

可以主动调整久期来赌利率的方向，也可以调整久期来尽可能消除利率变化对组合的影响。银行、保险这样的金融机构的资产和负债中都会有大量债券。它们可以通过匹配自己资产组合和负债组合的久期（让资产和负债的久期相等）来消除收益率变化带给自己的风险。这也是一种久期的用法。

四、久期特性

凭直觉，会认为久期是债券票面利率的减函数，是债券成熟期的增函数，其实并不正确。图9.3显示了在一个债券久期上票面利率递增的效应，正如直觉一样，随着债券利率的增加久期的确是递减的。

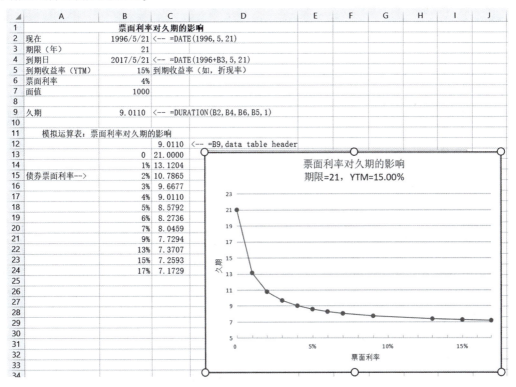

图 9.3　票面利率对久期的影响

然而，久期是债券成熟期的增函数，这种说法存在问题（图9.4）。

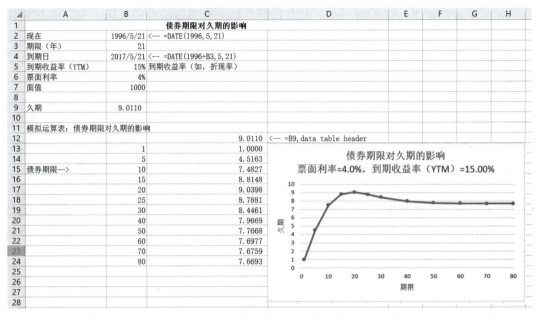

图 9.4　债券期限对久期的影响

第二节　利率期限结构理论

债券的到期收益率和到期期限之间的关系称为利率的期限结构。债券的到期收益率一般用年利率来表示。期限结构通常可用收益率曲线表示，它是用图形来描述同一种债券的到期收益率和到期期限的关系，通常有三种类型：上倾收益曲线、持平收益曲线和下倾收益曲线。

一、利率期限结构的理论分析

（一）预期理论

预期理论又称无偏预期理论，它认为期限结构完全取决于对未来利率的市场预期。一般来说，如果预期未来利率上升，则利率期限结构会呈上升趋势；如果预期未来利率下降，则利率期限结构会呈下降趋势。而远期利率则反映出对未来相应时期的即期利率预期的共同看法，即远期利率是对未来收益所做的市场无偏估计，即预期理论表明，在均衡状态下，预期的即期利率等于远期利率：

$$S_{t,\ t+1}^{*} = f_{t,\ t+1}$$

这里取到期期限为 2 年，则有：

$$(1 + S_2)^2 = (1 + S_1)(1 + S_{1,\ 2}^{*})$$

1. 上倾收益曲线

假设 $S_1 = 7\%$，$S_2 = 8\%$，$S_{1,\ 2}^{*} = f_{1,\ 2} = 9.01\%$。根据预期理论预期的即期利率等于远期利率，现时 1 年即期利率为 7%，而 1 年后利率将上升到 9.01%，因此，收益曲线是向上倾斜的，而且无论是投资者持债券到 2 年期限（即期利率为 8%），还是 1 年后出售这个债券，再以远期利率 9.01% 投资，其回报均相同。

2. 持平收益曲线

假设 $S_1 = S_2 = 7\%$，那么预期的即期利率和现时的即期利率相等，因而收益曲线是水平的。

3. 下倾收益曲线

假设 $S_1 = 7\%$，$S_2 = 6\%$，$S_{1,2}^* = f_{1,2} = 5.01\%$。现时 1 年即期利率为 7%，下一年预期的即期利率将下降到 5.01%。因此，收益曲线向下倾斜。

总之，投资者预期即期利率在未来上升，是向上倾斜的期限结构；反过来，预期即期利率在未来下降，是向下倾斜的期限结构。

（二）流动偏好理论

流动偏好理论认为，投资者有一种偏好短期债券的倾向，因为这些投资容易变现，同时，投资于短期债券面临较小的利率风险。投资长期的债券就有利率风险，债券发行者必须给投资者以风险补偿。发行者愿意为较长期的债券付较高的回报是因为发行长期债券比短期债券节省成本，不必为频繁的再融资付更多的发行成本；而且长期债券风险较小，不必关注未来高融资的风险。远期利率与预期的即期利率之差叫作流动性溢酬或流动补偿。它是为鼓励投资者购买风险更大的长期证券，而向投资者提供的额外回报，一般有：

$$l_{t,t+1} = f_{t,t+1} - S_{t,t+1}^*$$

式中，$l_{t,t+1}$ 为 t 到 $t+1$ 年的流动补偿；$S_{t,t+1}^*$ 为 t 到 $t+1$ 年的预期的即期利率。

根据流动性偏好理论，下列不等式成立：

$$(1 + S_t)^t (1 + S_{t,t+1}^*) < (1 + S_{t+1})^{t+1}$$

这个不等式是理解流动性偏好理论、解释期限结构的关键。为了简便，这里以到期期限为 2 年来说明收益曲线的类型。

1. 下倾收益曲线

当 $S_1 > S_2$，上述不等式仅当 $S_{1,2}^* < S_1$ 时成立。因此，交易市场相信利率将持续下降时，才能观察到一条下倾收益曲线。

假设 $S_1 = 7\%$，$S_2 = 6\%$，那么远期利率 $f_{1,2} = 5.01\%$，并且有

$$(1+0.07)(1 + S_{1,2}^*) < 1.06^2$$

设流动补偿 $l_{1,2} = 0.61\%$，$S_{1,2}^* = 5.01\% - 0.61\% = 4.4\%$。

因此，收益曲线是向下倾斜的。因为，现时 1 年即期利率为 7%，预期的 1~2 年即期利率下降到 4.4%。

2. 持平收益曲线

此时 $S_1 = S_2$，不等式仅当 $S_{1,2}^* < S_1$ 时成立。于是，一个持平期限结构仅当市场预期利率将下降时出现。如果 $S_1 = S_2 = 7\%$，$l_{1,2} = 0.61\%$，$f_{1,2} = 7\%$，$S_{1,2}^* = 7\% - 0.61\% = 6.39\%$，即从 1 年即期利率 7% 下降到预期的即期利率 6.39%。

3. 上倾收益曲线

此时 $S_1 < S_2$，如果平缓上倾，则可能是预期未来利率将下降的情况。如果 $S_1 = 7\%$，

$S_2 = 7.1\%$，而流动补偿仍为 0.61%，远期利率为 7.2%，预期的即期利率 $S_{1,2}^* = 7.2\% - 0.61\% = 6.59\%$。可见，收益曲线平缓上倾的原因是市场预期即期利率有一个小幅度下降。

如果收益曲线上倾得更陡峭一些，则可能是市场预期即期利率在未来将上升。例如，$S_1 = 7\%$，$S_2 = 7.5\%$，$l_{1,2} = 0.61\%$，那么远期利率为 8%，预期的即期利率 $S_{1,2}^* = 8\% - 0.61\% = 7.39\%$，表明市场预期 1 年即期利率从 7% 上升到 7.39%。

综上所述，根据流动性偏好理论，下倾的期限结构表明对即期利率的一个下降的预期，而上倾的期限结构可能表明一个上升的预期，也可能表明一个下降的预期，这取决于上倾的陡峭程度。一般地，越陡峭越可能是市场预期即期利率将上升。如果粗略地讲，投资者有一半的情形预期即期利率将上升，而另一半的情形预期即期利率将下降，则流动性偏好理论可得出上倾的期限结构将出现得更多一些，这正是实际发生的情况。

(三)市场分割理论

市场分割理论认为不同的投资者和借入者受法律、偏好或对特定到期期限的习惯等限制。也许存在一个短期证券市场，一个中期证券市场，以及第三个长期证券市场。根据市场分割理论，不同到期期限的证券的利率很少或完全不影响其他到期期限的证券的利率，即期利率取决于每一个市场的供给和需求条件。进一步说，由于理论中的多数限制形式，投资者和借入者将不会离开他们的市场而进入一个不同的市场。根据这一理论，一个上倾的期限结构出现在短期资金的供给和需求曲线的交点的利率比长期资金的交点的利率低的时候；反过来，一个下倾的期限结构则出现在短期资金供求的交点的利率比长期资金的交点更高的时候。

二、远期利率的测算

运用 Excel 对远期利率进行测算

远期利率(Forward Interest Rate)是指现在时刻确定的将来一定期限的利率。远期利率是由一系列即期利率决定的。可以用远期对远期交易来理解和计算远期利率。

【例 9-3】根据题目给出条件计算第 $n-1$ 年开始的 1 年期远期利率，如图 9.5 所示。

	A	B	C
1	年数	即期利率（实际利率）	第n-1年开始的1年期远期利率
2	1	2.00%	2.00%
3	2	3.00%	
4	3	4.00%	
5	4	5.00%	
6	5	6.00%	
7	6	7.00%	

图 9.5　第 1~6 年的即期利率

现实中可以观测到即期利率，并根据无套利原理将之用于远期利率的计算。如果以 2 年期的投资为例，可以采用两种投资策略：

①直接投资于 2 年期的利率工具，可以获得 2 年期利率对应的收益：

$$收益 = (1 + 3.00\%)^2$$

②先投资于 1 年期即期利率工具，并锁定第 1 年开始的 1 年期远期利率收益：
$$收益=(1+2.00\%)^1\times(1+f_{1\times2})$$

$f_{1\times2}$ 代表的是第 1 年开始至第 2 年的远期利率（即第 1 年开始的 1 年期远期利率），由此可以推导出第 1 年开始的 1 年期远期利率：
$$f_{1\times2}=(1+3.00\%)^2/(1+2.00\%)^1-1$$

其 Excel 操作如图 9.6 所示。

	A	B	C	D
1	年数	即期利率（实际利率）	第n-1年开始的1年期远期利率	
2	1	2.00%	2.00%	
3	2	3.00%	4.01%	<-- =(1+B3)^A3/(1+B2)^A2-1
4	3	4.00%	6.03%	<-- =(1+B4)^A4/(1+B3)^A3-1
5	4	5.00%	8.06%	<-- =(1+B5)^A5/(1+B4)^A4-1
6	5	6.00%	10.10%	<-- =(1+B6)^A6/(1+B5)^A5-1
7	6	7.00%	12.14%	<-- =(1+B7)^A7/(1+B6)^A6-1

图 9.6　第 $n-1$ 年开始的 1 年期远期利率计算结果

三、远期利率协议

远期利率协议（Forward Rate Agreement，FRA）是交易双方达成的一笔关于未来固定利率的名义远期对远期贷款协议。这里之所以称为"名义贷款"，是因为其在整个交易过程中并没有实际贷款发生。

1. 一份远期利率协议包含的内容

①买方名义上答应去借款（向名义上的卖方借款）。
②卖方名义上答应去存款（向名义上的买方提供一笔贷款）。
③有特定数额的名义上的本金。
④以某一币种标价。
⑤固定利率。
⑥特定的期限。
⑦在未来某一双方约定的日期开始执行。

2. 远期利率协议的作用

一份远期利率协议是交易双方为规避未来利率波动风险，或是以未来利率波动为基础进行投机而签订的一份协议。

①作为避险者（Hedger），他早已暴露在利率波动的风险中，但他希望能够避开这类风险。当他处于远期利率波动的风险中并持有远期利率协议头寸后，避险者的净风险就会降低或完全消失。

②作为投机者（Speculator），他开始时不会面临利率波动的风险，但他希望能够从预期的利率波动中获取利润。对于投机者而言，持有远期利率协议的头寸，就会获得他所希望的利润。

3. 远期利率协议的特点

①远期利率协议是由银行提供的场外交易产品。远期利率协议市场是由各银行的交易

室构成的全球性市场，这些交易室由电话线、信息站和计算机网络连在一起。交易的双方通常是银行和它们的客户或者是两家银行。银行可能是远期利率协议的买方和卖方，银行的客户也可能是买方和卖方。远期利率协议是银行提供的OTC市场工具。类似于其他金融市场，银行可为暴露在风险中的各方充当中介，或者是在金融市场中为客户承担风险。

②远期利率协议的交易属于表外业务。由于在远期利率协议的整个交易过程中不涉及本金和利息的流动，因而远期利率协议不必计入资产负债表内，只是相当于一种或有收益或损失。由于远期利率协议属于表外业务，因而不需要有资本充足率方面的要求（此要求影响了银行的收益率或利润），但仍需保留一定的资本，这个数额大约只是远期对远期贷款资本要求的1%。

③对于以美元标价的远期利率协议而言，银行可为3个月期、6个月期、9个月期、12个月期（最长期限直到2年）的所有协议提供报价交易，而对于其他主要币种的远期利率协议，银行只提供最长期限为1年的报价交易。

④远期利率协议是衍生品。这主要体现在整个交易过程中只涉及名义贷款，没有本金和利息的支付，交易双方名义上用一定数额的某种特定货币在未来某日进行贷款，并规定了一定的贷款期限。这实际上是一种远期对远期的贷款。因此，有实际借贷行为的远期对远期货款就是远期利率协议的原生产品或称为基础资产（Underlying Asset）。

4. 远期利率协议的时间简图

远期利率协议的流程如图9.7所示。

图 9.7　远期利率协议的流程

对图9.7所示概念的定义如下：

①交易日——远期利率协议成交的日期（确定合约利率的日期）。

②即期日——远期利率协议成交后正式开始计算时间的日期。

③基准日——参考利率确定的基准日期。

④交割日——名义贷款或存款开始日（结算日）。

⑤到期日——名义贷款或存款到期日。

⑥参考利率——市场决定的利率，即用来计算结算金额的市场基准利率。

⑦递延期——从即期日到参考利率确定日之间的期限。

⑧合约期——法律合同中约定的有效期限。

5. 远期利率协议的报价

远期利率协议的报价表（报价方式）如表9.2所示。

表 9.2　远期利率协议报价表 (报价方式)

3 个月期	利率/%	6 个月期	利率/%	9 个月期	利率/%
1×4	4.53~58	1×7	4.59~64	1×10	4.71~76
2×5	4.52~57	2×8	4.59~64	2×11	4.71~76
3×6	4.53~58	3×9	4.62~67	3×12	4.74~79
4×7	4.54~59	4×10	4.64~69	4×13	4.80~85
5×8	4.57~62	5×11	4.70~75	5×14	4.90~95
6×9	4.61~66	6×12	4.75~80	6×15	4.99~04
9×12	4.85~90	9×15	5.13~18	9×18	5.34~39

表中第二行、第一列的 1×4 表示即期日与交割日 (结算日) 之间的期限为 1 个月、即期日与到期日之间为 4 个月的远期利率协议,其中合约期为 3 个月。即期日和结算日分别为交易日及基准日 (确定日) 两天后的工作日。表中的利率以 LIBOR 为基础利率。LIBOR 利率是通过计算许多指定银行在指定时间内的不同利率来决定的,它先将利率从低到高排列,然后去掉最高、最低利率,并计算出剩余数字的平均数,最后将得到的平均数四舍五入精确到 1/16%。在第二、四、六列的报价中,前一个数字表示买价,后一个数字表示卖价,两者之间的差价即为银行的利润。在标准的远期利率协议中,合约期限一般为 3 个月、6 个月、9 个月、12 个月,从即期日到到期日最长的期限一般为 2 年。

6. 远期利率协议的结算 (交割)

【例 9-4】假设现在是 2021 年 1 月 5 日星期二,某公司必须在 3 月初筹集一笔金额为 500 万美元的 3 个月短期资金。该公司经理预期贷款利率在两个月后会上升。如果他不做安排,可能到时会面临更高的借款成本。为了避免利率风险和事先锁定借款利率,该经理决定购买一份 2×5 的远期利率协议。假设交易日是 2021 年 1 月 6 日星期三,合约内容如表 9.3 所示。

表 9.3　合约内容

币种	美元
合约金额	500 万美元
合约利率	7.20%
即期日	2021 年 1 月 8 日,星期五
(基准日) 参考利率确定日	2021 年 3 月 8 日,星期一
结算日 (交割日)	2021 年 3 月 10 日,星期三
到期日	2021 年 6 月 10 日,星期四

首先,可以计算出合约期为 92 天。根据上述远期利率协议的报价,该公司希望能将借款的利率锁定在 7.2% 的水平上。假设到 3 月 8 日,市场的参考利率上升到 8.0%,如果没有购买远期利率协议,该公司必须为这笔 92 天期的 500 万美元贷款支付的额外利息为:

多付利息 = (8% - 7.2%) × 5 000 000 × 92/360 = 10 222.22 (美元)

由于实际贷款本息的支付是在到期日(6月10日),而远期利率协议的结算日是在参考利率确定日的两天后(即3月10日),所以在远期利率协议结算金额的计算中需要考虑整个合约期限的时间价值,即将到期日的额外利息按照确定的参考利率折现到远期利率协议中的结算日。由此得出的远期利率协议结算额的计算公式为:

$$结算额 = \frac{(i_r - i_c) \times A \times \dfrac{\text{Days}}{\text{Basis}}}{1 + i_r \times \dfrac{\text{Days}}{\text{Basis}}} = \frac{(i_r - i_c) \times A \times \dfrac{D}{B}}{1 + i_r \times \dfrac{D}{B}}$$

式中,i_r 为参考利率;i_c 为协议利率;A 为协议数额;Days(D)为协议期限天数;Basis(B)为转换的天数。远期利率协议的结算(交割)金额为:

$$\frac{10\,222.22}{1 + 8\% \times \dfrac{92}{360}} = 10\,017.42(美元)$$

买方获得结算余额后,可以按照结算日(3月10日)市场参考利率8%的水平再投资92天,此举可获利息 $10\,017.42 \times 8\% \times 92/360 = 204.8$(美元),两项相加即为 10 222.22 美元,正好抵补实际借款中因利息上升所导致的利息损失,即

$$\frac{(i_r - i_c) \times A \times \dfrac{D}{B}}{1 + i_r \times \dfrac{D}{B}} \times i_r \times \frac{D}{B} + \frac{(i_r - i_c) \times A \times \dfrac{D}{B}}{1 + i_r \times \dfrac{D}{B}} = (i_r - i_c) \times A \times \frac{D}{B}$$

式中,$\dfrac{(i_r - i_c) \times A \times \dfrac{D}{B}}{1 + i_r \times \dfrac{D}{B}} \times i_r \times \dfrac{D}{B}$ 是结算金额再投资所获得的利息。

四、计算债券收益率

【例9-5】根据国债数据计算"零息债券收益率"(图9.8)。

	A	B	C
1	年数	票面利率	债券价格（面额100元）
2	0.25	0.00	99.17
3	0.75	0.00	97.22
4	1.00	0.00	96.18
5	1.50	5.00%	101.12
6	1.75	5.00%	101.75

图9.8 债券价格和票面利率

假设国债每半年支付一次利息,根据以上国债价格信息,以0.25年(3个月)为间隔推算0.25~1.75年的利率期限结构(零息债券收益率曲线)。期限在1年以下的国债均不支付利息,市场价格与面额的差额即为到期利息,因此也称零息债券或者折扣债券。收益率公式为:

$$收益率 = (面额/市场价格)^{(1/期限)} - 1$$

(1)计算零息债券收益率

如图9.8所示,期限为0.25年、0.75年及1年的国债均有市场报价,因此其收益率

可以通过公式"收益率＝（面额/市场价格）$^{(1/期限)}$－1"进行计算，结果如图9.9所示。

	A	B	C	D
1	年数	零息债券收益率	票面利率	债券价格（面额100元）
2	0.25	3.39%	0.00	99.17
3	0.50		0.00	
4	0.75	3.83%	0.00	97.22
5	1.00	3.97%	0.00	96.18
6	1.25		5.00%	
7	1.50		5.00%	101.12
8	1.75		5.00%	101.75

图 9.9 零息债券收益率

（2）通过线性插值法可近似推算出0.5年和1.25年的债券收益率

$$R_{0.50} = 0.5 \times (R_{0.25} + R_{0.75})$$

$$R_{1.25} = 0.5 \times (R_{1.00} + R_{1.50})$$

在B2和B6单元格中分别输入对应的公式，由于$R_{1.50}$还未计算，图9.10中$R_{1.25}$的数据不是最终的结果。

	A	B	C	D
1	年数	零息债券收益率	票面利率	债券价格（面额100元）
2	0.25	3.39%	0.00	99.17
3	0.50	3.61%	0.00	
4	0.75	3.83%	0.00	97.22
5	1.00	3.97%	0.00	96.18
6	1.25	1.99%	5.00%	
7	1.50		5.00%	101.12
8	1.75		5.00%	101.75

图 9.10 计算 0.5 年和 1.25 年的债券收益率

（3）计算1.5年期的债券收益率

1.5年期的附息债券（票面利率5%）存在3期现金流（0.5年、1年及15年）。同时在到期时点1.5年时会有100元的本金返还，有如下方程：

$$P_{1.5} = \frac{5}{(1+R_{0.5})^{0.5}} + \frac{5}{(1+R_1)^1} + \frac{5+100}{(1+R_{1.5})^{1.5}}$$

按照上式方程在E7单元格输入公式，并利用单变量求解计算$R_{1.5}$的值。选择"工具—单变量求解"，设置目标单元格为E7，目标值为101.12，即债券1.5年期价格，可变单元格为B7，如图9.11所示。

图 9.11 单变量求解 $R_{1.5}$

通过单变量求解得出$R_{1.5}＝9.69\%$，而此时的$R_{1.25}＝6.83\%$，如图9.12所示。

	A	B	C	D	E
1	年数	零息债券收益率	票面利率	债券价格（面额100元）	
2	0.25	3.39%	0.00	99.17	
3	0.50	3.61%	0.00		
4	0.75	3.83%	0.00	97.22	
5	1.00	3.97%	0.00	96.18	
6	1.25	6.83%	5.00%		
7	1.50	9.69%	5.00%	101.12	101.12
8	1.75		5.00%	101.75	

图 9.12　计算 1.5 年期的债券收益率

（4）求解 1.75 年期的收益率

1.75 年期的付息债券在 0.25 年、0.75 年、1.25 年、1.75 年共有 4 期现金流，有如下方程：

$$P_{1.75} = \frac{5}{(1+R_{0.25})^{0.25}} + \frac{5}{(1+R_{0.75})^{0.75}} + \frac{5}{(1+R_{1.25})^{1.25}} + \frac{100+5}{(1+R_{1.75})^{1.75}}$$

在 E8 单元格中输入上式，求得 1.75 年期的价格。单变量求解方法和上一步类似，选择菜单栏中的"工具—单变量求解"，在"目标单元格"处输入"E8"，在"目标值"处输入"101.75"，在"可变单元格"处选择 B8，单击"确定"按钮，即可得到 1.75 年期到期收益率 11.11%。单变量求解过程如图 9.13 所示，到期收益率结果如图 9.14 所示。

图 9.13　单变量求解过程

	A	B	C	D	E
1	年数	零息债券收益率	票面利率	债券价格（面额100元）	
2	0.25	3.39%	0.00	99.17	
3	0.50	3.61%	0.00		
4	0.75	3.83%	0.00	97.22	
5	1.00	3.97%	0.00	96.18	
6	1.25	6.83%	5.00%		
7	1.50	9.69%	5.00%	101.12	101.12
8	1.75	11.11%	5.00%	101.75	101.75

图 9.14　到期收益率结果

第三节　风险模拟

金融资产价格会服从一定模式的概率分布，如果能够确定这些概率分布的形式，便可以估算出金融机构价值波动的风险。因此，本节将对金融资产的风险进行估计。

一、风险模拟简介

金融资产可分为股票、利率产品、外汇、商品、另类资产、衍生品等。从某种意义上来说，金融机构的资产价值是这些资产价格的函数，而金融机构的负债也主要是付息资产，如借款、发行的债券等。金融机构的净资本为其资产与负债价值的差额。因此，也可以说金融机构的净资本额，或者说金融机构的净价值是这些资产价格的函数。由于这些资产价格会出现波动，金融机构的价值也会出现波动。通常，资产价格会服从一定模式的概率分布，如果能够完全确定这些概率分布的形式，便可以估算出金融机构价值波动的风险。这对于高度负债经营的金融机构(如银行和保险公司)来说具有重要意义。

二、风险模拟案例

【例9-6】假设 A 银行的资产负债基本情况如图9.15 所示。

	A	B	C	D
1		面值	票面利率	到期收益率
2	现金	25	0.00	0.00
3	5年期商业贷款	65	6.50%	6.50%
4	10年期国债	30	7.00%	7.00%
5	资产总计	120		
6				
7	活期存款	55	1.20%	1.20%
8	2年期定期存款	25	4.88%	4.88%
9	5年期金融债券	20	7.92%	7.92%
10	负债总计	100		
11	股东权益	20		
12	负债和股东权益总计	120		

图 9.15 A 银行的资产负债基本情况

如果利率出现波动，银行的股权价值会如何变动？简单来说，可先考虑所有利率平行变动的风险(即久期风险)。

1. 资产和负债的构成

从图9.16 中可知，A 银行的资产和负债都是由付息工具构成。

	A	B	C	D	E	F
1		面值	票面利率	到期收益率	市值	
2	现金	25	0.00	0.00	25	<-- 25
3	5年期商业贷款	65	6.50%	6.50%	65	<-- =-PV(D3,5,C3,1)*B3
4	10年期国债	30	7.00%	7.00%	30	<-- =-PV(D4,10,C4,1)*B4
5	资产总计	120			120	<-- =SUM(E2:E4)
6						
7	活期存款	55	1.20%	1.20%	55	<-- 55
8	2年期定期存款	25	4.88%	4.88%	25	<-- =-PV(D8,2,C8,1)*B8
9	5年期金融债券	20	7.92%	7.92%	20	<-- =-PV(D9,5,C9,1)*B9
10	负债总计	100			100	<-- =SUM(E7:E9)
11	股东权益	20				
12	负债和股东权益总计	120				

图 9.16 A 银行资产和负债的市值

①对于久期是 0 的现金和活期存款，不需要计算它们的利率风险 E2＝25，E7＝55。

②对于商业贷款、国债、定期存款、金融债券这些付息工具，可以通过债券价值公式 PV( )来计算它们的价值。以 5 年期商业贷款为例：E3＝－PV(D3，5，C3，1)×B3。

③利用 SUM( )函数将它们汇总后分别得到资产总计和负债总计,资产总额与负债总额的差额即为股东权益价值。

2. 资产价值

引入利率变量参数(假设利率变动为 0.002 8,即 0.28%,见图 9.17 中单元格 B15),由于假设利率为平行变动,在估值时,只需要在付息工具的到期收益率上加上一个相同的变动量。如图 9.17 所示,加入了 B15 的共同利率变动量,随着单元格 B15 值的改变,股权价值也会出现相应的变化。当利率曲线向上平行移动 0.28%时,A 银行资产价值由 120 变为 118.67,负债价值变为 99.65,股东权益也因此减少为 19.02。

	A	B	C	D	E	F
1		面值	票面利率	到期收益率	市值	
2	现金	25	0.00	0.00	25.00	<-- 25
3	5年期商业贷款	65	6.50%	6.78%	64.25	<-- =-PV(D3, 5, C3, 1)*B3
4	10年期国债	30	7.00%	7.28%	29.42	<-- =-PV(D4, 10, C4, 1)*B4
5	资产总计	120			118.67	<-- =SUM(E2:E4)
6						
7	活期存款	55	1.20%	1.20%	55.00	<-- 55
8	2年期定期存款	25	4.88%	5.16%	24.87	<-- =-PV(D8, 2, C8, 1)*B8
9	5年期金融债券	20	7.92%	8.20%	19.78	<-- =-PV(D9, 5, C9, 1)*B9
10	负债总计	100			99.65	<-- =SUM(E7:E9)
11	股东权益	20			19.02	<-- =E5-E10
12	负债和股东权益总计	120			118.67	<-- =SUM(E10+E11)
13						
14			利率变动			
15			0.28%			

图 9.17　引入利率变量参数的结果

3. 股东权益变化

还可以估算这家银行的股东权益在各种场景下的变化。假设利率变化为 ±2.00%、±1.50%、±1.00%、±0.5%,利用"模拟运算表"求对应的股东权益,如图 9.18 所示。

	A	B	C	D	E	F
1		面值	票面利率	到期收益率	市值	
2	现金	25	0.00	0.00	25.00	<-- 25
3	5年期商业贷款	65	6.50%	6.78%	64.25	<-- =-PV(D3, 5, C3, 1)*B3
4	10年期国债	30	7.00%	7.28%	29.42	<-- =-PV(D4, 10, C4, 1)*B4
5	资产总计	120			118.67	<-- =SUM(E2:E4)
6						
7	活期存款	55	1.20%	1.20%	55.00	<-- 55
8	2年期定期存款	25	4.88%	5.16%	24.87	<-- =-PV(D8, 2, C8, 1)*B8
9	5年期金融债券	20	7.92%	8.20%	19.78	<-- =-PV(D9, 5, C9, 1)*B9
10	负债总计	100			99.65	<-- =SUM(E7:E9)
11	股东权益	20			19.02	<-- =E5-E10
12	负债和股东权益总计	120			118.67	<-- =SUM(E10+E11)
13						
14			利率变动			
15			0.28%			
16						
17			利率变动	股东权益	股东权益变化值	
18				19.02		
19			-2.00%	27.69	7.69	<-- =C19-20
20			-1.50%	25.65	5.65	
21			-1.00%	23.69	3.69	
22			-0.50%	21.81	1.81	
23			0.00%	20.00	0.00	
24			0.50%	18.26	-1.74	
25			1.00%	16.60	-3.40	
26			1.50%	14.99	-5.01	
27			2.00%	13.45	-6.55	
28				<-- {=TABLE(,B15)}		

图 9.18　模拟运算

先选择"利率变动"和"股东权益变化值"两列单元格，再选择菜单栏中的"插入/图表"，在图表导向中选择"自定义类型/两轴线—柱图"并更正需要修改的内容，折线图代表股东权益的数值变化，柱状图代表利率变动，通过结果可以发现，随着利率变动正方向幅度的增加，股东权益呈递减状态，如图 9.19 所示。

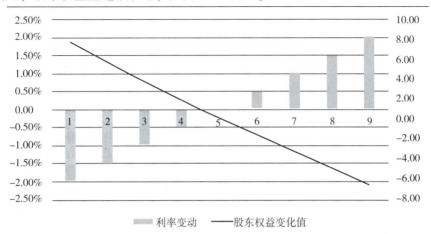

图 9.19 引入利率变动对股东权益的影响

知识库

2023 年召开的中央金融工作会议提出，要支持科技创新。随着产业革命的不断演进，科技创新对于产业优化和经济增长的作用更加明显，加快实现高水平科技自立自强，是我国推动高质量发展的必由之路。进一步发挥资本市场对科技创新的支撑作用，制定具体可行标准，加强相关业务监管，促进科技创新与实体经济深度融合。

国家层面高度重视，国债收益率曲线的市场基准地位进一步明确。2013 年，党的十八届三中全会审议通过了《中共中央关于全面深化改革若干重大问题的决定》，提出"健全反映市场供求关系的国债收益率曲线"，明确国债收益率曲线的市场基准地位。自 2014 年起，财政部、中国人民银行、银保监会网站陆续发布中国国债收益率曲线。2016 年，国际货币基金组织(IMF)将中债 3 个月期国债收益率作为人民币代表性利率纳入特别提款权(SDR)利率篮子。同年，亚洲开发银行网站也发布了中国国债等债券收益率曲线。2020 年，《中共中央国务院关于新时代加快完善社会主义市场经济体制的意见》发布，提出"深化利率市场化改革，健全基准利率和市场化利率体系，更好发挥国债收益率曲线定价基准作用"。主管部门和国际机构对国债收益率曲线的高度重视使国债收益率曲线的市场定价基准地位不断深入人心。2022 年，中国人民银行发布的《2022 年第一季度中国货币政策执行报告》明确 10 年期国债收益率成为存款利率市场化定价参考利率之一。国家统计局中国经济景气监测中心将 7 年期以上国债市场加权平均收益率与 1 年期以内国债市场加权平均收益率之间的点差作为我国宏观经济先行指标之一。

财政部印发《关于引导保险资金长期稳健投资 加强国有商业保险公司长周期考核的通知》将《企业投资项目核准和备案管理办法》中经营效益类指标的"净资产收益率"由"当年度指标"调整为"3 年周期指标+当年度指标"相结合的考核方式，3 年周期指标为"3 年周期净资产收益率"(权重为 50%)，当年度指标为"当年净资产收益率"(权重为 50%)。

练习题

1. 根据国债数据(图9.20)推算某期"零息债券收益率"。

	A	B	C
1	年数	票面利率	债券价格（面额100元）
2	0.25	0.00	99.17
3	0.75	0.00	97.22
4	1.00	0.00	96.18
5	1.50	5.00%	101.12
6	1.75	5.00%	101.75

图 9.20 国债数据

假设国债每半年支付一次利息，根据以上国债价格信息，以0.25年(3个月)为间隔推算0.25~1.75年的利率期限结构(零息债券收益率曲线)。

注意：期限在1年以下的国债均不支付利息，市场价格与面额的差额即为到期利息，因此也称零息债券或者折扣债券。收益率公式为：

$$收益率=(面额/市场价格)^{(1/期限)}-1$$

2. 已知2005年记账式(一期)国债(简称：05国债(1)；代码：010501)，票面价格为100元，票面利率为4.44%，每半年付息一次。该国债于2005年2月28日平价发行，2015年2月28日到期，2009年3月31日其成交价格为107.68元(净价)，求2009年3月31日该债券的久期。

第十章 期权定价实验

 内容简介

　　期权是适应国际上金融机构和企业等控制风险、锁定成本的需要而出现的一种重要的避险衍生工具。本章先介绍期权的基础知识，然后利用二叉树定价模型为期权定价，接着介绍 Black-Scholes 期权定价方法，并介绍了运用 Excel 进行期权定价的方法。

教学目的

　　掌握期权基础知识，期权的二叉树定价模型和 Black-Scholes 定价模型，以及运用 Excel 进行期权定价的方法。

第一节　期权基础知识

　　本节首先介绍期权的概念和类型，然后讨论期权的收益图，最后讨论一些比较重要的期权套利模型。

一、期权的概念

　　期权是一种合约，赋予购买者在规定期限内按双方约定的价格购买或出售一定数量的某种资产的权利。双方约定的价格称为执行价格，购买或出售的资产称为标的资产。期权合约只赋予合约的买方权利而无义务，合约卖方则无任何权利且需承担义务。期权合约的买方在合约规定的有效期内可以根据市场的情况，通过选择执行合约或者放弃执行合约来做出对自己最有利的选择。当然，为了获得这种选择的权利，期权合约的买方在合约签定时必须支付给卖方一定的期权费，以补偿卖方承担的义务。另外，期权合约的买方也称为持有期权多头头寸投资者，期权合约的卖方也称为持有期权空头头寸的投资者。

二、期权的类型

　　根据期权交易的特征、行使期权的方式、合约的标的资产和期权交易市场，期权有多种分类方法。

（一）按期权交易的特征划分

1. 看涨期权

它赋予期权买方按合约规定的执行价格，在合约的有效期内向其卖方买入一定数量的标的资产的权利，但并不负有必须买入的义务。而期权合约卖方有义务在期权规定的有效期内，应期权买方的要求，以期权合约规定的执行价格卖出标的资产。

2. 看跌期权

它赋予期权买方在期权合约的有效期内，按合约规定的执行价格向期权卖方卖出一定数量的标的资产的权利，但并不负有必须卖出的义务。而期权的卖方有义务在期权规定的有效期内，应期权买方的要求，以期权合约规定的执行价格买入标的资产。

（二）按行使期权的方式划分

1. 欧式期权

其是指买入期权的一方，只有在期权到期日当天才能行使权利的期权。在亚洲区的金融市场，规定行使期权的时间是期权到期日的北京时间14：00。过了这一时间，再有价值的期权都会自动失效作废。目前，国内的外汇期权交易都是采用欧式期权合同方式。

2. 美式期权

美式期权合同在到期日前的任何时候或在到期日都可以执行合同，结算日则在履约日之后的一天或两天，大多数美式期权合同允许持有者在交易日到履约日之间随时履约，但也有一些合同规定一段比较短的时间可以履约，如"到期日前两周"。因此美式期权比欧式期权更灵活，赋予买方更多的选择，而卖方则时刻面临着履约风险，因此，美式期权的期权费相对同等条件下的欧式期权较高。

（三）按期权合约的标的资产划分

1. 股票期权

以股票作为标的资产的股票期权是最常见的一种期权合约，大部分股票期权的交易是在交易所进行的。美国有2 500多种股票可以进行期权交易。一份期权合约规定买方可以在合约到期日前购买或者出售100股股票，因为股票本身通常是以100股为单位进行交易的，所以这一规定对投资者而言非常方便。

2. 利率期权

利率期权是一项关于利率变化的期权。买方支付一定金额的期权费后，就可以在到期日按预先约定的利率，按一定期限买入或贷出一定金额的货币。这样，当市场利率向不利方向变化时，买方可选择执行期权合约以固定其利率水平；当市场利率向有利方向变化时，买方可放弃执行期权合约来获得利率变化的好处。

3. 外汇期权

外汇期权又称货币期权，其持有者享有在未来的特定时间以合约规定的执行价格购买或出售一定数量某种外汇资产的权利。当现货市场的汇率向不利方向变化时，买方可以执行期权合约以固定其汇率水平；当汇率向有利方向变化时，买方可放弃执行期权而不会错失赚取额外利润的机会。

4. 股票指数期权

股票指数期权赋予持有人在特定日或特定日之前，以指定价格买入或卖出特定股票指数的权利。

（四）按期权交易市场划分

1. 场内期权

场内期权是指在集中性的期货市场或期权市场进行交易的期权合约，它是一种标准化的期权合约，其交易数量、执行价格、到期日以及履约时间等均由交易所统一规定。

2. 场外期权

场外期权是指在非集中性的交易场所进行的非标准化的金融期权合约的交易。场外期权的性质基本上与交易所内进行的期权交易无异。两者不同之处主要在于场外期权合约的条款没有任何限制或规范，例如执行价格及到期日均可由交易双方自由拟定，而交易所内的期权合约则是以标准化的条款来交易、结算，而且有严格的监管及规范，所以交易所能够有效地掌握有关信息并向市场发放，如成交价、成交量、未平仓合约数量等数据。场外期权的参与者主要为投资银行或其他专业及机构投资者，故在一般投资者眼中，场外期权市场的透明度相对会较低。场外期权有一个优势，即可以零售，以满足投资银行客户的特殊需要。

三、期权合约的损益

（一）看涨期权多头的损益

如果以 K 代表执行价格，S_T 代表标的资产的到期日价格，C 表示看涨期权价格，则看涨期权多头的损益为 $\max(S_T-K-C, -C)$。这就表明到期时，如果 $S_T>K$，多头会选择行权，损益为标的资产的到期日价格与执行价格之差，同时去掉期权费，这时多头仍可能亏损，但行权会弥补一部分期权费；如果 $S_T\leq K$，多头会放弃行权，损失为期权费 C，如图 10.1 所示。

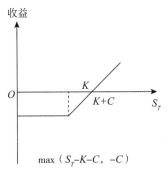

图 10.1 看涨期权多头的损益

(二)看涨期权空头的损益

看涨期权空头的损益为$-\max(S_T-K-C,\ -C)$，即$\min(K-S_T+C,\ C)$。这表明，签订合约时，空头会得到期权费C。到期时，如果$S_T>K$，多头行权，空头的损益为执行价格与标的资产的到期日价格之差，并加上期权费；如果$S_T\leq K$，多头会放弃行权，空头的收益为期权费C，如图10.2所示。

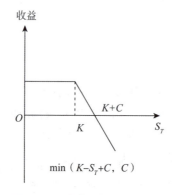

图 10.2　看涨期权空头的损益

(三)看跌期权多头的损益

看跌期权多头的损益为$\max(K-S_T-P,\ -P)$，P表示看跌期权价格。这表明到期时，如果$K>S_T$，多头会选择行权，损益为标的资产的到期日价格与执行价格之差，同时去掉期权费P，这时多头仍可能亏损，但行权会弥补一部分期权费；如果$K\leq S_T$，多头会放弃行权，损失为期权费P，如图10.3所示。

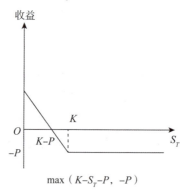

图 10.3　看跌期权多头的损益

(四)看跌期权空头的损益

看跌期权空头的损益为$-\max(K-S_T-P,\ -P)$，即$\min(S_T-K+P,\ P)$。这表明，签订合约时，空头会得到期权费C。到期时，如果$K>S_T$，多头行权，空头的损益为执行价格与标的资产的到期日价格之差，并加上期权费；如果$K\leq S_T$，多头会放弃行权，空头的收益为期权费P，如图10.4所示。

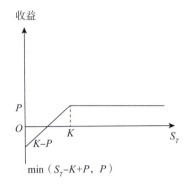

图 10.4 看跌期权空头的损益

四、期权价格的上下限

(一)变量定义

S：标的资产当前的市场价格；

S_T：标的资产的到期日价格；

K：期权执行价格；

T：期权的到期时间；

t：当前的时间；

r：$T-t$ 时期投资的无风险利率(连续复利)；

C：美式看涨期权的价值；

P：美式看跌期权的价值；

c：欧式看涨期权的价值；

p：欧式看跌期权的价值；

σ：标的资产价格的波动率。

(二)期权价格的上限

1. 看涨期权价格的上限

对于美式和欧式看涨期权，标的资产价格是看涨期权价格的上限，即在任何时刻期权的价值都不会超过股票的价值：$c \leqslant S$ 和 $C \leqslant S$。

假设上式不成立，即 $C>S$ 或 $c>S$，就会存在套利机会。下面以欧式看涨期权为例来说明这种明显的套利机会。

【例 10-1】假定某股票按照期权的期权费为 10 元，股票当前价格为 8 元，距离到期日还有 1 年，无风险利率为 10%。

根据本题条件：$c=10$，$S=8$，$T-t=1$，$r=10\%$，则存在如下套利机会：套利者在 t 时购买股票并卖出相应的期权，即可获得一笔净现金流入 $c-S=2$ 元。到 T 时刻的本息为：$2e^{10\% \times 1} = 2.21$(元)。

至到期日 T 时，如果股票市场价格高于执行价格，则多方执行期权。假定执行价格为 9 元，套利者将 t 时购买的股票以 9 元卖出，总共获利为：$9+2.21 = 11.21$(元)。

如果股票市场价格低于执行价格，则多方放弃执行期权，假定股票市场价格为 8.5

元，套利者在 T 时的总获利为：$8.5+2.21=10.71$（元）。

2. 看跌期权价格的上限

（1）美式看跌期权

美式看跌期权价格 P 的上限为 K，无论股票价格多低，期权的价值都不会超过 K：

$$P \leq K$$

（2）欧式看跌期权

欧式看跌期权价格 p 在 T 时不能超过 K，从开始贴现到现在，即 p 不能超过 K 的现值：

$$P \leq Ke^{-r(T-t)}$$

假如不存在上述关系，则存在如下套利机会，即卖出期权，并将收益以无风险利率投资，到期可获得 $Pe^{-r(T-t)}$。

如果多方到期执行，套利者需要支付 K，假定股票的市场价格为 S，由于 $Pe^{-r(T-t)}>K$，套利者可获得 $Pe^{-r(T-t)}+S-K$ 的净额，为无风险收益。

如果到期多方放弃执行期权，套利者将获得无风险收益 p。

（三）期权价格的下限

1. 欧式看涨期权价格的下限

（1）无收益资产欧式看涨期权价格的下限

为了推导出期权价格的下限，考虑如下两个组合：

组合 A，一份欧式看涨期权加上金额为 $Ke^{-r(T-t)}$ 的现金。

组合 B：一单位标的资产。

在 T 时刻：

在组合 A 中，如果现金按无风险利率投资，则在 T 时刻将变为 K，即等于协议价格。此时，多头是否执行看涨期权，取决于在 T 时刻标的资产价格 S_T 是否大于 K。

若 $S_T>K$，则执行看涨期权，组合 A 的价值为 S_T；

若 $S_T \leq K$，则不执行看涨期权，组合 A 的价值为 K。

因此，在 T 时刻，组合 A 的价值为：

$$\max(S_T, K)$$

在组合 B 中，T 时刻的价值为 S_T。

由于 $\max(S_T, K) \geq S_T$，在 t 时刻，组合 A 的价值也应大于或等于组合 B，即

$$c+Ke^{-r(T-t)}>S$$

可得：

$$C>S-Ke^{-r(T-t)}$$

由于期权的价值一定为正，因此无收益资产欧式看涨期权的价格下限为：

$$c>\max[S-Ke^{-r(T-t)}, 0]$$

【例10-2】考虑一个不支付红利的股票的欧式看涨期权，股票当前价格为20美元，执行价格为18美元，距离到期日有1年，无风险利率为10%。

根据本题条件：$S=20$，$K=18$，$T-t=1$，$r=10\%$，因此，该权的下限为：$c>\max[S-Ke^{-r(T-t)}, 0]$，$S-Ke^{-r(T-t)}=3.71$ 美元>0 美元，即为下限。

假设该期权价格比下限还低，为3美元，则存在如下套利机会：

套利者 t 时可以购买看涨期权并卖空股票，现金流为：$20-3=17$（美元）。

如果将 17 美元按无风险利率投资 1 年，则为：$17e^{r(T-t)}=18.79$（美元）。

至到期日 T，如果股票价格高于 18 美元，套利者以 18 美元执行期权（即购买股票），并将股票空头平仓，则可获利：$18.79-18=0.79$（美元）。

如果股票价格低于 18 美元，则套利者从股票市场购买股票并将股票空头平仓，可获得更高收益。例如股票价格为 17 美元，则可获利：$18.79-17=1.79$（美元）。

（2）有收益资产欧式看涨期权价格的下限

只要将上述组合 A 的现金改为 $D+Ke^{-r(T-t)}$，其中 D 为期权有效期内资产收益的现值，并经过类似的推导，就可得出有收益资产欧式看涨期权价格的下限为：

$$c>\max\left[S-D-Ke^{-r(T-t)},\ 0\right]$$

2. 欧式看跌期权价格的下限

（1）无收益资产欧式看跌期权价格的下限

考虑以下两种组合：

组合 C：一份欧式看跌期权加上一单位标的资产。

组合 D：金额为 $Ke^{-r(T-t)}$ 的现金。

在 T 时刻：

在组合 C 中：如果 $S_T<K$，期权将被执行，组合 C 的价值为 K；

如果 $S_T>K$，期权将不被执行，组合 C 的价值为 S_T，即在 T 时刻组合 C 的价值为：$\max(S_T,\ K)$。

在组合 D 中：假定组合 D 的现金以无风险利率投资，则在 T 时刻组合 D 的价值为 K。

由于组合 C 的价值在 T 时刻大于或等于组合 D，因此组合 C 的价值在 t 时刻也应大于或等于组合 D，即 $p+S>Ke^{-r(T-t)}$，也即 $p>Ke^{-r(T-t)}-S$。

由于期权价值一定为正，因此无收益资产欧式看跌期权的下限为：

$$p>\max\left[Ke^{-r(T-t)}-S,\ 0\right]$$

（2）有收益资产欧式看跌期权价格的下限

只要将上述组合 D 的现金改为 $D+Ke^{-r(T-t)}$，就可得到有收益资产欧式看跌期权价格的下限为：

$$P>\max\left[D+Ke^{-r(T-t)}-S,\ 0\right]$$

小结：欧式期权的下限实际上就是内在价值。

【例 10-3】考虑一个不支付红利的股票的欧式看跌期权，股票当前价格为 37 美元，执行价格为 40 美元，距离到期日有 0.5 年，无风险利率为 5%。

根据本题条件：$S=37$，$K=40$，$T-t=0.5$，$r=5\%$，因此，该期权的下限为：$p>\max\left[Ke^{-r(T-t)}-S,\ 0\right]$，$Ke^{-r(T-t)}-S=2.01$ 美元 >0 美元，即为下限。

假设该看跌期权价格比下限还低，为 1 美元，则存在如下套利机会：

套利者 t 时可以借入 38 美元的资金，期限为 6 个月；同时，将该资金用于购买看跌期权和股票。在第 6 个月末，套利者将支付：

$$38e^{r(T-t)}=38.96（美元）$$

至到期日 T，如果股票价格低于 40 美元，套利者以 40 美元执行期权（即卖出股票），并归还本息 38.96 美元，则可获利：$40-38.96=1.04$（美元）。

如果股票价格高于 40 美元，则套利者放弃执行期权，卖出股票偿还本息，如 T 时股票市场价格为 42 美元，则可获利：42-38.96=3.04（美元）。

第二节　二叉树定价模型

期权定价常在两种方式下进行，一种是离散方式，如数图法；另一种是连续时间方式，如布莱克–斯科尔斯微分方程定价法。两种定价方式一般都假设标的资产价格服从几何布朗运动，市场是完备的，且不存在套利机会。本节主要介绍如何在风险中性世界中利用二叉树图方法给期权定价。

一、状态价格定价技术

假设有一份风险证券 A，现在的市场价格是 P_0，1 年之后市场会出现两种表现：一种是价格上涨到 $u \cdot P_0$，出现这种情况的概率是 q；另一种是价格下跌到 $d \cdot P_0$，出现这种情况的概率是 $1-q$。该情况由图 10.5 表示。

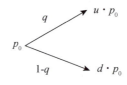

图 10.5　二叉树模型

因此，应有：

$$P_1 = \begin{cases} u \cdot P_0, & \text{当价格上涨时} \\ d \cdot P_0, & \text{当价格非上涨时} \end{cases}$$

记无风险利率为 r_f，显然应有 $d<1<1+r_f<u$。再定义两种基础证券分别是：

$$\delta_1 = \begin{cases} 1, & \text{当价格上涨时} \\ 0, & \text{当价格非上涨时} \end{cases}$$

$$\delta_2 = \begin{cases} 0, & \text{当价格非下跌时} \\ 1, & \text{当价格下跌时} \end{cases}$$

现在基础证券 δ_1 的市场价格为 p_u，基础证券 δ_2 的市场价格为 p_d，可以用只由基础证券构成的风险证券 B 来复制前面提到的风险证券 A，风险证券 B 是通过购买 $u \cdot P_0$ 数量的 δ_1 以及 $d \cdot P_0$ 数量的 δ_2 来实现的。一年后风险证券 B 的价值即为图 10.5 中二叉数的末端价值。而其期初的投资支出是按 δ_1、δ_2 的价格计算的：$p_u u \cdot P_0 + p_d d \cdot P_0$。根据无套利定价原则，既然风险证券 A 与 B 在一年后的价值是相同的，那么，它们在一年前的价值也应该是相同的，这意味着证券与被复制的证券期初市场价格应该相等，而风险证券 A 的初期价格为 P_0，因此有：

$$P_0 = p_u u \cdot P_0 + p_d d \cdot P_0 \tag{10.1}$$

该式可化简为：

$$1 = p_u u + p_d d$$

再考虑风险证券 C，其是通过同时购买 1 份基础证券 δ_1 和一份基础证券 δ_2 而构成的，而一年后无论出现何种状态，这个证券组合的市场价值都是 1 元，这是一项无风险的投资。假设收益率为无风险利率 r_f，由无套利原则可知：这 1 元的回报现值应与投资相同，于是就有：

$$P_u + P_d = \frac{1}{1 + r_f} \tag{10.2}$$

联立两个方程式，可以解出：

$$P_u = \frac{(1 + r_f) - d}{(1 + r_f)(u - d)} \tag{10.3}$$

$$P_d = \frac{u - (1 + r_f)}{(1 + r_f)(u - d)} \tag{10.4}$$

基础证券现在的价格虽然是由证券 A 的状态价格来决定的，但它除了可以用来复制证券 A 外，还可以用来复制其他证券，从而可以用来为别的证券定价，即只要证券的市场价位 P_0 相差不大，就可以用相同的两种基础证券 δ_1、δ_2 来为许多风险证券定价。这里的 δ_1、δ_2 就像价格空间的两个基底一样，但当价位相差越大时，使用相同的基础证券进行定价的误差也就很大，另外无风险利率的变化对定价没有影响。

二、二叉树方法为欧式期权定价

同样用这种状态价格定价技术给期权定价，这里讨论的是两时期模型，二叉树期权定价模型最早是由考克斯（Cox）、罗斯（Ross）和鲁宾斯坦（Rubinstein）在 1979 年提出的，他们所依据的原则也是无套利原则以及风险中性原则。这个模型有许多优点：它是一个简单模型，易编程，而且能适用于数据量大且复杂的期权定价；它可以多角度地透析期权定价，如果扩展到多个时期，二叉树方法将成为评估那些未来现金流依赖其他资产市价的期权价值的强有力的方法。

（一）单期欧式期权定价

1. 非连续复利的情况

假设在无风险利率 r_f 下，预期股票价格由 P_0 上涨到 P_1 或者下跌到 P_2，概率分别为 p 和 $q = 1 - p$。当股票上涨时，行使价格为 P_0 的看涨期权理论价值 f_1 就是 $P_1 - P_0$，而当股票价格下跌时，则该期权理论价格 $f_2 = 0$。另外，如果购买价格为 P_0 的无风险资产，在无套利假设下，m 个月（$t = 3$，6，9）后其价值应该为股票的期望价格：

$$P_0\left(1 + r_f \times \frac{m}{12}\right) = p P_1 + (1 - p) P_2 \tag{10.5}$$

$$\text{解得概率 } p = \frac{P_0\left(1 + r_f \times \dfrac{m}{12}\right) - P_2}{P_1 - P_2} \tag{10.6}$$

考虑以价格 f 卖出一份看涨期权，同时买入 Δ 份价格为 P 的股票，其中的 Δ 代表套头率，是股票期权价格变化与标的股票价格变化之比。生成的无风险资产在 m 个月之后在股票上涨和下跌的时候价值是相同的，即得：

$$P_1 \times \Delta - (P_1 - P_0) = P_2 \times \Delta \tag{10.7}$$

$$\text{解得 } \Delta = \frac{P_1 - P_0}{P_1 - P_2} \tag{10.8}$$

此无风险资产在经过 m 个月之后的价值的现值应该等于初始投资值：

$$\frac{P_2 \times \Delta}{1 + r_f \times \frac{m}{12}} = P_2 \times \Delta - r_f \tag{10.9}$$

上式体现了风险中性的假设，对所有投资者对风险的厌恶程度都一样并且不需要额外的风险补偿，所有证券的收益都是无风险利率，最后解得期权定价公式：

$$f_0 = P_0 \times \Delta - \frac{P_2 \times \Delta}{1 + r_f \times \frac{m}{12}} \tag{10.10}$$

期权的期末价值也可由股票价格上升的概率 p 来计算，即有另一种形式的定价公式：

$$f_0 = \frac{p \times f_1 + (1 - p) \times f_2}{1 + r_f \times \frac{m}{12}} = \frac{p \times (P_1 - P_0)}{1 + r_f \times \frac{m}{12}} \tag{10.11}$$

2. 连续复利的情况

在前面的理论推导中，如果将计息方式改为连续复利，只需要把贴现因子$(1 + r_f \times \frac{m}{12})$改成 $e^{r_f T}$ 即可，其中 T 是期权期限于一年之比。f_1和f_2仍然是期权在股票不同价格状态下对应的期权价格，此时便有：

$$p = \frac{P_0 e^{r_f T} - P_2}{P_1 - P_2} \tag{10.12}$$

同样可以求得连续复利型的期权定价公式：

$$f_0 = e^{r_f T}[p \times f_1 + (1 - p) \times f_2] \tag{10.13}$$

【例10-4】有一段时期和两个日期：日期0表示今天，而日期1是从现在开始的一年。有两个"基本"资产：一个股票和一个债券，还有一个衍生资产，在该股票上的看涨期权。该股票今天的价格是50美元。到期它将上涨10%或下跌3%。这一段时期的利率是6%。该看涨期权在日期1到期，其执行价格为 $X = 50$ 美元。从今天的情况看，明天只有两种可能：股价上升或下跌。如果1美元在价格上涨状态的市场价格为 q_U，在价格下跌状态的市价为 q_D，那么该债券和股票可以用这些状态价格来定价：

$$q_U \cdot S \cdot U + q_D \cdot S \cdot D = S \Rightarrow q_U U + q_D D = 1 \tag{10.14}$$

$$q_U \cdot R + q_D \cdot R = 1 \tag{10.15}$$

该状态价格只是对线性定价原则的一个解释：如果股价由于因素 U 在1时期上涨和由于因素 D 在1时期下跌，并且假设一期的利率是 R，那么任何其他资产可以通过用 q_U（在上涨状态时）或者 q_D（在下跌状态时）折现它的收益来定价。

$$q_U = \frac{R - D}{R(U - D)} \tag{10.16}$$

$$q_D = \frac{U - R}{R(U - D)} \tag{10.17}$$

本例中的状态价格如图10.6所示。

	A	B	C
1	产生状态价格		
2	上涨，U	1.10	
3	下降，D	0.97	
4	利率，R	1.06	
5			
6	状态价格		
7	q_U	0.6531	<-- =(B4-B3)/(B4*(B2-B3))
8	q_D	0.2903	<-- =(B2-B4)/(B4*(B2-B3))
9			
10	确认：状态价格确实能够对股票和债券定价		
11	定价股票：1 = q_U*U+q_D*D?	1	<-- =B7*B2+B8*B3
12	定价债券：1/R = q_U+q_D ?	1.06	<-- =1/(B7+B8)

图 10.6　状态价格

在图 10.6 的第 11 行和第 12 行中，确认状态价格能够倒推出利率和股价。现在可以用该状态价格定价该股票上的看涨期权和看跌期权，也可以去建立看跌看涨平价。该看涨期权和看跌期权定价应该是：

$$C = q_U \max(S \cdot U - X,\ 0) + q_D \max(S \cdot D - X,\ 0) \tag{10.18}$$

$$P = q_U \max(X - S \cdot U,\ 0) + q_D \max(X - S \cdot D,\ 0) \tag{10.19}$$

或者通过看跌–看涨平价原理定价，$P = C + \mathrm{PV}(X) - S$，在图 10.7 中计算。

	A	B	C
1	用状态价格来对一时期（两个日期）的二项式期权定价		
2	上涨，U	1.10	
3	下降，D	0.97	
4	利率，R	1.06	
5	初始股票价格，S	50.00	
6	期权执行价格，X	50.00	
7			
8	状态价格		
9	q_U	0.6531	<-- =(B4-B3)/(B4*(B2-B3))
10	q_D	0.2903	<-- =(B2-B4)/(B4*(B2-B3))
11			
12	对看涨期权和看跌期权的定价		
13	看涨期权价格	3.2656	<-- =B9*MAX(B5*B2-B6,0)+B10*MAX(B5*B3-B6,0)
14	看跌期权价格	0.4354	<-- =B9*MAX(B6-B5*B2,0)+B10*MAX(B6-B5*B3,0)
15			
16	看跌-看涨期权平价		
17	股票 +看跌期权	50.4354	<-- =B5+B14
18	看涨期权 + PV(X)	50.4354	<-- =B13+B6/B4
19			
20	注意看跌-看涨平价中的PV（X）： 在连续间结构中(标准的布莱克-斯科尔斯结构)，PV(X) = X*Exp(-r*T)。因为这里的结构是离散的时间，因此PV（X）也必须是离散时间：PV(X)=X/(1+r)=X/R.		

图 10.7　对一时期的二项式期权定价

（二）多期欧式期权定价

1. 二期模型

为了得到多期期权价格公式，先讨论二期模型，如图 10.8 所示。假设二期的无风险

利率为 r 且每期复利一次，则投资的 1 元到二期后有 $(1+r)^2$ 元。股票的初始价格为 $S=21$ 元，在二期末到期的看涨期权的执行价 $X=22$ 元。

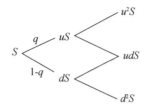

图 10.8　期权定价的二期模型

股票价格以 $q=0.5$ 的概率向上和向下波动，无风险利率为 0.15，$1+r=1.15$，$u=1.4$，$d=1.1$。将数据代入，可得到如图 10.9 所示的二叉树。

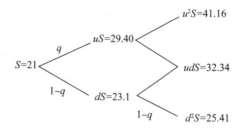

图 10.9　代入数据的二叉树

以该股票为标的的二期看涨期权的价值如图 10.10 所示。

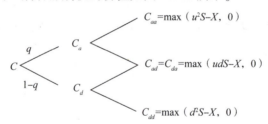

图 10.10　二期看涨期权的价值

由期权定价的一期模型 $C = \dfrac{pC_u + (1-p)C_d}{1+r}$ 可得：

$$C_u = \frac{pC_{uu} + (1-p)C_{ud}}{1+r}$$

$$C_d = \frac{pC_{du} + (1-p)C_{dd}}{1+r}$$

类似于一期模型，为了得到期权的价格，需要构造无风险套期保值证券组合，从而可以得到：

$$C = \frac{pC_u + (1-p)C_d}{1+r} \tag{10.20}$$

将 C_u、C_d 代入上式，有

$$C = \frac{p^2 C_{uu} + p(1-p)C_{ud} + p(1-p)C_{du} + (1-p)^2 C_{dd}}{(1+r)^2} \tag{10.21}$$

其中，$p = \dfrac{(1 + r) - d}{u - d}$，$1 - p = \dfrac{u - (1 + r)}{u - d}$。

由前面所给的条件可以得到：

$$C_{uu} = \max(u^2 S - X, 0) = 41.16 - 22 = 19.16(\text{元})$$

$$C_{ud} = \max(ud S - X, 0) = 32.34 - 22 = 10.34(\text{元})$$

$$C_{dd} = \max(d^2 S - X, 0) = 25.41 - 22 = 3.41(\text{元})$$

$$C = \frac{1 \times 19.16 + 2 \times 1 \times 5 \times 10.34 + 5 \times 5 \times 3.41}{6 \times 6 \times (1 + 0.15)^2}$$

$$= \frac{19.16 + 103.4 + 85.25}{36 \times 1.3225}$$

$$= 4.3648(\text{元})$$

【例 10-5】每时期股价从上一期开始上涨 10% 或下跌 3%，因此，$U = 1.10$，$D = 0.97$。在每期的利率是 6%，$R = 1.06$。

因为每期中的 U、D 和 R 都相同：

$$q_U = \frac{R - D}{R(U - D)} = 0.6531$$

$$q_D = \frac{U - R}{R(U - D)} = 0.2903$$

两时期模型中二项式期权定价计算如图 10.11 所示。

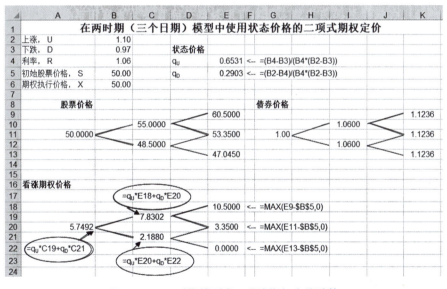

图 10.11 两时期模型中二项式期权定价计算

2. n 期模型

设股票的初始价格为 S，其变化规律与二期模型相同，但期限为 n 期，所以股票价格的 n 次波动相当于试验次数为 n 的二项式试验。因此，n 期欧式看涨期权取值的分布如下：

$$\max(u^n S - X, 0), \ \max(u^{n-1} d S - X, 0), \ \cdots, \ \max(u^{n-k} d^k S - X, 0), \ \cdots, \ \max(d^n S - X, 0)$$

$$C_n^n p^n (1 - p) 0, \ C_n^{n-1} p^{n-1} (1 - p), \ \cdots, \ C_n^k p^k (1 - p) n - k, \ \cdots, \ C_n^0 p^0 (1 - p) n_\circ$$

因此

$$C = \frac{\sum_{k=0}^{n} C_n^k p^k (1-p)^{n-k} \max(u^k d^{n-k} S - X, 0)}{(1+r)^n} \tag{10.22}$$

当 $0 < d < 1$，时，因为 $\lim_{k \to \infty} d^k = 0$，设 a 表示可使看涨期权收益为正的最小整数，即当 $k < a$ 时，有

$$u^k d^{n-k} S - X \leqslant 0$$

即

$$\max(u^k d^{n-k} S - X, 0) = 0$$

由此可得：

$$C = \frac{\sum_{k=0}^{n} C_n^k p^k (1-p)^{n-k} \max(u^k d^{n-k} S - X, 0)}{(1+r)^n}$$

$$= \frac{\sum_{k=0}^{a-1} C_n^k p^k (1-p)^{n-k} \max(u^k d^{n-k} S - X, 0)}{(1+r)^n}$$

$$+ \frac{\sum_{k=a}^{n} C_n^k p^k (1-p)^{n-k} \max(u^k d^{n-k} S - X, 0)}{(1+r)^n}$$

$$= \frac{\sum_{k=a}^{n} C_n^k p^k (1-p)^{n-k} \max(u^k d^{n-k} S - X, 0)}{(1+r)^n}$$

$$= \frac{\sum_{k=a}^{n} C_n^k p^k (1-p)^{n-k} (u^k d^{n-k} S - X)}{(1+r)^n}$$

$$= \frac{\sum_{k=a}^{n} C_n^k p^k (1-p)^{n-k} u^k d^{n-k} S}{(1+r)^n} - \frac{\sum_{k=a}^{n} C_n^k p^k (1-p)^{n-k} X}{(1+r)^n}$$

$$= S \sum_{k=a}^{n} C_n^k p^k (1-p)^{n-k} \frac{u^k d^{n-k}}{(1+r)^n} - \frac{X \sum_{k=a}^{n} C_n^k p^k (1-p)^{n-k}}{(1+r)^n} \tag{10.23}$$

式中，$\dfrac{X}{(1+r)^n}$ 为执行价格的折现值。

在 n 期模型中，股票价格上涨的次数（$\xi_n \geqslant a$）与下降次数（$\xi_n < a$）是对立事件，因此 $P(\xi_n \geqslant a)$ 和 $P(\xi_n < a)$ 是两个互补事件的概率，$P(\xi_n \geqslant a)$ 是看涨期权价值为正的累积概率。

令 $p' = p \times \dfrac{u}{1+r}$，$1 - p' = \dfrac{d}{1+r} \times (1-p)$

则有

$$\frac{u^k d^{n-k}}{(1+r)^n} \times p^k \times (1-p)^{n-k} = \left(\frac{u}{1+r} \times p\right)^k \left[(1-p) \times \frac{d}{1+r}\right]^{n-k} \qquad (10.24)$$
$$= (p')^k (1-p')^{n-k}$$

因此，欧式看涨期权二项式定价模型可写成：

$$C = SP(\xi_n \geq a \mid p') - \frac{X}{(1+r)^n} P(\xi_n \geq a) \qquad (10.25)$$

其中，$p = \frac{(1+r)-d}{u-d}$，$p' = \frac{u}{1+r} \times p$。式中，$a$ 是大于 $\frac{\ln(X/Sd^n)}{\ln(u/d)}$ 的最小非负整数，如果 $a > n$，则 $C = 0$。

$$P(\xi_n \geq a \mid p') = \sum_{k=a}^{n} C_n^k (p')^k (1-p')^{n-k} \qquad (10.26)$$

$$P(\xi_n \geq a) = \sum_{k=a}^{n} C_n^k p^k (1-p)^{n-k} \qquad (10.27)$$

式中，n 为总的时间期限；r 为每期的无风险利率。

结果分析：

①看涨期权的价值随着股票价格的上涨而上涨，当执行价格升高时，它的价值随之降低。另外，无风险利率、期权到期期限 n、二项分布的方差 $\sigma^2 = np(1-p)$ 也影响看涨期权的价值。

②当无风险利率上升时，它的主要影响是降低执行价格的折现值 $\frac{X}{(1+r)^n}$。尽管 r 的上升会引起 p 和 p' 的变化，但依然可以提高看涨期权的价值。

③延长到期期限同样提高了看涨期权的价格。我们知道，看涨期权的价值等于最终收益率的折现乘以套期保值的概率。时间期限的数值虽然不改变套期保值的概率，但它增加了正收益的项数，而且二项分布收益也随着期望值 $E(\xi_n) = np$ 的增加而增加。

④看涨期权价值随着二项分布方差 $D(\xi_n) = \mathrm{Var}(\xi_n) = np(1-p)$ 的增加而增加。

第三节　Black-Scholes 期权定价

1973 年，布莱克和斯科尔斯发表著名论文，证明了对不支付股利股票的欧式看涨期权和看跌期权的定价公式。布莱克-斯科尔斯(Black-Scholes)公式容易使用，而且它常对比较复杂的期权定价给出一个适当的近似值。

一、布莱克-斯科尔斯微分方程

布莱克-斯科尔斯微分方程是一个依赖无股息股票的衍生产品价格必须满足的方程式，与第二节中利用二叉树描述股票价格时的无套利方法类似。需要在定价过程中构造一个由衍生产品与标的股票所组成的无套利的交易组合。在不用套利的条件下，这一交易组合的收益率必须为无风险利率 r，由此可以得出期权价格必须满足的微分方程。

之所以可以建立无风险交易组合，是由于股票价格与期权价格均受同一种不定性的影响，即股票价格的变动。在任意一段短时期内，衍生产品的价格与股票价格有完美的相关性；在建立了一个适当的股票与期权的组合后，由股票所带来的盈亏总是可以抵消由期权所带来的盈亏。这样一来，交易组合在一个短时间内的价值变化也就成为已知且确定的。

在推导布莱克–斯科尔斯微分方程时，可以使用以下假设方法：

①股票价格服从连续随机过程。

②可以卖空证券，并且可以完全使用所得收入。

③无交易费用和税收，所有证券均可无限分割。

④在期权期限内，股票不支付股息。

⑤不存在无风险套利机会。

⑥证券交易为连续进行。

⑦短期无风险利率 r 为常数，并对所有期限都是相同的。

假设股票价格服从以下的过程，即

$$dS = \mu S dt + \sigma S dz \tag{10.28}$$

f 为关于 S 的看涨期权(或其他取决于 S 的衍生产品价格)。变量 f 必须是 S 和 t 的函数，因此可以得出：

$$df = \left(\frac{\partial f}{\partial S}\mu S + \frac{\partial f}{\partial t} + \frac{1}{2}\frac{\partial^2 f}{\partial S^2}\sigma^2 S^2\right)dt + \frac{\partial f}{\partial S}\sigma S dz \tag{10.29}$$

式(10.28)和式(10.29)的离散形式为

$$\Delta S = \mu S \Delta t + \sigma S \Delta z \tag{10.30}$$

$$\Delta f = \left(\frac{\partial f}{\partial S}\mu S + \frac{\partial f}{\partial t} + \frac{1}{2}\frac{\partial^2 f}{\partial S^2}\sigma^2 S^2\right)\Delta t + \frac{\partial f}{\partial S}\sigma S \Delta z \tag{10.31}$$

式中，ΔS 与 Δf 为 S 和 f 在一个短时间区间的 Δt 内的变化量。选取的证券组合为一个衍生产品的空头与 $\frac{\partial f}{\partial S}$ 数量的股票。定义 Π 为组合的价值，因此

$$\Pi = -f + \frac{\partial f}{\partial S}S \tag{10.32}$$

证券组合的价格在 Δt 时间区间内的变化为：

$$\Delta \Pi = -\Delta f + \frac{\partial f}{\partial S}\Delta S \tag{10.33}$$

将式(10.30)和式(10.31)代入式(10.33)得出：

$$\Delta \Pi = \left(-\frac{\partial f}{\partial t} - \frac{1}{2}\frac{\partial^2 f}{\partial S^2}\sigma^2 S^2\right)\Delta t \tag{10.34}$$

因为上面方程的右端不含有 Δz，所以证券组合在 Δt 时间内一定是无风险的。前面的假设意味着该证券组合必须赚取与其他短期无风险证券相同的瞬时收益率。如果该组合赚取的比这个收益率更高，套利者以通过借入资金买入组合而取得无风险盈利；如果比这个收益率低，套利者可以卖空组合并同时买入无风险投资证券，从而取得无风险盈利，因此

$$\Delta \Pi = r\Pi \Delta t \tag{10.35}$$

式中，r 为无风险利率。将式(10.32)和式(10.34)代入式(10.35)可以得出

$$\left(\frac{\partial f}{\partial t} + \frac{1}{2}\frac{\partial^2 f}{\partial S^2}\sigma^2 S^2\right)\Delta t = r\left(f - \frac{\partial f}{\partial S}S\right)\Delta t$$

因此

$$\frac{\partial f}{\partial t} + rS\frac{\partial f}{\partial S} + \frac{1}{2}\sigma^2 S^2 \frac{\partial^2 f}{\partial S^2} = rf \qquad (10.36)$$

式(10.36)就是布莱克-斯科尔斯微分方程。对应于以 S 为标的变量的不同衍生产品,这一方程有不同的解。对于某一特定衍生产品,以上方程的解与方程的边界条件有关:边界条件定义的衍生产品在 S 和 t 的边界上的取值范围。欧式看涨期权的关键边界条件为:

当 $t=T$ 时,$f=\max(S-K, 0)$

欧式看跌期权的关键边界条件为:

当 $t=T$ 时,$f=\max(K-S, 0)$

二、布莱克-斯科尔斯定价公式

微分方程式(10.36)最著名的解是关于看涨期权与看跌期权的定价公式,这些公式为:

$$c = S_0 N(d_1) - K e^{-rT} N(d_2) \qquad (10.37)$$

和

$$p = K e^{-rT} N(-d_2) - S_0 N(-d_1) \qquad (10.38)$$

其中

$$d_1 = \frac{\ln(S_0/K) + \left(r + \frac{\sigma^2}{2}\right)T}{\sigma\sqrt{T}}$$

$$d_2 = \frac{\ln(S_0/K) + \left(r - \frac{\sigma^2}{2}\right)T}{\sigma\sqrt{T}} = d_1 - \sigma\sqrt{T}$$

函数 $N(x)$ 为标准正态分布的累积概率分布函数(图10.12)。换言之,这一函数等于服从标准正态分布 $\varphi(0, 1)$ 的随机变量小于 x 的概率。我们对方程中的其他记号应该很熟悉:c 与 p 分别为欧式看涨与看跌期权的价格,S_0 为股票在时间 0 的价格,K 为执行价格,r 为连续复利的无风险利率,σ 为股票价格的波动率,T 为期权的期限。

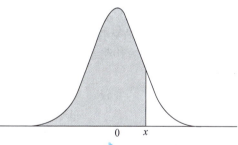

图 10.12　累积概率分布函数

对式(10.37)中的 $N(d_2)$ 有一个简单解释:它是在风险中性世界里期权被行使的概率。而对 $N(d_1)$ 却没有一个简单解释,表达式 $S_0 N(d_1)e^{rT}$ 是一个在 $S_T > K$ 时等于 S_T,在其他情形($S_T \leqslant K$ 时)等于 0 的变量在风险中性世界里的期望值。只有当股票价格大于执行价格 K 时,执行价格才会被支付,相应的概率为 $N(d_2)$,在风险中性世界里,期权在时间 T 的期望值等于:

$$S_0 N(d_1) e^{rT} - KN(d_2)$$

将以上表达式由时间 T 到时间 0 进行贴现,便可得出欧式看涨期权的布莱克-斯科尔斯公式:

$$c = S_0 N(d_1) - Ke^{-rT} N(d_2)$$

对于布莱克-斯科尔斯公式,还有另一种解释,也可以写成:

$$c = e^{-rT}N(d_2)\left[S_0\,e^{rT}N(d_1)/N(d_2) - K\right]$$

式中，e^{-rT} 为贴现因子；$N(d_2)$ 为期权被行使的概率；$S_0 e^{rT}N(d_1)/N(d_2)$ 为如果期权被行使，在风险中性世界里预期股票价格；K 为期权被行使时，相应的执行价格。

【例10-6】假设某种不支付红利的股票的市场价格为50元，无风险利率为12%，该股票的年波动率为10%，求该股票协议价格为50元，期限为1年的欧式看涨期权和看跌期权价格。

在本题中，可以将相关参数表达如下：

$S=50$，$X=50$，$r=0.12$，$\sigma=0.1$，$T=1$，计算出 d_1 和 d_2：

$$d_1 = \frac{\ln(50/50) + \left(0.12 + \dfrac{0.01}{2}\right)\times 1}{0.1\times\sqrt{1}} = 1.25$$

$$d_2 = d_1 - 0.1\times\sqrt{1} = 1.15$$

计算 $N(d_1)$ 和 $N(d_2)$：

$N(d_1) = N(1.25) = 0.894\,4$

$N(d_2) = N(1.15) = 0.874\,9$

将上述结果和已知条件代入公式，得到欧式看涨期权价格为：

$$c = 50\times 0.894\,4 - 50\times 0.874\,9\,e^{-0.12\times 1} = 5.92(元)$$

由 $p = Ke^{-rT}N(-d_2) - S_0 N(-d_1)$ 可以计算得出欧式看跌期权的价格为：

$$P = 50\times(1 - 0.874\,9)\,e^{-0.12\times 1} - 50\times(1 - 0.894\,4) = 0.27(元)$$

三、布莱克-斯科尔斯期权定价公式的应用

(一)计算期权价格

【例10-7】计算目前股价 $S=50$ 股票上的看涨期权价格(图10.13)，执行价格 $X=45$，年利率 $r=4\%$，$\sigma=30\%$。期权有 $T=0.5$ 年的到期期限。注意三个参数 T、r 和 σ 都假定以年为单位。

	A	B	C	D
1		布莱克-斯科尔斯期权定价公式		
2	S	50	当前的股票价格	
3	X	45	执行价格	
4	r	4.00%	无风险利率	
5	T	0.75	期权的到期时间（年）	
6	Sigma	30%	股票的波动性，σ	
7				
8	d_1	0.6509	<-- (LN(S/X)+(r+0.5*sigma^2)*T)/(sigma*SQRT(T))	
9	d_2	0.3911	<-- d₁-sigma*SQRT(T)	
10				
11	$N(d_1)$	0.7424	<-- 使用公式 NormSDist(d₁)	
12	$N(d_2)$	0.6521	<-- 使用公式 NormSDist(d₂)	
13				
14	看涨期权价格	8.64	<-- S*N(d₁)-X*exp(-r*T)*N(d₂)	
15	看跌期权价格	2.31	<-- call price - S + X*Exp(-r*T)：用看跌-看涨期权平价定理	
16		2.31	<-- X*exp(-r*T)*N(-d₂) - S*N(-d₁)：直接用公式	

图10.13　布莱克-斯科尔斯期权定价公式

注意两次计算的看跌期权的价格：在单元格 B15 中用看跌-看涨期权平价定理计算，在单元格 B16 中直接用布莱克-斯科尔斯公式计算。使用这个电子表做敏感性分析。图 10.14 所示"模拟运算表"给出当股价 S 变动时该看涨期权的布莱克-斯科尔斯值与内在价值的比较。

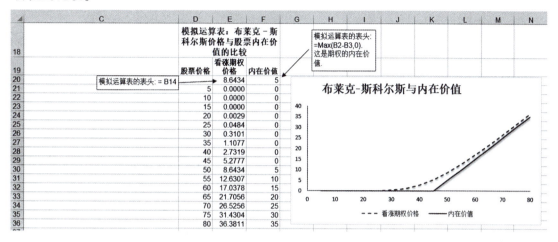

图 10.14　模拟运算表

(二)计算隐含波动率

布莱克-斯科尔斯公式取决于 5 个参数：股票价格、期权的执行价格、期权的到期时间 T、利率 r 和该期权基础股票收益的标准差 σ。这 5 个参数中前 4 个较为直观，但第 5 个参数 σ 需要进行计算。计算 σ 有两种常用方法：

①基于该股票的历史收益数据来计算。

②基于该股票的隐含波动率来计算。

1. 基于该股票的历史收益数据来计算

对于给定结构和频率的收益，可以计算在此期间的波动率。常用的一些时间结构之间有很大不同：有些从业者采用短期(如 30 天)的时间来计算，而有些人则采用较长的时间结构(上至 1 年)。类似地，收益的频率也可按日、周或者月计算。因为期权大多数为短期，因此较短的时间结构更为常见。我们采用以这一时间段内的波动率来乘以 1 年内该时间段的次数的平方根的方法计算年化波动率：

$$\sigma_{年} = \begin{cases} \sqrt{12} \cdot \sigma_{月} \\ \sqrt{52} \cdot \sigma_{周} \\ \sqrt{250} \cdot \sigma_{日} \end{cases}$$

大多数从业人员采用 250 天或 252 天作为每年的交易日。然而，使用 365 天的例子也存在。

【例 10-8】图 10.15 中列出了 1 年内 SPDR 和 P500(SPY)每日的收盘价，以及 SPY 的历史价格和相应的历史波动率。

	A	B	C	D	E	F	G	H
1				SPY 的历史价格，日数据				
2	日期	收盘价格	收益				收益统计，一年	
3	10/Oct/11	117.07				计数日	252	<-- =COUNT(C:C)
4	11/Oct/11	117.19	0.10%	<-- =LN(B4/B3)		日平均收益率	0.08%	<-- =AVERAGE(C:C)
5	12/Oct/11	118.22	0.88%	<-- =LN(B5/B4)		日收益的标准差	1.03%	<-- =STDEV(C:C)
6	13/Oct/11	117.98	-0.20%					
7	14/Oct/11	120	1.70%			年化平均收益率	0.99%	<-- =12*G4
8	17/Oct/11	117.71	-1.93%			年化收益标准差	16.34%	<-- =SQRT(252)*G5
9	18/Oct/11	120.01	1.94%					
10	19/Oct/11	118.59	-1.19%			收益统计，下半年		
11	20/Oct/11	119.11	0.44%			计数日	126	<-- =COUNT(C130:C255)
12	21/Oct/11	121.37	1.88%			日平均收益率	0.05%	<-- =AVERAGE(C130:C255)
13	24/Oct/11	122.86	1.22%			日收益的标准差	0.87%	<-- =STDEV.S(C130:C255)
14	25/Oct/11	120.47	-1.96%					
15	26/Oct/11	121.69	1.01%			年化平均收益率	0.59%	<-- =12*G12
16	27/Oct/11	125.93	3.42%			年化收益标准差	13.76%	<-- =SQRT(252)*G13
17	28/Oct/11	125.9	0.02%					

图 10.15 SPY 的历史价格和相应的历史波动率

由此可知，基于全年数据的历史波动率为 16.34%，而基于下半年数据的历史波动率为 13.76%。

2. 基于该股票的隐含波动率来计算

【例 10-9】计算 SPY 期权的隐含波动率 (图 10.16)。

	A	B	C
1		2013年1月SPY期权的隐含波动率	
2	当前日期	9-Oct-12	
3	期权执行日	19-Jan-13	
4			
5	当前SPY价格，S	144.2	
6	期权执行价格，X	144	
7	当期时间，T	0.2794521	<-- =(B3-B2)/365
8	利率	0.08%	
9			
10	实际看涨期权价格	4.74	
11	实际看跌期权价格	4.91	
12			
13	看涨期权隐含波动率	15.22%	<-- =CallVolatility(B5,B6,B7,B8,B10)
14	证明：布莱克斯科尔斯看涨期权价格	4.74	<-- =BSCall(B5,B6,B7,B8,B13)
15			
16	看跌期权隐含波动率	16.54%	<-- =PutVolatility(B5,B6,B7,B8,B11)
17	证明：布莱克斯科尔斯看跌期权价格	4.91	<-- =BSPut(B5,B6,B7,B8,B16)

图 10.16 计算 SPY 期权的隐含波动率

由图 10.16 可知，看涨期权的隐含波动率是 15.22%，看跌期权的隐含波动率是 16.54%。正如单元格 B14 和 B17 中列出的那样，当这些波动率带回布莱克-斯科尔斯公式中，将得到当前市场价格。

3. 平价期权的定价

【例 10-10】当用所有到期日的历史波动率来定价 SPY 平价期权时，可以发现采用全年历史波动率作为 σ 的替代的布莱克-斯科尔斯模型对此看涨期权的定价是合理的，如图 10.17 所示。

	A	B	C	D	E	F	G	H
1	SPY平价期权的定价 历史波动率和隐含波动率							
2	当期价格	9-Oct-12						
3	当前SPY价格，S	144.2						
4	执行，X	144						
5	标准差，σ	16.34%						
6								
7	行权日	市场价	利率	至到期日的实际,T	BS, 历史标准差		隐含波动率	
8	20/Oct/12	1.40	0.08%	0.0301	1.73	<-- =BSCall($B$3,$B$4,D8,C8,$B$5)	12.99%	<-- =CallVolatility($B$3,$B$4,D8,C8,B8)
9	17/Nov/12	2.80	0.08%	0.1068	3.18	<-- =BSCall($B$3,$B$4,D9,C9,$B$5)	14.33%	<-- =CallVolatility($B$3,$B$4,D9,C9,B9)
10	22/Dec/12	3.93	0.08%	0.2027	4.34		14.75%	
11	31/Dec/12	4.06	0.08%	0.2274	4.59		14.40%	
12	19/Jan/13	4.74	0.08%	0.2795	5.08		15.22%	
13	16/Mar/13	5.88	0.08%	0.4329	6.30		15.23%	
14	28/Mar/13	6.25	0.12%	0.4658	6.55		15.58%	
15	22/Jun/13	8.37	0.12%	0.7014	8.02		17.07%	
16	28/Jun/13	8.53	0.12%	0.7178	8.11		17.20%	
17	21/Sep/13	9.55	0.12%	0.9507	9.33		16.74%	
18	30/Sep/13	10.18	0.12%	0.9753	9.45		17.64%	
19	18/Jan/14	11.93	0.18%	1.2767	10.85		18.01%	

图 10.17　历史波动率定价 SPY 平价期权

很难说明在期权定价上，两个方法到底哪个更好。一方面，把历史收益的波动视为未来预期收益波动的一个预测指标是很常见的。另一方面，隐含波动率对市场目前的态度是一个很好的暗示。可以采用两个并且进行比较。

知识库

2023 年召开的中央金融工作会议指出，“高质量发展是全面建设社会主义现代化国家的首要任务，金融要为经济社会发展提供高质量服务”。引导金融回归服务实体经济本源，提升金融服务实体经济能力，两者既是目标和基础的关系，也互为因果、相互促进，增强金融业实力是更好服务实体经济的基础，实体经济高质量发展本身蕴含金融创新发展的更大空间。

习近平总书记在省部级主要领导干部推动金融高质量发展专题研讨班开班式上发表重要讲话，强调“必须加快构建中国特色现代金融体系，建立健全科学稳健的金融调控体系、结构合理的金融市场体系、分工协作的金融机构体系、完备有效的金融监管体系、多样化专业性的金融产品和服务体系、自主可控安全高效的金融基础设施体系”。

证监会副主席王建军表示，期货行业要加大政策落实和工作推进力度，健全期货功能，着力提升服务实体经济的质效，助力强国建设。切实维护期货市场安全稳定运行。保障市场安全有序，确保期货价格发现快速、准确，持续做好风险监测和预研预判；健全市场功能，围绕重大战略、重点领域和薄弱环节提供优质期货服务；优化市场参与者结构，把服务产业客户作为重中之重，以提升产业客户参与度为抓手推动期货市场功能发挥。把握机构发展定位，提升服务实体经济质效。推动期货行业机构坚持以服务实体经济为根本宗旨，把握好促进经济社会发展和实现自身经济目标的关系。要明确金融具有功能性和营利性的双重特性，其中功能性是第一位，要在服务实体经济中实现自身价值、在推动高质量发展中获得合理回报。坚持防控风险的永恒主题，统筹业务创新与安全，发挥专业优势，立足专长开展特色化经营，为市场提供差异化产品。落实监管主责主业，发挥好监管协同作用。要加强法治建设，持续做好期货法配套法规制度的“立改废”工作；要着力提升提高监管效能；把握好监管的时度效，大力强化机构监管、行为监管、功能监管、穿透式监管、持续监管，依法规范和引导期货行业健康发展；要加强“五位一体”监管协同，形成务实高效、灵活多样的合作机制，及时应对行业创新发展中的情况和问题。

练习题

1. 美式看涨期权标的物是当前股价 $S=50$ 的股票，看涨期权的执行价格是 $X=45$。如果该看涨期权的价格是 2，你该如何套利？如果期权可在时间 $T=1$ 年度执行，且如果利率是 10%，那么该期权的最低价格是多少？

2. 使用布莱克-斯科尔斯模型给下列情况定价：

①在当前价格为 50 的股票上的一个看涨期权，其执行价格 $X=50$，$T=0.5$，$r=10\%$，$\sigma=25$；②一个具有相同参数的看跌期权。

第十一章 基于 Excel 的金融计量实验

📚 内容简介

　　金融计量学是金融市场中的计量经济学。它主要研究的是通过模型来描述价格、收益率、利率、财务比率、违约等金融时间序列。而本章主要对金融计量进行入门介绍，对一元线性回归和多元线性回归的基本概念、假设和估计的基本原理进行系统阐述，并运用 Excel 工具使用不同方法举例进行线性回归分析操作。

📚 教学目的

　　了解金融计量基本含义及原理，掌握线性回归基础知识，并且能够应用 Excel 进行线性回归分析。

第一节　金融计量的含义及原理

　　要理解金融计量学的含义，首先有必要了解计量经济学。计量经济学是将经济理论实用化、数量化的实证经济学。它是利用经济理论、数学、统计推断等工具对经济现象进行分析的经济学科的分支，具体包括模型设计和建立、参数估计和检验以及利用模型进行预测等。

一、金融计量学的含义

　　在西方，金融计量学一般是指金融市场的计量分析，主要包括对金融市场各种变量（利率、汇率、交易量、价格等）进行相应的统计分析和计量建模，以及对实证金融中的大量金融理论和现象进行分析。在本书中，金融计量分析主要包括两大部分：金融的主要计量方法和金融市场的实证分析。

　　在金融计量建模过程中侧重于计量方法在金融市场的应用。参照英国著名金融计量学家布鲁克斯（Chris Brooks）的思路，对金融计量建模的步骤描述如下：

　　步骤一：关于研究问题的概述。

步骤二：样本数据收集。

步骤三：选择合适的估计方法来估计模型。

步骤四：对模型进行实证检验。

步骤五：模型应用。

其中建模所使用的数据类型主要包括：

①时间序列数据(Time Series Data)。

②横截面数据(Cross-sectional Data)。

③面板数据(Panel Data)。

二、金融计量的基本原理

(一)线性回归概述

在现实生活中，事物之间往往存在相互影响关系，尤其在经济领域，一个变量的变化发展经常受其他变量变动影响。计量经济学中的回归分析主要就是研究事物之间的相关关系。为了简便起见，不妨用向量 $X = (X_1, \cdots, X_{m-1})$ 来表示 $m-1$ 个解释向量，而用随机变量 Y 来表示被解释变量，引入随机扰动项 ε，则 Y 与 X 之间的相关关系就可以表示为：

$$Y = f(X_1, \cdots X_{m-1}, \varepsilon) \tag{11.1}$$

此外，在确立被解释变量与解释变量之间存在相关关系后，还可以根据这种相关关系的表达式是否为线性，将回归分析区分为线性回归分析和非线性回归分析。而在线性回归分析中，又可以根据解释变量的个数分类为一元线性回归分析和多元线性回归分析。

(二)一元线性回归模型

一元线性回归模型是用于描述两个变量之间的线性关系的计量模型，它是多元线性回归模型和非线性回归模型的基础，在金融实证分析中得到了较广泛的运用。

1. 模型简介

一元线性回归模型为：

$$y_i = \beta_0 + \beta_1 x_i + \mu_i \tag{11.2}$$

上式表示变量 y_i 和 x_i 之间的真实关系。式中，y_i 为被解释变量(因变量)；x_i 为解释变量(自变量)；μ_i 为随机误差项；β_0 为常数项；β_1 为回归系数(通常未知)。以上模型可以分为两部分。

(1)回归函数部分

$$E(y_i) = \beta_0 + \beta_1 x_i \tag{11.3}$$

(2)随机部分：μ_i

图 11.1 所示为真实的回归直线。

这种模型可以被赋予各种实际意义：GDP 与财政收入的关系；国债价格与市场利率的关系；股票价格与成交量的关系等。

回归模型的随机误差项中一般包括以下几项内容：①非重要解释变量的省略；②人的随机行为；③数学模型形式欠妥；④归并

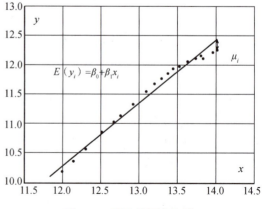

图 11.1　真实的回归直线

误差；⑤测量误差等。

回归模型存在两个特点：①建立在某些假定条件不变前提下抽象出来的回归函数不能百分之百地再现所研究的经济过程。②也正是由于这些假定与抽象，才使能够透过复杂的经济现象，深刻认识到该经济过程的本质。

通常，线性回归函数 $E(y_i)=\beta_0+\beta_1 x_i$ 是观察不到的，利用样本得到的只是对 $E(y_i)=\beta_0+\beta_1 x_i$ 的估计，即对 β_0 和 β_1 的估计。

2. 基本假设

①解释变量：是确定性变量，不是随机变量。

$$\mathrm{Var}(X_i)=0$$

②随机误差项：零均值、同方差，在不同样本点之间独立，不存在序列相关等。

$$E(\mu_i)=0 \quad i=1,2,\cdots,n$$
$$\mathrm{Var}(\mu_i)=\sigma^2 \quad i=1,2,\cdots,n \tag{11.4}$$
$$\mathrm{Cov}(\mu_i,\mu_j)=0 \quad i\neq j;\ i,j=1,2,\cdots,n$$

③随机误差项与解释变量：不相关。

$$\mathrm{Cov}(X_i,\mu_i)=0 \quad i=1,2,\cdots,n \tag{11.5}$$

④针对最大似然法和假设检验随机误差项：

$$\mu_i \sim N(0,\sigma^2) \quad i=1,2,\cdots,n \tag{11.6}$$

⑤回归模型正确设定。

回归模型的正确设定有三方面的要求：第一，选择正确的变量进入模型；第二，对模型的形式进行正确的假定；第三，对模型的解释变量、被解释变量以及随机干扰项做出了正确的假定。

前四条为线性回归模型的古典假设，即高斯假设。满足古典假设的线性回归模型被称为古典线性回归模型。

3. 最小二乘估计(OLS)

对于所研究的经济问题，通常真实的回归直线是观测不到的。收集样本的目的就是要对这条真实的回归直线做出估计。应怎样估计这条直线呢？显然，综合分析，这条直线处于样本数据的中心位置最合理。

设估计的直线用 $\hat{y}_i=\hat{\beta}_0+\hat{\beta}_1 x_i$ 表示。其中，$\hat{y}_i$ 被称为 y_i 的拟合值(Fitted Value)；$\hat{\beta}_0$ 和 $\hat{\beta}_1$ 分别是 β_0 和 β_1 的估计量。观测值到这条直线的纵向距离用 $\hat{\mu}_i$ 表示，称为残差。

$$y_i=\hat{y}_i+\hat{\mu}_i=\hat{\beta}_++\hat{\beta}_1 x_i+\mu_i \tag{11.7}$$

被称为估计的模型。假定样本容量为 T。

①用"残差和最小"确定直线位置是一个途径，但很快发现计算"残差和"存在相互抵消的问题。

②用"残差绝对值和最小"确定直线位置也是一个途径，但绝对值的计算比较麻烦。

③最小二乘法的原则是以"残差平方和最小"确定直线位置。用最小二乘法除了计算比较方便外，得到的估计量还具有优良特性(这种方法对异常值非常敏感)。设残差平方和用 Q 表示：

$$Q=\sum_{i=1}^{T}\hat{\mu}_i^2=\sum_{i=1}^{T}(y_i-\hat{y}_i)^2=\sum_{i=1}^{T}(y_i-\hat{\beta}_0-\hat{\beta}_1 x_i)^2 \tag{11.8}$$

通过 Q 最小确定这条直线，即确定 $\hat{\beta}_0$ 和 $\hat{\beta}_1$ 的估计值。以 $\hat{\beta}_0$ 和 $\hat{\beta}_1$ 为变量，把 Q 看作 $\hat{\beta}_0$ 和 $\hat{\beta}_1$ 的函数，这是一个求极值的问题。求 Q 对 $\hat{\beta}_0$ 和 $\hat{\beta}_1$ 的偏导数并令其为 0，得正规方程：

$$\begin{cases} \dfrac{\partial Q}{\partial \hat{\beta}_0} = 2\sum_{i=1}^{T} (y_i - \hat{\beta}_0 - \hat{\beta}_1 x_i)(-1) = 0 \\ \dfrac{\partial Q}{\partial \hat{\beta}_1} = 2\sum_{i=1}^{T} (y_i - \hat{\beta}_0 - \hat{\beta}_1 x_i)(-x_i) = 0 \end{cases} \tag{11.9}$$

下面用代数和矩阵两种形式推导计算结果。

首先用代数形式推导，由式(11.9)得：

$$\begin{cases} \sum_{i=1}^{T} (y_i - \hat{\beta}_0 - \hat{\beta}_1 x_i) = 0 \\ \sum_{i=1}^{T} (y_i - \hat{\beta}_0 - \hat{\beta}_1 x_i) x_i = 0 \end{cases} \tag{11.10}$$

式(11.10)两侧用 T 除并整理得：

$$\hat{\beta}_0 = \bar{y} - \hat{\beta}_1 \bar{x} \tag{11.11}$$

把式(11.11)代入式(11.10)并整理得：

$$\sum_{i=1}^{T} \left[(y_i - \bar{y}) - \hat{\beta}_1 (x_i - \bar{x}) \right] x_i = 0 \tag{11.12}$$

$$\sum_{i=1}^{T} (y_i - \bar{y}) x_i - \hat{\beta}_1 \sum_{i=1}^{T} (x_i - \bar{x}) x_i = 0 \tag{11.13}$$

$$\hat{\beta}_1 = \frac{\sum x_i (y_i - \bar{y})}{\sum (x_i - \bar{x}) x_i} \tag{11.14}$$

因为 $\sum_{i=1}^{T} x - (y_i - \bar{y}) = 0$，$\sum_{i=1}^{T} \bar{x}(x_i - \bar{x}) = 0$（采用离差和为零的结论：$\sum_{i=1}^{T} (x_i - \bar{x}) = 0$，$\sum_{i=1}^{T} (y_i - \bar{y}) = 0$），所以，使用配方法分别在式(11.14)的分子和分母上减 $\sum_{i=1}^{T} \bar{x}(y_i - \bar{y})$ 和 $\sum_{i=1}^{T} \bar{x}(x_i - \bar{x})$ 得：

$$\begin{aligned} \hat{\beta}_1 &= \frac{\sum x_i (y_i - \bar{y}) - \sum \bar{x}(y_i - \bar{y})}{\sum (x_i - \bar{x}) x_i - \sum \bar{x}(x_i - \bar{x})} \\ &= \frac{\sum (x_i - \bar{x})(y_i - \bar{y})}{\sum (x_i - \bar{x})^2} \end{aligned} \tag{11.15}$$

即有结果：

$$\begin{cases} \hat{\beta}_1 = \dfrac{\sum (x_i - \bar{x})(y_i - \bar{y})}{\sum (x_i - \bar{x})^2} \\ \hat{\beta}_0 = \bar{y} - \hat{\beta}_1 \bar{x} \end{cases} \tag{11.16}$$

这是观测值形式。如果以离差形式表示，就更加简单好记：

$$\begin{cases} \hat{\beta}_1 = \dfrac{\sum x_i y_i}{\sum x_i^2} \\ \hat{\beta}_0 = \bar{y} - \hat{\beta}_1 \bar{x} \end{cases} \tag{11.17}$$

接着用矩阵形式推导。

由正规方程：

$$\begin{cases} \dfrac{\partial Q}{\partial \hat{\beta}_0} = 2 \sum_{i=1}^{T} (y_i - \hat{\beta}_0 - \hat{\beta}_1 x_i)(-1) = 0 \\ \dfrac{\partial Q}{\partial \hat{\beta}_1} = 2 \sum_{i=1}^{T} (y_i - \hat{\beta}_0 - \hat{\beta}_1 x_i)(-x_i) = 0 \end{cases} \tag{11.18}$$

得：

$$\begin{cases} \hat{\beta}_0 T + \hat{\beta}_1 (\sum_{i=1}^{T} x_i) = \sum_{i=1}^{T} y_i \\ \hat{\beta}_0 \sum_{i=1}^{T} x_i + \hat{\beta}_1 (\sum_{i=1}^{T} x_i^2) = \sum_{i=1}^{T} x_i y_i \end{cases} \tag{11.19}$$

$$\begin{bmatrix} T & \sum x_i \\ \sum x_i & \sum x_i^2 \end{bmatrix} \begin{bmatrix} \beta_0 \\ \beta_1 \end{bmatrix} = \begin{bmatrix} \sum y_i \\ \sum x_i y_i \end{bmatrix}$$

$$\begin{bmatrix} \hat{\beta}_0 \\ \hat{\beta}_1 \end{bmatrix} = \begin{bmatrix} T & \sum x_i \\ \sum x_i & \sum x_i^2 \end{bmatrix}^{-1} \begin{bmatrix} \sum y_i \\ \sum x_i y_i \end{bmatrix} = \frac{1}{T \sum x_i^2 - (\sum x_i)^2} \begin{bmatrix} \sum x_i^2 & -\sum x_i \\ -\sum x_i & T \end{bmatrix} \begin{bmatrix} \sum y_i \\ \sum x_i y_i \end{bmatrix}$$

$$= \begin{bmatrix} \dfrac{\sum x_i^2 - \sum y_i - \sum x_i \sum x_i y_i}{T \sum x_i^2 - (\sum x_i)^2} \\ \dfrac{T \sum x_i y_i - \sum x_i \sum y_i}{T \sum x_i^2 - (\sum x_i)^2} \end{bmatrix} \tag{11.20}$$

注意：关键是求逆矩阵 $\begin{bmatrix} T & \sum x_i \\ \sum x_i & \sum x_i^2 \end{bmatrix}^{-1}$。它等于其伴随阵除以其行列式，伴随阵是其行列式对应的代数余子式构成的方阵的转置。

观测值形式：

$$\begin{cases} \hat{\beta}_1 = \dfrac{\sum (x_i - \bar{x})(y_i - \bar{y})}{\sum (x_i - \bar{x})^2} \\ \hat{\beta}_0 = \bar{y} - \hat{\beta}_1 \bar{x} \end{cases} \tag{11.21}$$

离差形式：

$$\begin{cases} \hat{\beta}_1 = \dfrac{\sum x_i y_i}{\sum x_i^2} \\ \hat{\beta}_0 = \bar{y} - \hat{\beta}_1 \bar{x} \end{cases} \tag{11.22}$$

4. 最大似然估计(ML)

对于一元线性回归模型:

$$Y_i = \beta_0 + \beta_1 X_i + \mu_i \quad i = 1, 2, \cdots, n \tag{11.23}$$

重要的基本假设:

$$\begin{cases} \mu_i \sim N(0, \sigma^2) \quad i = 1, 2, \cdots, n \\ \mathrm{Cov}(\mu_i, \mu_j) = 0 \quad i \neq j;\ i, j = 1, 2, \cdots, n \\ \mathrm{Var}(X_i) = 0 \quad i = 1, 2, \cdots, n \end{cases} \tag{11.24}$$

得到:

$$Y_i \sim N(\beta_0 + \beta_1 X_i, \sigma^2) \quad i = 1, 2, \cdots, n \tag{11.25}$$

且 $\mathrm{Cov}(Y_i, Y_j) = 0$ $i \neq j;\ i, j = 1, 2, \cdots, n$,这个对最大似然法的估计很重要,则目标为: $Y_1, Y_2, \cdots, Y_n$ 的联合概率密度最大,即

$$\max f(Y_1, Y_2, \cdots, Y_n) = f(Y_1) f(Y_2) \cdots f(Y_n)$$
$$= \frac{1}{(\sqrt{2\pi\sigma^2})^n} e^{-\frac{1}{2\sigma^2} \sum_{i=1}^{n} (Y_i - \hat{\beta}_0 - \beta_1 X_1)^2} \tag{11.26}$$

最终结果与 OLS 得到的结果相同。

5. OLS 估计量的性质

(1)线性性

$$\hat{\beta}_1 = \sum_{i=1}^{n} v_i Y_i, \ \text{其中} \ v_i = \frac{x_i}{\displaystyle\sum_{i=1}^{n} x_i^2} \tag{11.27}$$

$$\hat{\beta}_0 = \sum_{i=1}^{n} w_i Y_i, \ \text{其中} \ w_i = \frac{1}{n} - \overline{X} v_i \tag{11.28}$$

(2)无偏性

$$\hat{\beta}_1 = \sum_{i=1}^{n} v_i Y_i = \cdots = \beta_1 + \sum_{i=1}^{n} v_i \mu_i \longrightarrow E(\hat{\beta}_1) = \beta_1 + \sum_{i=1}^{n} v_i E(\mu_i) = \beta_1$$
$$\hat{\beta}_0 = \sum_{i=1}^{n} w_i Y_i = \cdots = \beta_0 + \sum_{i=1}^{n} w_i \mu_i \longrightarrow E(\hat{\beta}_0) = \beta_0 + \sum_{i=1}^{n} w_i E(\mu_i) = \beta_0 \tag{11.29}$$

(3)有效性

$$\mathrm{Var}(\hat{\beta}_1) = \frac{\sigma^2}{\displaystyle\sum_{i=1}^{n} x_i^2} \tag{11.30}$$

$$\mathrm{Var}(\hat{\beta}_0) = \frac{\displaystyle\sum_{i=1}^{n} X_i^2}{\displaystyle\sum_{i=1}^{n} x_i^2} \cdot \frac{\sigma^2}{n} \tag{11.31}$$

可以证明,OLS 得到的方差最小。

（4）一致性

随着样本量的增大，参数的估计量以概率趋向于真值：

$$plim(\hat{\beta}_1) = \beta_1, \quad plim(\hat{\beta}_0) = \beta_0 \tag{11.32}$$

6. OLS 回归函数的性质

①样本回归线过样本均值点 $(\overline{X}, \overline{Y})$，即 $\overline{Y} = \hat{\beta}_0 + \hat{\beta}_1 \overline{X}$。

②被解释变量估计值的均值等于实际值的均值，即 $\hat{\overline{Y}} = \overline{Y}$。

③残差和为零，即 $\sum\limits_{i=1}^{n} \mu_i = 0$

④解释变量与残差的乘积之和为零，即 $\sum\limits_{i=1}^{n} \hat{Y}_i \mu_i = 0$。

⑤解释变量的估计与残差的乘积之和为零，即 $\sum\limits_{i=1}^{n} \hat{Y}_i \mu_i = 0$。

7. 随机误差项的估计

$$\text{OLS 估计量（无偏）：} \hat{\sigma}^2 = \frac{1}{n-k-1} \sum_{i=1}^{n} \mu_i^2 \tag{11.33}$$

$$\text{ML 估计量（有偏）：} \hat{\sigma}^2 = \frac{1}{n} \sum_{i=1}^{n} \mu_i^2 \tag{11.34}$$

8. 拟合优度

（1）离差分解

总体平方和（或总离差平方和）：

$$\text{TSS} = \sum_{i=1}^{n} y_i^2 = \sum_{i=1}^{n} (Y_i - \overline{Y})^2 \tag{11.35}$$

回归平方和：

$$\text{ESS} = \sum_{i=1}^{n} (\hat{Y}_i - \overline{Y})^2 \tag{11.36}$$

残差平方和：

$$\text{RSS} = \sum_{i=1}^{n} (\hat{Y}_i - Y_i)^2 \tag{11.37}$$

有：

$$\text{TSS} = \text{ESS} + \text{RSS} \tag{11.38}$$

（2）决定系数

$$R^2 = \frac{\text{ESS}}{\text{TSS}} = 1 - \frac{\text{RSS}}{\text{TSS}} \tag{11.39}$$

含义是总离差中能够解释的部分所占的比例。

9. 统计推断

（1）参数估计的分布（t 检验）

对于一元线性回归模型：$Y_i = \beta_0 + \beta_1 X_i + \mu_i \quad i = 1, 2, \cdots, n$

由正态分布的基本假设和估计量的性质（线性性、无偏性、有效性），可得出参数的估

计量有如下性质:

$$\hat{\beta}_0 \sim N\left(\beta_0, \frac{\sum_{i=1}^{n} X_i^2}{\sum_{i=1}^{n} x_i^2} \cdot \frac{\sigma^2}{n}\right)$$

$$\hat{\beta}_1 \sim N\left(\beta_1, \frac{\sigma^2}{\sum_{i=1}^{n} x_i^2}\right)$$

$$\rightarrow \tag{11.40}$$

$$\frac{\hat{\beta}_0 - \hat{\beta}_0}{SE(\hat{\beta}_0)} \sim N(0, 1), \ 其中 \ SE(\hat{\beta}_0) = \sqrt{\mathrm{Var}(\hat{\beta}_0)} = \sqrt{\frac{\sum_{i=1}^{n} X_i^2}{\sum_{i=1}^{n} x_i^2} \cdot \frac{\sigma^2}{n}}$$

$$\frac{\hat{\beta}_1 - \beta_1}{SE(\hat{\beta}_1)} \sim N(0, 1), \ 其中 \ SE(\hat{\beta}_1) = \sqrt{\mathrm{Var}(\hat{\beta}_1)} = \sqrt{\frac{\sigma^2}{\sum_{i=1}^{n} x_i^2}}$$

由于 σ^2 未知,用 $\hat{\sigma}^2$ 代替,则 $SE(\hat{\beta}_0)$ 不再为常数。此时,统计量 $t_0 = \dfrac{\hat{\beta}_0 - \beta_0}{SE(\hat{\beta}_0)}$。其中,$\hat{\beta}_0$ 服从正态分布。

$$SE(\hat{\beta}_0) = \sqrt{\frac{\sum_{i=1}^{n} X_i^2}{\sum_{i=1}^{n} x_i^2} \cdot \frac{\sigma^2}{n}} = \sqrt{A \cdot \hat{\sigma}^2} = \sqrt{A} \sqrt{\frac{\sum_{i=1}^{n} \mu_i^2}{n - k - 1}} \xrightarrow{\text{说明}} \sqrt{A} \sqrt{\frac{\chi^2(n - k - 1)}{n - k - 1}}$$

说明:μ_i 服从正态分布,则 μ_i^2 服从 χ^2 分布,残差平方和的自由度为 $n-k-1$:$\sum_{i=1}^{n} \mu_i^2 \sim \chi^2(n - k - 1)$

故用估计量 $\hat{\sigma}^2$ 代替以后的统计量 $t_0 = \dfrac{\hat{\beta}_0 - \beta_0}{SE(\hat{\beta}_0)}$ 服从 t 分布。故:

$$t_0 = \frac{\hat{\beta}_0 - \beta_0}{SE(\hat{\beta}_0)} \sim t(n - k - 1)$$

同理:

$$t_1 = \frac{\hat{\beta}_1 - \beta_1}{SE(\hat{\beta}_1)} \sim t(n - k - 1)$$

(2)区间估计

$$\left[\hat{\beta}_0 \pm t\frac{\alpha}{2} SE(\hat{\beta}_0)\right], \ \left[\hat{\beta}_1 \pm t\frac{\alpha}{2} SE(\hat{\beta}_1)\right]$$

(3)参数的假设检验

原假设 $H_0: \beta_1 = \beta_1^*$，备择假设 $H_1: \beta_1 \neq \beta_1^* \rightarrow$ 双边检验

原假设 $H_0: \beta_1 \geq \beta_1^*$，备择假设 $H_1: \beta_1 < \beta_1^* \rightarrow$ 单边检验

统计量：$t_1 = \dfrac{\hat{\beta}_1 - \beta_1^*}{\mathrm{SE}(\hat{\beta}_1)} \sim t(n - k - 1)$

临界值（临界水平为 α）：$\begin{array}{l} t\dfrac{\alpha}{2} \rightarrow 双边 \\ t_\alpha \rightarrow 单边 \end{array}$

判断规则：如果 $t_1 > t\dfrac{\alpha}{2}$，则拒绝原假设 → 双边

如果 $t_1 > t_\alpha$，则拒绝原假设 → 单边。

在实际应用中，一般取 $\beta_1^* = 0$。当检验结果为拒绝原假设时，表明该参数显著地不为零，即认为该参数对应的变量具有显著的影响能力。

（4）结果表达（必须采用规范的表达方式）

$$\hat{Y}_i = 414.045 + 0.515X_i$$
$$(6.462)\ (30.773) \tag{11.41}$$
$$R^2 = 0.992$$

或

$$Y_i = 414.045 + 0.515X_i + \mu_i$$
$$(6.462)\quad(30.773) \tag{11.42}$$
$$R^2 = 0.992$$

10. 线性回归模型的常规检验

在进行回归模型参数估计后，要对回归模型进行一些常规检验，其中包括对整个方程的显著性进行检验的 F 检验，对单个系数显著性进行检验的 T 检验，以及对模型拟合优度进行检验的可决系数 R 检验。下面对这些检验及其在 Excel 中的应用进行说明。用 LINEST 函数做回归分析所得的统计量值已经在前文中介绍过了，本节主要用数据分析中的回归分析法，该法能做所有的常规检验，具有代表性。

（1）F 检验

F 检验是多元线性回归分析检验中所特有的，用于检验整个方程是否具有显著性，即检验被解释变量 y_t 与解释变量 x_1，x_2，…，x_n 之间是否存在回归关系，因此，检验的零假设和备择假设如下：

$$\begin{cases} H_0: \beta_1 = \beta_2 = \cdots = \beta_n = 0 \\ H_1: \beta_1, \beta_2, \cdots, \beta_n\ 不全为\ 0 \end{cases}$$

$$F = \dfrac{\dfrac{\mathrm{ESS}}{n}}{\dfrac{\mathrm{RSS}}{p - n + 1}} \tag{11.43}$$

式中，ESS 是回归平方和，表示被解释变量观测值与均值的差的平方和，即有：ESS = $\sum (\hat{y}_i - \bar{y})^2$；RSS 是残差平方和，表示被解释变量真值与观测值的差的平方和，即有：

$RSS = \sum (y_i - \hat{y}_i)^2$。

在原假设成立的条件下，F 统计量服从自由度为 $(n, p-n+1)$ 的 F 分布。如果用样本计算出来的 F 统计量大于其临界值，就拒绝原假设，即方程具有显著性；若计算出来的 F 统计量小于其临界值，则接受原假设，即方程不具有显著性。

（2）t 检验及置信区间

t 检验是用于检验每个回归系数是否显著的检验方法。在一元线性回归模型中，可以直接进行 t 检验，但在多元线性回归模型中，应该先检验 F 统计量，只有当整个方程具有显著性之后，再检验每一个解释变量系数的显著性。

t 检验的原假设为：

$$H_0: \beta_i = 0, \quad i = 1, 2, \cdots, n$$

其统计量表示为：

$$t = \frac{\hat{\beta}_j}{s(\hat{\beta}_j)} \tag{11.44}$$

式中，$s(\hat{\beta}_j)$ 是估计量 $\hat{\beta}_j$ 的标准方差。在原假设成立条件下，t 统计量服从自由度为 $p-n$ 的 t 分布。

t 统计量的判断规则是，若 t 统计量大于临界值，则拒绝原假设，即解释变量参数具有显著性；若 t 统计量小于临界值，则接受原假设，即解释变量参数不具显著性。

在这里，可以通过 t 统计量值来计算在一定置信水平下，回归系数的置信区间。例如，以置信度为 $1-a$ 来估计系数 $\hat{\beta}_j$ 的置信区间。可得其置信区间为：

$$\left[\hat{\beta}_j - t\frac{\alpha}{2}(p-n)s(\hat{\beta}_j), \ \hat{\beta}_j + t\frac{\alpha}{2}(p-n)s(\hat{\beta}_j) \right]$$

在 Excel 中，进行线性回归模型参数估计时就已得到各系数的 t 统计量。

（3）拟合优度检验

拟合优度是用来评价回归所得直线对观测值的拟合程度好坏，即对观测点与回归直线距离大小的评判。这里经常用统计量 R^2 来进行拟合优度检验，将统计量 R^2 定义为：

$$R^2 = \frac{ESS}{TSS} = \frac{\sum (\hat{y}_t - \bar{y})^2}{\sum (y_t - \bar{y})^2} \tag{11.45}$$

其中，ESS 的定义在之前讲过，而 TSS 是指被解释变量的总离差平方和，即 $TSS = ESS + RSS = \sum (y_t - \bar{y})^2$。由定义可以得到，$R^2$ 意味着，总离差平方和中可以由回归模型解释的部分所占的比例大小，其取值范围在 $[0, 1]$。R^2 统计量值越接近 1，则方程的精确度越高，线性回归直线对观察值的拟合优度也就越好。

但 R^2 统计量有一个缺陷，就是随着解释变量个数的增加，残差平方和 RSS 会变小，R^2 会变大，会使模型可决系数观测值可信度降低。所以，为了消除解释变量个数对拟合优度检验的影响，可用调整的多重可决系数 $\tilde{R}^2$，将其定义为：

$$\tilde{R}^2 = 1 - \frac{\dfrac{RSS}{p-n+1}}{\dfrac{TSS}{p}} \tag{11.46}$$

在 Excel 中，拟合优度的检验结果在模型回归结果中也会给出。

11. 预测

（1）总体均值的点预测（也是个别值的点预测）

$$E(Y|X_i) = \hat{Y}_0 = \hat{\beta}_0 + \hat{\beta}_1 X_0 \tag{11.47}$$

（2）总体均值 $E(Y|X_i)$ 的预测置信区间

$$\left[\hat{Y}_0 \pm t\frac{\alpha}{2}\text{SE}(\hat{Y}_0) \right] \tag{11.48}$$

其中，$\text{SE}(\hat{Y}_0) = \sqrt{\hat{\sigma}^2\left[\dfrac{1}{n} + \dfrac{(X_0 - \bar{X})^2}{\sum\limits_{i=1}^{n} x_i^2} \right]}$，个别值 Y_0 的预测置信区间 $\left[\hat{Y}_0 \pm t\dfrac{\alpha}{2}\text{SE}(e_0) \right]$，

其中 $e_0 = \sqrt{\hat{\sigma}^2\left[1 + \dfrac{1}{n} + \dfrac{(X_0 - \bar{X})^2}{\sum\limits_{i=1}^{n} x_i^2} \right]}$。

由于误差项的存在，个别值的波动更加明显，因此其方差更大。在实际操作中，如果未特别说明，都是计算均值的置信区间。

（三）多元线性回归模型

在上一部分中讨论了一元线性回归模型，然而现实经济中的各变量之间的相互关系是错综复杂的，往往一个经济指标会受到很多其他经济因素的影响。而如果想要通过数量模型来描述这一影响关系，就要求在一元线性回归模型的基础上引入多元线性回归模型。

1. 模型简介

设因变量 y 的解释变量为 x_1，x_2，$\cdots$，x_k，且与各解释变量之间存在近似线性关系，则可建立如下含有 k 个解释变量的多元线性回归模型：

$$y_t = \beta_0 + \beta_1 x_{1t} + \beta_2 x_{2t} + \cdots + \beta_k x_{kt} + \mu_t \quad (t = 1, 2, 3, \cdots, n) \tag{11.49}$$

为公式推导和计算方便，将上式改写成矩阵模型：

$$\begin{matrix} \boldsymbol{Y} & \boldsymbol{X} & \boldsymbol{\beta} & \boldsymbol{U} \end{matrix}$$
$$\begin{bmatrix} y_1 \\ y_2 \\ y_3 \\ y_N \end{bmatrix} = \begin{bmatrix} 1 & x_{11} & \cdots & x_{k1} \\ 1 & x_{12} & \cdots & x_{k2} \\ \vdots & \vdots & \ddots & \vdots \\ 1 & x_{1N} & \cdots & x_{kN} \end{bmatrix} \begin{bmatrix} \beta_0 \\ \beta_1 \\ \vdots \\ \beta_k \end{bmatrix} + \begin{bmatrix} \mu_1 \\ \mu_2 \\ \vdots \\ \mu_N \end{bmatrix} \tag{11.50}$$

简写为：$\boldsymbol{Y} = \boldsymbol{X\beta} + \boldsymbol{U}$

2. 基本假设

①解释变量：是确定性变量，不是随机变量，即解释变量相互之间不相关（无多重共线性），这表明模型中解释变量和随机干扰项对被解释变量的影响是完全独立的。

②随机干扰项与解释变量之间不相关：

$$\text{Cov}(\mu_i, X_{ij}) = 0 \quad (j = 1, 2, \cdots, k; i = 1, 2, \cdots, n) \tag{11.51}$$

③随机误差项服从零均值、同方差、零协方差：

$$E(\mu_i) = 0 \quad i = 1, 2, \cdots, n$$

$$\text{Var}(\mu_i) = \sigma^2 \quad i = 1, 2, \cdots, n \tag{11.52}$$

$$\text{Cov}(\mu_i, \mu_j) = 0 \quad i \neq j; \; i, j = 1, 2, \cdots, n$$

④随机误差项服从正态分布：

$$\mu_i \sim N(0, \sigma^2) \quad i = 1, 2, \cdots, n \tag{11.53}$$

⑤回归模型设定正确。回归模型的正确设定有三个方面的要求：第一，选择正确的变量进入模型；第二，对模型的形式进行正确的假定；第三，对模型的解释变量、被解释变量以及随机干扰项做出正确的假定。

3. 参数估计(OLS)

同样，应使残差平方和达到最小：

$$Q = \sum e_i^2 = \sum (y_i - \hat{y}_i)^2 = \sum (y_t - \hat{\beta}_0 - \hat{\beta}_1 x_{1t} - \cdots - \hat{\beta}_k x_{kt})^2$$

根据多元函数极值原理，Q 分别对 $\hat{\beta}_0$，$\hat{\beta}_1$，$\cdots$，$\hat{\beta}_k$ 求一阶偏导，并令其为 0，即

$$\frac{\partial Q}{\partial \hat{\beta}_i} = 0 \quad (i = 0, 1, \cdots, k) \tag{11.54}$$

$$\begin{cases} \dfrac{\partial Q}{\partial \hat{\beta}_0} = -2 \sum (y_t - \hat{\beta}_0 - \hat{\beta}_1 x_{1t} - \hat{\beta}_2 x_{2t} - \cdots - \hat{\beta}_k x_{kt}) = 0 \\[2mm] \dfrac{\partial Q}{\partial \hat{\beta}_1} = -2 \sum (y_t - \hat{\beta}_0 - \hat{\beta}_1 x_{1t} - \hat{\beta}_2 x_{2t} - \cdots - \hat{\beta}_k x_{kt}) x_{1t} = 0 \\[2mm] \vdots \\[1mm] \dfrac{\partial Q}{\partial \hat{\beta}_k} = -2 \sum (y_t - \hat{\beta}_0 - \hat{\beta}_1 x_{1t} - \hat{\beta}_2 x_{2t} - \cdots - \hat{\beta}_k x_{kt}) x_{kt} = 0 \end{cases} \tag{11.55}$$

化简整理可得：

$$\begin{cases} \sum y_t = n\hat{\beta}_0 + \hat{\beta}_1 \sum x_{1t} + \hat{\beta}_2 \sum x_{2t} + \cdots + \hat{\beta}_k \sum x_{kt} \\[2mm] \sum x_{1t} y_t = \hat{\beta}_0 \sum x_{1t} + \hat{\beta}_1 \sum x_{1t}^2 + \hat{\beta}_2 \sum x_{1t} x_{2t} + \cdots + \hat{\beta}_k \sum x_{1t} x_{kt} \\[2mm] \sum x_{2t} y_t = \hat{\beta}_0 \sum x_{2t} + \hat{\beta}_1 \sum x_{1t} x_{2t} + \hat{\beta}_2 \sum x_{2t}^2 + \cdots + \hat{\beta}_k \sum x_{2t} x_{kt} \\[2mm] \vdots \\[1mm] \sum x_{nt} y_t = \hat{\beta}_0 \sum x_{kt} + \hat{\beta}_1 \sum x_{1t} x_{kt} + \hat{\beta}_2 \sum x_{2t} x_{kt} + \cdots + \hat{\beta}_k \sum x_{kt}^2 \end{cases} \tag{11.56}$$

改写为矩阵形式：

$$\begin{bmatrix} n & \sum x_{1t} & \cdots & \sum x_{kt} \\ \sum x_{1t} & \sum x_{1t}^2 & \cdots & \sum x_{1t} x_{kt} \\ \vdots & \vdots & \ddots & \vdots \\ \sum x_{kt} & \sum x_{1t} \sum x_{kt} & \cdots & \sum x_{kt}^2 \end{bmatrix} \begin{bmatrix} \hat{\beta}_0 \\ \hat{\beta}_1 \\ \vdots \\ \hat{\beta}_k \end{bmatrix} = \begin{bmatrix} \sum y_t \\ \sum x_{1t} y_t \\ \vdots \\ \sum x_{kt} y_t \end{bmatrix} \tag{11.57}$$

进一步改写为：

$$X'X = \begin{bmatrix} 1 & 1 & \cdots & 1 \\ x_{11} & x_{12} & \cdots & x_{1n} \\ x_{21} & x_{22} & \cdots & x_{2n} \\ \vdots & \vdots & \ddots & \vdots \\ x_{k1} & x_{k2} & \cdots & x_{kn} \end{bmatrix} \begin{bmatrix} 1 & x_{11} & x_{21} & \cdots & x_{k1} \\ 1 & x_{12} & x_{22} & \cdots & x_{k2} \\ 1 & x_{13} & x_{23} & \cdots & x_{k3} \\ \vdots & \vdots & \vdots & \ddots & \vdots \\ 1 & x_{1n} & x_{2n} & \cdots & x_{kn} \end{bmatrix} \quad X'Y = \begin{bmatrix} 1 & 1 & \cdots & 1 \\ x_{11} & x_{12} & \cdots & x_{1n} \\ x_{21} & x_{22} & \cdots & x_{2n} \\ \vdots & \vdots & \ddots & \vdots \\ x_{k1} & x_{k2} & \cdots & x_{kn} \end{bmatrix} \begin{bmatrix} y_1 \\ y_2 \\ y_3 \\ \vdots \\ y_n \end{bmatrix}$$

$$(11.58)$$

则可简写为：$(X'X)X'X = X'Y$

由于 $R(X) = k + 1$，$X'X$ 为 $k + 1$ 阶方阵，所以满秩，它的逆矩阵 $(X'X)^{-1}$ 存在，$\hat{\boldsymbol{\beta}} = (X'X)^{-1}X'Y$。

4. 多元线性回归最小二乘估计无偏性的证明

$$\hat{\boldsymbol{\beta}} = (X'X)^{-1}X'Y = (X'Y)^{-1}X'(X\boldsymbol{\beta} + U)$$

因为

$$= (X'X)^{-1}(X'X)\boldsymbol{\beta} + (X'X)^{-1}X'U$$
$$= \boldsymbol{\beta} + (X'X)^{-1}X'U$$

对两边取期望，$E(\hat{\boldsymbol{\beta}}) = \boldsymbol{\beta} + (X'X)^{-1}X'[E(U)] = \boldsymbol{\beta}$　$(E(U) = 0)$，即 $\hat{\boldsymbol{\beta}}$ 是 $\boldsymbol{\beta}$ 的无偏估计。

5. 多元线性回归最小二乘估计最小方差性的证明

设 $\boldsymbol{\beta}^*$ 为 $\boldsymbol{\beta}$ 的另一个关于 Y 的线性无偏估计式，可知：

$\boldsymbol{\beta}^* = AY$（$A$ 为常数矩阵）

由无偏性可得：

$$E(\boldsymbol{\beta}^*) = E(AY) = E[A(X\boldsymbol{\beta} + U)]$$
$$= E(AX\boldsymbol{\beta}) + AE(U)$$
$$= AXE(\boldsymbol{\beta}) = \boldsymbol{\beta}$$

所以必须有 $AX = I$

要证明最小二乘法估计式的方差 $\text{Var}(\hat{\boldsymbol{\beta}})$ 小于其他线性去偏估计式的方差 $\text{Var}(\boldsymbol{\beta}^*)$，只要证明协方差矩阵之差：

$$E[(\boldsymbol{\beta}^* - \boldsymbol{\beta})(\boldsymbol{\beta}^* - \boldsymbol{\beta})'] - E[(\hat{\boldsymbol{\beta}} - \boldsymbol{\beta})(\hat{\boldsymbol{\beta}} - \boldsymbol{\beta})']$$

为半正定矩阵，则称最小二乘估计 $\hat{\boldsymbol{\beta}}$ 是 $\boldsymbol{\beta}$ 的最小方差线性无偏估计式。

因为

$$\boldsymbol{\beta}^* - \boldsymbol{\beta} = AY - \boldsymbol{\beta} = A(X\boldsymbol{\beta} + U) - \boldsymbol{\beta}$$
$$= AX\boldsymbol{\beta} + AU - \boldsymbol{\beta}$$
$$= \boldsymbol{\beta} + AU - \boldsymbol{\beta} = AU$$

所以

$$E[(\boldsymbol{\beta}^* - \boldsymbol{\beta})(\boldsymbol{\beta}^* - \boldsymbol{\beta})'] = E[(AU)(AU)'] = E(AUU'A')$$
$$= AE(UU')A' = AA'\sigma^2$$

由于

$$\hat{\boldsymbol{\beta}} = (X'X)^{-1}X'Y = \boldsymbol{\beta} + (X'X)^{-1}X'U$$

$$E[(\hat{\boldsymbol{\beta}} - \boldsymbol{\beta})(\hat{\boldsymbol{\beta}} - \boldsymbol{\beta})'] = E[(X'Y)^{-1}X'U][(X'X)^{-1}X'U]'$$
$$= E[(X'X)^{-1}X''U][U'X(X'X)^{-1}]$$

$$= (X'X)^{-1}X'E(UU')X(X'X)^{-1}$$
$$= (X'X)^{-1}X'X(X'X)^{-1}\sigma^2$$
$$= (X'X)^{-1}\sigma^2$$

所以

$$E[(\boldsymbol{\beta}^* - \boldsymbol{\beta})(\boldsymbol{\beta}^* - \boldsymbol{\beta})'] - E[(\hat{\boldsymbol{\beta}} - \boldsymbol{\beta})(\hat{\boldsymbol{\beta}} - \boldsymbol{\beta})']$$
$$= AA'\sigma^2 - (X'X)^{-1}\sigma^2$$
$$= [AA' - (X'X)^{-1}]\sigma^2$$

由于

$$[A - (X'X)^{-1}X'][A - (X'X)^{-1}X'] = [A - (X'X)^{-1}X'][A' - X(X'X)^{-1}]$$
$$= AA' - (X'X)^{-1}X'A' - AX(X'X)^{-1} + (X'X)^{-1}X'X(X'X)^{-1}$$
$$= AA' - (X'X)^{-1}$$

由线性代数可知，对任一非奇异矩阵 C，CC' 为半正定矩阵。如果令 $[A - (X'X)^{-1}X'] = C$，则 $CC' = [A - (X'X)^{-1}X'][A - (X'X)^{-1}X'] = AA' - (X'X)^{-1}$，由于半正定矩阵对角线元素非负，有：

$$AA' - (X'X)^{-1} \geqslant 0$$

即

$$E(\beta_j^* - \beta_j)^2 - E(\hat{\beta}_j - \beta_j) \geqslant 0 \quad (j = 1, 2, \cdots, k)$$

这证明了 β_j 的最小二乘估计 $\hat{\beta}_j$ 在 β_j 的所有无偏估计中是方差最小的估计式。

6. 残差平方和 $\sum \mu_i^2$ 的均值为 $(n-k)\sigma^2$ 的证明

由残差向量的定义及参数的最小二乘估计式，有：

$$e = Y - \hat{Y} = Y - X\hat{\boldsymbol{\beta}}$$
$$= Y - X(X'X)^{-1}X'Y$$
$$= [I - X(X'X)^{-1}X']Y$$

可以记为 $P = I - X(X'X)^{-1}X'$，则：

$$e = PY = [I - X(X'X)^{-1}X'][X\boldsymbol{\beta} + U]$$
$$= X\boldsymbol{\beta} - X(X'X)^{-1}X'X\boldsymbol{\beta} + PU$$
$$= PU$$

容易验证，P 为对称幂等矩阵，即

$$P = P'$$
$$P^2 = PP = P$$

残差向量的协方差矩阵为：

$$\mathrm{Var}(e) = E(ee') = E[PU(PU)']$$
$$= E[P(UU)'P']$$
$$= P[E(UU)']P'$$
$$= P(\sigma^2 I)P'$$
$$= PP'\sigma^2 = P\sigma^2$$

利用矩阵迹的性质，有：

$$\sum e_i^2 = e'e = \mathrm{tr}(ee')$$

两边取期望得：

$$E(\sum e_i^2) = E(e'e) - E[\operatorname{tr}(ee')]$$

$$= \operatorname{tr}[E(e'e)] = \operatorname{tr}[P\sigma^2]$$

$$= \sigma^2\{\operatorname{tr}(I) - \operatorname{tr}[(X'X)^{-1}X'X]\}$$

$$= \sigma^2[n - \operatorname{tr}(I)]$$

$$= (n-k)\sigma^2$$

7. 在异方差性条件下参数估计统计性质的证明

（1）参数估计的无偏性仍然成立

设模型为：

$$Y_i = \beta_1 + \beta_2 X_i + v_i, \quad i = 1, 2, \cdots, n \tag{11.59}$$

用离差形式表示：

$$y_i = \beta_2 x_i + u_i \quad (\text{其中 } u_i = v_i - \bar{v}) \tag{11.60}$$

参数 β_2 的估计量 $\hat{\beta}_2$ 为：

$$\hat{\beta}_2 = \frac{\sum x_i y_i}{\sum x_i^2} = \frac{\sum x_i(\beta_2 x_i + u_i)}{\sum x_i^2} = \frac{\beta_2 \sum x_i^2 + \sum x_i u_i}{\sum x_i^2}$$

$$= \beta_2 + \frac{\sum x_i u_i}{\sum x_i^2} \tag{11.61}$$

$$E(\hat{\beta}_2) = \beta_2 + E\left(\frac{\sum x_i u_i}{\sum x_i^2}\right) = \beta_2 + \frac{\sum E(x_i u_i)}{\sum x_i^2} = \beta_2 \tag{11.62}$$

在证明中仅用到了假定 $E(x_i u_i) = 0$。

（2）参数估计的有效性不成立

假设式（11.59）存在异方差，且 $\operatorname{Var}(u_i) = \sigma^2 = \sigma^2 X_i^2$，则参数 β_2 的估计 $\hat{\beta}_2$ 的方差为：

$$\operatorname{Var}(\hat{\beta}_2^*) = E[\hat{\beta}_2 - E(\hat{\beta}_2)]^2 = E(\hat{\beta}_2 - \beta_2)^2 = E\left(\beta_2 + \frac{\sum E(x_i u_i)}{\sum x_i^2} - \beta_2\right)^2$$

$$= E\left(\frac{\sum E(x_i u_i)}{\sum x_i^2}\right)^2 = E\left(\frac{\sum_{i=j} x_i^2 u_i^2 + 2\sum_{i\neq j} x_i x_j u_i u_j}{(\sum x_i^2)^2}\right) = \frac{\sum_{i=j} x_i^2 E(u_i^2) + 2\sum_{i\neq j} x_i x_j E(u_i u_j)}{(\sum x_i^2)^2}$$

$$= \frac{\sum_{i=j} x_i^2 E(u_i^2)}{(\sum x_i^2)^2} = \frac{\sum_{i=j} x_i^2 \sigma^2}{(\sum x_i^2)^2} = \frac{\sigma^2 \sum x_i^2 X_i^2}{(\sum x_i^2)^2} = \frac{\sigma}{\sum x_i^2} \cdot \frac{\sum x_i^2 X_i^2}{\sum x_i^2}$$

$$\tag{11.63}$$

在上述推导中用了假定 $E(u_i u_j) = 0$，$i \neq j$。

下面对式（11.60）运用加权最小二乘法（WLS）。设权数为 $w_i = \dfrac{1}{z_i}$，将式（11.60）变换为：

$$\frac{y_i}{z_i} = \beta_2 \frac{x_i}{z_i} + \frac{u_i}{z_i} \tag{11.64}$$

可求得参数的估计 $\hat{\beta}_2$。这时新的随机误差项 $\dfrac{u_i}{z_i}$ 为同方差，即 $\text{Var}\left(\dfrac{u_i}{z_i}\right)=\sigma^2$，而 $\hat{\beta}_2$ 的方差为：

$$\text{Var}(\hat{\beta}_2)_{\text{wls}}=\frac{\sigma^2}{\sum\left(\dfrac{x_i}{z_i}\right)^2}\qquad(11.65)$$

为了便于区别，用 $(\hat{\beta}_2)_{\text{wls}}$ 表示加权最小二乘法估计的 β_2，用 $(\hat{\beta}_2)_{\text{wls}}$ 表示 OLS 法估计的 β_2。

比较式(11.63)与式(11.65)，即在异方差下用 OLS 法得到参数估计的方差与用 WLS 法得到参数估计的方差相比较：

$$\frac{\text{Var}(\hat{\beta}_2)_{\text{wls}}}{\text{Var}(\hat{\beta}_2)_{\text{ols}}}=\frac{\dfrac{\sigma^2}{\sum\left(\dfrac{x_i}{z_i}\right)^2}}{\dfrac{\sum x_i^2\sigma_i^2}{\left(\sum x_i^2\right)^2}}=\frac{\dfrac{\sigma^2}{\sum\left(\dfrac{x_i}{z_i}\right)^2}}{\dfrac{\sum x_i^2\sigma_i^2 z_i^2}{\left(\sum x_i^2\right)^2}}=\frac{\left(\sum x_i^2\right)^2}{\sum\left(\dfrac{x_i}{z_i}\right)^2\left(\sum x_i^2 z_i^2\right)}\qquad(11.66)$$

令 $\dfrac{x_i}{z_i}=a_i$，$z_i x_i=b_i$，由初等数学知识有 $\dfrac{\left(\sum ab\right)^2}{\sum a^2\sum b^2}\leqslant 1$，因此式(11.66)的右端有：

$$\frac{\left(\sum x_i^2\right)^2}{\sum\left(\dfrac{x_i}{z_i}\right)^2\left(\sum x_i^2 z_i^2\right)}\leqslant 1\qquad(11.67)$$

从而有：$\text{Var}(\hat{\beta}_2)_{\text{wls}}\leqslant\text{Var}(\hat{\beta}_2)_{\text{ols}}$

这就证明了在异方差下仍然用普通最小二乘法所得到的参数估计值的方差不再为最小。

8. 存在自相关时参数估计值方差的证明

$$\text{Var}(\hat{\beta}_2)=E(\hat{\beta}_2-\beta_2)^2$$
$$=E\left(\frac{\sum x_i u_i}{\sum x_i^2}\right)^2$$
$$=\left(\frac{1}{\sum x_i^2}\right)^2 E(x_1 u_1+x_2 u_2+\cdots+x_n u_n)^2$$
$$=\left(\frac{1}{\sum x_i^2}\right)^2 E\left[(x_1^2 u_1^2+x_2^2 u_2^2+\cdots+x_n^2 u_n^2)+2(x_1 x_2 u_1 u_2+x_1 x_3 u_1 u_3+\cdots+x_{n-1}x_n u_{n-1}u_n)\right]$$
$$=\left(\frac{1}{\sum x_i^2}\right)^2\left\{\begin{array}{l}[x_1^2 E(u_1^2)+x_2^2 E(u_2^2)+\cdots+x_n^2 E(u_n^2)]+2[x_1 x_2 E(u_1 u_2)\\+x_1 x_3 E(u_1 u_3)+\cdots+x_{n-1}x_n E(u_{n-1}u_n)]\end{array}\right\}$$
$$=\frac{\sigma^2}{\sum x_i^2}+\frac{2}{\left(\sum x_i^2\right)^2}[x_1 x_2\rho\sigma^2+x_1 x_3\rho\sigma^2+\cdots+x_{n-1}x_n\rho\sigma^2]$$

$$= \frac{\sigma^2}{\sum\limits_{i=1}^{n} x_i^2} \left(1 + 2\rho \frac{\sum\limits_{i=1}^{n-1} x_i x_i + 1}{\sum\limits_{i=1}^{n} x_i^2} + 2\rho^2 \frac{\sum\limits_{i=1}^{n-2} x_i x_i + 2}{\sum\limits_{i=1}^{n} x_i^2} + \cdots + 2\rho^{n-1} \frac{x_1 x_n}{\sum\limits_{i=1}^{n} x_i^2} \right)$$

(四)联立方程偏倚的证明

例如，设联立方程模型为：

$$C_i = \beta_0 + \beta_1 Y_i + \mu_i$$
$$Y_i = C_i + I_i \tag{11.68}$$

对 β_1 的 OLS 估计为：

$$\beta_1 = \frac{\sum c_i y_i}{\sum y_i^2} = \frac{\sum C_i y_i}{\sum y_i^2} = \frac{\sum (\beta_0 + \beta_i Y_i + u_i) y_i}{\sum y_i^2} = \beta_1 + \frac{\sum u_i y_i}{\sum y_i^2} \tag{11.69}$$

其中利用了 $\sum y_i = 0$ 和 $\sum Y_i y_i / \sum y_i^2 = 1$。对上式两边取期望得：$E(\hat{\beta}_1) = \beta_1 + E\left(\frac{\sum u_i y_i}{\sum y_i^2} \right)$。

这里的 $E(\sum u_i y_i / \sum y_i^2) \neq 0$，则 $E(\hat{\beta}_1) \neq \beta_1$，$\hat{\beta}_1$ 是 β_1 的有偏估计。

对式(11.68)取概率极限得：

$$plim(\hat{\beta}_1) = plim(\beta_1) + plim\left(\frac{\sum u_i y_i}{\sum y_i^2} \right) = plim(\beta_1) + \frac{plim\left(\frac{1}{n} \sum u_i y_i \right)}{plim(\sum y_i^2)} \tag{11.70}$$

其中，$(\sum u_i y_i)/n$ 是 Y 与 u 的样本协方差，其总体协方差为：

$$plim\left(\frac{1}{n} \sum u_i y_i \right) = Cov(Y_i, u_i) = \frac{\sigma^2}{1 - \beta_1}$$

$(\sum y_i^2)/n$ 是 Y 的样本方差，其总体方差为：$plim\left(\frac{1}{n} \sum y_i^2 \right) = \sigma_Y^2$。因此，$plim(\hat{\beta}_1) = \beta_1 + \frac{1}{1 - \beta_1} \frac{\sigma^2}{\sigma_Y^2}$。因为 $\frac{\sigma^2}{\sigma_Y^2} \neq 0$，则 $plim(\hat{\beta}_1) \neq \hat{\beta}_1$，这说明 $\hat{\beta}_1$ 不是 β_1 的一致估计。

第二节　基于 Excel 进行线性回归分析

由于计量经济学原理涉及很多概率论和统计学相关知识，只依靠对计量经济学原理进行理解具有一定的难度，为了能够更好、更容易地理解和应用计量经济学基本原理，本节将进行一些实际操作。Excel 本身是一款功能强大的分析软件，也能进行一些常规的统计分析。通常在搜集和整理数据时会用到 Excel 软件，而分析数据会用到一些专门的工具，比如 SPSS、R、STATA 等。但有时候数据量并不是非常大，对于一些分析可能只需要一些简单的定性或简单的定量结果，更需要在短时间内方便快捷地得出结论，此时可以使用 Excel 做简单的回归分析。

一、利用 Excel 进行线性回归分析

1. 为 Excel 添加数据分析功能

用户安装 Excel 时不会自动加载数据分析工具，当用户想要进行统计分析时，需要加载"数据分析"，操作方法如下：

①单击 Excel 程序窗口左上角的"文件"菜单按钮。

②在弹出的菜单中单击"选项"按钮。

③在弹出的"Excel 选项"对话框中，单击"加载项"按钮。

④再单击位于窗口下方的"转到"按钮，弹出"加载宏"对话框，勾选"分析工具库"和"分析工具库–VBA"，然后单击"确定"按钮，根据提示进行安装。

⑤在菜单栏上单击"数据"标签，单击右边出现的"数据分析"功能按钮，就可以进行后续数据分析。

2. 在 Excel 中进行线性回归分析

【例 11-1】设沪深 300 指数收盘价为 Y，2013 年 1—7 月的月"CPI"为 X_1，"采购经理指数 PMI"为 X_2，（为方便定义，在后面采用 Z 代替 X_2）（将所有数据分别取自然对数处理）。

$$方程：Y_i = \beta_0 + \beta_1 X_i + \beta_2 Z_i + \mu_i \qquad (11.71)$$

式中，$\hat{Y}_i$ 为 Y_i 的拟合值；$\hat{\beta}_0$ 和 $\hat{\beta}_1$、$\hat{\beta}_2$ 分别是 β_0 和 β_1、β_2 的估计量；e_i 为残差。

步骤一：首先对 Y_i 与 X_i、Z_i 进行定义，在菜单栏中选择"公式/定义名称"，在"定义名称"对话框内输入"Y"，引用位置选择"B2：B128"单元格，完成后单击"确定"按钮，用同样方式打开"定义名称"对话框，单击"添加"按钮，对 X、Z 进行定义，引用位置选择"D2：D128""E2：E128"单元格，完成后单击"确定"按钮，如图 11.2 所示。

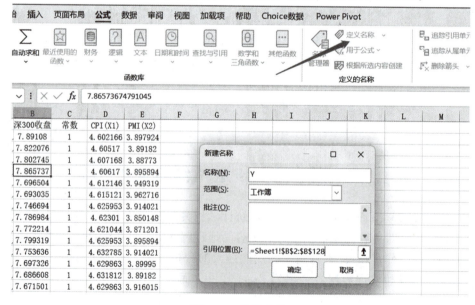

图 11.2　定义名称

步骤二：利用 MINVERSE( )（返回数组中存储矩阵的逆矩）、MMULT( )（返回两个数

组的矩阵乘积)、TRANSPOSE( )(返回转置单元格区域,即将行单元格区域转置成列单元格区域)函数计算 $(X^TX)^{-1}$。

所用函数组合为:MINVERSE(MMULT(TRANSPOSE(C2:E128),C2:E128))

注意:①因为常数项与 X、Z 的组合为74行3列,故其转置为3行74列,相乘后的 $(X^TX)^{-1}$ 为3列3行,故先选中3列3行的单元格。

②输入命令后按住 Shift+Ctrl+Enter 组合键得出结果,如图11.3所示。

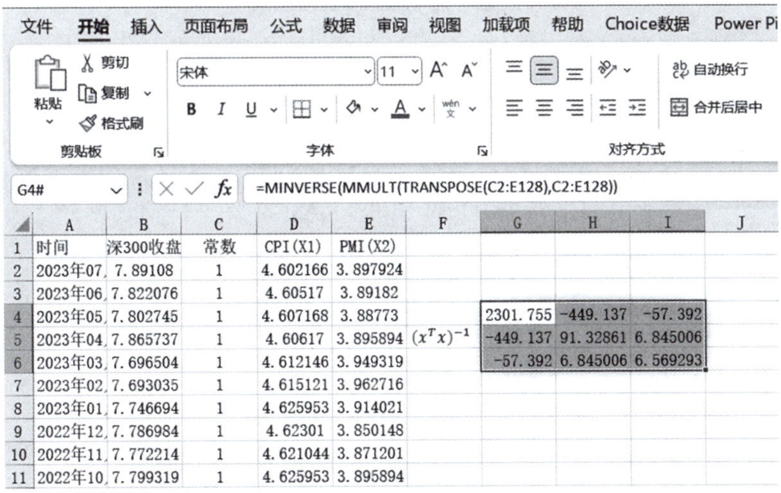

图 11.3 求解 $(X^TX)^{-1}$

步骤三:利用函数 MMULT( )(返回两个数组的矩阵乘积)、TRANSPOSE( )(返回转置单元格区域,即将行单元格区域转置成列单元格区域)函数计算 X^TY。

所用函数组合为:MMULT(TRANSPOSE(C2:E128),B2:B128)

注意:因为常数项与 X 的组合为74行3列,故其转置为3行74列,Y 为74行1列,相乘后的 X^TY 为3列1行,故先选中3列1行的单元格。

输入命令后按住 Shift+Ctrl+Enter 组合键得出结果,如图11.4所示。

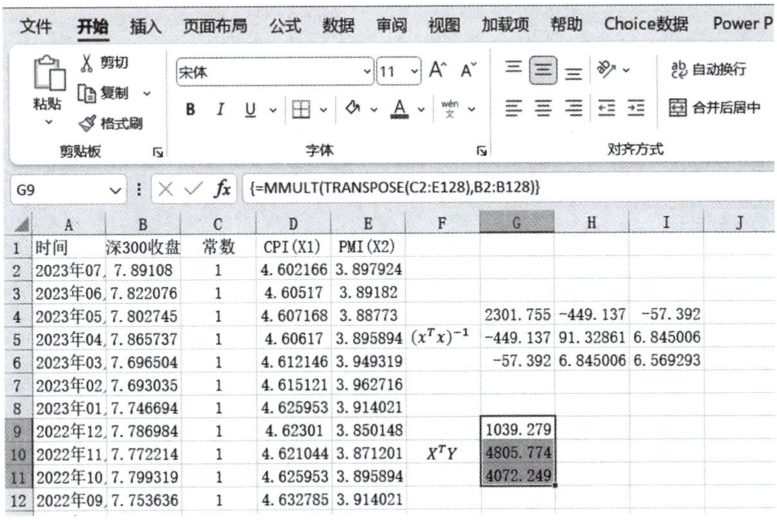

图 11.4 求解 X^TY

步骤四：计算 $\hat{\beta} = (X^TX)^{-1}X^TY$。

所用函数为：MMULT( )（返回两个数组的矩阵乘积）。

注意：因为 $(X^TX)^{-1}$ 为 3 行 3 列，X^TY 为 3 列 1 行，所以相乘后为 3 行 1 列，故先选中 3 行 1 列的单元格。

输入命令后按住 Shift+Ctrl+Enter 组合键得出结果，如图 11.5 所示。

	A	B	C	D	E	F	G	H	I	J
					f_x {=MMULT(G4:I6,G9:G11)}					
1	时间	深300收盘	常数	CPI(X1)	PMI(X2)					
2	2023年07	7.89108	1	4.602166	3.897924					
3	2023年06	7.822076	1	4.60517	3.89182					
4	2023年05	7.802745	1	4.607168	3.88773		2301.755	−449.137	−57.392	
5	2023年04	7.865737	1	4.60617	3.895894	$(X^TX)^{-1}$	−449.137	91.32861	6.845006	
6	2023年03	7.696504	1	4.612146	3.949319		−57.392	6.845006	6.569293	
7	2023年02	7.693035	1	4.615121	3.962716					
8	2023年01	7.746694	1	4.625953	3.914021					
9	2022年12	7.786984	1	4.62301	3.850148		1039.279			
10	2022年11	7.772214	1	4.621044	3.871201	X^TY	4805.774			
11	2022年10	7.799319	1	4.625953	3.895894		4072.249			
12	2022年09	7.753636	1	4.632785	3.914021					
13	2022年08	7.697326	1	4.629863	3.89995					
14	2022年07	7.686608	1	4.631812	3.89182					
15	2022年06	7.671501	1	4.629863	3.916015			0.888496		
16	2022年05	7.677243	1	4.625953	3.903991	$\hat{\beta}=(X^TX)^{-1}X^TY$		0.710891		
17	2022年04	7.676223	1	4.625953	3.858622			1.022805		
18	2022年03	7.680231	1	4.620059	3.901973					

图 11.5　求解 $\hat{\beta} = (X^TX)^{-1}X^TY$

步骤五：求解 $\hat{Y}$，如图 11.6 所示。

	A	B	C	D	E	F	G	H	I	J	K
					f_x =$H$15+$H$16*D2+$H$17*E2						
1	时间	深300收盘	常数	CPI(X1)	PMI(X2)						$\hat{Y}$
2	2023年07	7.89108	1	4.602166	3.897924						8.146949
3	2023年06	7.822076	1	4.60517	3.89182						8.142842
4	2023年05	7.802745	1	4.607168	3.88773		2301.755	−449.137	−57.392		8.140079
5	2023年04	7.865737	1	4.60617	3.895894	$(X^TX)^{-1}$	−449.137	91.32861	6.845006		8.147719
6	2023年03	7.696504	1	4.612146	3.949319		−57.392	6.845006	6.569293		8.206611
7	2023年02	7.693035	1	4.615121	3.962716						8.222428
8	2023年01	7.746694	1	4.625953	3.914021						8.180323
9	2022年12	7.786984	1	4.62301	3.850148		1039.279				8.112901
10	2022年11	7.772214	1	4.621044	3.871201	X^TY	4805.774				8.133037
11	2022年10	7.799319	1	4.625953	3.895894		4072.249				8.161782
12	2022年09	7.753636	1	4.632785	3.914021						8.18518
13	2022年08	7.697326	1	4.629863	3.89995						8.168711
14	2022年07	7.686608	1	4.631812	3.89182						8.161782
15	2022年06	7.671501	1	4.629863	3.916015			0.888496			8.185142
16	2022年05	7.677243	1	4.625953	3.903991	$\hat{\beta}=(X^TX)^{-1}X^TY$		0.710891			8.170064
17	2022年04	7.676223	1	4.625953	3.858622			1.022805			8.123661
18	2022年03	7.680231	1	4.620059	3.901973						8.16381
19	2022年02	7.762277	1	4.61413	3.916015						8.173958
20	2022年01	7.757175	1	4.61413	3.916015						8.171918

图 11.6　求解 $\hat{Y}$

综上所述，沪深 300 收盘价估计值 $\hat{Y}$ 与 PMI(X)、CPI(Z)的关系如下：

$$\hat{Y}_i = 0.888 + 0.711X_i + 1.023Z_i \tag{11.72}$$

步骤六：求残差平方和 RSS。

公式：$\text{RSS} = \sum (Y_i - \hat{Y}_i)^2 = \sum e_i^2$

在单元格中输入如图 11.7 所示的公式。

图 11.7　求残差平方和 RSS（一）

再利用 SUM( ) 语句求和，如图 11.8 所示。

图 11.8　求残差平方和 RSS（二）

步骤七：求随机干扰项 μ_i 的方差，即 $\text{Var}(\mu_i) = \sigma^2$。

$$\hat{\sigma}^2 = \frac{\sum e_i^2}{n-k-1} \tag{11.73}$$

因为本例 $n=127$，此处 $n-2-1=124$，据此输入公式，如图 11.9 所示。

图 11.9　求解随机干扰项方差

步骤八：求总离差平方和 TSS。

$$\text{TSS} = \sum (Y_i - \bar{Y})^2 = \sum y_i^2 \qquad (11.74)$$

先利用 AVERAGE( ) 求均值 $\bar{Y}$，如图 11.10 所示。

B129		: $\times$ $\checkmark$ f_x	=AVERAGE(B2:B128)			
	A	B	C	D	E	F	G
116	2014年01	8.313568	1	4.629727	3.921973	
117	2013年12	8.244041	1	4.62985	3.931826	
118	2013年11	8.163002	1	4.634904	3.939638	
119	2013年10	8.256617	1	4.636725	3.939638	
120	2013年09	8.261432	1	4.635232	3.933784	
121	2013年08	8.332515	1	4.630513	3.931826	
122	2013年07	8.311265	1	4.63156	3.918005	
123	2013年06	8.306701	1	4.631504	3.914021	
124	2013年05	8.301295	1	4.625934	3.927896	
125	2013年04	8.242373	1	4.628751	3.923952	
126	2013年03	8.253866	1	4.625655	3.929863	
127	2013年02	8.2977	1	4.63686	3.914021	
128	2013年01	8.233574	1	4.625272	3.919991	
129		8.183299				

图 11.10　沪深 300 收盘价均值 $\bar{Y}$

再根据公式求 TSS，如图 11.11 所示。

f_x	=(B2-$B$129)^2										
C	D	E	F	G	H	I	J	K	L	M
数	CPI(X1)	PMI(X2)						$\hat{Y}$	RSS	TSS
1	4.602166	3.897924						8.146949	0.065469	0.085392
1	4.60517	3.89182						8.142842	0.102891	0.130482
1	4.607168	3.88773		2301.755	-449.137	-57.392		8.140079	0.113795	0.144822
1	4.60617	3.895894	$(x^T x)^{-1}$	-449.137	91.32861	6.845006		8.147719	0.079514	0.100846
1	4.612146	3.949319		-57.392	6.845006	6.569293		8.206611	0.260209	0.23697
1	4.615121	3.962716						8.222428	0.280257	0.240359
1	4.625953	3.914021						8.180323	0.188034	0.190624
1	4.62301	3.850148		1039.279				8.112901	0.106222	0.157066
1	4.621044	3.871201	$X^T Y$	4805.774				8.133037	0.130193	0.168991
1	4.625953	3.895894		4072.249				8.161782	0.13138	0.147441
1	4.632785	3.914021						8.18518	0.18623	0.18461
1	4.629863	3.89995						8.168711	0.222204	0.23617
1	4.631812	3.89182						8.161782	0.22579	0.246703
1	4.629863	3.916015			0.888496			8.185142	0.263828	0.261938
1	4.625953	3.903991	$\hat{\beta} = (X^T X)^{-1} X^T Y$		0.710891			8.170064	0.242873	0.256093
1	4.625953	3.858622			1.022805			8.123661	0.200201	0.257126

图 11.11　根据公式求解 TSS

得出每个单独的 y_i^2，利用 SUM( ) 语句求和，Excel 返回值为 7.094 8。

步骤九：求回归平方和 ESS。

$$\text{ESS} = \sum (\hat{Y}_i - \bar{Y})^2 = \sum \hat{y}_i^2 \qquad (11.75)$$

根据公式求 ESS，如图 11.12 所示。

`=(K2-$B$129)^2`

D CPI(X1)	E PMI(X2)	F	G	H	I	J	K Ŷ	L RSS	M TSS	N ESS
4.602166	3.897924						8.146949	0.065469	0.085392	0.001321
4.60517	3.89182						8.142842	0.102891	0.130482	0.001637
4.607168	3.88773		2301.755	-449.137	-57.392		8.140079	0.113795	0.144822	0.001868
4.60617	3.895894	$(X^TX)^{-1}$	-449.137	91.32861	6.845006		8.147719	0.079514	0.100846	0.001266
4.612146	3.949319		-57.392	6.845006	6.569293		8.206611	0.260209	0.23697	0.000543
4.615121	3.962716						8.222428	0.280257	0.240359	0.001531
4.625953	3.914021						8.180323	0.188034	0.190624	8.86E-06
4.62301	3.850148		1039.279				8.112901	0.106222	0.157066	0.004956
4.621044	3.871201	X^TY	4805.774				8.133037	0.130193	0.168991	0.002526
4.625953	3.895894		4072.249				8.161782	0.13138	0.147441	0.000463

图 11. 12 根据公式求解 ESS

利用 SUM( )语句求和，Excel 返回值为 0.160 7。

步骤十：计算显著性检验 F 检验的值。

$$F = \frac{\text{ESS}/k}{\text{RSS}/(n-k-1)} \tag{11.76}$$

因为 k 代表解释变量的个数，本例解释变量为"PMI" X_1 和"CPI" X_2，所以 $k=2$，n 取值 127。

公式可以改写为：$F = \text{ESS} \times \dfrac{124/2}{\text{RSS}}$

在单元格中输入公式，如图 11. 13 所示。

`=(K135/2)/(K133/(127-2-1))`

D	E	F	G	H	I	J	K	L	M	N
4.625934	3.927896						8.194502	0.011405	0.013923	0.000125
4.628751	3.923952						8.192469	0.00249	0.00349	8.41E-05
4.625655	3.929863						8.196315	0.003312	0.00498	0.000169
4.63686	3.914021						8.188077	0.012017	0.013088	2.28E-05
4.625272	3.919991						8.185946	0.002268	0.002528	7E-06
							RSS= 6.934066	7.094807	0.160741	
						$\text{var}(\mu_i)=\sigma^2$	0.05592			
						RSS=	6.934066		$F=\dfrac{\text{ESS}/k}{\text{RSS}/(n-k-1)}$	
						TSS=	7.094807			
						ESS=	0.160741		F= 1.437242	

图 11. 13 求解 F 检验值

步骤十一：计算显著性检验 t 检验的值。

公式：$t = \dfrac{\hat{\beta} - \beta_i}{\sqrt{C_{ii}\sigma^2}}$，其中，$\text{Var}(\hat{\beta}) = \sigma^2 C_{ii}$；$C_{ii}$ 为 $(X^TX)^{-1}$ 中 i 行 i 列的元素。

注意：进行 t 检验的时候不仅要对解释变量进行检验，还要对系数进行检验，所以检验的值应有 3 个；三次所用的 C_{ii} 是不同的。

①根据公式，先利用 SQRT( )求解 $\hat{\beta}$ 的标准差 SD，如图 11. 14 所示。

=SQRT(G9*L131)

D	E	F	G	H	I	J	K	L
4.63686	3.914021						8.188077	0.012017
4.625272	3.919991						8.185946	0.002268
							RSS=	6.934066
			7.623409					
		SD=	2.259886			var $(\mu_i)=\sigma^2$		0.05592
			0.606097					

图 11.14　求解解释变量标准差 SD

②根据公式求解 T 值，如图 11.15 所示。

=H15/G130

D	E	F	G
4.63686	3.914021		
4.625272	3.919991		
			7.623409
		SD=	2.259886
			0.606097
			0.116548
		T=	0.314569
			1.687525

图 11.15　根据公式求解 T 值

步骤十二：计算拟合优度检验 R^2 的值。

$$R^2 = \frac{\text{ESS}}{\text{RSS}}$$

（11.77）

根据公式，求解拟合优度，如图 11.16 所示。

=K135/K134

J	K	L
	8.188077	0.012017
	8.185946	0.002268
	RSS=	6.934066
var $(\mu_i)=\sigma^2$		0.05592
RSS=	6.934066	
TSS=	7.094807	
ESS=	0.160741	
$R^2 =$	0.022656	

图 11.16　求解拟合优度

步骤十三：计算被解释变量的标准差。

$$SD = \sqrt{\frac{\sum (Y_i - \overline{Y})^2}{n-1}} = \sqrt{\frac{TSS}{n-1}} \qquad (11.78)$$

本题 $n=127$，根据公式，在单元格中输入如图 11.17 所示内容。

图 11.17 求解被解释变量标准差

步骤十四：计算对数似然比。

$$L = -\frac{T}{2}[1 + \log(2\pi) + \log(\sum e_i^2 / T)] \qquad (11.79)$$

T 代表的是样本容量的个数，本题 $T=127$。

计算时 π 取值 3.141 592 6，根据公式，计算对数似然比的值，如图 11.18 所示。

图 11.18 求解对数似然比

步骤十五：计算赤池信息量（AIC）的值。

$$AIC = -\frac{2L}{T} + \frac{2K}{T} \qquad (11.80)$$

式中，T 代表的是样本容量的个数，本题 $T=127$；K 代表的是解释变量的个数，本题 $K=2$。

根据公式，在单元格中输入如图 11.19 所示内容。

图 11.19　求解赤池信息量

步骤十六：计算施瓦兹信息量（SC）的值。

$$SC = -\frac{2L}{T} + \frac{K\log T}{T} \tag{11.81}$$

式中，T 代表的是样本容量的个数，本题 $T=127$；K 代表的是解释变量的个数，本题 $K=2$。

根据公式在单元格中输入如图 11.20 所示内容。

图 11.20　求解施瓦兹信息量

步骤十七：计算 DW 检验的值。

$$DW = \frac{\sum_{t=2}^{T}(\hat{e}_t - \hat{e}_{t-1})^2}{\sum_{t=1}^{T}\hat{e}_t^2} \tag{11.82}$$

①利用 $\hat{e}_t = Y_t - \hat{Y}_t$ 先计算 $\hat{e}_t$ 的数值，在单元格中输入如图 11.21 所示的内容。

图 11.21　求解 $\hat{e}_t$

②再根据公式计算 $(\hat{e}_t - \hat{e}_{t-1})^2$ 的数值，如图11.22所示。

J	K $\hat{Y}$	L RSS	M TSS	N ESS	O $\hat{e}_t = Y_t - \hat{Y}_t$	P $(\hat{e}_t - \hat{e}_{t-1})^2$
	8.146949	0.065469	0.085392	0.001321	-0.25587	
	8.142842	0.102891	0.130482	0.001637	-0.32077	0.004212
	8.140079	0.113795	0.144822	0.001868	-0.33733	0.000275
	8.147719	0.079514	0.100846	0.001266	-0.28198	0.003064
	8.206611	0.260209	0.23697	0.000543	-0.51011	0.052041
	8.222428	0.280257	0.240359	0.001531	-0.52939	0.000372
	8.180323	0.188034	0.190624	8.86E-06	-0.43363	0.009171
	8.112901	0.106222	0.157066	0.004956	-0.32592	0.011602

图 11.22　求解 $(\hat{e}_t - \hat{e}_{t-1})^2$

利用SUM( )加总求和，Excel返回值为0.813 9。

③根据公式 $DW = \dfrac{\sum\limits_{t=2}^{T} (\hat{e}_t - \hat{e}_{t-1})^2}{\sum\limits_{t=1}^{T} \hat{e}_t^2}$ 计算最后的结果，在单元格输入如图11.23所示内容。

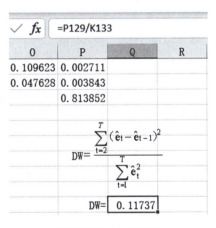

图 11.23　求解 DW

二、一元线性回归模型参数估计

做线性回归模型参数估计的时候，一般都用特定的计量软件来做，如EViews、Stata等。但微软的Excel已经研发出可以做计量模型的程序，本书的特色就是用Excel来建立和检验计量模型。用Excel对一元线性回归模型进行参数估计主要包括以下五种方法：

①利用散点图。

②使用截距函数和斜率函数确定方程。

③使用LINEST函数确定回归方程。

④使用数据分析中的回归分析确定方程。

⑤利用回归参数的计算公式进行动态的计算。

下面以具体例子进行逐一介绍：

【例11-2】这里选取2022年1月4日至2022年12月30日上证综合指数与深证成分指数（深指）数据进行二者之间的线性分析。

（一）利用散点图上的趋势图确定方程

在 Excel 中进行线性回归分析，可直接在数据的散点图上做趋势图，从而确定线性回归模型的方程。下面以具体例子进行说明。

首先，在 Excel 表中输入所选取的数据，如图11.24所示。

	A	B	C	D
1	n	上证综合指数收盘价X	深证成分指数收盘价Y	
2	1	3632.328	14791.31	
3	2	3595.176	14525.76	
4	3	3586.079	14429.51	
5	4	3579.542	14343.65	
6	5	3593.518	14406.97	
7	6	3567.44	14223.35	
8	7	3597.432	14421.2	
9	8	3555.258	14138.34	
10	9	3521.255	14150.57	

图 11.24　输入数据

其次，绘制两组数据之间关系的散点图。选中B、C两列数据，然后在插入菜单栏中选择散点图，就可得到如图11.25所示的散点图。从图11.25中可以看出上证综合指数与深证成分指数之间存在线性关系。

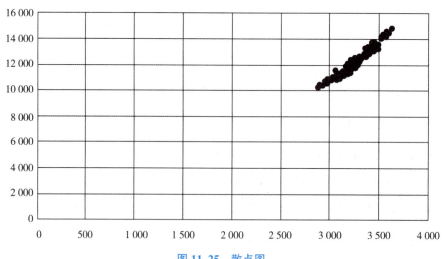

图 11.25　散点图

为了使这种线性关系更明显，让图形更完美，可以更改坐标轴格式，即选定坐标轴，右击，选择"设置坐标轴格式"，更改坐标轴选项中的最小值，设定横轴坐标最小值为2 700，纵轴坐标最小值为9 000，即可得到如图11.26所示的图形。

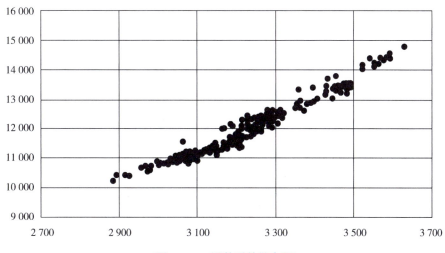

图 11.26　调整后的散点图

再次，选中图11.26中的数据，右击，得到一个选项框，选择"添加趋势线"，得到如图11.27所示的设置趋势线格式，在趋势线选项中选择"线性"，在选项框的最后两行选中"显示公式"和"显示 R 平方值"（图11.28）。单击"关闭"按钮，即可在散点图上得到趋势线及其公式还有方程的 R 平方值。

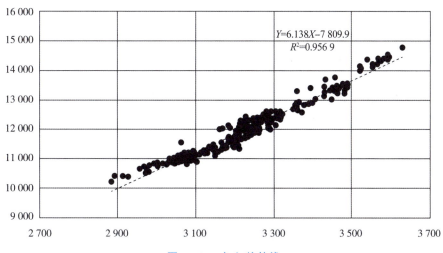

图 11.27　加入趋势线

图 11.28　参数调整

由图 11.27，可以看到上证综合指数收盘价 X 与深证成分指数收盘价 Y 之间的线性关系，表示为 $Y=6.138X-7\,809.9$。深证成分指数收盘价 Y 与上证综合指数收盘价 X 之间呈正相关关系，即深证成分指数收盘价 Y 将随着上证综合指数收盘价 X 值的增加而增加，反之则随着 X 值的递减而递减，而且其以 6.138 的倍数随 X 值变动。另外，还可以得到该方程的 R 平方值为 0.956 9。该数值比较高，说明显著性明显。

(二)使用截距函数和斜率函数确定方程

在 Excel 中进行线性回归分析，也可利用 Excel 中的截距函数和斜率函数直接确定线性回归模型的方程。下面仍以例 11-2 来说明。

与第一种方法一样，首先要选取数据并做散点图，确定上证综合指数收盘价与深证成分指数收盘价之间存在线性关系。

例 11-2 共有 242 个数据，求深证成分指数与上证综合指数之间的变动关系。在这里可以先求横截距，在 B244 输入截距公式 INTERCEPT(C2：C243，B2：B243)，其中 C2 至 C243 的数是线性方程中的被解释变量 Y 值，而 B2：B243 是方程中解释变量 X 的值(图 11.29)，可以得到横截距为 $-7\,809.9$。

	B244		f_x	=INTERCEPT(C2:C243,B2:B243)	
	A	B		C	D
235	234	3073.765		10949.12	
236	235	3068.41		10912.09	
237	236	3054.431		10876.31	
238	237	3045.866		10849.64	
239	238	3065.562		10978.99	
240	239	3095.567		11106.5	
241	240	3087.399		11010.53	
242	241	3073.701		10996.41	
243	242	3089.257		11015.99	
244		-7809.889047			
245					

图 11.29　截距函数的输入

然后输入斜率函数，在 B245 中输入 SLOPE（C2：C243，B2：B243），其中第一个数值范围是方程中的被解释变量 Y 值，第二个数值范围是方程中的解释变量 X 值，如图 11.30 所示，得到斜率为 6.138。

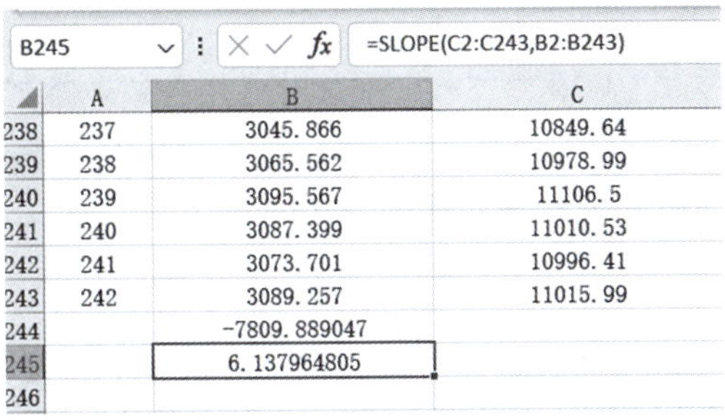

图 11.30　斜率函数的输入

由上述操作结果可以得出 $Y=6.138X-7809.9$ 的方程，在不考虑小数位数的情况下，这种方法与第一种方法所得结果相同。

（三）使用 LINEST 函数确定回归方程

在 Excel 中可以用 LINEST 函数做线性回归分析，LINEST 函数的语法是 LINEST（known_y's，known_x's，const，stats），其中 known_y's 是指回归方程中被解释变量 Y 的数值区域；known_x's 指回归方程中解释变量 X 的数值区域；const 是一个逻辑值，用于指定截距是否为 0，如果截距强制设为 0，则输入 FALSE，否则输入 TRUE 或者忽略不输；stats 也是一个逻辑值，用于指定是否返回附加的回归统计值，如果需要得到附加的回归统计值，则需要输入 TRUE，否则输入 FALSE。

在一元线性回归分析中，附加的一元回归分析统计值如表 11.1 所示。在使用 LINEST 函数时，如果需要得到这些回归统计值，需要选定 5 行 2 列的区域，输入 LINEST 函数及其数值范围，然后按 Ctrl+Shift+Enter 组合键，最终就能得到回归方程的统计值了。

表 11.1　LINEST 函数附加的一元回归分析统计值

斜率	截距
标准误差值	系数标准误差值
R 平方值	Y 估计值的标准误差
F 统计量	自由度
回归平方和	残差平方和

这里仍然以例 11-2 来说明，首先需要做散点图确定具有线性关系，然后在表格中选定一个 5 行 2 列的区域，如单元格区域 B247：C251，选定区域后直接在编辑栏中输入"=LINEST（C2：C243，B2：B243，TRUE，TRUE）"，再按 Ctrl+Shift+Enter 组合键即可得到如表 11.2 所示的结果。

表 11.2　例 11-2 的回归统计值

6.137 964 805	-7 809.889 047
0.084 057 172	271.463 172

续表

0. 956 928 358	208. 829 057 1
5 332. 111 705	240
232 531 125. 8	10 466 298. 02

由上述回归结果可以得出 $Y=6.138X-7\,809.9$，R 平方值为 0. 956 9，F 统计量值显示为 5 332. 112。因此，得到的结果与前两种做法相同。

（四）使用数据分析中的回归分析确定方程

Excel 的功能目前已经得到完善，尤其是在数据分析方面。要在 Excel 中得到两组数据之间的线性关系还可以用数据分析里的回归分析以得到其线性方程。用户在安装 Excel 时不会自动加载数据分析工具，当用户想要进行统计分析时，需要加载"数据分析"，具体的操作方法是：

①单击 Excel 程序窗口左上角的"文件"菜单按钮。

②在弹出的菜单中单击"选项"按钮。

③在弹出的"Excel 选项"对话框中，单击"加载项"按钮。

④再单击位于窗口下方的"转到"按钮，弹出"加载宏"对话框，勾选"分析工具库"和"分析工具库-VBA"，单击"确定"按钮，根据提示来安装。

⑤在菜单栏上单击"数据"标签，单击右侧出现的"数据分析"功能按钮，就可以进行后续的数据分析了。"Excel 选项"对话框和"加载宏"对话框如图 11. 31 和图 11. 32 所示。

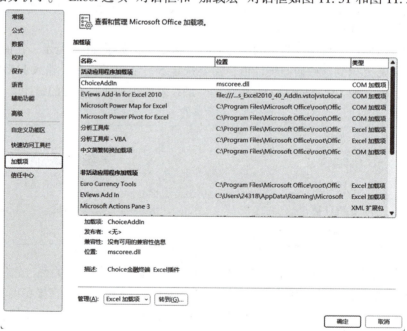

图 11. 31 "Excel 选项"对话框

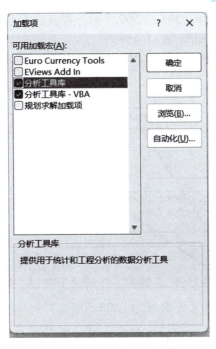

图 11.32 "加载宏"对话框

接下来，就可以利用这项功能进行线性回归分析了。首先，仍需要如例 11-2 一样选取数据并做散点图，以确定上证综合指数收盘价与深证成分指数收盘价之间存在线性关系。

其次，单击"数据"菜单栏中的"数据分析"选项框，得到如图 11.33 所示的"数据分析"选项框，选中其中的"回归"，并单击"确定"按钮，即可得到如图 11.34 所示的"回归分析"对话框，在其中，选中 X、Y 值区域，并设定置信度为 95%，将标准残差选中，即可得到回归分析结果。

图 11.34 "回归分析"对话框

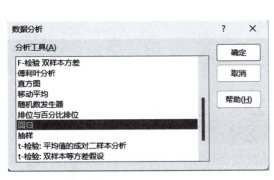

图 11.33 "数据分析"选项框

由分析结果可以得出 $Y = 6.138X - 7809.9$ 的方程，在不考虑小数位数的情况下，这种方法与前三种方法所得结果相同（图 11.35）。

	A	B	C	D	E	F	G	H	I
3		回归统计							
4	Multiple	0.978227							
5	R Square	0.956928							
6	Adjusted	0.956749							
7	标准误差	208.8291							
8	观测值	242							
9									
10	方差分析								
11		df	SS	MS	F	nificance F			
12	回归分析	1	2.33E+08	2.33E+08	5332.112	6.7E-166			
13	残差	240	10466298	43609.58					
14	总计	241	2.43E+08						
15									
16		Coefficien	标准误差	t Stat	P-value	Lower 95%	Upper 95%	下限 95.0%	上限 95.0%
17	Intercept	-7809.89	271.4632	-28.7696	9.51E-80	-8344.64	-7275.13	-8344.64	-7275.13
18	X Variabl	6.137965	0.084057	73.02131	6.7E-166	5.972381	6.303549	5.972381	6.303549

图 11.35 回归分析结果

最后，用该种方法还可以得到标准差和 R 平方值，其中标准差为 208.829 0，R 平方值为 0.956 9，因此，在不考虑小数位数的情况下，与第一种方法所得结果相同。

（五）利用回归参数的计算公式进行动态计算

一般计量经济学中用最小二乘法（OLS）进行线性回归模型的参数估计。最小二乘法是使随机误差项平方和最小从而得到模型参数。通过用残差平方和对参数求导，并令其为 0，即可得到参数值。下面用式子来表示，用 Q 表示残差平方和，即

$$Q = \sum_{i=1}^{m} \hat{\varepsilon}_i^2 = \sum_{i=1}^{m} (y_i - \hat{y}_i)^2 = \sum_{i=1}^{m} (y_i - \hat{\beta}_0 - \hat{\beta}_i x_i)^2 \tag{11.83}$$

上式表明 Q 是 $\hat{\beta}_0$ 和 $\hat{\beta}_1$ 的函数，要求该二元函数的极值，就应令 Q 对 $\hat{\beta}_0$、$\hat{\beta}_1$ 的偏导数为零，从而得到如下方程：

$$\begin{cases} \dfrac{\partial Q}{\partial \hat{\beta}_0} = -2 \sum_{i=1}^{m} (y_i - \hat{\beta}_0 - \hat{\beta}_1 x_i) = 0 \\ \dfrac{\partial Q}{\partial \hat{\beta}_1} = -2 \sum_{i=1}^{m} (y_i - \hat{\beta}_0 - \hat{\beta}_1 x_i) x_i = 0 \end{cases} \tag{11.84}$$

由上式可得到 $\hat{\beta}_0$ 和 $\hat{\beta}_1$ 的值为：

$$\hat{\beta}_0 = \bar{y} - \hat{\beta}_1 \bar{x}$$

$$\hat{\beta}_1 = \frac{\sum x_i (y_i - \bar{y})}{\sum x_i (x_i - \bar{x})} = \frac{m \sum x_i y_i - \sum x_i \sum y_i}{n \sum x_i^2 - (\sum x_i)^2} \tag{11.85}$$

由式（11.85）所得结果，可以在 Excel 中进行动态计算以求得最终的参数估计值。现在仍以例 11-2 为例子说明，仍需要做散点图，以确定上证综合指数收盘价与深圳成分指数收盘价之间存在线性关系。在利用参数公式进行计算时，应先计算出式中各元素动态值

的和，即根据公式需要计算的因素在 D、E、F、G、H、I、J、K、L 各列的第一行分别输入该列的名称，即 $x×y$、$x×y$ 动态和、x 动态和、y 动态和、x^2、x^2 动态和、x 动态和的平方、斜率、截距；接下来，在其第二行分别输入公式"＝B2×C2""＝SUM（D\$2：D2）""＝SUM（B\$2：B2）""＝SUM（C\$2：C2）""＝B2^2""＝SUM（H\$2：H2）""＝F2^2""＝（A2×E2－F2×G2）／（A2×I2－J2）""＝G2／A2－K2×F2／A2"，如图 11.36 所示。最后，将每列第二行的公式复制到同列的其他各行之中，即可得到最后的动态计算值。

	D	E	F	G	H	I	J	K	L
1	x*y	x*y动态和	x动态和	y动态和	x²	x²动态和	x动态和的平方	斜率	截距
2	=B2*C2	=SUM(D$2:D2)	=SUM(B$2:B2)	=SUM(C$2:C2)	=B2^2	=SUM(H$2:H2)	=F2^2	=(A2*E2-F2*G2)/(A2*I2-J2)	=G2/A2-K2*F2/A2

图 11.36　各列公式输入

在输入公式的同时还应注意，由于这里在求动态和，每次求和都需要从第二行开始往下累加，例如 E 列要求 x 与 y 乘积动态和，则应从 D2 开始往下累加。所以这里在输入过程中，可利用绝对引用，就是在 D2 中的第二行之前加"\$"，即 D\$2，从而使每一列各行求动态值时都绝对地从第二行开始累计加总。而其他列，如 F、G、I、J 列的动态求和方法则与此相同。

进行动态计算后，可以在 K 列和 L 列的最后一行得到最后的截距和斜率，结果如图 11.37 所示。最后一行得到最终的参数值，即斜率为 6.137，截距为 -7 809.889，与使用前四种方法所得结果相同。

	J	K	L
1	x动态和的平方	斜率	截距
236	5.76191E+11	6.124578928	-7764.374896
237	5.80838E+11	6.126504618	-7770.875062
238	5.8549E+11	6.127709214	-7774.932955
239	5.9019E+11	6.128533754	-7777.724522
240	5.94956E+11	6.130411207	-7784.147977
241	5.99729E+11	6.133419887	-7794.4077
242	6.04499E+11	6.134942767	-7799.575804
243	6.09312E+11	6.137964805	-7809.889047
244			

图 11.37　动态计算结果

三、多元线性回归模型参数估计

多元线性回归模型参数估计方法与一元类似，但也有一些区别。一元线性回归分析的很多方法用在多元线性回归分析中比较麻烦，因此本节只介绍用 Excel 中的 LINEST 函数和数据分析中的回归分析来做多元线性回归分析的方法，这里仍举例说明。

【例 11-3】股票价格受到多种因素的影响。使用 2000—2010 年 GDP($X1$)、利率($X2$)、一般公共预算支出($X3$)、居民消费价格指数($X4$)、沪深成分指数(Y)数据(图 11.38)，分析国内生产总值、利率、财政和居民消费对股票价格的影响。(所有数据均取对数处理)

(一)使用 LINEST 函数确定回归方程

在使用 LINEST 函数做多元线性回归分析时，其与一元线性回归分析之间的区别就在于 known_y's 的数值区域不同，一元的 X 值的区域只有一列，而多元的 X 值的区域有多列，如 m 元函数的 X 值的区域有 m 列。此外，在选择输入回归统计值的区域上也有区别，

因为回归系数有 $m+1$ 个，所以进行回归分析时需要选定 m 行 $m+1$ 列的区域来输入回归统计值。

H	I	J	K	L	M
年份	深证成分指数收盘价（Y）	GDP(X1)	利率(X2)	一般公共预算支出(X3)	CPI(X4)
2000	8.466478677	11.5157225	0.81093	9.673224971	4.609162207
2001	8.109424632	11.6160514	0.81093	9.8470537	4.6121458
2002	7.922732303	11.7094572	0.683097	10.00121073	4.597138014
2003	8.15472895	11.8308118	0.683097	10.11253015	4.617098757
2004	8.028640996	11.9943647	0.81093	10.25719926	4.643428898
2005	7.959839044	12.1405678	0.81093	10.43206311	4.623108331
2006	8.801941816	12.2988273	0.924259	10.60714753	4.619763188
2007	9.781354946	12.506519	1.420696	10.81539569	4.651767471
2008	8.778013187	12.6737129	0.81093	11.0444033	4.662117466
2009	9.525148922	12.7614443	0.81093	11.2424273	4.598246271
2010	9.430162413	5487	1.011601	11.40616575	4.637830968

图 11.38　例 11-3 部分数据

另外，附加的多元回归分析统计值的格式也有所不同，其表示的统计值如表 11.3 所示。

表 11.3　LINEST 函数附加的多元回归分析统计值

参数值 m	参数值 m-1	参数值 m-2	参数值 m-3	…	常数项
参数值 m 标准误差值	参数值 m-1 标准误差值	参数值 m-2 标准误差值	参数值 m-3 标准误差值		常数项标准误差
R 平方值	Y 估计值的标准误差				
F 统计量	自由度				
回归平方和	残差平方和				

因此，此时要做多元线性回归分析，根据例 11-3 中的数据，需要在表 11.3 中选择一个 4 行 5 列的区域，如单元格区域 H2：L5，输入 LINEST（I2：I24，J2：M24，TRUE，TRUE），然后按 Ctrl+Shift+Enter 组合键，即可得到如表 11.4 所示回归方程的回归分析统计结果。

表 11.4　例 11-3 回归方程的回归分析统计结果

-5.128 61	0.590 672	0.737 529	5.749 01E-05	25.416 99
5.494 041	0.096 426	0.319 962	6.650 25E-05	24.838 98
0.707 301	0.347 864	#N/A	#N/A	#N/A
10.874 17	18	#N/A	#N/A	#N/A

由上述结果可以看到 $Y=25.42+5.75X1+0.74X2+0.59X3-5.13X4$，即 GDP($X1$)、利率($X2$)、一般公共预算支出($X3$)和股票价格具有正相关关系，GDP($X1$)、利率($X2$)、一般公共预算支出($X3$)越大，股票价格越高，反之则越低。而居民消费价格指数($X4$)对股票价格的影响是反方向的，即居民消费价格指数($X4$)越大，股票价格越低，反之则越高。

(二)使用数据分析中的回归分析确定回归方程

多元回归分析还可以用到数据分析中的回归分析方法，相关内容在第一部分中已经介绍了一些，这里直接通过例子说明具体做法，以及一元回归分析与多元回归分析之间的区别。

首先，在Excel表中输入数据，然后在菜单栏中选择"数据"，在其子菜单栏中选择"数据分析"，弹出数据分析对话框。执行"回归"命令，自动弹出回归分析对话框。这里与一元线性回归分析不同的是，X值输入区域选择范围不同，由原来的1列扩展为现在的4列。选择好数据输入区域后，可得到参数估计结果，如图11.39所示。由图11.39的第二列数据可以看到，用数据分析中回归分析所得到的回归结果为$Y = 25.42 + 5.75X1 + 0.74X2 + 0.59X3 - 5.13X4$，忽略保留小数位数不同的问题，两种方法得出的回归结果是相同的。

1	SUMMARY OUTPUT							
2								
3	回归统计							
4	Multiple	0.841012						
5	R Square	0.707301						
6	Adjusted	0.642257						
7	标准误差	0.347864						
8	观测值	23						
9								
10	方差分析							
11		df	SS	MS	F	nificance F		
12	回归分析	4	5.263513	1.315878	10.87417	0.000116		
13	残差	18	2.178172	0.12101				
14	总计	22	7.441685					
15								
16		Coefficien	标准误差	t Stat	P-value	Lower 95%	Upper 95%	下限 95.0%	上限 95.0%
17	Intercep	25.41699	24.83898	1.02327	0.319737	-26.7678	77.60175	-26.7678	77.60175
18	X Variab	5.75E-05	6.65E-05	0.86448	0.398699	-8.2E-05	0.000197	-8.2E-05	0.000197
19	X Variab	0.737529	0.319962	2.305054	0.033286	0.065314	1.409743	0.065314	1.409743
20	X Variab	0.590672	0.096426	6.125622	8.72E-06	0.388087	0.793256	0.388087	0.793256
21	X Variab	-5.12861	5.494041	-0.93349	0.362923	-16.6712	6.413939	-16.6712	6.413939

图11.39 多元线性回归分析结果

四、线性回归模型的常规检验

1. F检验Excel操作

前文已经介绍过F检验的统计学原理，F检验是多元线性回归分析检验中所特有的，用于检验整个方程是否具有显著性，即检验被解释变量y_t与解释变量x_1，x_2，…，x_n之间是否存在回归关系。

已经知道，在原假设成立的条件下，F统计量服从自由度为$(n, p-n+1)$的F分布。如果用样本计算出来的F统计量大于其临界值，就拒绝原假设，即方程具有显著性；若计算出来的F统计量小于其临界值，则接受原假设，即方程不具有显著性。

在Excel中，在模型参数估计结果中，就已经给出了F统计量检验结果了，如图11.40所示，所得统计量结果为10.874 17，查表可以得出整个方程具有显著性的结论。

9						
10	方差分析					
11		df	SS	MS	F	Significance F
12	回归分析	4	5.263513	1.315878	10.87417	0.000116145
13	残差	18	2.178172	0.12101		
14	总计	22	7.441685			

图11.40 例11-3回归分析的F统计量检验结果

2. t 检验及置信区间 Excel 操作

据前文可知，在多元线性回归模型中，t 检验是在进行 F 检验确定整个方程具有显著性之后，用于检验每个回归系数是否显著的检验方法，以此来确定每个解释变量系数的显著性。t 统计量的判断规则是：若 t 统计量大于临界值，则拒绝原假设，即解释变量参数具有显著性；若 t 统计量小于临界值，则接受原假设，即解释变量参数不具有显著性。

在 Excel 中，进行线性回归模型参数估计时就已得到各系数的 t 统计量。查表可知例 11-2 的常数项和解释变量都不具有显著性。

多元线性回归模型(图 11.41)展示了每一个解释变量的 t 统计量，查表可以对其显著性进行判断，再继续做后续分析(图 11.42)。

	Coefficien	标准误差	t Stat	P-value	Lower 95%	Upper 95%	下限 95.0%	上限 95.0%
Intercept	-7809.89	271.4632	-28.7696	9.51E-80	-8344.64	-7275.13	-8344.64	-7275.13
X Variab	6.137965	0.084057	73.02131	6.7E-166	5.972381	6.303549	5.972381	6.303549

样本计算出的 t 统计量值

22 RESIDUAL OUTPUT

图 11.41　例 11-2 回归分析中的 t 统计量

	Coefficien	标准误差	t Stat	P-value	Lower 95%	Upper 95%	下限 95.0%	上限 95.0%
Intercept	25.41699	24.83898	1.02327	0.319737	-26.76777824	77.60175	-26.7678	77.60175
X Variab	5.75E-05	6.65E-05	0.86448	0.398699	-8.22265E-05	0.000197	-8.2E-05	0.000197
X Variab	0.737529	0.319962	2.305054	0.033286	0.065314308	1.409743	0.065314	1.409743
X Variab	0.590672	0.096426	6.125622	8.72E-06	0.38808732	0.793256	0.388087	0.793256
X Variab	-5.12861	5.494041	-0.93349	0.362923	-16.67116511	6.413939	-16.6712	6.413939

样本计算出的 t 统计量值

RESIDUAL OUTPUT

图 11.42　例 11-3 回归分析中的 t 统计量

3. 拟合优度检验

拟合优度是用来评价回归所得直线对观测值的拟合程度好坏，即对观测点与回归直线距离大小的评判。经常用 R^2 来进行拟合优度检验。由 R^2 的定义可知，R^2 意味着总离差平方和中可以由回归模型解释的部分所占的比例大小，取值范围为 $[0, 1]$。R^2 统计量值越接近 1，则方程的精确度越高，线性回归直线对观察值的拟合优度也越好。

另外，Excel 中也给出了拟合优度的检验结果在模型回归结果中，如图 11.43 和图 11.44 所示。例 11-2 中的 R^2 统计量值为 0.957，其 $\overline{R^2}$ 统计量值为 0.957。例 11-3 的 R^2 统计量值为 0.707，其 $\overline{R^2}$ 统计量值为 0.642。

回归统计	
Multiple R	0.978227151
R Square	0.956928358
Adjusted R Square	0.956748893
标准误差	208.8290571
观测值	242

回归统计	
Multiple R	0.841012051
R Square	0.70730127
Adjusted R Square	0.642257108
标准误差	0.347864262
观测值	23

图 11.43　例 11-2 回归结果的 R^2 值　　　**图 11.44　例 11-3 回归结果的 R^2 值**

优化和完善宏观调控和金融监管的重点内容包括两点，一是优化宏观调控，即始终保持货币政策的稳健性，围绕高质量发展方向优化资金供给结构。会议强调，要加强总量和结构性货币政策工具的双重调节作用，总量上，"保持流动性合理充裕、融资成本持续下降"，注重做好跨周期和逆周期调节；结构上，"充实货币政策工具箱"，更好地服务国民经济"重大战略、重点领域和薄弱环节"。二是完善金融监管，即强化主体责任，加强法治建设。会议强调，监管协调和落实属地责任，将有利于更好地防范化解系统性和局部性金融风险。强调企业的主体责任，提出"健全法人治理"。三是防范化解风险，聚焦地方债务、房地产和中小金融机构三大重点领域风险隐忧。

2023年5月12日，国家发展改革委党组书记、主任郑栅洁提出，创新完善宏观调控，持续扩大国内需求。进一步增强宏观调控的前瞻性、针对性、协同性，充分发挥超大规模市场优势，有效释放内需潜力。优化宏观政策组合。继续实施积极的财政政策和稳健的货币政策，促进财政、货币、就业、产业、投资、消费、价格、环保、区域等政策形成系统集成效应，做到科学精准、协同发力。综合施策释放消费潜力。充分发挥消费对经济增长的基础性作用，多渠道增加城乡居民收入，稳定汽车、电子产品等大宗消费，支持刚性和改善性住房需求，培育壮大绿色消费、文化旅游等服务消费新热点，创新消费场景，积极扩大有效投资，有力、有序推进"十四五"规划中102项重大工程及其他经济社会重大项目建设，强化土地、用能、环评等要素保障。鼓励和吸引更多民间资本按市场化原则参与国家重大项目和补短板项目建设，激发民间投资活力。加快推进充电桩、储能等设施建设和配套电网改造。

2023年11月17日，国务院发展研究中心宏观经济研究部副部长冯俏彬提出，完善有效协调的宏观调控机制，增强宏观调控机制的有效性。有效性主要取决于目标。在面对多重目标时，要围绕各个时期党中央确定的重大战略任务，将这些目标在时空上进行分解，确定各年度的工作目标与重点任务，从而使得政策在每一个具体时点上的操作性更强，政策效果更加可评估。在当前复杂的环境下，建议对于重大政策调整和改革措施预先进行"沙盘"推演，做到对不同政策选项的经济和社会后果心中有数，这需要依靠很多的理论、数据和模型支持。

中央经济工作会议提出，要增强宏观政策取向一致性。国家发展改革委副秘书长、国民经济综合司长袁达表示，当前社会预期偏弱，强化政策统筹的重要性进一步凸显。国家发展改革委将高质量做好宏观政策取向一致性评估工作。一是健全完善评估机制，明确评估范围，完善评估流程，科学精准评估包括非经济性政策在内的政策影响，更好服务高质量发展大局。二是全面稳慎评估政策效应，从严从细把关各项政策对经济总量和结构、供给和需求、行业和区域、就业和预期等的影响，多出有利于稳预期、稳增长、稳就业的政策，审慎出台收缩性、抑制性举措。全面精准分析系列政策的叠加效应，进一步强化政策协调和工作协同，切实防范"合成谬误"。三是强化政策实施过程中的一致性，抓好政策出台窗口期。切实强化预期管理，充分征求意见建议，合理设置政策过渡期。加强政策实施过程中潜在风险的分析研判，防止层层加码、"一刀切"等问题，促进政策最终效果符合党中央决策意图。

2024 年 1 月 30 日，国家金融监督管理总局召开了 2024 年工作会议，要求紧紧围绕金融监管总局系统年度重点任务目标，以责任定目标、以目标抓考核、以考核促落实。一是全力推进中小金融机构改革化险，把握好时度效，有计划、分步骤开展工作。健全金融风险处置常态化机制，落实机构、股东、高管、监管、属地、行业六方责任，推动形成工作合力。二是积极稳妥防控重点领域风险，强化信用风险管理，加大不良资产处置力度。加快推进城市房地产融资协调机制落地见效，督促金融机构大力支持保障性住房等"三大工程"建设、落实经营性物业贷款管理要求。配合防范化解地方债务风险，指导金融机构按照市场化方式开展债务重组、置换。三是坚决落实强监管严监管要求，全面强化"五大监管"，严把准入关口、严密风险监测、严肃早期干预纠正。紧盯"关键事""关键人""关键行为"，严格执法、敢于亮剑，做到一贯到底、一严到底、一查到底。四是跨前一步强化央地监管协同，加强信息交流共享和重点任务协同，切实做到同责共担、同题共答、同向发力。五是着力防范打击非法金融活动，强化抓早抓小，保持高压震慑，加快健全横向到边、纵向到底的责任体系。六是坚定不移深化金融改革开放，引导金融机构聚焦主业、苦练内功、降本增效，切实提升行业发展可持续性。稳定扩大制度型开放，助力上海、香港国际金融中心建设。大力弘扬中国特色金融文化，推动实现"机构不做假、股东守规矩、高管知敬畏、员工有操守、公众识风险"。七是精准高效服务经济社会发展，统筹做好"五篇大文章"，更好地服务新质生产力发展和现代化产业体系建设，着力支持扩大有效需求，持续增强普惠金融服务能力，切实提升金融消保工作质效。八是平稳有序完成机构改革任务，加速推动省市"三定"落地，稳步推进县域机构改革，同步建机制、强保障、提效能。

在市场准入、审慎监管、行为监管等各个环节，都要严格执法，实现金融监管横向到边、纵向到底。各地要立足一域谋全局，落实好属地风险处置和维稳责任。风险处置过程中要坚决惩治腐败，严防道德风险。金融监管是系统工程，金融管理部门和宏观调控部门、行业主管部门、司法机关、纪检监察机关等都有相应职责，要加强监管协同，健全权责一致的风险处置责任机制。同时，还要严厉打击金融犯罪。

练习题

1. 现有 168 个首席执行官的数据，可以用来考察一个企业所获得利润(X)对于 CEO 薪水(Y)的影响。

（1）绘制表示企业所得利润和 CEO 薪水之间关系的散点图并在散点图上作趋势图。

（2）用斜率函数和截距函数确定企业所得利润和 CEO 薪水之间的函数关系。

（3）应用 LINEST 函数确定企业所得利润和 CEO 薪水之间的函数关系。

（4）运用 Excel 数据分析中的回归确定企业所得利润和 CEO 薪水之间的函数关系，得到 t 统计量和拟合优度结果。

（5）利用回归参数的计算公式对企业所得利润和 CEO 薪水之间的关系进行动态计算，确定二者之间的函数关系。

2. 现有关于美国 1975 年有关女性工作的数据集。这个数据集中一共包括 428 条观测记录，各代表 428 位女性，每条记录代表一位女性。其中 hours(Y) 表示女性在 1975 年一整年工作的小时数；kidslt6($X1$) 表示该女性小于 6 岁孩子的个数；kidage6($X2$) 表示 6 到 18 岁孩子的个数；age($X3$) 表示年龄；educ($X4$) 表示教育年限；exper($X5$) 表示已经工作的年数；expersq($X6$) 表示经验的平方。

（1）运用 LINEXT 函数确定自变量 $X1 \sim X6$ 对因变量女性一整年工作小时数 Y 的影响。

（2）运用 Excel 中的数据分析确定回归方程，并得到 t 统计量和拟合优度结果。

第十二章 基于 Stata 的金融计量实验

📖 内容简介

本章第一节介绍了 Stata 软件的主要功能及使用方法，第二节介绍了如何采用 Stata 软件构建时间序列模型，第三节介绍了采用 Stata 软件进行面板数据模型分析。

📖 教学目的

通过本章的学习，要掌握 Stata 软件的基本使用方法，了解时间序列数据及面板数据的建模，并且能够掌握二者的 Stata 实现。

第一节　Stata 实验原理简介

Stata 软件具有操作简单、功能强大的特点。本节对该软件的历史、特点、窗口及部分命令进行介绍，为后面进行时间序列模型和面板数据模型构建奠定基础。

一、Stata 的历史和特点

Stata 最初由美国计算机资源中心（Computer Resource Center）研发，相比于功能强大但略显臃肿的 SAS（一种查询系统），它操作灵活、简单、易学易用，是一个非常轻便的统计分析软件。自 1985 年推出至今，Stata 不断更新、日趋完善。

Stata 不仅操作方式简捷，而且数据格式简单，分析结果输出简洁明快，易于阅读。这些都使 Stata 成为极其适用于统计教学的软件。Stata 的许多高级统计模块是编程人员用宏语言写成的程序文件（ADO 文件），这些文件可以自行修改、添加和下载。用户可随时到 Stata 网站搜索并下载最新的升级文件。Stata 的这一特点使得它始终处于统计分析方法发展的最前沿，用户总能很快找到最新统计算法的 Stata 程序版本，而这也使 Stata 成了几大统计软件中升级最多、最频繁的一个。Stata 同时具有数据管理软件、统计分析软件、绘图软件、矩阵计算软件和程序语言的特点，还可用于制作精美的图形，图形可直接被图形处理软件或字处理软件(如 Word 等)调用。

二、Stata 的窗口

Stata 软件最上方有一排菜单,即"File Edit Data Graphics Statistics User Window Help"。在此菜单之下,则为一系列图标,起着快捷键的作用。在这些图标之下,有五个窗口,如图 12.1 所示。

图 12.1　Stata17 的五个窗口

左上"Review"(历史窗口):此窗口记录着自启动 Stata 以来执行过的命令。中上"Results"(结果窗口):此窗口显示执行 Stata 命令后的输出结果。中下的"Command"(命令窗口):在此窗口输入想要执行的 Stata 命令。右上的"Variables"(变量窗口):此窗口记录着目前 Stata 内存中的所有变量。右下的"Properties"(性质窗口):此窗口显示当前数据文件与变量的性质。

三、Stata 命令——help、search 命令

help 和 search 都是 Stata 查找帮助文件的命令,它们之间的区别在于 help 用于查找精确的命令名,而 search 是模糊查找。如果知道某个命令的名字,并且想知道它的具体使用方法,只要在 Stata 的命令行窗口中输入 help 空格加上这个名字即可。按 Enter 键后,屏幕上就会显示出这个命令的帮助文件的全部内容。如果想在 Stata 下做某个估计或某种计算,而不知道具体该如何实现,就需要使用 search 命令。使用的方法和 help 类似,只需把准确的命令名改成某个关键词。按 Enter 键后,窗口会给出所有和这个关键词相关的帮助文件名和链接列表。在列表中寻找最相关的内容单击后,在弹出的查看窗口中会给出相关的帮助文件。

例如,要寻找关于基本回归命令 regress 的使用方法,只需要在前面介绍过的命令窗口输入"help regress"。

Stata 便会显示如图 12.2 所示的结果。

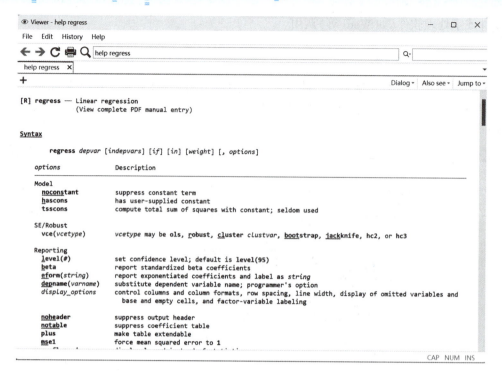

图 12.2　help 命令的结果

　　这个窗口详细展示了 regress 命令的信息。从命令名 regress 到语法(Syntax)，到对语法的解释(Description)，其后还有例子说明和参考内容。当使用 help 命令时，Stata 默认读者进行的是精确查询。如果对某个命令不太确定，就可以使用 search 命令进行模糊查询。同样，要查询关于 regress 命令的信息，但是如果记不清 regress 命令的全名，只记得 regress 的前半部分 reg，可以在 Stata 命令窗口中输入：search for reg。

Stata 会输出图 12.3 中的回归结果。

```
search for reg                                                    (manual: [R] search)


Search of official help files, FAQs, Examples, and Stata Journals

[U]     Chapter 26 . . . . Working with categorical data and factor variables
        (help generate, fvvarlist)

[U]     Chapter 27 . . . . . . . . . Overview of Stata estimation commands
        (help estcom)

[R]     regress . . . . . . . . . . . . . . . . . . . Linear regression
        (help regress)

[R]     regress postestimation . . . . . . . Postestimation tools for regress
        (help regress postestimation)

[R]     regress postestimation plots . . . . Postestimation plots for regress
        (help regress postestimation plots)

[R]     regress postestimation time series   Postest. regress with time series
        (help regress postestimationts)

[R]     logistic . . . . . . . . . . Logistic regression, reporting odds ratios
        (help logistic)

[R]     logistic postestimation . . . . . . Postestimation tools for logistic
        (help logistic postestimation)

[R]     probit . . . . . . . . . . . . . . . . . . . . . Probit regression
```

图 12.3　search 命令的回归结果

　　可以比较一下 help 和 search 命令的区别。相比于 help 命令的精确，search 命令输出所有与 reg 关键词相关的帮助结果。这是 search 命令的缺点，它往往会输出太多内容，使用户的搜索相当困难。

第二节　基于 Stata 的时间序列数据分析

时间序列分析方法由 Box-Jenkins 在 1976 年提出，是一种动态数据处理的统计方法。该方法基于随机过程理论和数理统计学方法，研究随机数据序列所遵从的统计规律，用来解决实际问题。这种建模方法不以经济理论为依据，不考虑其他解释变量的作用，而是依据变量自身的规律，利用外推机制描述时间序列的变化。

一、基本时间序列模型的估计

在许多情况下，人们用时间序列的观测时期代表的时间作为模型的解释变量，用来表示被解释变量随时间的自发变化趋势。这种变量称为时间变量，也叫作趋势变量。时间变量通常用 t 表示，其在用时间序列构建的计量经济模型中得到广泛应用，它可以单独作为一元线性回归模型中的解释变量，也可作为多元线性回归模型中的一个解释变量，其对应的回归系数表示被解释变量随时间变化的变化趋势。时间变量也经常用在预测模型中。

(一)趋势分析与指数平衡

1. 时间序列的构成因素

时间序列的形成是各种不同的因素对事物的发展变化共同起作用的结果。这些因素可以归纳为四类：长期趋势因素、季节变动因素、循环变动因素和不规则变动因素。由此造成客观事物的变动呈现出四种不同的状态。

第一，长期趋势因素。长期趋势因素是在事物的发展过程中起主要、决定性作用的因素，这类因素使事物的发展水平长期沿着一定的方向发展，使事物的变化呈现出某种长期的变化趋势。例如，中国自改革开放以来，经济持续增长，这表现为国内生产总值逐年增长的态势。

第二，季节变动因素。季节变动或称季节波动，是指某些现象由于受自然条件和经济条件的变动影响，而形成在一年中随季节变化而发生的有规律的变动，如羽绒服装的销售量由于季节的影响呈现出淡、旺交替变化的周期性变动；某些农产品加工企业，由于受原材料生长季节的影响，生产也出现周期性变动等。

第三，循环变动因素。循环变动是指一年以上的周期性变化，其波动是从低到高再从高到低周而复始的一种有规律的变动。循环波动不同于趋势变动，它不是沿着单一的方向持续运动，而是升降相间、涨落交替的变动；它也不同于季节变动，季节变动有比较固定的规律，且变动周期长度在一年以内，而循环变动则无固定规律，变动周期多在一年以上，且长短不一。

第四，不规则变动因素。不规则变动也被称为随机漂移，属于序列中无法确切解释、不用解释的那些剩余波动。引起事物发生不规则变动的因素多是一些偶然因素，由于它们的影响，事物的发展变化呈现出无规律、不规则的状态。

时间序列构成分析就是要观察现象在一个相当长的时期内，由于各个因素的影响，事物发展变化中就出现了长期趋势因素、季节变动因素、循环变动因素和不规则变动因素。

形成时间序列变动的四类构成因素，按照影响方式不同，可以设定为不同的组合模型。其中，最常用的有乘法模型和加法模型：

$$乘法模型：Y = T \cdot S \cdot C \cdot I$$
$$加法模型：Y = T + S + C + I$$

式中，Y 为时间序列的指标数值；T 为长期趋势成分；S 为季节变动成分；C 为循环变动成分；I 为不规则变动成分。乘法模型是假定四个因素对现象发展的影响是相互作用的，以长期趋势成分的绝对量为基础，其余量均以比率表示。加法模型是假定四个因素的影响是相互独立的，每个成分均以绝对量表示。

2. 时间序列长期趋势分析

通过测定和分析过去一段时间之内现象的发展趋势，可以认识和掌握现象发展变化的规律性，为统计预测提供必要的条件，也可以消除原有时间序列中长期趋势的影响，更好地研究季节变动和循环变动等问题。测定和分析长期趋势的主要方法是对时间序列进行修匀（Smoothing），常用方法有平滑方法和回归方法等。

（1）移动平均法

移动平均法在原时间序列内依次求连续若干期的平均数作为其某一期的趋势值，如此逐项递移求得一系列的移动平均数，形成一个新的、派生的平均数时间序列。在新的时间序列中偶然因素的影响被削弱，从而呈现出现象在较长时间的基本发展趋势。

中心化移动平均是把时间序列连续 N 期的平均数作为 N 期的中间一期的趋势值。如果 N 为奇数，则把 N 期的移动平均值作为中间一期的趋势值。如果 N 为偶数，须将移动平均数再进行一次两项移动平均，以调整趋势值的位置，使趋势值能对准某一时期。相当于对原序列进行一次 $N+1$ 项移动平均，首末两个数据的权重为 0.5，中间数据权重为 1。

移动平均法一般用来消除不规则变动的影响，把序列进行修匀，以观察序列的其他成分。如果移动平均的项数等于季节长度则可以消除季节成分的影响；如果移动平均的项数等于平均周期长度的倍数则可以消除循环变动产生的影响。

（2）指数平滑法

指数平滑法与移动平均法一样，具有将大部分随机效应消除的功能。它也是一种较为流行的平滑方法，是指借助平滑技术消除时间序列中高低突变数值，得出一个趋势数列，据此对未来发展趋势的可能水平做出估计的一种预测技术。实际上是一种特殊的加权移动平均法，一般用于观察值具有长期趋势变动和季节性变动的预测。

（3）时间回归法（趋势方程法）

使用回归分析中的最小二乘法，以时间 t 或 t 的函数为自变量拟合趋势方程。趋势线的选择首先要根据散点图观察数据的特点，结合理论分析和经验确定；同时，还要比较不同回归模型的决定系数、估计标准误等指标。趋势方程可以使用回归分析中的最小二乘法估计。

(二)平稳性检验

1. 平稳性过程

离散型随机过程包括平稳的随机过程和非平稳的随机过程，对平稳随机过程的定义有两种，一种是严(强)平稳过程，另一种是宽平稳过程。下面依次给出两者的定义。

严(强)平稳过程：一个随机过程中若随机变量的任意子集的联合分布函数与时间无关，即无论对 T 的任何时间子集 $(t_1, t_2, \cdots, t_n)$ 以及任何实数 k，$(t_i+k) \in T$，$i = 1, 2, \cdots, n$ 都有

$$F(x(t_1), x(t_2), \cdots, x(t_n)) = F(x(t_1+k), x(t_2+k), \cdots, x(t_n+k))$$

成立，其中 $F(\cdot)$ 表示 n 个随机变量的联合分布函数，则称其为严平稳过程或强平稳过程。

严平稳意味着随机过程所有存在的矩都不随时间的变化而变化。严平稳的条件是非常严格的，而且对于一个随机过程，上述联合分布函数不便于分析和使用。因此，希望给出不像强平稳那样严格的条件。若放松条件，则可以只要求分布的主要参数相同，这就引出了宽平稳的概念。

如果一个随机过程 m 阶矩以下的矩的取值全部与时间无关，则称该过程为 m 阶平稳过程。如果严平稳过程的二阶矩为有限常数值，则其一定是宽平稳过程。反之，若一个宽平稳过程则不一定是严平稳过程。但对于正态随机过程而言，严平稳与宽平稳是一致的。这是因为正态随机过程的联合分布函数完全由均值、方差和协方差所唯一确定。本书中简称二阶平稳过程为平稳过程。

2. 两种基本的随机过程

随机过程中有两类最基本的过程(一是白噪声过程，二是随机游走过程)，下面依次介绍。

(1)白噪声过程

对于随机过程 $\{x_t, t \in T\}$，如果 $E(x_t) = 0$，$\mathrm{Var}(x_t) = \sigma^2 < \infty$，$t \in T$；$\mathrm{Cov}(x_t, x_{t+k}) = 0$，$(t+k) \in T$，$k \neq 0$，则称 $\{x_t\}$ 为白噪声过程。

白噪声是平稳的随机过程，因其均值为零，方差不变，随机变量之间非相关。显然上述白噪声是二阶宽平稳随机过程。如果 $\{x_t\}$ 还同时服从正态分布，则其就是一个强平稳的随机过程。

(2)随机游走过程

对于下面的表达式

$$x_t = x_{t-1} + u_t \qquad (12.1)$$

如果 u_t 为白噪声过程，则称 x_t 为随机游走过程。随机游走过程的均值为 0，方差为无限大。所以随机游走过程是非平稳的随机过程。

(三)趋势分析与指数平滑的 Stata 实现

1. 定义时间序列

在进行时间序列的分析之前，首先要定义变量为时间序列数据。只有定义之后，才能对变量使用时间序列运算符号，也才能使用时间序列分析的相关命令。定义时间序列使用 tsset 命令，基本命令格式为 tsset timevar [, options]。

其中，timevar 为时间变量。options 分为两类，或定义时间单位或定义时间周期（即 timevar 两个观测值之间的周期数）。

【例12-1】使用表12.1 中的数据对 tsset 命令的应用进行说明。该例子是我国 1983 年 1 月至 1984 年 7 月的居民消费价格指数（CPI）。

表 12.1　我国居民消费价格指数

年份	月份	CPI
1983	1	100. 6
1983	2	100. 9
1983	3	100. 9
1983	4	100. 4
1983	5	101. 2
1983	6	101. 9
1983	7	100. 9
1983	8	102. 1
1983	9	102. 8
1983	10	104. 0
1983	11	104. 7
1983	12	103. 6
1984	1	101. 3
1984	2	101. 6
1984	3	101. 6
1984	4	101. 5
1984	5	102. 3
1984	6	103. 0
1984	7	101. 7

本例要求定义该时间序列数据，完成该任务可分为以下两个步骤：

①首先需要对变量进行定义，生成具有时间变量格式的变量，键入命令：

generate monthly＝ym（year，month）///生成新的变量 monthly，该变量由年和月构成，形式为 ym（year，month）

输入此命令之后，在 Stata 的数据中生成了新变量 monthly，其中的部分数据如表 12.2 所示。

表 12.2　新变量 monthly 的部分数据

月份	CPI	年份	monthly
1	100. 6	1983	1983m1
2	100. 9	1983	1983m2
3	100. 9	1983	1983m3

续表

月份	CPI	年份	monthly
4	100.4	1983	1983m4
5	101.2	1983	1983m5
6	101.9	1983	1983m6
7	100.9	1983	1983m7
8	102.1	1983	1983m8
9	102.8	1983	1983m9
10	104.0	1983	1983m10
11	104.7	1983	1983m11

②定义时间序列，有以下两种方法：

使用方法1，输入命令：

format monthly　%tm

tsset monthly///生成时间序列 monthly，其格式为%tm

输出结果如下：

time variable：monthly，1983ml to 2007m8

delta：1month

使用方法2，输入命令：

tsset monthly，monthly

输出结果如下：

time variable：monthly，　1983m1 to 2007m8

delta：1month

2. 修匀

数据＝修匀部分＋粗糙部分，运用 Stata 进行修匀，使用 tssmooth 命令，其基本命令格式如下：

　　tssmooth smoother[type] newvar＝exp[if][in][，…]

其中，smoother[type]有一系列目录，如表12.3所示。

表 12.3　smoother[type]修匀类型的相关描述

平滑的种类	smoother[type]
移动平均	—
不加权	ma
加权	ma
递归	—
单指数过滤器	exponential
双指数过滤器	dexponential
非季节性 Holt-Winters 修匀	hwinters

续表

平滑的种类	smoother[type]
季节性 Holt-Winters 修匀	shwinters
非线性过滤器	nl

【例12-2】继续使用数据 cpi. dta 对 tssmooth 命令的应用进行说明。在本例中对该组数据进行修匀，以便消除不规则变动的影响，得到时间序列长期趋势，本例修匀的方法是利用之前的 1 个月和之后的 2 个月及本月进行平均计算。修匀后的数据变量用 cpi4 来表示，输入命令：

tssmooth ma cpi4＝cpi，window(1 1 2)///对时间序列 cpi 的数据进行加权移动平均修匀，令新的时间序列 cpi4 为本月 cpi 以及前一月 cpi 和后两月 cpi 的平均数

输出结果如下：

The smoother applied was

$(1/4)\times[x(t-1)+1\times x(t)+x(t+1)+x(t+2)]$；$x(t)=cpi$

修匀后的数据可以计算残差，可以通过输入以下命令来实现：

generate rough＝cpi−cpi4///生成残差序列 rough

更加详细的说明可以通过在 Stata 的 help 中键入 help tssmooth_exponential、help tssmooth ma 等得到。

在本例中可以通过作图来对比修匀前后的数据差别，即输入命令：

graph twoway line cpi month1y///做 cpi 序列的二维线性图

其输出结果如图 12.4 所示。

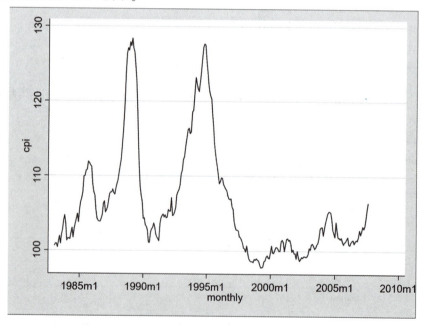

图 12.4　CPI 修匀前图形(一)

对比 cpi 经过修匀后的图和原始图，再对修正后的数据作图，输入命令：

graph twoway line cpi monthly｜｜line cpi4 monthly///做序列 cpi 和序列 cpi4 的线性图
其输出结果如图 12.5 所示。

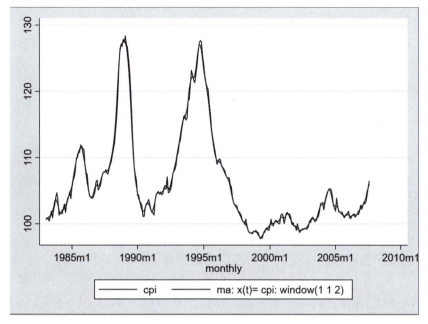

图 12.5　CPI 修匀前图形(二)

显示残差图形，输入命令：
graph twoway line rough month1y///做残差序列的线性图
其输出结果如图 12.6 所示。

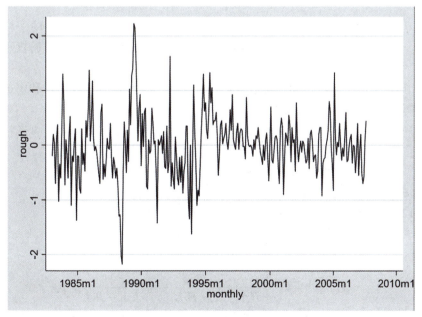

图 12.6　CPI 残差图形

二、ARIMA 模型的估计、单位根与协整

（一）ARIMA 模型的估计

时间序列模型一般分为四类，分别是自回归过程、移动平均过程、自回归移动平均过程、单整自回归移动平均过程。

1. 自回归过程

如果一个剔出了均值的平稳时间序列可以表达为：

$$x_t = \varphi_1 x_{t-1} + \varphi_2 x_{t-2} + \cdots + \varphi_p x_{t-p} + u_t \tag{12.2}$$

式中，Φ_i，$i=1$，$\cdots$，p 是自回归参数，u_t 是白噪声过程，则称 x_t 为 p 阶自回归过程，用 AR(p) 表示。x_t 是由它的 p 个滞后变量的加权和以及 u_t 相加而成的。

若用滞后算子表示：

$$(1 - \varphi_1 L - \varphi_2 L^2 - \cdots - \varphi_p L^p) x_t = \Phi(L) x_t = u_t \tag{12.3}$$

式中，$\Phi(L) = 1 - \varphi_1 L - \varphi_2 L^2 - \cdots - \varphi_p L^p$ 称为特征多项式或自回归算子。

与自回归模型常联系在一起的是平稳性问题。对于自回归过程 AR(p)，如果其特征方程

$$\Phi(z) = 1 - \varphi_1 z - \varphi_2 z^2 - \cdots - \varphi_p z^p = (1 - G_1 z)(1 - G_2 z)\cdots(1 - G_p z) = 0 \tag{12.4}$$

的所有根的绝对值都大于 1，则 AR(p) 是一个平稳的随机过程。

2. 移动平均过程

如果一个剔出均值和确定性成分的线性随机，其过程可用下式表达：

$$x_t = u_t + \theta_1 u_{t-1} + \theta_2 u_{t-2} + \cdots + \theta_q u_{t-q} \tag{12.5}$$
$$= (1 + \theta_1 L + \theta_2 L^2 + \cdots + \theta_q L^q) u_t = \Theta(L) u_t$$

式中，θ_1，θ_2，$\cdots$，θ_q 是回归参数，u_t 为白噪声过程，则上式称为 q 阶移动平均过程，记为 MA(q)。之所以称"移动平均"，是因为 x_t 是由 $q+1$ 个 u_t 和 u_t 滞后项的加权和构造而成的。"移动"指 t 的变化，"平均"指加权和。

由定义知任何一个 q 阶移动平均过程都是由 $q+1$ 个白噪声变量的加权和组成的，所以任何一个移动平均过程都是平稳的。

与移动平均过程相联系的一个重要概念是可逆性。移动平均过程具有可逆性的条件是特征方程：

$$\Theta(z) = (1 + \theta_1 z + \theta_2 z^2 + \cdots + \theta_q z^q) = 0 \tag{12.6}$$

的全部根的绝对值必须大于 1。

由式（12.6）可知 $\Theta(L)^{-1} x_t = u_t$。由于 $\Theta(L)$ 可表示为：

$$\Theta(L) = (1 - H_1 L)(1 - H_2 L)\cdots(1 - H_q L)$$

所以有：

$$\Theta(L)^{-1} = \left(\frac{m_1}{1 - H_1 L} + \frac{m_2}{1 - H_2 L} + \cdots + \frac{m_q}{1 - H_q L} \right) \tag{12.7}$$

m_i 为待定参数。可见保证 MA(q) 过程可以转换成一个无限阶自回归过程，即 MA(q) 具有可逆性的条件 $\Theta(L)^{-1}$ 收敛。对于 $|L| \leqslant 1$，必须有 $|H_j| < 1$ 或 $|H_j^{-1}| > 1$，$j=1$，2，$\cdots$，q 成立。而 H_j^{-1} 是特征方程 $\Theta(L) = (1-H_1 L)(1-H_2 L)\cdots(1-H_q L) = 0$ 的根，所以

MA(q)过程具有可逆性的条件是特征方程 $\Theta(L) = 0$ 的根必须在单位圆之外。

注意，对于无限阶的移动平均过程

$$x_t = \sum_{t=0}^{\infty} (\theta_i u_{t-i}) = u_t(1 + \theta_1 L + \theta_2 L + \cdots) \tag{12.8}$$

其方差为：

$$\mathrm{Var}(x_t) = \sum_{i=0}^{\infty} (\theta_i^2 \mathrm{Var}(u_{t-i})) = \sigma_u^2 \sum_{t=0}^{\infty} \theta_i^2 \tag{12.9}$$

很明显，虽然有限阶移动平均过程都是平稳的，但对于无限阶移动平均过程还须另加约束条件才能保证其平稳性。这个条件就是 $\{x_t\}$ 的方差必须为有限值，即

$$\sum_{i=0}^{\infty} \theta_i^2 < \infty$$

3. 自回归移动平均过程

由自回归和移动平均两部分共同构成的随机过程称为自回归移动平均过程，记为 ARMA(p, q)，其中 p, q 分别表示自回归和移动平均部分的最大阶数。ARMA(p, q)的一般表达式是：

$$x_t = \varphi_1 x_{t-1} + \varphi_2 x_{t-2} + \cdots + \varphi_p x_{t-p} + u_t + \theta_1 u_{t-1} + \theta_2 u_{t-2} + \cdots + \theta_q u_{t-q} \tag{12.10}$$

即

$$(1 - \varphi_1 L - \varphi_2 L - \cdots - \varphi_p L^p)x_t = (1 + \theta_1 L + \theta_2 L^2 + \cdots + \theta_q L^q)u_t$$

或：

$$\Phi(L)x_t = \Theta(L)x_t \tag{12.11}$$

式中，$\Phi(L)$ 和 $\Theta(L)$ 分别表示 L 的 p, q 阶特征多项式。

ARMA(p, q)过程的平稳性只依赖其自回归部分，即 $\Phi(L) = 0$ 的全部根取值在单位圆之外（绝对值大于1）。其可逆性则只依赖于移动平均部分，即 $\Theta(L) = 0$ 的根取值应在单位圆之外。

实际中最常用的是 ARMA(1, 1)过程。

$$x_t - \varphi_1 x_{t-1} = u_t + \theta_1 u_{t-1} \tag{12.12}$$

或：

$$(1 - \varphi_1 L)x_t = (1 + \theta_1 L)u_t$$

很明显只有当 $-1 < \Phi_1 < 1$ 和 $-1 < \theta_1 < 1$ 时，上述模型才是平稳的、可逆的。

4. 单整自回归移动平均过程

以上介绍了三种平稳的随机过程。对于 ARMA 过程(包括 AR 过程)，如果特征方程 $\Phi(L) = 0$ 的全部根取值在单位圆之外，则该过程是平稳的；如果若干个或全部根取值在单位圆之内，则该过程是强非平稳的。除此之外还有第三种情形，即特征方程的若干根取值恰好在单位圆上。这种根称为单位根，这种过程也是非平稳的。下面介绍这种重要的非平稳随机过程。

考虑如下模型：

$$\Phi(L)\Delta^d y_t = \Theta(L)u_t \text{ (b)} \tag{12.13}$$

式中，$\Phi(L)$ 是一个平稳的自回归算子，即 $\Phi(z) = 0$ 的根都大于 1；$\Theta(L)$ 表示可逆的移动平均算子。若取

$$x_t = \Delta^d y_t \qquad\qquad (12.14)$$

则 b 可表示为：

$$\Phi(L)x_t = \Theta(L)u_t \qquad\qquad (12.15)$$

说明 y_t 经过 d 次差分之后，可用一个平稳的、可逆的 ARMA 过程 x_t 表示。

随机过程 y_t 经过 d 次差分之后可变换为一个以 $\Phi(L)$ 为 p 阶自回归算子，$\Theta(L)$ 为 q 阶移动平均算子的平稳、可逆的随机过程，则称 y_t 为 (p, d, q) 阶单整(单积)自回归移动平均过程，记为 ARIMA(p, d, q)。ARIMA 过程也称为综合自回归移动平均过程，其中 $\Phi(L)\Delta^d$ 称为广义自回归算子。

(二)单位根过程及其检验

由于虚假回归问题的存在，在回归模型中应避免直接使用不存在协积关系的非平稳变量。因此检验变量的平稳性是一个必须解决的问题。这一部分给出了序列平稳性的严格的统计检验方法，即单位根检验。

1. 几种常见的非平稳随机过程

在介绍单位根检验之前，先认识 4 种典型的非平稳随机过程。

(1)随机游走过程

$$y_t = y_{t-1} + u_t,\ y_0 = 0,\ u_t \sim \text{IID}(0, \sigma^2) \qquad\qquad (12.16)$$

其均值为 0，方差无限大，但不含有确定性时间趋势。

(2)随机趋势过程

$$y_t = \alpha + y_{t-1} + u_t,\ y_0 = 0,\ u_t \sim \text{IID}(0, \sigma^2) \qquad\qquad (12.17)$$

式中，α 称为位移项(漂移项)。由上式知，$E(y_1)=\alpha$(过程初始值的期望)。将式(12.17)做如下迭代变换：

$$y_t = \alpha + y_{t-1} + u_t = \alpha + (\alpha + y_{t-2} + u_{t-1}) + u_t = \cdots = \alpha t + y_0 + \sum_{i-1}^{t} u_i$$

y_t 由确定性时间趋势项 αt 和 $y_0 + \sum_{i-1}^{t} u_i$ 组成。可以把 $y_0 + \sum_{i-1}^{t} u_i$ 看作随机的截距项。在不存在任何冲击 u_t 的情况下，截距项为 y_0。而每个冲击 u_t 都表现为截距的移动。每个冲击 u_t 对截距项的影响都是持久的，导致序列的条件均值发生变化，所以称这样的过程为随机趋势过程或有漂移项的非平稳过程。

因为对 y_t 做一次差分后，序列就平稳了，$\Delta y_t = y_t - y_{t-1} = \Phi_0 + u_t$ 为平稳过程，所以也称 y_t 为差分平稳过程。α 是 Δy_t 序列的均值，原序列 y_t 的增长速度。

(3)趋势平稳过程

$$y_t = \beta_0 + \beta_1 t + u_t,\ u_t = \rho u_{t-1} + v_t, \qquad (\rho < 1,\ v_t \sim \text{IID}(0, \sigma^2)) \qquad (12.18)$$

因为 u_t 是平稳的，y_t 只会暂时背离趋势。y_{t+k} 的长期预测值将趋近于趋势线 $\beta_0+\beta_1(t+k)$。所以称其为趋势平稳过程。趋势平稳过程由确定性时间趋势 $\beta_1 t$ 所主导。趋势平稳过程也称为退势平稳过程，因为减去趋势后，其为平稳过程，$y_t - \beta_1 t = \beta_0 + u_t$。

整理上式，得趋势平稳过程的另一种表达形式

$$y_t = \varphi_0 + \alpha t + \rho y_{t-1} + v_t, \qquad (\rho < 1,\ v_t \sim \text{IID}(0, \sigma^2))$$

式中，$\varphi_0 = \beta_0 - \rho(\beta_0 - \beta_1)$，$\alpha = \beta_1(1-\rho)$。当 $\rho < 1$ 时，必有 $\alpha \neq 0$，y_t 为退势平稳过程；当 $\rho = 1$ 时，必有 $\alpha = 0$，y_t 为随机趋势过程。

趋势平稳过程的差分过程是过度差分过程。$\Delta y_t = \beta_1 + u_t - u_{t-1}$。移动平均特征方程中含有单位根，所以应该用退势的方法获得平稳过程：$y_t - \beta_1 t = \beta_0 + u_t$。

（4）趋势非平稳过程

$$y_t = \varphi_0 + \alpha t + y_{t-1} + u_t, \quad y_0 = 0, \quad u_t \sim \text{IID}(0, \sigma^2) \tag{12.19}$$

式中，φ_0 称为位移项（漂移项）；αt 称为趋势项

$$y_t = \mu + \alpha t + y_{t-1} + u_t = \mu + \alpha t + (\mu + \alpha(t-1) + y_{t-2} + u_{t-1}) + u_t$$

$$= \cdots = y_0 + \mu t + (\alpha t)t - \alpha(1 + 2 + \cdots + t) + \sum_{i=1}^{t} u_i$$

$$= y_0 + \mu t + \alpha t^2 - \frac{\alpha}{2}(1 + t)t + \sum_{i=1}^{t} u_i = (\mu - \frac{\alpha}{2})t + \frac{\alpha}{2}t^2 + \sum_{i=1}^{t} u_i \text{（设定 } y_0 = 0\text{）}$$

趋势非平稳过程是含有随机趋势和确定性趋势的混合过程，趋势项中包括 t 的 1 次项和 2 次项，这种过程在经济问题中非常少见。

2. 单位根检验

（1）单位根检验的基本原理

David Dickey 和 Wayne Fuller 的单位根检验（Unit Root Test）即迪基–富勒（DF）检验，是在对数据进行平稳性检验中比较常用的一种方法。下面先介绍 DF 检验的基本思想。

从考虑如下模型开始：

$$Y_t = \rho Y_{t-1} + u_t \tag{12.20}$$

对该模型进行滞后迭代整理得到

$$Y_t = \rho^T Y_{t-T} + \rho u_{t-1} + \rho^2 u_{t-2} + \cdots + \rho^T u_{t-T} + u_t$$

根据 ρ 值的不同，可以分 3 种情况考虑：①若 $\rho < 1$，则当 $T \to \infty$ 时，$\rho^T \to 0$，即对序列的冲击将随着时间的推移其影响逐渐减弱，此时序列是稳定的。②若 $\rho > 1$，$T \to \infty$ 时，$\rho^T \to \infty$，即对序列的冲击随着时间的推移其影响反而是逐渐增大的，很显然，此时序列是不稳定的。③若 $\rho = 1$，则当 $T \to \infty$ 时，$\rho^T = 1$，即对序列的冲击随着时间的推移其影响是不变的，很显然，序列也是不稳定的。

对于式（12.20），DF 检验相当于对其系数的显著性检验，所建立的零假设是：$H_0 = \rho = 1$，如果拒绝零假设，则称 Y_t 没有单位根，此时 Y_t 是平稳的；如果不能拒绝零假设，就说 Y_t 具有单位根，此时 Y_t 被称为随机游走序列是不稳定的。也可以将方程（12.20）表达成：

$$\Delta Y_t = (\rho - 1)Y_{t-1} + u_t = \delta Y_{t-1} + u_t \tag{12.21}$$

此时的零假设变为：$H_0: \delta = 0$。注意到如果不能拒绝 H_0，则 $\Delta Y_t = u_t$ 是一个平稳序列，即 Y_t 一阶差分后是一个平稳序列，此时称为一阶单整过程序列，记为 $I(1)$。$I(1)$ 过程在金融、经济时间序列数据中是最普遍的，而 $I(0)$ 则表示平稳时间序列。

从理论与应用的角度，DF 检验模型有以下三个：

$$Y_T = (1 + \delta)Y_{t-1} + u_t, \quad \text{即 } \Delta Y_t = \delta Y_{t-1} + u_t \tag{12.22}$$

$$Y_t = \beta_1 + (1 + \delta)Y_{t-1} + u_t, \quad \text{即 } \Delta Y_t = \beta_1 + \delta Y_{t-1} + u_t \tag{12.23}$$

$$Y_t = \beta_1 + \beta_2 t + (1 + \delta)Y_{t-1} + u_t, \quad \text{即 } \Delta Y_t = \beta_1 + \beta_2 t + \delta Y_{t-1} + u_t \tag{12.24}$$

式中，t 是时间或趋势变量，在每一种形式中，建立的零假设都是 $H_0: \rho = 1$ 或 $H_0: \delta = 0$，即存在一单位根。式（12.22）和另两个回归模型的差别在于是否包含常数（截距）和趋势项。如果误差项是自相关的，就把式（12.24）修改如下：

$$\Delta Y_t = \beta_1 + \beta_2 t + \delta Y_{t-1} + \alpha_i \sum_{i=1}^{m} \Delta Y_{t-i} + \varepsilon_i \qquad (12.25)$$

式(12.25)中增加了 ΔY_t 的滞后项，建立在式(12.25)基础上的 DF 检验又被称为增广的 DF 检验(Augmented Dickey-Fuller，简记 ADF)。ADF 检验统计量和 DF 统计量有同样的渐近分布，使用相同的临界值。

（2）ADF 检验模型的确定

首先来看如何判断检验模型是否应该包含常数项和时间趋势项，而解决这一问题的做法是考察数据图形。

其次来看如何判断滞后项数 m。在实证中，常用的方法有两种：第一是渐进 t 检验，该种方法是先选择一个较大的 m 值，然后用 t 检验确定系数是否显著，如果是显著的，则选择滞后项数为 m；如果不显著，则减少 m 直到对应的系数值是显著的。第二是信息准则，常用的信息准则有 AIC 信息准则、SC 信息准则，一般而言，选择给出最小信息准则值的 m 值。

3. 协整检验

有时虽然两个变量都是随机游走的，但它们的某个线形组合却可能是平稳的。在这种情况下，称这两个变量是协整的。很多金融、经济时间序列数据都是不平稳的，但它们可能受某些共同因素的影响，从而在时间上表现出共同的趋势，即变量之间存在一种稳定的关系，它们的变化受到这种关系的制约，因此它们的某种线性组合可能是平稳的，即存在协整关系。

假如 X_t 和 Y_t 都是 $I(1)$，若要检验它们之间是否存在协整关系，可以先对模型进行 OLS 回归，然后检验残差是否平稳。因为如果 X_t 和 Y_t 没有协整关系，它们的任一线性组合都是非平稳的，残差也将是非平稳的。

检验残差是否平稳可以采用单位根检验，但需要注意的是，此时的临界值不能再用 ADF 检验的临界值，而是要用恩格尔和格兰杰(Engle and Granger)提供的临界值，故这种协整检验又称为(扩展的)恩格尔格兰杰检验(简记为 AEG 检验)。

此外，也可以用协整回归的 Durbin-Watson 统计检验(Cointegration Regression Durbin-Watson Test，简记为 CRDW 检验)进行。CRDW 检验构造的统计量是：

$$DW = \frac{\sum (e_t - e_{t-1})^2}{\sum (e_t)^2}$$

对应的零假设是 DW=0。

若 e_i 是随机游走的，则 $(e_t - e_{t-1})$ 的数学期望为 0，Durbin-Watson 统计量应接近于 0，即不能拒绝零假设；如果拒绝零假设，就可以认为变量间存在协整关系。

上述两种方法存在以下缺点：

①CRDW 检验对于带常数项或时间趋势加上常数项的随机游走是不适合的，因此这一检验一般仅作为大致判断是否存在协整的标准。②EG 检验，主要有以下缺点：a. 当一个系统中有两个以上的变量时，除非知道该系统中存在的协整关系的个数，否则是很难用 EG 法来估计和检验的。因此，一般而言，EG 检验仅适用于包含两个变量，即存在单一协整关系的系统。b. 仿真试验结果表明，即使在样本长度为 110 时，协整向量的 OLS 估计仍然是有偏的，这将会导致犯第二类错误的可能性增加，因此在小样本下 EG 检验结论是

不可靠的。

4. ARIMA 模型的 Stata 实现

(1)相关性和平稳性检验

在进行 ARIMA 分析前，对序列的特征应该有相应的了解，包括自相关图、偏自相关图和 Q 统计量。自相关刻画序列的邻近数据之间存在多大程度的相关性。偏自相关度量的是 k 期间距的相关而不考虑 $k-1$ 期的相关。p 阶滞后的 Q 统计量的原假设是：序列不存在 p 阶自相关；备选假设为序列存在 p 阶自相关。在 Stata 中实现相关性检验的基本命令格式如下：

命令格式1(作自相关和偏自相关图)：

corrgram varname ［if］［in］［, corrgram_options］

命令格式2(作自相关图)：

ac varname ［if］［in］［, ac_options］

命令格式3(作自相关和偏自相关图)：

pac varname ［if］［in］［, pac_options］

以上三个命令格式的选项的相关描述分别如表 12.4 和表 12.5 所示。

表 12.4　corrgram_options 的相关描述

主要选项	描述
lags(#)	滞后阶数
noplot	不作图
yw	通过 Yule-Walker 方程组，计算偏自相关 PAC

表 12.5　ac_options 的相关描述

主要选项	描述
lags(#)	滞后阶数
generate(newvar)	生成新变量，默认不作图
level(#)	置信度，默认为95%
fft	通过傅里叶转化计算 AC

【例 12-3】使用文件"gnp. dta"中的数据对 Stata 中自相关与偏自相关的应用进行说明。该数据给出了中国 1953—1984 年的 GNP(国民生产总值)、I(私人国内总投资)、GNP 的隐性价格折算因子 P(以 1972 年为基期)、半年期商业票据利率 R。在本例中我们对 GNP 时间序列进行分析，观察期相关图和自相关图，从而得到 GNP 时间序列的类型。其相关数据说明如表 12.6 所示。

表 12.6　相关数据说明

指标中文名	中文单位	开始时间	结束时间	注释
中国 GNP	10 亿美元	1953 年	1984 年	1972 年美元不变价
私人国内总投资	10 亿美元	1953 年	1984 年	1972 年美元不变价

指标中文名	中文单位	开始时间	结束时间	注释
GNP 的隐性价格折算因子（1972＝1）	1972＝1	1953 年	1984 年	
半年期商业票据利率	%	1953 年	1984 年	

全部数据如表 12.7 所示。

表 12.7　全部数据

年份	中国 GNP	私人国内总投资	GNP 的隐性价格折算因子（1972＝1）	半年期商业票据利率
1953	623.6	85.3	0.588	2.52
1954	616.1	83.1	0.596	1.59
1955	657.5	103.8	0.608	2.19
1956	671.6	102.6	0.628	3.31
1957	683.8	97.0	0.649	3.82
1958	680.9	87.5	0.660	2.47
1959	721.7	108.0	0.676	3.96
1960	737.2	104.7	0.687	3.85
1961	756.6	103.9	0.693	2.96
1962	800.3	117.6	0.706	3.26
1963	832.5	125.1	0.717	3.56
1964	876.4	133.0	0.728	3.96
1965	929.3	151.9	0.745	4.38
1966	984.8	163.0	0.767	5.55
1967	1 011.4	154.9	0.791	5.11
1968	1 058.1	161.6	0.825	5.9
1969	1 087.6	171.4	0.868	7.83
1970	1 085.6	158.5	0.915	7.71
1971	1 122.4	173.9	0.960	5.11
1972	1 185.9	195.0	1.000	4.73
1973	1 254.3	217.5	1.058	8.15
1974	1 246.3	195.5	1.151	9.84
1975	1 231.6	154.8	1.258	6.32
1976	1 298.2	184.5	1.323	5.34

续表

年份	中国 GNP	私人国内总投资	GNP 的隐性价格折算因子（1972＝1）	半年期商业票据利率
1977	1 369. 7	214. 2	1. 400	5. 61
1978	1 438. 6	236. 7	1. 504	7. 99
1979	1 479. 4	236. 3	1. 634	10. 91
1980	1 475. 0	208. 5	1. 784	12. 29
1981	1 512. 2	230. 9	1. 956	14. 76
1982	1 480. 0	194. 3	2. 078	11. 89
1983	1 534. 7	221. 0	2. 153	8. 81
1984	1 639. 3	289. 9	2. 234	10. 16

在对该数据进行时间序列分析时，首先应对 GNP 的数据进行自相关和偏自相关分析。输入命令：

tsset year///设置时间变量

corrgram gnp///作 GNP 时间序列的相关图和自相关图

得到的输出结果如图 12.7 所示。

```
                                          -1      0      1 -1     0      1
LAG      AC        PAC       Q     Prob>Q [Autocorrelation]  [Partial autocor]

1       0.9079    1.0195    28.929  0.0000
2       0.8228   -0.1178    53.485  0.0000
3       0.7466    0.3712    74.399  0.0000
4       0.6586    0.2728    91.252  0.0000
5       0.5704    0.2252   104.36   0.0000
6       0.4700   -0.0081   113.61   0.0000
7       0.3724    0.1611   119.64   0.0000
8       0.2790   -0.5036   123.17   0.0000
9       0.1928   -0.0564   124.93   0.0000
10      0.1198    0.2913   125.64   0.0000
11      0.0421    0.0988   125.73   0.0000
12     -0.0395    0.5627   125.81   0.0000
13     -0.1096    0.4100   126.5    0.0000
14     -0.1669   -0.6835   128.19   0.0000
```

图 12.7　输出结果（一）

Q 统计量（即 box-pierce 混合法）检验的是一系列虚无假设，即所有各种时滞的自相关都为 0，因为这里所有的 P 值都小于 0.05，可以拒绝这些虚无假设，认为 GNP 自相关成立。更详细的图可以通过 ac 和 pac 命令得到。输入命令：

ac gnp，lag(5)///作 GNP 时序滞后五期的自相关图

得到输出结果如图 12.8 所示。

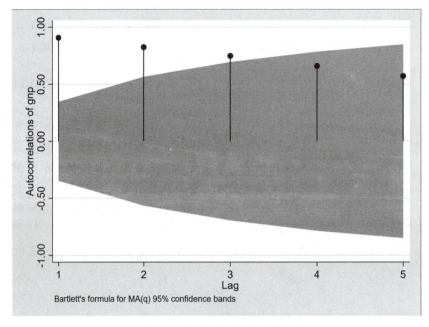

图 12.8　GNP 的自相关图输出结果

超过弧线外的相关都是个体显著，再进行偏自相关分析，输入命令：

pac gnp，lag(5)///作 GNP 时序滞后五期的偏自相关图

得到的输出结果如图 12.9 所示。

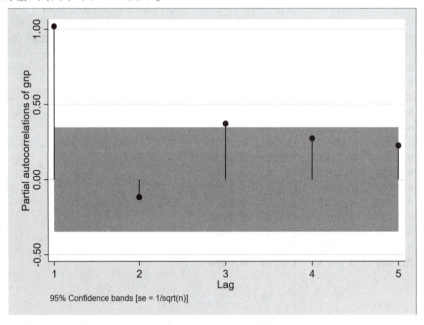

图 12.9　GNP 的偏自相关图输出结果

超过线外的偏自相关个体显著。

（2）平稳性检验

检验序列的平稳性，可以用 dickey-fuller 检验、GLS 扩展的 dickey-fuller 检验和 phillips-perron 检验。其基本命令格式如下：

命令格式 1（dickey-fuller 检验）：

dfuller varname [if][in][, option]

命令格式 2（GLS 扩展的 dickey-fuller 检验）：

dfgls varname [if][in][, options]

命令格式 3（phillips-perron 检验）：

pperron varname [if][in][, options]

以上 3 个命令格式的选项的相关描述如表 12.8~表 12.10 所示。

表 12.8　dickey-fuller 检验 options 的相关描述

主要选项	描述
noconstant	没有截距项
trend	包括时间趋势
drift	包括漂移项
regress	显示回归结果
lags(#)	滞后阶数

表 12.9　GLS 扩展的 dickey-fuller 检验 options 的相关描述

主要选项	描述
maxlag(#)	最大滞后阶数
notrend	没有时间趋势
ers	利用插值法计算临界值

表 12.10　phillips-perron 检验 options 的相关描述

主要选项	描述
noconstant	没有截距项
trend	有趋势项
regress	显示回归结果
lags(#)	最大滞后阶数

【例 12-4】继续使用文件"gnp. dta"的数据对 Stata 中平稳性检验的相关应用进行说明。这里要求使用 dickey-fuller 检验、GLS 扩展的 dickey-fuller 检验和 phillips-perron 检验 3 种方法，对 GNP 的一阶差分进行平稳性检验。

完成上述任务，请输入命令：

dfuller d. gnp ///对 GNP 的一阶差分进行 dickey-fuller 检验

得到的输出结果如图 12.10 所示。

```
Dickey-Fuller test for unit root          Number of obs  = 30
Variable: D.gnp                           Number of lags =  0

H0: Random walk without drift, d = 0

                                     Dickey-Fuller
                    Test      ——————— critical value ———————
                  statistic      1%          5%          10%

       Z(t)        -4.261     -3.716      -2.986      -2.624

MacKinnon approximate p-value for Z(t) = 0.0005.
```

图 12.10　输出结果(二)

这里的 d. gnp 指的是 GNP 的差分。

输入命令：

pperron d. gnp ///对 GNP 的一阶差分进行 phillips-perron 检验

得到的输出结果如图 12.11 所示。

```
Phillips-Perron test for unit root        Number of obs  = 30
Variable: D.gnp                           Newey-West lags =  3

H0: Random walk without drift, d = 0

                                     Dickey-Fuller
                    Test      ——————— critical value ———————
                  statistic      1%          5%          10%

     Z(rho)       -20.502    -17.540     -12.660     -10.300
     Z(t)          -4.039     -3.716      -2.986      -2.624

MacKinnon approximate p-value for Z(t) = 0.0012.
```

图 12.11　输出结果(三)

输入命令：

dfgls d. gnp///对 GNP 的一阶差分进行 GLS 扩展的 dickey-fuller 检验

得到的输出结果如图 12.12 所示。

```
DF-GLS test for unit root                 Number of obs = 22
Variable: D.gnp
Lag selection: Schwert criterion          Maximum lag  = 8

                             ——————— Critical value ———————
  [lags]    DF-GLS tau          1%          5%          10%

     8        -0.616        -3.770      -2.835      -2.414
     7        -0.430        -3.770      -2.829      -2.447
     6        -0.413        -3.770      -2.876      -2.519
     5        -1.553        -3.770      -2.962      -2.620
     4        -1.553        -3.770      -3.075      -2.738
     3        -2.790        -3.770      -3.199      -2.861
     2        -3.191        -3.770      -3.322      -2.977
     1        -3.658        -3.770      -3.428      -3.076

Opt lag (Ng-Perron seq t) = 6 with RMSE = 26.52735
Min SIC  = 7.165904 at lag 1 with RMSE = 31.26346
Min MAIC = 7.432649 at lag 6 with RMSE = 26.52735
```

图 12.12　输出结果(四)

使用以上方法,都说明变量 GNP 是一阶单整。

(3)ARIMA 模型

时间序列的自回归移动平均法是可以通过使用 arima 命令来实现的。其基本命令格式如下:

arima depvar［indepvars］［if］［in］［weight］［,options］

options 的相关描述如表 12.11 所示。

表 12.11　options 的相关描述(一)

主要选项	描述
noconstant	没有截距项
arima(#p. #d, #q)	arima(p, d, q)模型
Ar(numlist)	Ar 的滞后阶数
Ma(numlist)	Ma 的滞后阶数
Constraints(constraints)	线性约束
collinear	保留多重共线性变量
Sarima(#p, #d, #q, #s)	季节 ARIMA 模型
Mar(numlist, #s)	季节 ar 的滞后阶数
Mma(numlist, #s)	季节 ma 的滞后阶数
Condition	利用条件 ml 方法进行估计
Savespace	估计的时候节省内存(即临时删除多余变量)
Vce(vcetype)	包括 opg, robust, oim
Level(#)	置信度
Detail	输出时间序列的间断点

使用 ARIMA 模型前,需要先检验数据的平稳性和相关性,经过判断才能使用。

【例 12-5】使用文件"population. dta"的数据来对 Stata 中 ARIMA 模型的相关应用进行说明。该表给出了某地区每年的年度总人口数,全部数据如表 12.12 所示。

表 12.12　某地区年度总人口数全部数据

年份	年底总人口数/万人	年份	年底总人口数/万人
1949	54 167	1975	92 420
1950	55 196	1976	93 717
1951	56 300	1977	94 974
1952	57 482	1978	96 259
1953	58 796	1979	97 542
1954	60 266	1980	98 705
1955	61 465	1981	100 072
1956	62 828	1982	101 654

年份	年底总人口数/万人	年份	年底总人口数/万人
1957	64 653	1983	103 008
1958	65 994	1984	104 357
1959	67 207	1985	105 851
1960	66 207	1986	107 507
1961	65 859	1987	109 300
1962	67 295	1988	111 026
1963	69 172	1989	112 704
1964	70 499	1990	114 333
1965	72 538	1991	115 823
1966	74 542	1992	117 171
1967	76 368	1993	118 517
1968	78 534	1994	119 850
1969	80 671	1995	121 121
1970	82 992	1996	122 389
1971	85 229	1997	123 626
1972	87 177	1998	124 761
1973	89 211	1999	125 786
1974	90 859	2000	126 743

本例演示一个完整的 ARIMA 模型设定过程，分 5 个步骤完成。

①将数据转换成时间序列数据，让 Stata 识别，输入命令：

tsset year，year///将本来的变量 year 生成时间序列 year

得到输出结果：

time variable：year，1949 to 2000

delta：1 year

②检验各个变量的平稳性，输入命令：

dfuller population ///对 population 时序进行 DF 平稳性检验

得到的输出结果如图 12.13 所示。

```
Dickey-Fuller test for unit root          Number of obs  = 51
Variable: population                      Number of lags =  0

H0: Random walk without drift, d = 0

                                    Dickey-Fuller
                       Test      ———— critical value ————
                    statistic      1%        5%        10%

Z(t)                  0.284     -3.579    -2.929    -2.600

MacKinnon approximate p-value for Z(t) = 0.9766.
```

图 12.13　输出结果(五)

再对人口数进行差分后分析其平稳性，输入命令：

dfuller d. population ///对差分后的 population 时序进行 DF 平稳性检验

得到的输出结果如图 12.14 所示。

```
Dickey-Fuller test for unit root          Number of obs  = 50
Variable: D.population                     Number of lags =  0

H0: Random walk without drift, d = 0

                                    Dickey-Fuller
                     Test      ———— critical value ————
                  statistic      1%         5%        10%
    ───────────────────────────────────────────────────────
    Z(t)           -3.265     -3.580     -2.930     -2.600
    ───────────────────────────────────────────────────────

MacKinnon approximate p-value for Z(t) = 0.0165.
```

图 12.14 输出结果(六)

③在此基础上，观察数据的自相关性和偏相关性，有助于判断是哪种滞后阶数的 ARI-MA 模型。输入命令：

corrgram d. population///对差分后的 population 时序作自相关和偏自相关图

得到的输出结果如图 12.15 所示。

```
                                            -1    0   1 -1    0    1
LAG      AC       PAC       Q     Prob>Q  [Autocorrelation] [Partial autocor]

1      0.6254   0.6344   21.142   0.0000
2      0.2544  -0.2264   24.713   0.0000
3      0.1258   0.1317   25.605   0.0000
4      0.0739  -0.0427   25.919   0.0000
5      0.0053  -0.0485   25.921   0.0001
6     -0.0582  -0.0375   26.124   0.0002
7     -0.1355  -0.1271   27.252   0.0003
8     -0.1486   0.0055   28.641   0.0004
9     -0.1780  -0.1229   30.681   0.0003
10    -0.2148  -0.0768   33.723   0.0002
11    -0.2204  -0.0123   37.006   0.0001
12    -0.2166  -0.1419   40.256   0.0001
13    -0.1740   0.0201   42.411   0.0001
14    -0.0715   0.1026   42.784   0.0001
15    -0.0215   0.0027   42.818   0.0002
16     0.0663   0.1445   43.158   0.0003
17     0.0694  -0.1262   43.54    0.0004
18     0.0514   0.1462   43.756   0.0006
19     0.0792  -0.0177   44.287   0.0009
20     0.0646  -0.0792   44.651   0.0012
21     0.0043  -0.0324   44.653   0.0019
22    -0.0110   0.0379   44.664   0.0029
23     0.0052  -0.0137   44.666   0.0044
```

图 12.15 输出结果(七)

④建立 ARIMA(1，1，0)模型。

执行 arima 命令，输入命令：

arima population，arima(1，1，0)///对 population 时序建立 arima(1，1，0)回归模型

得到的输出结果如图 12.16 所示。

```
(setting optimization to BHHH)
Iteration 0:    log likelihood = -380.80944
Iteration 1:    log likelihood = -380.79573
Iteration 2:    log likelihood = -380.79237
Iteration 3:    log likelihood = -380.79186
Iteration 4:    log likelihood = -380.79175
(switching optimization to BFGS)
Iteration 5:    log likelihood = -380.79172
Iteration 6:    log likelihood = -380.79168
Iteration 7:    log likelihood = -380.79166
Iteration 8:    log likelihood = -380.79165
```

```
ARIMA regression

Sample: 1950 thru 2000                    Number of obs    =        51
                                          Wald chi2(1)     =     43.52
Log likelihood = -380.7916                Prob > chi2      =    0.0000
```

D.population	Coefficient	OPG std. err.	z	P>|z|	[95% conf. interval]
population					
_cons	1396.106	233.3833	5.98	0.000	938.6827 1853.528
ARMA					
ar					
L1.	.6291882	.0953785	6.60	0.000	.4422497 .8161267
/sigma	421.0003	19.30815	21.80	0.000	383.157 458.8436

Note: The test of the variance against zero is one sided, and the two-sided
confidence interval is truncated at zero.

图 12.16　输出结果(八)

⑤对这个 arima 的结果进行验证和评价，可以通过残差的性质得到表现，输入命令：
predict populationres，resid///得到回归残差序列 populationres
用此命令取得残差。接下来，检验残差的偏相关、自相关性，输入命令：
corrgram populationres///对回归残差序列 populationres 作自相关和偏自相关图
得到的输出结果如图 12.17 所示。

```
                                        -1      0      1 -1      0      1
LAG       AC       PAC       Q     Prob>Q [Autocorrelation]  [Partial autocor]

1      0.1459    0.1465   1.1511   0.2833
2     -0.1878   -0.2152   3.0969   0.2126
3     -0.0453    0.0195   3.2123   0.3600
4      0.0379   -0.0005   3.2949   0.5097
5     -0.0023   -0.0182   3.2952   0.6546
6      0.0051    0.0201   3.2967   0.7708
7     -0.0952   -0.1184   3.8537   0.7965
8     -0.0161    0.0241   3.8701   0.8687
9     -0.0288   -0.0720   3.9236   0.9164
10    -0.0830   -0.0880   4.378    0.9287
11    -0.0601   -0.0514   4.6218   0.9481
12    -0.0875   -0.1763   5.153    0.9527
13    -0.1024   -0.0850   5.899    0.9498
14     0.0318    0.0764   5.973    0.9672
15    -0.0479   -0.0362   6.1452   0.9772
16     0.1009    0.2065   6.9308   0.9746
17     0.0395   -0.0849   7.0549   0.9828
18    -0.0290    0.1677   7.1236   0.9890
19     0.0569    0.1745   7.397    0.9918
20     0.0600    0.1107   7.7113   0.9936
21    -0.0402   -0.0560   7.8571   0.9957
22    -0.0337    0.0270   7.9632   0.9973
23     0.0344    0.1037   8.0775   0.9982
```

图 12.17　输出结果(九)

由上面的结果可以看出，残差序列不存在自相关，是平稳序列，由此得知 arima(1，1，0)的拟合结果是比较理想的。

三、VAR 与 VEC 的估计及解释

(一)普通 VAR 模型的估计

1980 年，Sims 提出向量自回归模型(Vector Autoregressive Model)。这种模型采用多方程联立的形式，它不以经济理论为基础，在模型的每一个方程中，内生变量对模型的全部内生变量的滞后值进行回归，从而估计全部内生变量的动态关系。

1. 向量自回归(VAR)模型定义

VAR 模型是自回归模型的联立形式，所以称向量自回归模型。假设 $y_{1,t}$，$y_{2,t}$ 之间存在关系，分别建立两个自回归模型：

$$y_{1,t} = f(y_{1,t-1}, y_{1,t-2}, \cdots)$$
$$y_{2,t} = f(y_{2,t-1}, y_{2,t-2}, \cdots)$$

则无法捕捉两个变量之间的关系。如果采用联立的形式，就可以建立起两个变量之间的关系。VAR 模型的结构与两个参数有关。一个是所含变量个数 N，另一个是最大滞后阶数 k。

以两个变量 $y_{1,t}$，$y_{2,t}$，滞后 1 期的 VAR 模型为例：

$$
\begin{aligned}
y_{1,t} &= c_1 + \pi_{11.1}y_{1,t-1} + \pi_{12.1}y_{2,t-1} + u_{1t} \\
y_{2,t} &= c_2 + \pi_{21.1}y_{1,t-1} + \pi_{22.1}y_{2,t-1} + u_{2t}
\end{aligned}
\tag{12.26}
$$

式中，u_{1t}，$u_{2t} \sim \text{IID}(0, \sigma^2)$，$\text{cov}(u_{1t}, u_{2t}) = 0$。写成矩阵形式是：

$$
\begin{bmatrix} y_{1t} \\ y_{2t} \end{bmatrix} = \begin{bmatrix} c_1 \\ c_2 \end{bmatrix} + \begin{bmatrix} \pi_{11.1} & \pi_{12.1} \\ \pi_{21.1} & \pi_{22.1} \end{bmatrix} \begin{bmatrix} y_{1,t-1} \\ y_{2,t-1} \end{bmatrix} + \begin{bmatrix} u_{1t} \\ u_{2t} \end{bmatrix}
\tag{12.27}
$$

设 $Y_t = \begin{bmatrix} y_{1t} \\ y_{2t} \end{bmatrix}$，$c = \begin{bmatrix} c_1 \\ c_2 \end{bmatrix}$，$\Pi_1 = \begin{bmatrix} \pi_{11.1} & \pi_{12.1} \\ \pi_{21.1} & \pi_{22.1} \end{bmatrix}$，$u_t = \begin{bmatrix} u_{1t} \\ u_{2t} \end{bmatrix}$

则

$$Y_t = c + \Pi_1 Y_{t-1} + u_t \tag{12.28}$$

含有 N 个变量滞后 k 期的 VAR 模型表示如下：

$$Y_t = c + \Pi_1 Y_{t-1} + \Pi_2 Y_{t-2} + \cdots + \Pi_k Y_{t-k} + u_t, \quad u_t \sim \text{IID}(0, \Omega) \tag{12.29}$$

其中

$$Y_t = (y_{1,t} \quad y_{2,t} \cdots y_{N,T})^t$$
$$c = (c_1 \quad c_2 \cdots c_N)^t$$

$$
\Pi_j = \begin{bmatrix} \pi_{11.j} & \pi_{12.j} & \cdots & \pi_{1N.j} \\ \pi_{21.j} & \pi_{22.j} & \cdots & \pi_{2N.j} \\ \vdots & \vdots & \ddots & \vdots \\ \pi_{N1.j} & \pi_{N2.j} & \cdots & \pi_{NN.j} \end{bmatrix}, \quad j = 1, 2, \cdots, k
$$

$$\boldsymbol{u}_t = (u_{1t} \quad u_{2t} \quad \cdots \quad u_{Nt})',$$

$\boldsymbol{Y}_t$ 为 $N \times 1$ 阶时间序列列向量。$\boldsymbol{\mu}$ 为 $N \times 1$ 阶常数项列向量。$\boldsymbol{\Pi}_1, \cdots, \boldsymbol{\Pi}_k$ 均为 $N \times N$ 阶参数矩阵，$\boldsymbol{u}_t \sim \text{IID}(0, \boldsymbol{\Omega})$ 是 $N \times 1$ 阶随机误差列向量，其中每一个元素都是非自相关的，但这些元素，即不同方程对应的随机误差项之间可能存在相关。由于 VAR 模型中每个方程的右侧只含有内生变量的滞后项，它们与 $\boldsymbol{u}_t$ 是不相关的，可以用 OLS 法依次估计每个方程，得到的参数估计量都具有一致性。

2. VAR 模型稳定的条件

VAR 模型稳定的充分与必要条件是 $\boldsymbol{\Pi}_1$ 的所有特征值都要在单位圆以内（在以横轴为实数轴、纵轴为虚数轴的坐标体系中，以原点为圆心、半径为 1 的圆称为单位圆），或特征值的模都要小于 1。

3. VAR 模型的稳定性（Stability）特征

现在讨论 VAR 模型的稳定性特征。稳定性是指当把一个脉动冲击施加在 VAR 模型中某一个方程的新息（Innovation）过程上时，随着时间的推移，这种冲击会逐渐消失。如果不消失，则系统是不稳定的。

下面分析一阶 VAR 模型：

$$\boldsymbol{Y}_t = \boldsymbol{c} + \boldsymbol{\Pi}_1 \boldsymbol{Y}_{t-1} + \boldsymbol{u}_t \tag{12.30}$$

当 $t = 1$ 时，有：

$$\boldsymbol{Y}_1 = \boldsymbol{c} + \boldsymbol{\Pi}_1 \boldsymbol{Y}_0 + \boldsymbol{u}_1 \tag{12.31}$$

当 $t = 2$ 时，采用迭代方式计算，

$$\boldsymbol{Y}_2 = \boldsymbol{c} + \boldsymbol{\Pi}_1 \boldsymbol{Y}_1 + \boldsymbol{u}_2 = \boldsymbol{c} + \boldsymbol{\Pi}_1 (\boldsymbol{c} + \boldsymbol{\Pi}_1 \boldsymbol{Y}_0 + \boldsymbol{u}_1) + \boldsymbol{u}_2$$
$$= (\boldsymbol{I} + \boldsymbol{\Pi}_1) \boldsymbol{c} + \boldsymbol{\Pi}_1^2 \boldsymbol{Y}_0 + \boldsymbol{\Pi}_1 \boldsymbol{u}_1 + \boldsymbol{u}_2 \tag{12.32}$$

当 $t = 3$ 时，进一步迭代

$$\boldsymbol{Y}_3 = \boldsymbol{c} + \boldsymbol{\Pi}_1 \boldsymbol{Y}_2 + \boldsymbol{u}_3 = \boldsymbol{c} + \boldsymbol{\Pi}_1 \left[(\boldsymbol{I} + \boldsymbol{\Pi}_1) \boldsymbol{c} + \boldsymbol{\Pi}_1^2 \boldsymbol{Y}_0 + \boldsymbol{\Pi}_1 \boldsymbol{u}_1 + \boldsymbol{u}_2 \right] + \boldsymbol{u}_3$$
$$= (\boldsymbol{I} + \boldsymbol{\Pi}_1 + \boldsymbol{\Pi}_1^2) \boldsymbol{c} + \boldsymbol{\Pi}_1^3 \boldsymbol{Y}_0 + \boldsymbol{\Pi}_1^2 \boldsymbol{u}_1 + \boldsymbol{\Pi}_1 \boldsymbol{u}_2 + \boldsymbol{u}_3 \tag{12.33}$$

对于 t 期，按上述形式推导

$$\boldsymbol{Y}_t = (\boldsymbol{I} + \boldsymbol{\Pi}_1 + \boldsymbol{\Pi}_1^2 + \cdots + \boldsymbol{\Pi}_1^{t-1}) \boldsymbol{c} + \boldsymbol{\Pi}_1^t \boldsymbol{Y}_0 + \sum_{i=0}^{t-1} \boldsymbol{\Pi}_1^i \boldsymbol{u}_{t-i} \tag{12.34}$$

由上式可知，$\boldsymbol{\Pi}_{11} = \boldsymbol{I}$。通过上述变换，把 $\boldsymbol{Y}_t$ 表示成了漂移项向量 $\boldsymbol{\mu}$、初始值向量 $\boldsymbol{Y}_0$ 和新息向量 $\boldsymbol{u}_t$ 的函数。可见系统是否稳定可以通过观察漂移项向量 $\boldsymbol{c}$、初始值向量 $\boldsymbol{Y}_0$ 和新息向量 $\boldsymbol{u}_t$ 经受冲击后的表现。

假设模型是稳定的，将有如下 3 个结论：

① 假设 $t = 1$ 时，对 $\boldsymbol{c}$ 施加一个单位的冲击，到 t 期的影响是

$$(\boldsymbol{I} + \boldsymbol{\Pi}_1 + \boldsymbol{\Pi}_1^2 + \cdots + \boldsymbol{\Pi}_1^{t-1})$$

当 $t \to \infty$ 时，此影响是一个有限值：$(\boldsymbol{I} - \boldsymbol{\Pi}_1)^{-1}$。

② 假设在初始值 $\boldsymbol{Y}_0$ 上施加一个单位的冲击，到 t 期的影响是 $\boldsymbol{\Pi}_1^t$。则 $t \to \infty$，

$\Pi_1^t \to 0$，影响消失（对于平稳的 VAR 模型，Π_1 中的元素小于 1，所以随着 $t \to \infty$，取 t 次方后，$\Pi_1^t \to 0$）。

③从 $\sum_{i=0}^{t-1} \Pi_1^i \boldsymbol{u}_{t-i}$ 项可以看出，噪声中的冲击离 t 期越远，影响力就越小。$\sum_{i=0}^{t-1} \Pi_1^i = (I - \Pi_1)^{-1}$，称作长期乘子矩阵，是对 $\sum_{i=0}^{t-1} \Pi_1^i \boldsymbol{u}_{t-i}$ 求期望得到的。

对单一方程的分析知道，含有单位根的自回归过程对新息中的脉动冲击有长久的记忆能力。同理，含有单位根的 VAR 模型也是非平稳过程。当新息中存在脉动冲击时，VAR 模型中内生变量的响应不会随时间的推移而消失。

平稳变量构成的一定是稳定（Stability）的模型，但稳定的模型不一定由平稳变量构成。也可能由非平稳（Nonstationary）变量（存在协整关系）构成。

（二）格兰杰（Granger）因果分析、IRF 与方差分解

1. 格兰杰非因果性检验

VAR 模型还可用来检验一个变量与另一个变量是否存在因果关系。经济计量学中格兰杰非因果性定义如下：

格兰杰非因果性：如果由 y_t 和 x_t 滞后值所决定的 y_t 的条件分布与仅由 y_t 滞后值所决定的条件分布相同，即

$$f(y_t | y_{t-1}, \cdots, x_{t-1}, \cdots) = f(y_t | y_{t-1}, \cdots) \tag{12.35}$$

则称 x_{t-1} 对 y_t 存在格兰杰非因果性。

格兰杰非因果性的另一种表述是其他条件不变，若加上 x_t 的滞后变量后对 y_t 的预测精度不存在显著性改善，则称 x_{t-1} 对 y_t 存在格兰杰非因果性关系。

为简便起见，通常总是把 x_{t-1} 对 y_t 存在非因果关系表述为 x_t（去掉下标-1）对 y_t 存在非因果关系（严格讲，这种表述是不正确的）。在实际中，除了使用格兰杰非因果性概念外，也使用"格兰杰因果性"概念。顾名思义，这个概念首先由格兰杰（Granger，1969）提出。另外，西姆斯（Sims，1972）也提出了因果性定义。这两个定义是一致的。

根据以上定义，x_t 对 y_t 是否存在因果关系的检验可通过检验 VAR 模型以 y_t 为被解释变量的方程中是否可以把 x_t 的全部滞后变量剔除掉而完成。比如 VAR 模型中以 y_t 为被解释变量的方程表示如下：

$$y_t = \sum_{i=1}^k \alpha_i y_{t-i} + \sum_{i=1}^k \beta_i x_{t-i} + u_{1t} \tag{12.36}$$

如果有必要，常数项、趋势项、季节虚拟变量等都可以包括在上式中，则检验 x_t 对 y_t 存在格兰杰非因果性的零假设是：

$$H_0: \beta_1 = \beta_2 = \cdots = \beta_k = 0$$

显然，如果式（12.36）中的 x_t 的滞后变量的回归参数估计值全部不存在显著性，则上述假设不能被拒绝。换句话说，如果 x_t 的任何一个滞后变量的回归参数的估计值存在显著性，则结论应是 x_t 对 y_t 存在格兰杰因果关系。上述检验可用 F 统计量完成。

$$F = \frac{(\text{SSE}_r - \text{SSE}_u)/k}{\text{SSE}_u/(T - kN)}$$

式中，SSE_r 表示施加约束（零假设成立）后的残差平方和；SSE_u 表示不施加约束条件下的残差平方和；k 表示最大滞后期；N 表示 VAR 模型中所含当期变量个数，本例中的 $N=2$，T 表示样本容量。在零假设成立条件下，F 统计量近似服从 $F_{(k,T-kN)}$ 分布。用样本计算的 F 值如果落在临界值以内，接受原假设，即 x_t 对 y_t 不存在格兰杰因果关系。

2. VAR 模型的脉冲响应函数和方差分解

由于 VAR 模型参数的 OLS 估计量只具有一致性，单个参数估计值的经济解释是很困难的。要想对一个 VAR 模型做出分析，通常是观察系统的脉冲响应函数（IRF）和方差分解。

（1）脉冲响应函数（IRF）

脉冲响应函数描述一个内生变量对误差冲击的反应。具体地说，它描述的是在随机误差项上施加一个标准差大小的冲击后，对内生变量的当期值和未来值所带来的影响。

对于如下 VAR 模型，$y_{1,t}$ 表示 GDP，$y_{2,t}$ 表示货币供应量，

$$
\begin{aligned}
y_{1,t} &= c_1 \pi_{11.1} y_{1,t-1} + \pi_{12.1} y_{2,t-1} + u_{1t} \\
y_{2,t} &= c_2 + \pi_{21.1} y_{1,t-1} + \pi_{22.1} y_{2,t-1} + u_{2t}
\end{aligned}
\tag{12.37}
$$

在式（12.37）中，如果误差 u_{1t} 和 u_{2t} 不相关，就很容易解释。u_{1t} 是 $y_{1,t}$ 的误差项，u_{2t} 是 $y_{2,t}$ 的误差项。脉冲响应函数衡量当期 u_{1t} 和 u_{2t} 一个标准差的货币冲击分别对 GDP 和货币存量的当前值和未来值的影响。

脉冲响应函数描述了其他变量在 t 期以及以前各期保持不变的前提下，$y_{i,t+s}$ 对 $u_{j,t}$ 时一次冲击的响应过程。

对脉冲响应函数的解释出现困难源于实际中各方程对应的误差项从来都不是完全非相关的。当误差项相关时，它们有一个共同的组成部分，不能被任何特定的变量所识别。为处理这一问题，常引入一个变换矩阵 $\boldsymbol{M}$ 与 $\boldsymbol{u}_t$ 相乘，

$$v_t = \boldsymbol{M}\boldsymbol{u}_t \sim (0, \boldsymbol{\Omega})$$

从而把 $\boldsymbol{u}_t$ 的方差–协方差矩阵变换为一个对角矩阵 $\boldsymbol{\Omega}$。现在有多种方法，其中一种变换方法称为乔利斯基（Cholesky）分解法，可以使误差项正交。

原误差项相关的部分归于 VAR 系统中的第一个变量的随机扰动项。在上面的例子里，u_{1t} 和 u_{2t} 的共同部分完全归于 u_{1t}，因为 u_{1t} 在 u_{2t} 之前。

（2）方差分解

在 VAR 模型中使用的另一种分析方法是方差分解，即分析未来 $t+s$ 期的 $y_{j,t+s}$ 的预测误差的方差由不同新息的冲击影响的比例。

假设下式是由任一 VAR(k) 模型转换而得到的关于 $\boldsymbol{Y}_t$ 的一阶向量自回归模型。

$$\boldsymbol{Y}_t = \boldsymbol{A}\boldsymbol{Y}_{t-1} + \boldsymbol{U}_t \tag{12.38}$$

$$E(U_i U_j') = \begin{cases} Q, & i = j \\ 0, & i \neq j \end{cases}$$

其中，$Q_{Np \times Np} = \begin{bmatrix} \boldsymbol{\Omega} & 0 & \cdots & 0 \\ 0 & 0 & \cdots & 0 \\ \cdots & \cdots & \ddots & \cdots \\ 0 & 0 & \cdots & 0 \end{bmatrix}$，每个元素都是 $N \times N$ 阶的。式(12.38)中的前 N 行就是原 VAR(k) 模型。

对式(12.38)进行迭代运算：

$$\boldsymbol{Y}_t = \boldsymbol{A}\boldsymbol{Y}_{t-1} + \boldsymbol{U}_t = \boldsymbol{A}(\boldsymbol{A}\boldsymbol{Y}_{t-2} + \boldsymbol{U}_{t-1}) + \boldsymbol{U}_t = \boldsymbol{A}^2\boldsymbol{Y}_{t-2} + \boldsymbol{A}\boldsymbol{U}_{t-1} + \boldsymbol{U}_t = \cdots$$
$$= \boldsymbol{A}^s\boldsymbol{Y}_{t-s} + \boldsymbol{U}_t + \boldsymbol{A}\boldsymbol{U}_{t-1} + \boldsymbol{A}^2\boldsymbol{U}_{t-2} + \cdots + \boldsymbol{A}^{s-1}\boldsymbol{U}_{t-s+1}$$

把上式中的 t 期换为 $t+s$ 期，得

$$\boldsymbol{Y}_{t+s} = \boldsymbol{A}^s\boldsymbol{Y}_t + \boldsymbol{U}_{t+s} + \boldsymbol{A}\boldsymbol{U}_{t+s-1} + \boldsymbol{A}^2\boldsymbol{U}_{t+s-2} + \cdots + \boldsymbol{A}^{s-1}\boldsymbol{U}_{t+1} \tag{12.39}$$

上式中的前 N 项(原 VAR 中的方程)可用向量表示为

$$\boldsymbol{Y}_{t+s} = \boldsymbol{A}_{11}^{(s)}\boldsymbol{Y}_t + \boldsymbol{A}_{12}^{(s)}\boldsymbol{Y}_{t-1} + \cdots + \boldsymbol{A}_{1k}^{(s)}\boldsymbol{Y}_{t-k+1} + \boldsymbol{u}_{t+s} + \boldsymbol{A}_{11}\boldsymbol{u}_{t+s-1} + \boldsymbol{A}_{11}^{(2)}\boldsymbol{u}_{t+s-2} + \cdots + \boldsymbol{A}_{11}^{(s-1)}\boldsymbol{u}_{t+1} \tag{12.40}$$

其中，$(\boldsymbol{A}_{11}^{(s)}\boldsymbol{Y}_t + \boldsymbol{A}_{12}^{(s)}\boldsymbol{Y}_{t-1} + \cdots + \boldsymbol{A}_{1k}^{(s)}\boldsymbol{Y}_{t-k+1})$ 表示式(12.39)中 $\boldsymbol{A}^s\boldsymbol{Y}_t$ 的前 N 项。$(\boldsymbol{u}_{t+s} + \boldsymbol{A}_{11}\boldsymbol{u}_{t+s-1} + \boldsymbol{A}_{11}^2\boldsymbol{u}_{t+s-2} + \cdots + \boldsymbol{A}_{11}^{s-1}\boldsymbol{u}_{t+1})$ 表示式(12.39)中 $(\boldsymbol{U}_{t+s} + \boldsymbol{A}\boldsymbol{U}_{t+s-1} + \boldsymbol{A}^2\boldsymbol{U}_{t+s-2} + \cdots + \boldsymbol{A}^{s-1}\boldsymbol{U}_{t+1})$ 的前 N 项。

其中，$\boldsymbol{A}_{1j}^{(s)}$，$(j=1, 2, \cdots, k)$ 表示 $\boldsymbol{A}^s$ 中第一行至第 N 行和 $[N(k-1)+1]$ 得到 Nk 列围成的块。$\boldsymbol{A}_{11}^{(i)}$，$(i=1, 2, \cdots, s-1)$ 表示 $\boldsymbol{A}^i$ 的左上块。$\boldsymbol{A}^i$ 为 $\boldsymbol{A}$ 的 i 次方。

把式(12.40)写成

$$\boldsymbol{Y}_{t+s} = \boldsymbol{A}_{11}^{(s)}\boldsymbol{Y}_t + \boldsymbol{A}_{12}^{(s)}\boldsymbol{Y}_{t-1} + \cdots + \boldsymbol{A}_{1k}^{(s)}\boldsymbol{Y}_{t-k+1} + \boldsymbol{u}_{t+s} + \boldsymbol{\Psi}_1\boldsymbol{u}_{t+s} + \boldsymbol{\Psi}_2\boldsymbol{u}_{t+s-2} + \cdots + \boldsymbol{\Psi}_{s-1}\boldsymbol{u}_{t+1} \tag{12.41}$$

式中，$\boldsymbol{A}_{11} = \boldsymbol{\Psi}_1$，$\boldsymbol{A}_{11}^{(2)} = \boldsymbol{\Psi}_2$，$\cdots$，$\boldsymbol{A}_{11}^{(s-1)} = \boldsymbol{\Psi}_{s-1}$。

由式中的 $\boldsymbol{u}_{t+s}$，$\boldsymbol{u}_{t+s-1}$，$\boldsymbol{u}_{t+s-2}$，$\cdots$，$\boldsymbol{u}_{t+1}$ 等于 0 得

$$\hat{\boldsymbol{Y}}_{t+s \mid t} = \boldsymbol{A}_{11}^{(s)}\boldsymbol{Y}_t + \boldsymbol{A}_{12}^{(s)}\boldsymbol{Y}_{t-1} + \cdots + \boldsymbol{A}_{1k}^{(s)}\boldsymbol{Y}_{t-k+1}$$

$t+s$ 期的 $\boldsymbol{Y}_{j, t+s}(j=1, 2, \cdots, N)$ 预测误差可以表示为向量自回归形式：

$$\boldsymbol{Y}_{t+s} - \hat{\boldsymbol{Y}}_{t+s \mid t} = \boldsymbol{u}_{t+s} + \boldsymbol{\Psi}_1\boldsymbol{u}_{t+s-1} + \cdots + \boldsymbol{\Psi}_{s-2}\boldsymbol{u}_{t+2} + \boldsymbol{\Psi}_{s-1}\boldsymbol{u}_{t+1}$$

所以，预测前 s 期的 $\hat{\boldsymbol{Y}}_{t+s \mid t}$ 的误差均方为：

$$\text{MSE}(\hat{\boldsymbol{Y}}_{t+s \mid t}) = E[(\boldsymbol{Y}_{t+s} - \hat{\boldsymbol{Y}}_{t+s \mid t})(\boldsymbol{Y}_{t+s} - \hat{\boldsymbol{Y}}_{t+s \mid t})']$$
$$= \boldsymbol{\Omega} + \boldsymbol{\Psi}_1\boldsymbol{\Omega}\boldsymbol{\Psi}_1' + \boldsymbol{\Psi}_2\boldsymbol{\Omega}\boldsymbol{\Psi}_2' + \cdots + \boldsymbol{\Psi}_{s-1}\boldsymbol{\Omega}\boldsymbol{\Psi}_{s-1}' \tag{12.42}$$

式中，$\boldsymbol{\Omega} = E(u_t u_t')$（不同时期的 u_t 等于 0）。

下面考察每一个正交化误差项对 $\text{MSE}(\hat{\boldsymbol{Y}}_{t+s \mid t})$ 的贡献，通过下式把 $\boldsymbol{u}_t$ 变换为正交化误差项 v_t。

$$\boldsymbol{u}_t = \boldsymbol{M}v_t = m_1 v_{1t} + m_2 v_{2t} + \cdots + m_N v_{Nt}$$

其中，v_{1t}，v_{2t}，$\cdots$，v_{Nt} 不相关(相互正交)，所以有

$$\boldsymbol{\Omega} = E(u_t u_t') = (m_1 v_{1t} + m_2 v_{2t} + \cdots + m_N v_{Nt})(m_1 v_{1t} + m_2 v_{2t} + \cdots + m_N v_{Nt})'$$
$$= m_1 m_1'\text{Var}(v_{1t}) + m_2 m_2'\text{Var}(v_{2t}) + \cdots + m_N m_N'\text{Var}(v_{Nt})$$

把用上式表达的 $\boldsymbol{\Omega}$ 代入式(13.42)，并合并同期项

$$
\begin{aligned}
\mathrm{MSE}(\hat{\boldsymbol{Y}}_{t+s\,|\,t}) &= \mathrm{Var}(v_{1t})\,(m_1 m_1' + \boldsymbol{\Psi}_1 m_1 m_1' \boldsymbol{\Psi}_1' + \boldsymbol{\Psi}_2 m_1 m_1' \boldsymbol{\Psi}_2' + \cdots + \boldsymbol{\Psi}_{s-1} m_1 m_1' \boldsymbol{\Psi}_{s-1}') \\
&\quad + \mathrm{Var}(v_{2t})\,(m_2 m_2' + \boldsymbol{\Psi}_1 m_2 m_2' \boldsymbol{\Psi}_1' + \boldsymbol{\Psi}_2 m_2 m_2' \boldsymbol{\Psi}_2' + \cdots + \boldsymbol{\Psi}_{s-1} m_2 m_2' \boldsymbol{\Psi}_{s-1}') \\
&\quad \cdots \\
&\quad + \mathrm{Var}(v_{Nt})\,(m_2 m_2' + \boldsymbol{\Psi}_1 m_N m_N' \boldsymbol{\Psi}_1' + \boldsymbol{\Psi}_2 m_N m_N' \boldsymbol{\Psi}_2' + \cdots + \boldsymbol{\Psi}_{s-1} m_N m_N' \boldsymbol{\Psi}_{s-1}') \\
&= \sum_{j=1}^{N} \mathrm{Var}(v_{jt})\,(m_j m_j' + \boldsymbol{Y}_1 m_j m_j' \boldsymbol{Y}_1' + \boldsymbol{Y}_2 m_j m_j' \boldsymbol{Y}_2' + \cdots + \boldsymbol{Y}_{s-1} m_j m_j' \boldsymbol{Y}_{s-1}')
\end{aligned}
$$

则 $\dfrac{\mathrm{Var}(v_{jt})\,(m_j m_j' + \boldsymbol{Y}_1 m_j m_j' \boldsymbol{Y}_1' + \cdots + \boldsymbol{Y}_{s-1} m_j m_j' \boldsymbol{Y}_{s-1}')}{\displaystyle\sum_{j=1}^{N} \mathrm{Var}(v_{jt})\,(m_j m_j' + \boldsymbol{Y}_1 m_j m_j' \boldsymbol{Y}_1' + \cdots + \boldsymbol{Y}_{s-1} m_j m_j' \boldsymbol{Y}_{s-1}')}$ 表示正交化的第 j 个新息对

前 s 期预测量 $\hat{\boldsymbol{Y}}_{t+s\,|\,t}$ 方差的贡献百分比。

(三)Johansen 协整检验和 VEC 模型的估计

1. VEC 模型

对于 $k=1$ 的 VAR 模型，$\boldsymbol{Y}_t = \boldsymbol{\Pi}_1 \boldsymbol{Y}_{t-1} + \boldsymbol{u}_t$，两侧同减 $\boldsymbol{Y}_{t-1}$，得

$$\Delta \boldsymbol{Y}_t = (\boldsymbol{\Pi}_1 - \boldsymbol{I})\boldsymbol{Y}_{t-1} + \boldsymbol{u}_t \tag{12.43}$$

对于 $k=2$ 的 VAR 模型，$\boldsymbol{Y}_t = \boldsymbol{\Pi}_1 \boldsymbol{Y}_{t-1} + \boldsymbol{\Pi}_2 \boldsymbol{Y}_{t-2} + \boldsymbol{u}_t$，两侧同减 $\boldsymbol{Y}_{t-1}$，在右侧加、减 $\boldsymbol{\Pi}_2 \boldsymbol{Y}_{t-1}$，并整理得

$$\Delta \boldsymbol{Y}_t = (\boldsymbol{\Pi}_1 + \boldsymbol{\Pi}_2 - \boldsymbol{I})\boldsymbol{Y}_{t-1} - \boldsymbol{\Pi}_2 \Delta \boldsymbol{Y}_{t-1} + \boldsymbol{u}_t \tag{12.44}$$

对于 $k=3$ 的 VAR 模型，$\boldsymbol{Y}_t = \boldsymbol{\Pi}_1 \boldsymbol{Y}_{t-1} + \boldsymbol{\Pi}_2 \boldsymbol{Y}_{t-2} + \boldsymbol{\Pi}_3 \boldsymbol{Y}_{t-3} + \boldsymbol{u}_t$，两侧同减 $\boldsymbol{Y}_{t-1}$，在右侧加、减 $\boldsymbol{\Pi}_2 \boldsymbol{Y}_{t-1}$ 和 $\boldsymbol{\Pi}_3 \boldsymbol{Y}_{t-1}$ 并整理得

$$
\begin{aligned}
\Delta \boldsymbol{Y}_t &= (\boldsymbol{\Pi}_1 + \boldsymbol{\Pi}_2 + \boldsymbol{\Pi}_3 - \boldsymbol{I})\boldsymbol{Y}_{t-1} - \boldsymbol{\Pi}_2 \boldsymbol{Y}_{t-1} - \boldsymbol{\Pi}_3 \boldsymbol{Y}_{t-1} + \boldsymbol{\Pi}_2 \boldsymbol{Y}_{t-2} + \boldsymbol{\Pi}_3 \boldsymbol{Y}_{t-3} + \boldsymbol{u}_t \\
&= (\boldsymbol{\Pi}_1 + \boldsymbol{\Pi}_2 + \boldsymbol{\Pi}_3 - \boldsymbol{I})\boldsymbol{Y}_{t-1} - \boldsymbol{\Pi}_2 \Delta \boldsymbol{Y}_{t-1} - \boldsymbol{\Pi}_3 \boldsymbol{Y}_{t-1} + \boldsymbol{\Pi}_3 \boldsymbol{Y}_{t-3} + \boldsymbol{u}_t
\end{aligned}
$$

在右侧加、减 $\boldsymbol{\Pi}_3 \boldsymbol{Y}_{t-2}$ 并整理得

$$
\begin{aligned}
\Delta \boldsymbol{Y}_t &= (\boldsymbol{\Pi}_1 + \boldsymbol{\Pi}_2 + \boldsymbol{\Pi}_3 - \boldsymbol{I})\boldsymbol{Y}_{t-1} - \boldsymbol{\Pi}_2 \Delta \boldsymbol{Y}_{t-1} - \boldsymbol{\Pi}_3 \boldsymbol{Y}_{t-1} + \boldsymbol{\Pi}_3 \boldsymbol{Y}_{t-2} - \boldsymbol{\Pi}_3 \boldsymbol{Y}_{t-2} + \boldsymbol{\Pi}_3 \boldsymbol{Y}_{t-3} + \boldsymbol{u}_t \\
&= (\boldsymbol{\Pi}_1 + \boldsymbol{\Pi}_2 + \boldsymbol{\Pi}_3 - \boldsymbol{I})\boldsymbol{Y}_{t-1} - \boldsymbol{\Pi}_2 \Delta \boldsymbol{Y}_{t-1} - \boldsymbol{\Pi}_3 \Delta \boldsymbol{Y}_{t-1} - \boldsymbol{\Pi}_3 \Delta \boldsymbol{Y}_{t-2} + \boldsymbol{u}_t \\
&= (\boldsymbol{\Pi}_1 + \boldsymbol{\Pi}_2 + \boldsymbol{\Pi}_3 - \boldsymbol{I})\boldsymbol{Y}_{t-1} - (\boldsymbol{\Pi}_2 + \boldsymbol{\Pi}_3)\Delta \boldsymbol{Y}_{t-1} - \boldsymbol{\Pi}_3 \Delta \boldsymbol{Y}_{t-2} + \boldsymbol{u}_t
\end{aligned}
$$

$$\tag{12.45}$$

对于 k 阶 VAR 模型，$\boldsymbol{Y}_t = \boldsymbol{\Pi}_1 \boldsymbol{Y}_{t-1} + \boldsymbol{\Pi}_2 \boldsymbol{Y}_{t-2} + \cdots + \boldsymbol{\Pi}_k \boldsymbol{Y}_{t-k} + \boldsymbol{u}_t$，利用 $k=1$，2，3 的 VAR 模型的推导规律可知，其向量误差修正模型(VEC)的表达式是：

$$
\begin{aligned}
\Delta \boldsymbol{Y}_t &= (\boldsymbol{\Pi}_1 + \boldsymbol{\Pi}_2 + \cdots + \boldsymbol{\Pi}_k - \boldsymbol{I})\boldsymbol{Y}_{t-1} - (\boldsymbol{\Pi}_2 + \boldsymbol{\Pi}_3 + \cdots + \boldsymbol{\Pi}_k) \\
&\quad \Delta \boldsymbol{Y}_{t-1} - (\boldsymbol{\Pi}_3 + \cdots + \boldsymbol{\Pi}_k)\Delta \boldsymbol{Y}_{t-2} - \cdots - \boldsymbol{\Pi}_k \Delta \boldsymbol{Y}_{t-(k-1)} + \boldsymbol{u}_t
\end{aligned} \tag{12.46}
$$

令

$$\boldsymbol{\Gamma}_j = -\sum_{i=j+1}^{k} \boldsymbol{\Pi}_i,\ j = 1,\ 2,\ \cdots,\ k-1$$

$$\boldsymbol{\Pi} = -\boldsymbol{\Gamma}_0 - \boldsymbol{I} = \sum_{i=1}^{k} \boldsymbol{\Pi}_i - \boldsymbol{I} = \boldsymbol{\Pi}_1 + \boldsymbol{\Pi}_2 + \cdots + \boldsymbol{\Pi}_k - \boldsymbol{I} \tag{12.47}$$

则上式写为

$$\Delta Y_t = \Pi Y_{t-1} + \Gamma_1 \Delta Y_{t-1} + \Gamma_2 \Delta Y_{t-2} + \cdots + \Gamma_{k-1} \Delta Y_{t-(k-1)} + u_t \quad (12.48)$$

这是向量误差修正模型(VEC)的一般表达式。Π 称为压缩矩阵(Impact Matrix，影响矩阵)。Π 是全部参数矩阵的和减一个单位矩阵。I 为多项式矩阵，其中每一个元素都是一个多项式。运算规则与一般矩阵相同。滞后期的延长不影响对协整向量个数的分析。

根据 Granger 定理，向量误差修正模型(VEC)的表达式是：

$$A'(L)(1 - L)Y_t = \alpha\beta' Y_{t-1} + d(L)u_t \quad (12.49)$$

式中，$A'(L)$ 是多项式矩阵 $A(L)$ 分离出因子 $(1 - L)$ 后降低一阶的多项式矩阵，$d(L)$ 是由滞后算子表示的多项式矩阵。

上式与式(12.48)完全相同。其中

$$A'(L)(1 - L)Y_t = A'(L)\Delta Y_t = \Delta Y_t - \Gamma_1 \Delta Y_{t-1} - \Gamma_2 \Delta Y_{t-2} - \cdots - \Gamma_{k-1} \Delta Y_{t-(k-1)}$$
$$d(L)u_t = u_t$$

在这里 $d(L)$ 退化为单位列向量。

2. Johansen 协整检验的基本思想

其基本思想是基于 VAR 模型，将一个求极大似然函数的问题转化为一个求特征根和对应的特征向量的问题。此估计方法由 Johansen 提出。假定条件是 $u_t \sim \text{IID}(0, \Omega)$。实际中这个条件比较容易满足。当 u_t 中存在自相关时，只要在 VAR 模型中适当增加内生变量的滞后阶数，就能达到 u_t 非自相关的要求。此估计方法为极大似然估计法。

给定 VAR 模型：

$$Y_t = \Pi_1 Y_{t-1} + \Pi_2 Y_{t-1} + \cdots + \Pi_k Y_{t-k} + \Phi D_t + u_t, \quad u_t \sim \text{IID}(0, \Omega) \quad (12.50)$$

其中，Y_t 是 $N \times 1$ 阶列向量，D_t 表示 $d \times 1$ 阶确定项向量(d 表示确定性变量个数)，用来描述常数项 μ、时间趋势项 t、季节虚拟变量和其他一些有必要设置的虚拟变量，Φ 是确定性变量 D_t 的 $N \times d$ 阶系数矩阵，其中每一行对应 VAR 模型中的一个方程。上式的向量误差修正模型形式是：

$$\Delta Y_t = \Pi Y_{t-1} + \Gamma_1 \Delta Y_{t-1} + \Gamma_2 \Delta Y_{t-2} + \cdots + \Gamma_{k-1} \Delta Y_{t-(k-1)} + \Phi D_t + u_t \quad (12.51)$$

其中

$$\Gamma_j = \sum_{i=j+1}^{k} \Pi_i, \quad j = 1, 2, \cdots, k-1$$

$$\Pi = \Gamma_0 - I = \sum_{i=j+1}^{k} \Pi_i - I = \Pi_1 + \Pi_2 + \cdots + \Pi_k - I$$

对变量之间协整关系的检验可以通过计算 Π 系数矩阵的秩及特征值来判断。将系数矩阵的特征值按照从大到小的顺序排列，如果变量间不存在协整关系(即长期关系)，则 Π 的秩就为 0。

(四)VAR 模型的 Stata 实现

1. VAR 模型的阶数选择

在 Stata 中 VAR 模型的阶数选择，是通过如下基本命令来实现的：

depvarlist [if] [in] [, preestimation_options]

其中对于 options 的相关描述如表 12.13 所示。

表 12.13 对于 options 的相关描述(二)

主要选项	描述
maxlag(#)	最高滞后阶数:默认为滞后 4 期
exog(varlist)	外生变量
constraints(constraints)	对外生变量的线性约束
noconstant	没有常数项
level(#)	置信度,默认 95%
separator(#)	分割线

2. 构建 VAR 模型

在 Stata 中构建 VAR 模型是通过如下基本命令来实现的:

var depvarlist [if] [in] [, options]

其中的 options 的相关描述如表 12.14 所示。

表 12.14 options 的相关描述(三)

主要选项	描述
模型 1	
noconstant	没有常数项
lags(numlist)	VAR 滞后阶数
exog(varlist)	外生变量
模型 2	
constraints(numlist)	线性约束
nolog	不显示迭代过程
noisure	一步迭代
dfk	自由度调节
small	小样本 t, f 统计量
报告结果	
level(#)	置信度

3. 平稳性条件考察

在 Stata 中 VAR 模型的平稳性条件考察,是通过如下基本命令来实现的:

varstable [, options]

其中对于 options 的相关描述如表 12.15 所示。

表 12.15 options 的相关描述(四)

主要选项	描述
estimates(estname)	考察 VAR(estname)的平稳性
graph	对伴随矩阵的特征值作图

续表

主要选项	描述
dlabel	将特征值标记为到单位圆的距离

4. 残差的正态性和自相关检验

在 Stata 中，VAR 模型残差的正态性和自相关检验，是通过如下基本命令来实现的：

varnorm［, options］

其中 options 的相关描述如表 12.16 所示。

表 12.16　options 的相关描述(五)

主要选项	描述
jbera statistics	Jarque-Bera 统计量
skewness	偏度
kurtosis	峰度
estimates(estname)	已估计的 VAR 名称
cholesky	使用 Cholesky 分解
separator(#)	分割线

5. 格兰杰因果检验

在 Stata 中，VAR 模型的格兰杰因果检验是通过如下基本命令来实现的：

vargranger［, estimates(estname)separator(#)］

6. 脉冲分析

(1)irf 文件的创建、显示、激活和清除

VAR 模型脉冲分析的实现，首先是要创建 irf 文件。

在 Stata 中是通过如下基本命令来实现的：

命令格式 1(VAR 模型的 irf 文件创建)：

irf create irfname［, var_options］

命令格式 2(SVAR 模型的 irf 文件创建)：

irf create irfname［, svar_options］

命令格式 3(VEC 模型的 irf 文件创建)：

irf create irfname［, vec_options］

其中，VAR 模型是由 irf 文件创建的。options 的相关描述如表 12.17 所示。

表 12.17　VAR 模型的 irf 文件创建的 options 的相关描述

主要选项	描述
set(filename［, replacel])	创建文件
replace	如果文件已存在，则替换文件
order(varlist)	Cholesky 排序

续表

主要选项	描述
estimates(estname)	估计的 VAR 名称

创建 irf 文件之后，显示处于当下活动状态的 irf，输入以下命令：

irf set

激活 irf 文件，可以输入以下命令：

irf set ifr_name

清除活动的 irf 文件，可以输入以下命令：

irf set, clear

（2）irf 作图

irf 文件作图，可以输入以下命令：

irf graph stat [, options]

其中的 Stata 的相关描述如表 12.18 所示。

表 12.18　Stata 的相关描述

主要选项	描述
irf	irf
oirf	正交 irf
dm	动态乘子
cirf	累计 irf
coirf	累计正交 irf
cdm	累计同台乘子
fevd	Cholesky 方差分解
sirf	结构 IRF
sfevd	结构 Cholesky 方差分解

其中 options 的相关描述如表 12.19 所示。

表 12.19　options 的相关描述（六）

主要选项	描述
setifilename	使文件激活
irf(irfnames)	IRF 结果名称
impulse(impulsevar)	脉冲变量
responsc(endogvars)	响应变量

7. Johansen 检验

当变量之间同阶单整时，可以运用 Johansen 检验查看变量之间是否协整。Stata 中 VAR 模型的 Johansen 检验，是通过如下基本命令来实现的：

vecrank depvar [if][in][, options]

其中的 options 的相关描述如表 12.20 所示。

表 12.20 options 的相关描述(七)

主要选项	描述
lags(#)	VAR 模型的最高滞后阶数
trend(constant)	VAR 模型有常数项,协整方程有常数项
trend(rconstant)	VAR 模型有常数项,协整方程无常数项
trend(trend)	VAR 模型有趋势项,协整方程有趋势项
trend(rtrend)	VAR 模型有趋势项,协整方程无趋势项
trend(none)	VAR 模型无常数项,协整方程无常数项

【例 12-6】本例使用了 CPI、利率 R、狭义货币供应量 $M1$ 经过修匀后的数据。其中狭义货币供应量增长率经过 SAR 修匀后记为 mlsar,贷款利率记为 r,cpi 经过 sa 修匀后记为 cpisa。数据区间是从 1994 年 1 月至 2007 年 12 月。本例中将要建立一个关于变量 mlsar、变量 cpisa 和变量 r 的 VAR 模型,部分数据如表 12.21 所示,对应文件为"cpi2.dta"。

表 12.21 cpi2 数据表

月份	年份	mlsar	cpisa	r
1	1994	0.190 123 392	20.935 119 29	12.24
2	1994	0.166 035 575	23.366 452 08	12.24
3	1994	0.154 944 021	22.505 098 23	12.24
4	1994	0.145 357 052	21.894 884 50	12.24
5	1994	0.155 072 278	21.582 771 67	9.00
6	1994	0.181 137 027	22.782 611 76	9.00
7	1994	0.233 693 845	24.000 261 13	9.00
8	1994	0.284 786 294	25.760 499 34	9.00
9	1994	0.291 513 079	27.163 828 03	9.00
10	1994	0.287 416 490	27.419 743 25	9.00
11	1994	0.246 785 158	27.226 494 06	9.00
12	1994	0.259 725 465	25.519 384 46	9.00
1	1995	0.318 402 231	23.898 895 15	12.96
2	1995	0.299 167 635	22.530 692 50	12.96
3	1995	0.281 679 378	21.364 316 84	12.96
4	1995	0.258 076 828	20.895 339 66	12.96
5	1995	0.233 978 629	20.618 192 88	12.96
6	1995	0.213 036 910	18.373 523 89	12.96
7	1995	0.205 572 994	16.677 170 33	13.50
8	1995	0.274 689 011	14.504 613 72	13.50

本例演示一个完成的 VAR 模型的建立过程,下面分 5 个步骤完成这一过程。

（1）对 VAR 模型的阶数进行识别

输入命令：

generate monthly＝ym（year，month）///生成新的变量 monthly，该变量是由年和月构成的，形式为 ym（year，month）

format monthly 8tm///定义 monthly 变量的格式

tsset monthly///生成时间序列变量

varsoc mlsar r cpisa///对 VAR 模型的阶数进行识别

输出结果如图 12.18 所示。

Lag-order selection criteria

Sample: 1994m5 thru 2007m12   Number of obs = 164

Lag	LL	LR	df	p	FPE	AIC	HQIC	SBIC
0	-590.178				.278105	7.23387	7.25689	7.29058
1	136.461	1453.3	9	0.000	.000044	-1.51781	-1.42573	-1.29099
2	159.433	45.945	9	0.000	.000037*	-1.68821*	-1.52707*	-1.29127*
3	165.099	11.331	9	0.254	.000039	-1.64755	-1.41734	-1.0805
4	175.232	20.267*	9	0.016	.000038	-1.66137	-1.36211	-.924203

* optimal lag
Endogenous: m1sar r cpisa
 Exogenous: _cons

图 12.18　输出结果（十）

这里使用 SIC 最小准则，由图 12.18 可知，2 阶对应的 AIC 为 -1.688 21，是最小者，因此选 2 阶滞后。

（2）进行 VAR 模型的回归

输入命令：

var mlsar r cpisa，lags（1/2）///对变量 mlsar、r 和 cpisa 进行 VAR 模型回归，滞后期选择滞后 1 期和滞后 2 期。

输出结果如图 12.19 和图 12.20 所示。

Vector autoregression

Sample: 1994m3 thru 2007m12   Number of obs   =   166
Log likelihood =   160.4757   AIC   =   -1.68043
FPE   =   .0000374   HQIC   =   -1.52063
Det(Sigma_ml) =   .000029   SBIC   = -1.286745

Equation	Parms	RMSE	R-sq	chi2	P>chi2
m1sar	7	.022214	0.7942	640.4475	0.0000
r	7	.45052	0.9733	6053.61	0.0000
cpisa	7	.589937	0.9934	24965.99	0.0000

图 12.19　输出结果（十一）

	Coefficient	Std. err.	z	P>|z|	[95% conf. interval]	
m1sar						
m1sar						
L1.	.7618461	.0775578	9.82	0.000	.6098356	.9138566
L2.	.0864011	.0789415	1.09	0.274	-.0683214	.2411236
r						
L1.	-.003012	.0038071	-0.79	0.429	-.0104738	.0044497
L2.	.0017574	.0036052	0.49	0.626	-.0053087	.0088235
cpisa						
L1.	-.0020019	.0025235	-0.79	0.428	-.0069479	.0029441
L2.	.0029578	.0025527	1.16	0.247	-.0020454	.007961
_cons	.0322722	.0085315	3.78	0.000	.0155508	.0489936
r						
m1sar						
L1.	4.088064	1.57292	2.60	0.009	1.005197	7.17093
L2.	-.8164354	1.600983	-0.51	0.610	-3.954304	2.321433
r						
L1.	.8232033	.07721	10.66	0.000	.6718746	.9745321
L2.	.0850609	.0731161	1.16	0.245	-.0582441	.2283658
cpisa						
L1.	-.128364	.0511783	-2.51	0.012	-.2286716	-.0280563
L2.	.1424921	.0517704	2.75	0.006	.041024	.2439603
_cons	.0199104	.1730237	0.12	0.908	-.3192099	.3590306
cpisa						
m1sar						
L1.	11.14669	2.059673	5.41	0.000	7.109809	15.18358
L2.	-8.789973	2.096419	-4.19	0.000	-12.89888	-4.681067
r						
L1.	-.3284569	.1011032	-3.25	0.001	-.5266155	-.1302983
L2.	.2548236	.0957425	2.66	0.008	.0671718	.4424753
cpisa						
L1.	1.25671	.0670159	18.75	0.000	1.125361	1.388059
L2.	-.2695377	.0677912	-3.98	0.000	-.402406	-.1366695
_cons	.1172002	.2265673	0.52	0.605	-.3268635	.5612639

图 12.20　输出结果(十二)

将回归结果进行存储，输入命令：est store var1，结果记为 VAR1。

（3）对该 VAR 模型的稳定性进行检验

输入命令：

varstable，graph ///对 VAR 模型进行稳定性检验，并作图

输出结果如图 12.21 所示。

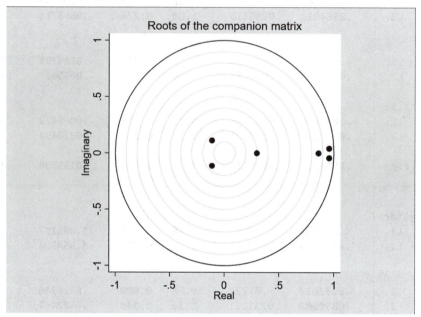

图 12.21　单位根检验图输出结果

如果被估计的 VAR 模型所有根的模的倒数小于 1，即位于单位圆内，则其是稳定的。结合图 12.21 可知，该模型是稳定的。

（4）进行格兰杰因果检验

输入命令：

vargranger///对以上 VAR 模型进行格兰杰因果检验

输出结果如图 12.22 所示。

Granger causality Wald tests

Equation	Excluded	chi2	df	Prob > chi2
m1sar	r	1.9148	2	0.384
m1sar	cpisa	8.9416	2	0.011
m1sar	ALL	9.3435	4	0.053
r	m1sar	13.852	2	0.001
r	cpisa	10.514	2	0.005
r	ALL	30.754	4	0.000
cpisa	m1sar	29.363	2	0.000
cpisa	r	14.474	2	0.001
cpisa	ALL	43.5	4	0.000

图 12.22　格兰杰因果检验输出结果

根据图 12.22 可知，除了第一行说明 r 不是 m1sar 的原因之外，其他的因果关系都是成立的。

（5）由于该模型是稳定的，而且存在因果关系，可以进行脉冲分析

首先创建并激活 irf 文件，输入命令：

irf set result1 ///创建并激活 irf 文件 result1

输出结果如下：

（file result1. irf created）

（file result1. irf now active）

通过该命令创建并激活了名为 result1 的 irf。进一步通过命令 irf create result1，order （mlsar r cpisa）将名为 result1 的 irf 赋予顺序。现在作正交脉冲响应图，输入命令：

irf graph oirf ///作正交脉冲响应图

输出结果（脉冲分析图）如图 12.23 所示。

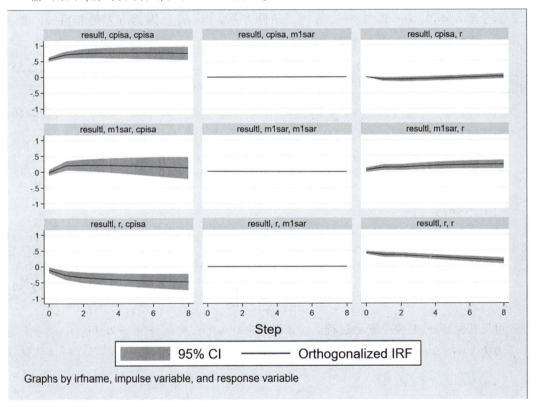

图 12.23 脉冲分析图输出结果

四、ARCH 与 GARCH 的估计及解释

(一) ARCH 模型

若一个平稳随机变量 x_t 可以表示为 AR(p) 形式，其随机误差项的方差可用误差项平方的 q 阶分布滞后模型描述：

$$x_t = \beta_0 + \beta_1 x_{t-1} + \beta_2 x_{t-2} + \cdots + \beta_p x_{t-p} + u_t \tag{12.52}$$

$$\sigma_t^2 = E(u_t^2) = \alpha_0 + \alpha_1 u_{t-1}^2 + \alpha_2 u_{t-2}^2 + \cdots + \alpha_q u_{t-q}^2 \tag{12.53}$$

则称 u_t 服从 q 阶的 ARCH 过程,记作 $u_t \sim$ ARCH(q)。其中,式(12.53)称为 ARCH 模型。

式(12.52)和式(12.53)还应满足如下条件。为保证平稳性,特征方程

$$1 - \beta_1 L - \beta_2 L^2 - \cdots - \beta_p L^p = 0$$

的根应在单位圆之外。x_t 的条件期望是:

$$E(x_t \mid x_{t-1}, \cdots, x_{t-p}) = \beta_0 + \beta_1 x_{t-1} + \beta_2 x_{t-2} + \cdots + \beta_p x_{t-p}$$

x_t 的无条件期望(T→∞时)是:

$$E(x_t) = \frac{\beta_0}{1 - \beta_1 - \cdots - \beta_p}$$

对于式(12.53),由于 u_t^2 的非负性,对 α_i 应有如下约束:

$$\alpha_0 > 0, \ \alpha_i \geqslant 0, \ i = 1, 2, \cdots, q \tag{12.54}$$

当全部 $\alpha_i = 0$,$i = 1, 2, \cdots, q$ 时,条件方差 $\sigma_t^2 = \alpha_0$。因为方差是非负的,要求 $\alpha_0 = 0$。为保证 σ_t^2 是平稳的过程。式(12.53)的特征方程

$$1 - \alpha_1 L - \alpha_2 L^2 - \cdots - \alpha_q L^q = 0 \tag{12.55}$$

的根都应在单位圆之外。对 α_i,$i = 1, 2, \cdots, q$ 的另一个约束是:

$$0 \leqslant \alpha_1 + \alpha_2 + \cdots + \alpha_q < 1 \tag{12.56}$$

对式(12.53)求期望:

$$\sigma_t^2 = \alpha_0 + \alpha_1 E(u_{t-1}^2) + \alpha_2 E(u_{t-2}^2) + \cdots + \alpha_q E(u_{t-q}^2)$$

$$= \alpha_0 + \alpha_1 \sigma_{t-1}^2 + \alpha_2 \sigma_{t-2}^2 + \cdots + \alpha_q \sigma_{t-q}^2$$

当 T→∞时

$$\sigma^2 = \alpha_0 + \alpha_1 \sigma^2 + \alpha_2 \sigma^2 + \cdots + \alpha_q \sigma^2$$

则无条件方差

$$\sigma^2 = \frac{1}{1 - \sum_{i=1}^{q} \alpha_i} \alpha_0 \tag{12.57}$$

可见若保证 σ_t^2 是一个平稳过程,应该有约束 $0 \leqslant (\alpha_1 + \alpha_2 + \cdots + \alpha_q) 1$。

因为 $\mathrm{Var}(x_t) = \mathrm{Var}(u_t) = \sigma_t^2$,上式可以用来预测 x_t 的方差。

(二)GARCH 模型

ARCH(q)模型(12.46)是关于 σ_t^2 的分布滞后模型。为避免 u_t^2 的滞后项过多,可采用加入 σ_t^2 的滞后项的方法。对于式(12.53),可给出如下形式:

$$\sigma_t^2 = \alpha_0 + \alpha_1 u_{t-1}^2 + \lambda_1 \sigma_{t-1}^2 \tag{12.58}$$

此模型称为广义自回归条件异方差模型,用 GARCH(1,1)表示。其中 u_{t-1} 称为 ARCH 项,σ_{t-1} 称为 GARCH 项。式(12.58)应满足的条件是:

$$\alpha_0 = 0, \ \alpha_1 \geqslant 0, \ \lambda_1 \geqslant 0$$

当 $0 \leqslant \lambda_1 1$,式(12.58)变为:

$$(1 - \lambda_1 L)\sigma_t^2 = \alpha_0 + \alpha_1 u_{t-1}^2$$

$$\sigma_t^2 = \frac{\alpha_0}{1 - \lambda_1} + \frac{\alpha_1}{1 - \lambda_1 L} u_{t-1}^2$$

$$= \frac{\alpha_0}{1 - \lambda_1} + (\alpha_1 + \alpha_1 \lambda_1 L + \alpha_1 \lambda_1^2 L^2 + \alpha_1 \lambda_1^3 L^3 + \cdots) u_{t-1}^2$$

所以 GARCH 模型可以看作无限阶的 ARCH 模型。

GARCH 模型的一般表达式是含有 q 个 ARCH 项和 p 个 GARCH 项，即 GARCH(p, q)：

$$\sigma_t^2 = \alpha_0 + \lambda_1 \sigma_{t-1}^2 + \cdots + \lambda_p \sigma_{t-p}^2 + \alpha_1 u_{t-1}^2 + \cdots + \alpha_q u_{t-q}^2 \tag{12.59}$$

模型(12.59)应满足的条件是

$$\alpha_0 = 0,$$

$$\alpha_i \geqslant 0, \quad i = 1, 2, \cdots, q$$

$$\lambda_i \geqslant 0, \quad i = 1, 2, \cdots, p$$

$$0 \leqslant \left(\sum_{i=1}^{q} \alpha_i + \sum_{i=1}^{p} \lambda_i \right) 1$$

对于 GARCH 模型，相应均值方程被解释变量的条件期望和条件方差分别是：

$$E\{y_t \mid x_t\} = x_t \beta$$

$$\mathrm{Var}\{y_t \mid x_t\} = \sigma_t^2$$

对式(12.59)两侧求期望，并令 $T \to \infty$，则 u_t 的无条件方差表达式是：

$$\sigma^2 = \frac{\alpha_0}{1 - \sum_{i=1}^{q} \alpha_i - \sum_{i=1}^{p} \lambda_i} \tag{12.60}$$

(三) ARCH 模型的 Stata 实现

在 Stata 中 ARCH 模型是通过如下基本命令来实现的：

arch depvar [indepvars] [if] [in] [weight] [, options]

其中的 options 的相关描述如表 12.22 所示。

表 12.22　options 的相关描述

主要选项	描述
Model 1	
noconstant	没有常数项
arch(numlist)	ARCH 滞后阶数
garch(numlist)	GARCH 滞后阶数
saarch(numlist)	简单非对称 ARCH 模型
tarch(numlist)	门限 ARCH 模型
aarch(numlist)	非对称 ARCH 模型

续表

主要选项	描述
narch(numlist)	非线性 ARCH 模型
narchk(numlist)	带有位移的非线性 ARCH 模型
abarch(numlist)	绝对值 ARCH 模型
atarch(numlist)	绝对门限 ARCH 模型
sdgarch(numlist)	garch 项的滞后项
earch(numlist)	Nelson's EGARCH 模型的信息项
egarch(numlist)	log(garch) 的滞后项
parch(numlist)	幂 ARCH 模型
tparch(numlist)	门限幂 ARCH 模型
aparch(numlist)	非对称幂 ARCH 模型
nparch(numlist)	非线性幂 ARCH 模型
nparchk(numlist)	带有位移的非线性幂 ARCH 模型
pgarch(numlist)	幂 GARCH 模型
constraints(constraints)	线性约束
collinear	保留多重共线性约束
Model 2	
archm	均值方程加入方差项
archmlags(numlist)	均值方程加入滞后阶数
archmexp(exp)	将 exp 转换为 ARCH-IN-MEAN 的形式
arima(#p, #d, #q)	ARIMA(p, d, q) 模型
ar(numlist)	ar 模型
ma(numlist)	ma 模型
Model 3	
het(varlist)	条件方差估计中带有外生变量
savespace	估计时节省内存

【例 12-7】继续利用上例中的数据，建立该数据的 ARCH 模型。

这个过程可以分为如下 4 个步骤：

①先定义时间变量，输入命令：

generate monthly＝ym(year，month)

tsset monthly，monthly ///定义变量 monthly，令其形式为 ym(year，month)，然后将其生成时间序列数据

输出结果如图 12.24 所示。

```
. tsset monthly,monthly

Time variable: monthly, 1994m1 to 2007m12
            Delta: 1 month
```

图 12.24　输出结果(十三)

②模型进行回归，输入命令：

regress cpisa 1(1/2). cpisa 12. r 11. mlsar ///以 cpisa 作为被解释变量，以 cpisa 滞后一期和两期、r 滞后两期，以及 mlsar 滞后一期作为解释变量，进行回归。

输出结果如图 12.25 所示。

Source	SS	df	MS		
				Number of obs =	166
				F(4, 161) =	5125.15
Model	8312.46266	4	2078.11567	Prob > F =	0.0000
Residual	65.2813162	161	.405474014	R-squared =	0.9922
				Adj R-squared =	0.9920
Total	8377.74398	165	50.7742059	Root MSE =	.63677

cpisa	Coefficient	Std. err.	t	P>|t|	[95% conf. interval]	
cpisa						
L1.	1.238968	.0717882	17.26	0.000	1.0972	1.380736
L2.	-.2562702	.0725669	-3.53	0.001	-.3995759	-.1129645
r						
L2.	-.0714928	.0252262	-2.83	0.005	-.1213096	-.0216759
m1sar						
L1.	2.946467	1.289704	2.28	0.024	.399549	5.493385
_cons	.0256983	.247441	0.10	0.917	-.4629501	.5143467

图 12.25　输出结果(十四)

根据回归结果可以得到回归方程：

$$\text{cpi}_t = 0.027 + 1.239\text{cpi}_{t-1} - 0.256\text{cpi}_{t-2} + 2.946m_{t-1} - 0.071r_{t-2} + u_t$$

此模型统计量显著，拟合效果很好。

③进一步检验残差时候存在自回归相关情况，输入命令：

predict e，resid

generate resid2＝e^2

Corrgram resid2///作残差的自相关和偏相关图

输出结果如图 12.26 所示。

LAG	AC	PAC	Q	Prob>Q	-1 0 1 [Autocorrelation]	-1 0 1 [Partial autocor]
1	0.3371	0.3372	19.21	0.0000		
2	0.0701	-0.0495	20.045	0.0000		
3	0.0308	0.0256	20.207	0.0002		
4	0.0650	0.0591	20.935	0.0003		
5	0.0083	-0.0360	20.947	0.0008		
6	0.0741	0.1027	21.903	0.0013		
7	-0.0531	-0.1258	22.398	0.0022		
8	0.0086	0.0783	22.41	0.0042		
9	-0.0722	-0.1228	23.337	0.0055		
10	0.0010	0.0732	23.337	0.0096		
11	0.0815	0.0833	24.533	0.0107		
12	0.2228	0.1886	33.524	0.0008		
13	0.0288	-0.0865	33.675	0.0013		
14	0.0120	0.0345	33.701	0.0023		
15	-0.0185	-0.0402	33.764	0.0037		
16	-0.0490	-0.0796	34.211	0.0051		
17	-0.0445	0.0215	34.581	0.0071		
18	-0.0190	-0.0318	34.649	0.0105		
19	-0.0218	0.0370	34.74	0.0150		
20	0.0161	0.0206	34.789	0.0213		
21	-0.0147	0.0098	34.831	0.0295		
22	-0.0673	-0.0776	35.707	0.0326		
23	0.0033	0.0296	35.709	0.0442		
24	0.0071	-0.0441	35.719	0.0584		
25	-0.0259	-0.0169	35.851	0.0739		
26	-0.0459	-0.0153	36.271	0.0868		
27	-0.0671	-0.0812	37.175	0.0919		
28	-0.0445	0.0593	37.574	0.1067		
29	-0.0445	-0.0929	37.977	0.1229		
30	-0.0482	0.0529	38.454	0.1384		
31	0.0169	0.0084	38.513	0.1661		
32	-0.0099	-0.0192	38.533	0.1979		
33	0.0082	0.0388	38.547	0.2330		
34	-0.0475	-0.1126	39.023	0.2541		
35	0.0036	0.0966	39.026	0.2936		
36	0.1303	0.1730	42.666	0.2063		
37	0.0328	-0.0836	42.899	0.2330		
38	-0.0268	0.0056	43.055	0.2638		
39	-0.0433	-0.0310	43.467	0.2869		
40	-0.0557	-0.1112	44.153	0.3004		

图 12.26　输出结果(十五)

可以发现 u_t 存在一阶 arch 效应。

④进行 arch 模型回归，输入命令：

arch cpisa l(1/2). cpi l2. r l1. m1sar, arch(1)///以 cpisa 作为被解释变量，以 cpisa 滞后一期和两期、r 滞后两期，以及 mlsar 滞后一期作为解释变量，做 ARCH 模型回归，如图 12.27 所示。

```
(setting optimization to BHHH)
Iteration 0:    log likelihood = -150.29366
Iteration 1:    log likelihood = -145.49895
Iteration 2:    log likelihood =  -144.3973
Iteration 3:    log likelihood = -144.14158
Iteration 4:    log likelihood = -144.11602
(switching optimization to BFGS)
Iteration 5:    log likelihood =  -144.1139
Iteration 6:    log likelihood = -144.11343
Iteration 7:    log likelihood = -144.11339
Iteration 8:    log likelihood = -144.11339
```

ARCH family regression

Sample: 1994m3 thru 2007m12

Number of obs = 166
Wald chi2(4) = 26358.87
Prob > chi2 = 0.0000

Log likelihood = -144.1134

cpisa	Coefficient	OPG std. err.	z	P>|z|	[95% conf. interval]	
cpisa						
cpisa						
L1.	1.065493	.0887163	12.01	0.000	.891612	1.239374
L2.	-.104644	.0859259	-1.22	0.223	-.2730557	.0637676
r						
L2.	-.0725221	.0162142	-4.47	0.000	-.1043014	-.0407427
m1sar						
L1.	2.724351	1.219013	2.23	0.025	.3351292	5.113573
_cons	.1314408	.1837433	0.72	0.474	-.2286894	.4915711
ARCH						
arch						
L1.	.618994	.2025585	3.06	0.002	.2219867	1.016001
_cons	.1839451	.0383822	4.79	0.000	.1087173	.2591728

图 12. 27　ARCH 模型回归

由以上可得出回归结果：

$$\text{cpi}_t = 0.131 + 1.065\text{cpi}_{t-1} - 0.105\text{cpi}_{t-2} + 2.724m_{t-1} - 0.073r_{t-2} + u_t$$

$$\hat{\sigma}_t^2 = 0.184 + 0.619u_{t-1}$$

第三节　基于 Stata 的面板数据分析

　　面板数据由数据集中每个横截面单位的一个时间序列组成。面板数据拥有横截面数据所没有的优势，如果数据有内生性问题，得到的系数的估计值将是不一致的。内生性是自变量与误差项的相关性，比如教育的回报中，教育可能与个人能力相关，而个人能力是误差项的一部分，这就产生了内生性。如果将个人能力作为自变量，即可从误差项中拉出来。但一般的横截面数据，由于不能得到个人能力，而面板数据中可以将个人能力设为c_i，对于一个人的几个时期，可以近似认为c_i是不变的。对数据的处理，可以通过前一期减去这一期消去c_i；即如果有面板数据，将c_i理解为个人特质，将它用减法消去。

$$y_{it} = x_{it}\beta + c_i + u_{it} \qquad t = 1, 2, \cdots, T$$

一、Stata 定义面板数据

【例 12-8】职业培训津贴对厂商废弃率。

通过数据集 JTRAIN1. DTA 来介绍 Stata 的操作。JTRAIN1. DTA 是一个用于考察职业培训津贴对厂商废弃率的影响的数据集。它包含 471 条记录和 30 个变量。图 12.28 列出了实际使用的变量(限于篇幅,仅列出前 10 条)。

. list year fcode lscrap d88 d89 grant grant_1 in 1/10

	year	fcode	lscrap	d88	d89	grant	grant_1
1.	1987	410032	.	0	0	0	0
2.	1988	410032	.	1	0	0	0
3.	1989	410032	.	0	1	0	0
4.	1987	410440	.	0	0	0	0
5.	1988	410440	.	1	0	0	0
6.	1989	410440	.	0	1	0	0
7.	1987	410495	.	0	0	0	0
8.	1988	410495	.	1	0	0	0
9.	1989	410495	.	0	1	0	0
10.	1987	410500	.	0	0	0	0

图 12.28 实际使用的变量

其中,lscrap 表示厂商废弃率的对数,并不是每个厂商都会有废弃,所以该值可能缺失;d88、d89 是虚拟变量,等于 1,分别表示 1988 年或 1989 年,grant 表示参加了培训,grant_1 表示 grant 的滞后项,year 表示数据记录的时间维度,fcode 表示厂商的编号,是数据记录的横截面维度。我们的任务是用这一面板数据集来研究职业培训津贴对厂商废弃率的影响。要估计的问题是:

$$lscrap_t = \beta_0 + \beta_1 d88_t + \beta_2 d89_t + \beta_3 grant_t + \beta_4 grant\_1_t + u_t$$

通常,对面板数据的处理包括固定效应和随机效应两种处理方法。在介绍这两种方法之前,先向用户介绍如何在 Stata 中定义面板数据。实际数据很容易判断它的时间维度和横截面维度,但 Stata 并不会自动识别面板数据,必须告诉它哪个变量是时间维度,哪个变量是横截面维度。

在 Stata 中,要设置面板数据的维度,可以使用 xtset 命令。xtset 命令的语法是:

xtset panelvar

xtset panelvar timevar [, tsoptions]

panelvar 是用来表示横截面维度的变量,timevar 是用来表示时间维度的变量。在例子中,将 fcode 作为横截面维度变量,year 作为时间维度变量。为了让 Stata 识别,输入:

xtset fcode year //设置面板数据的两个维度

这个命令的效果如图 12.29 所示。

```
Panel variable: fcode (strongly balanced)
 Time variable: year, 1987 to 1989
          Delta: 1 unit
```

图 12.29 命令的效果

二、固定效应的面板数据的 Stata 实现

处理面板数据最常用的方法是固定效应，即将每一期的数据减去几期数据的均值消去 c_i。Stata 的实现方法很简单，只要使用 xtreg 命令就行了。xtreg 也可以用来做下面将介绍的随机效应面板数据。两者的差异在于选项的不同。

xtreg 用作固定效应的语法是：

xtreg depvar［indepvars］［if］［in］［weight］, fe［FE_ options］

其中，depvar 表示因变量，indepvars 表示自变量，in 和 if 用于选择 样本或者选择范围，weight 用于添加权重，fe 表示 fixed effect，即固定效应。

常用选项如表 12.23 所示。

表 12.23　xtreg 常用选项 1

选项(options)	含义
fe	使用固定效应回归
robust	稳健回归
Level(#)	设置置信水平，默认为 95%

介绍用 xtreg 命令完成例 12-8 中的任务：考察职业培训津贴对厂商废弃率的影响。为了考察这一问题，在命令窗口输入：

xtreg lscrap d88 d89 grant grant_1, fe //用固定效应方法处理面板数据

Stata 输出的结果形式如图 12.30 所示。

```
Fixed-effects (within) regression              Number of obs     =        162
Group variable: fcode                          Number of groups  =         54

R-squared:                                     Obs per group:
     Within  = 0.2010                                        min =          3
     Between = 0.0079                                        avg =        3.0
     Overall = 0.0068                                        max =          3

                                               F(4,104)          =       6.54
corr(u_i, Xb) = -0.0714                         Prob > F          =     0.0001

      lscrap │ Coefficient  Std. err.      t    P>|t|     [95% conf. interval]
─────────────┼────────────────────────────────────────────────────────────────
         d88 │  -.0802157   .1094751    -0.73   0.465     -.297309    .1368776
         d89 │  -.2472028   .1332183    -1.86   0.066    -.5113797    .0169741
       grant │  -.2523149    .150629    -1.68   0.097    -.5510178    .0463881
     grant_1 │  -.4215895      .2102    -2.01   0.047    -.8384239   -.0047551
       _cons │   .5974341   .0677344     8.82   0.000     .4631142    .7317539
─────────────┼────────────────────────────────────────────────────────────────
     sigma_u │   1.438982
     sigma_e │  .49774421
         rho │  .89313867   (fraction of variance due to u_i)

F test that all u_i=0: F(53, 104) = 24.66                 Prob > F = 0.0000
```

图 12.30　Stata 输出的结果形式

面板数据的固定效应有个特点：它不能用来估计常数项。所以在 Stata 结果中也没有报告常数项。从结果中可以看出，培训补贴对工厂的废弃率有负作用，且作用大小为 -0.25。

回归方程为：

$$lscrap_t = -0.080d88_t - 0.247d89_t - 0.252grant_t - 0.422grant\_1_t + u_t$$

三、随机效应的面板数据 Stata 实现

随机效应方式处理面板数据也十分常用，它的思想就是将个人特质看作与自变量不相关，然后用传统的方法处理。Stata 对随机效应的实现方法也是使用 xtreg 命令，只不过选项由 fe 变为 re 了。下面用随机效应方法介绍用面板数据解决例 12-8 中问题的方法。

xtreg 用来做固定效应的语法是：

xtreg depvar [indepvars][if][in][, re RE_options]

其中，depvar 表示因变量，indepvars 表示自变量，in 和 if 用于选择样本或者选择范围，re 表示 fixed effect 的随机效应。

xtreg 常用选项见表 12.24 所示。

表 12.24　xtreg 常用选项 2

选项(options)	含义
re	使用随机效应回归
robust	稳健回归
Level(#)	设置置信水平，默认为 95%
theta	报告 θ

为了得到职业培训津贴对厂商废弃率的影响，需要在 Stata 命令窗口输入：

xtreg 1scrap d88 d89 grant grant_1，re //用随机效应方法处理面板数据

输出的结果形式如图 12.31 所示。

```
Random-effects GLS regression          Number of obs     =        162
Group variable: fcode                  Number of groups  =         54

R-squared:                             Obs per group:
     Within  = 0.2005                               min =          3
     Between = 0.0078                               avg =        3.0
     Overall = 0.0079                               max =          3

                                       Wald chi2(4)      =      25.32
corr(u_i, X)  = 0 (assumed)            Prob > chi2       =     0.0000

     lscrap | Coefficient  Std. err.      z    P>|z|     [95% conf. interval]
------------+----------------------------------------------------------------
        d88 |  -.0935437   .108975    -0.86   0.391    -.3071308    .1200434
        d89 |  -.2713576   .1314505   -2.06   0.039    -.5289959   -.0137194
      grant |  -.2144353   .1475938   -1.45   0.146    -.5037139    .0748433
    grant_1 |  -.3728755   .2050742   -1.82   0.069    -.7748136    .0290626
      _cons |   .5974341   .2032854    2.94   0.003     .199002     .9958661
------------+----------------------------------------------------------------
    sigma_u |  1.4082313
    sigma_e |  .49774421
        rho |  .88894472   (fraction of variance due to u_i)
```

图 12.31　输出的结果形式

随机效应与固定效应不同，可以估计常数项的作用大小。从结果来看，培训津贴仍然对工厂废弃率有负作用。但是作用的大小降低了：从 0.25 降为 0.21(绝对值)。回归方程为：

$$lscrap_t = -0.094d88_t - 0.271d89_t - 0.214grant_t - 0.373grant\_1_t + u_t$$

知识库

2024 年 1 月 25 日，在国新办新闻发布会上，国家金融监督管理总局副局长肖远企表示，金融监管总局坚持把防控风险作为金融工作的永恒主题。稳妥防范化解重点机构、重点领域金融风险，牢牢守住不发生系统性风险底线。坚持市场化、法治化原则，把握好时度效，有序推进中小金融机构改革化险。坚持"两个毫不动摇"，一视同仁满足不同所有制房企合理融资需求，大力支持"平急两用"公共基础设施和城中村改造等"三大工程"建设。积极配合化解存量地方债务风险，严控新增债务。坚持依法合规开展监管，推动构建全覆盖、无盲区的金融监管体制机制。

中央金融工作会议强调，要全面加强金融监管，有效防范化解金融风险。切实提高金融监管有效性，依法将所有金融活动全部纳入监管，全面强化机构监管、行为监管、功能监管、穿透式监管、持续监管，消除监管空白和盲区，严格执法、敢于亮剑，严厉打击非法金融活动。及时处置中小金融机构风险。建立防范化解地方债务风险长效机制，建立同高质量发展相适应的政府债务管理机制，优化中央和地方政府债务结构。促进金融与房地产良性循环，健全房地产企业主体监管制度和资金监管，完善房地产金融宏观审慎管理，一视同仁地满足不同所有制房地产企业合理融资需求，因城施策用好政策工具箱，更好地支持刚性和改善性住房需求，加快保障性住房等"三大工程"建设，构建房地产发展新模式。维护金融市场稳健运行，规范金融市场发行和交易行为，合理引导预期，防范风险跨区域、跨市场、跨境传递共振。加强外汇市场管理，保持人民币汇率在合理均衡水平上的基本稳定。防范化解金融风险，要把握好权和责的关系，健全权责一致、激励约束相容的风险处置责任机制；把握好快和稳的关系，在稳定大局的前提下把握时度效，扎实稳妥化解风险，坚决惩治违法犯罪和腐败行为，严防道德风险；对风险早识别、早预警、早暴露、早处置，健全具有硬约束的金融风险早期纠正机制。

国家金融监督管理总局党委书记、局长李云泽表示，防控风险是金融工作的永恒主题。对于当前存在的金融风险，既要正视困难，更要坚定信心。我国有独特的政治和制度优势，同时，经济韧性强、潜力大、活力足，长期向好的基本面没有改变，这是我们防范化解金融风险的最大底气、最大保障和最大支撑。下一步，我们将坚持目标导向、问题导向，坚决打好攻坚战和持久战，重点是加快推进中小金融机构改革化险。一是坚持稳妥有序。抓住当前有利时机，坚持市场化法治化原则，加大力度推进风险处置。把握好时度效，充分考虑机构和市场的承受能力，有计划、分步骤开展工作，切实防范处置风险的风险。二是分类精准施策。充分发挥专业优势、加强指导协调，推动"一省一策""一行一策""一司一策"制定风险处置方案，避免"一刀切"。三是深化标本兼治。推动中小银行机构优化结构、提质增效。推进保险公司回归本源、突出保障功能，引导资管、非银等机构坚守定位、差异化发展。

2023 年 10 月 21 日，在第十四届全国人民代表大会常务委员会第六次会议上，国务院关于金融工作情况的报告中，中国人民银行行长潘功胜指出，要积极稳妥防范化解金融风险，健全市场化、法治化、常态化处置机制，平稳有序推动重点金融风险处置，坚决守住不发生系统性金融风险的底线。对金融机构风险，完善金融机构风险监测评估和预警，着力强化早期纠正硬约束。有序化解高风险中小金融机构风险，推动兼并重组，该出清的稳妥出清。完善对大型企业集团债务风险的监测，继续稳妥推动存量风险处置。对地方融资平台债务风险，坚持分类施策、突出重点，统筹协调做好金融支持融资平台债务风险化解工作，压实地方政府主体责任，推动建立化债工作机制，落实防范化解融资平台债务风险的政策措施；按照市场化、法治化原则，引导金融机构依法合规支持化解地方债务风险；建立统计监测体系，加大政策落实力度。对房地产市场风险，按照因城施策原则，指导各地精准实施差别化住房信贷政策，加大保交楼金融的支持力度，一视同仁地支持房地产企业合理融资需求，保持房地产融资平稳。对于非法金融活动，进一步加大打击力度，强化监测预警，加强金融知识普及教育，对洗钱犯罪行为和地下钱庄保持高压严打的态势。

练习题

1. 该题使用数据集 balance2. dta，对消费、投资、收入进行如下分析。其中 gdp、inv、consump 分别代表我国某地区的国内生产总值、投资和消费，t 代表时间，y、i、c 分别是 gdp、inv、consump 取对数之后的值。balance2. dta 数据如表 12.25 所示。

表 12.25　balance2. dta 数据

gdp	t	inv	consump	y	i	c
20. 68	1959q1	29. 333	20. 315	3. 029 167	3. 378 713	3. 011 360
20. 711	1959q2	29. 448	20. 365	3. 030 665	3. 382 626	3. 013 818
20. 77	1959q3	29. 531	20. 470	3. 033 510	3. 385 441	3. 018 960
20. 853	1959q4	29. 582	20. 576	3. 037 498	3. 387 166	3. 024 125
20. 903	1960q1	29. 606	20. 616	3. 029 893	3. 387 977	3. 026 067

(1) 对收入建立恰当的 ARIMA 模型。

(2) 对消费、投资、收入的增长率建立恰当的 VAR 模型。

2. 使用 JTRAIN1. DTA(该数据集在正文中已详细介绍，JTRAIN1. DTA 是一个用于考察职业培训津贴对厂商废弃率的影响的数据集。它包含 471 条记录，共有 30 个变量)，分别用固定效应和随机效应方法估计以下方程的系数：

$$\text{lscrap} = \beta_1 d88 + \beta_2 d89 + \beta_3 \text{grant} + u$$

式中，lscrap 表示厂商废弃率的对数，并不是每个厂商都会有废弃，所以该值可能缺失；$d88$、$d89$ 是虚拟变量，等于 1，分别表示 1988 年或 1989 年，grant 表示参加了培训，year 表示数据记录的时间维度，fcode 表示厂商的编号，是数据记录的横截面维度。

第十三章 基于 EViews 的金融计量实验

内容简介

EViews 是 Econometrics Views 的简写，直译为计量经济学观察，通常称为计量经济学软件包。它的本意是对社会经济关系与经济活动的数量规律，采用计量经济学方法与技术进行"观察"。计量经济学研究的核心是设计模型、收集资料、估计模型、检验模型、应用模型。EViews 是完成上述任务比较得力的必不可少的工具。本章将利用 EViews8 工具介绍该软件的使用方法。

教学目的

了解 EViews 软件的实验原理，掌握用 EViews 软件进行时间序列数据分析的方法，主要内容包括单方程的 ARMA 模型分析和多方程的 VAR 模型分析。

第一节　EViews 实验原理简介

本节主要对 EViews 软件的实验原理进行简要介绍，内容包括 EViews 的窗口、主要命令等，可以为后续学习时间序列数据的分析打好基础。

一、EViews 窗口介绍(图 13.1)

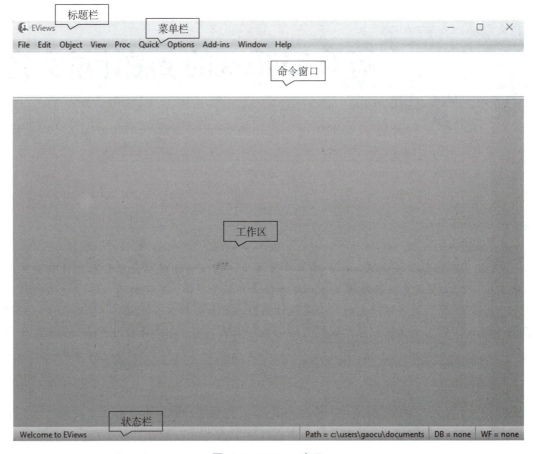

图 13.1   EViews 窗口

(一)标题栏

EViews 窗口的顶部是标题栏,标题栏左边是控制框;右边是控制按钮,有"最小化""最大化"(或还原)"关闭"三种。

(二)菜单栏

标题栏下面是菜单栏。菜单栏中排列着按照功能划分的 9 个主菜单选项,用鼠标单击任意选项会出现不同的下拉菜单,显示该部分的具体功能。9 个主菜单选项提供的主要功能如下:

File——有关文件(工作文件、数据库、EViews 程序等)的常规操作,如文件的建立(New)、打开(Open)、保存(Save/Save As)、关闭(Close)、导入(Import)、导出(Export)、打印(Print)、运行程序(Run)等;选择下拉菜单中的 Exit 将退出 EViews 软件。

Edit——通常情况下只提供复制功能(下拉菜单中只有 Cut、Copy 项被激活),应与粘贴(Paste)配合使用;对某些特定窗口,如查看模型估计结果的表达式时,可对窗口中的内容进行剪切(Cut)、删除(Delete)、查找(Find)、替换(Replace)等操作,选择 Undo 表示撤销上步操作。

Object——提供关于对象的基本操作，包括建立新对象（New Objects）、从数据库获取/更新对象（Fetch/Update from DB）、重命名（Rename）、删除（Delete）等。

View 和 Proc——二者的下拉菜单项目随当前窗口不同而改变，功能也随之变化，主要涉及变量的多种查看方式和运算过程。

Quick——下拉菜单主要提供一些简单常规用法的快速进入方式。如改变样本范围（Sample）、生成新序列（Generate Series）、显示对象（Show）、作图（Graph）、生成新组（Empty Group）以及序列和组的描述统计量、新建方程和 VAR。

Options——系统参数设定选项。与一般应用软件相同，EViews 运行过程中的各种状态，如窗口的显示模式、字体、图像、电子表格等都有默认的格式，用户可以根据需要选择 Options 下拉菜单中的项目对一些默认格式进行修改。

Window——提供多种在打开窗口之间进行切换的方式，以及关闭所有对象（Close All Objects）或关闭所有窗口（Close All）。

Help——EViews 的帮助选项。选择 EViews Help Topics 按照索引或目录方式在所有帮助信息中查找所需项目。另外，下拉菜单还提供分类查询方式，包括对象（Object）、命令（Command）、函数（Function）、矩阵与字符串（Matrix & String）、程序（Programming）五个方面。

（三）命令窗口

菜单栏下面是命令窗口（Command Windows），窗口内闪烁的"｜"是光标。用户可在光标位置用键盘输入各种 EViews 命名，并按 Enter 键执行该命令。

主要命令：

1. 创建时间序列的工作文件

annual：create a 1952 2000

semi-annual：create s 1952 1960

quarterly：create q 1951：1 1952：3

monthly：create m 1952：01 1954：11

weekly：create w 2/15/943/31/94，自动认为第一天为周一，和正常的周不同

daily（5 day week）：create d 3/15/2008 3/31/2008，和日历上周末一致，自动跳过周末

daily（7 day week）：create 73/03/2008 3/31/2008

undated：create u 133

创建工作文件时可直接命名文件，即在 create 后面直接键入"文件名"，如：

create myfilename a 1952 2000 或者 workfile myfilename a 1952 2000

系统自动生成两个序列：存放参数估计值 c 和残差 resid。

2. 创建数组

①使用 data 建立数据组变量；若有 Word 表格数据或 Excel 数据，可以直接粘贴；或者用 Import 直接从其他已有文件中导入数据。

data x y，…可以同时建立几个变量序列，变量值按列排列；同时，在表单上出现新建的组及序列，且可以随时在组中添加新的序列。利用组的优点：一旦某个序列的数据发生变化，会在组中和变量中同时更新；数组窗口可以直接关闭，因为工作文件中已保留了有

关变量的数据。

②通过已有序列建立一个需要的组：group mygroup x y。

可以在组中直接加入滞后变量：group mygroup y x(0 to−1)。

3. 创建标量：常数值

scalar val = 10

show val 则在左下角显示该标量的值。

4. 创建变量序列

series x

series y

data x y

series z = x+y

series fit = Eq1. @ coef(1)+ Eq1. @ coef(2)×x

利用两个回归系数构造了拟合值序列。

5. 创建变量序列：genr 变量名 = 表达式

genr xx =x×2   genr yy =val×y

genr zz=x×y(对应分量相乘)   genrzz =log(x×y)(各分量求对数)

genr ln$x$ =log(x)   genr$x$1 = 1/x

genr Dx = D(x)   genr value = 3(注意与标量的区别)

genrh$x$ = x×(x>=3)(小于 3 的值变为 0，其余数值不变)

①表达式表示方式：可以含有>，<，<>，=，<=，>=，and，or。

②简单函数：

D(X)：X 的一阶差分。

D(X, n)：X 的 n 阶差分。

LOG(X)：自然对数。

DLOG(X)：自然对数增量 LOG(X)−LOG(X(−1))。

EXP(X)：指数函数。

ABS(X)：绝对值。

SQR(X)：平方根函数。

RND：生成 0、1 之间的随机数。

NRND：生成标准正态分布随机数。

③描述统计函数：EViews 中有一类以@打头的特殊函数，作用是计算序列的描述统计量，或者用以计算常用的回归估计量。大多数@ 函数的返回值是一个常数。

@ SUM(X)：序列 X 的和。

@ MEAN(X)：序列 X 的平均数。

@ VAR(X)：序列 X 的方差$= \sum (X_i - \overline{X})^2/n$。

@ SUMSQ(X)：序列 X 的平方和。

@ OBS(X)：序列 X 的有效观察值个数。

@ COV(X, Y)：序列 X 和序列 Y 的协方差。

@COR(X, Y)：序列 X 和序列 Y 的相关系数。

@CROSS(X, Y)：序列 X 和序列 Y 的点积 genr val＝@cross(x, y)。

当 X 为一个数时，下列统计函数返回一个数值；当 X 为一个序列时，下列统计函数返回的也是一个序列。

@PCH(X)：X 的增长率。

@INV(X)：X 的倒数 $1/X$。

@LOGIT(X)：逻辑斯特函数。

@FLOOR(X)：转换为不大于 X 的最大整数。

@CEILING(X)：转换为不小于 X 的最小整数。

@DNORM(X)：标准正态分布密度函数。

@CNORM(X)：累计正态分布密度函数。

@TDIST(X, n)：自由度为 n、取值大于 X 的 t 统计量的概率。

@FDST(X, n, m)：自由度为(n, m)、取值大于 X 的 F 分布的概率。

@CHISQ(X, n)：自由度为 n、取值不小于 X 的 χ^2 分布的概率。

6. 向量

包括列向量对象 vector、行向量对象 rowvector、系数向量对象 coeff。

vector vect：定义了一个一维且取值为 0 的列向量。

vector(n)vect：定义了一个 n 维且取值为 0 的列向量。

vect. fill 1，3，5，7，9：定义了分量的值。

vector(n)vect＝100：定义了一个 n 维且取值为 100 的列向量。

行向量对象 rowvector、系数向量对象 coeff 类似。

7. 矩阵

matrix mat：定义了一个行和列均为 1、取值为 0 的矩阵。

matrix(m, n)mat：定义了一个行和列分别为 m 和 n、取值为 0 的矩阵。

matr. Fill 1234598765：默认按列输入数据。

matrix(m, n)mat ＝ 5：定义了一个行和列分别为 m 和 n、取值为 5 的矩阵。

matrix(m, n)mat ＝ 5×matr：定义了一个和 matr 同维但取值为 5 倍的矩阵。

8. 补充

①cov x y：$\mathrm{cov}(x, y) = \sum (x_i - \bar{x})(y_i - \bar{y})/n$ 协方差矩阵。

cor x y：$\mathrm{cor}(x, y) = \sum (x_i - \bar{x})(y_i - \bar{y}) / \left(\sqrt{\sum (x_i - \bar{x})^2} \sqrt{\sum (y_i - y)^2} \right)$ 相关矩阵。

②plot x y：出现趋势分析图，观察两个变量的变化趋势或是否存在异常值。双击图形可改变显示格式。

③scat x y：观察变量间相关程度、相关类型(线性、非线性)。仅显示两个变量。如果有多个变量，可以选取每个自变量和因变量两两观察，虽然仅得到切面图，但对函数形式选择有参考价值。

④排序：在 Workfile 窗口，执行主菜单上的 proc/sort series，可选择升序或降序。

sort x：y 随之移动，即不破坏对应关系。

sort(d)x：按降序排序，注意所有的其他变量值都会随之相应移动。

⑤取样：smpl 1990 2000。

smpl @ all：重新定义数据范围，如果修改过，现在改回。

⑥追加记录，扩展样本：Expand 2001 2007。

⑦""后面的东西不执行，仅仅解释程序语句。

(四)工作区

命令窗口下面是 EViews 的工作区。操作过程中打开的各子窗口将在工作区内显示。

(五)状态栏

EViews 主窗口的底部是状态栏，从左到右分别为信息框、路径框、当前数据库框和当前工作文件框。

二、EViews 基本操作

(一)工作文件

1. 建立新的工作文件

选择菜单"File/New/Workfile"，则会建立新的工作文件，出现"数据的频率"对话框，如图 13.2 所示。

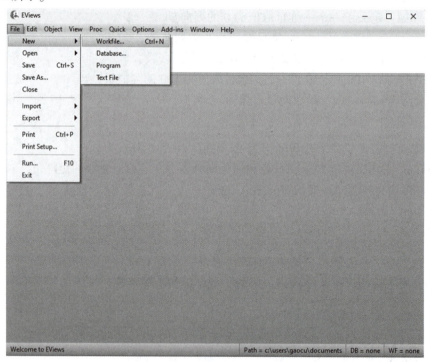

图 13.2 "数据的频率"对话框

随后将弹出一个工作文件定义对话框，要求用户指定序列观测数据的频率和样本范围。

"Workfile frequency"代表可选择数据的频率：年度、半年、季度、月度、星期、天(每周 5 天、每周 7 天)以及非时间序列或不规则数据。工作文件结构包括三种类型：Unstructured/Undated、Dated-regular frequency 和 Balanced Panel。

（1）时间序列数据（图 13.3）

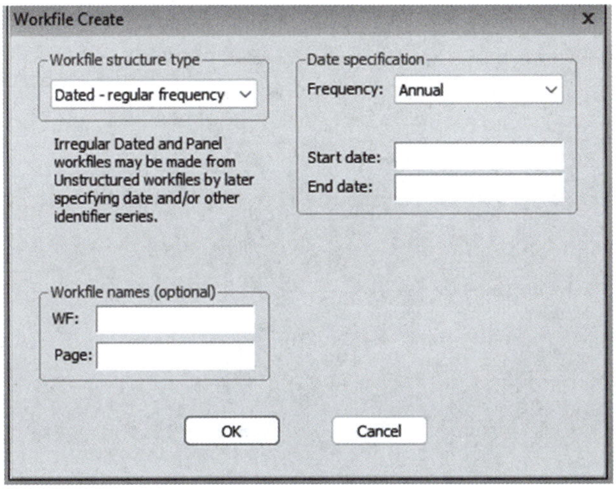

图 13.3　时间序列数据设置窗口

EViews 默认的结构为"Dated-regular frequency"，在右上角为数据频率，在对话框中选择合适的数据频率和起始及结束范围。数据频率各选项为：

Annual——用 4 位数字表示年度，如 1980、1999、2004 等。"Start"后输入起始年份，"End"后输入终止年份。如果只有两位数，那么系统将默认为 20 世纪的年份，如 98 默认为 1998。

Semi-annual——数据频率为半年，表示为"年：上半年"或"年．上半年"。如起始日期为 2002 年下半年，结束日期为 2004 年上半年，那么在"Start"后输入"2002：2"（或"2002.2"），在"End"后输入"2004：1"（或"2004.1"）。注意，年后面只能跟 1、2，分别代表上下半年。

Quarterly——数据频率为季度，表示为"年：季度"或"年．季度"。具体输入同上，如"2003：3"。注意，年后面只能跟 1、2、3、4，分别代表四个季度。

Monthly——数据频率为月度，表示为"年：月度"或"年．月度"，如"2002：11""2003：08"（等价于"2003：8"）。

Weekly——数据频率为周，表示为"月/日/年"。在输入起止时间以后，系统将会自动将时间调整为相隔 7 天的整周时间（注意，EViews 默认的时间表示方式为"月/日/年"，如"8/10/97"表示 1997 年 8 月 10 日。如果要修改为"日/月/年"的表示方法，单击 EViews 菜单栏上的"Options-Default Frequency Conversion & Date Display"，在弹出的对话框中将"Format for daily/weekly dates"中的选项改为"Day/Month/Year"，"8/10/97"表示的时间即为 1997 年 10 月 8 日）。

Daily（5 day weeks）——数据频率日，表示为"月/日/年"，表示一周有 5 天工作日，系统将自动生成每周 5 天的时间序列，如"11/28/2016"表示 2016 年 11 月 28 日。

Daily（7 day weeks）——数据频率为日，表示为"月/日/年"，表示一周有 7 天工作日，系统将自动生成每周 7 天的时间序列。

Integer Date——该序列是一个比较特殊的序列，由简单的列举产生，其支持任何整数，并可以识别 100 以内的数字。

（2）截面数据（图 13.4）

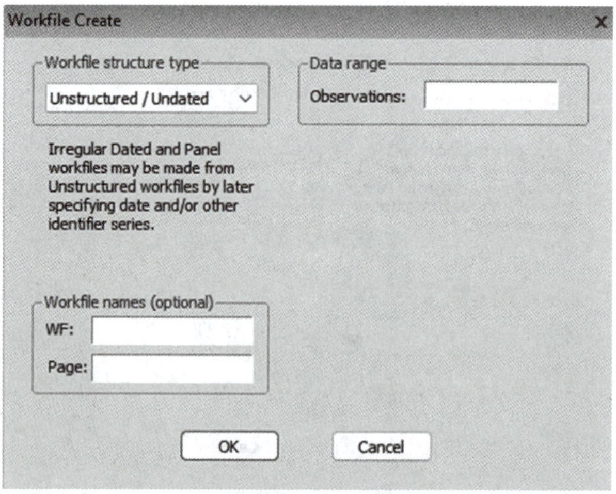

图 13.4　截面数据

EViews 默认的结构为"Unstructured/Undated"，只要在右上角的"Dated range"的"Observations"中输入序列个数，即可生成一个区间在 1 到序列个数范围内的截面数据集。

（3）平稳面板数据（图 13.5）

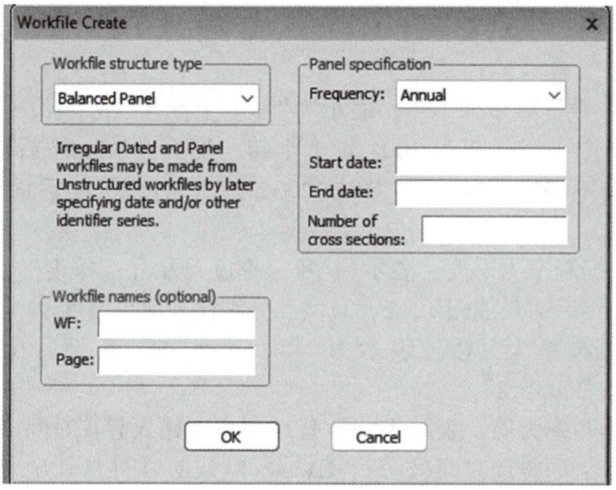

图 13.5　平稳面板数据

EViews 默认的结构为"Balanced Panel"，在右上角的"Panel specification"中选择时间序列的频率，并输入起止时间。此外，还需要在"Number of crosssections"中输入截面个数用以构造平稳面板数据。

最后，在左下角"names"（optional）的"WF"中输入当前创建的工作文件的名称以及在"Page"中输入当前文件的当前工作页面的名称（该步骤为可选，如果现在不输入，也可以等到保存时再输入）。

输入完毕以后，单击"OK"按钮，工作文件便创建完毕，工作文件窗口同时打开。这时，工作文件的文件名为"UNTITLED"，表示该工作文件未保存和命名。

2. 打开旧的工作文件

选择菜单"File/Open/EViews Workfile"，根据之前保存的文件名可以打开已有的工作文件。

3. 工作文件窗口

建立工作文件或打开旧的工作文件后可看到如图 13.6 所示的工作文件窗口。

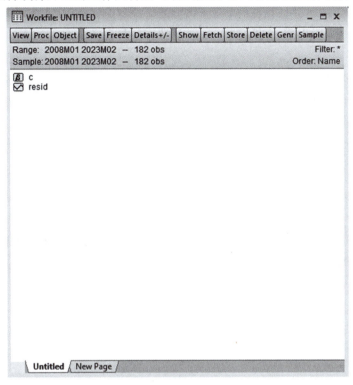

图 13.6　工作文件窗口

标题栏：工作文件窗口顶部是标题栏，显示"Workfile：工作文件名"，如图 13.6 所示是尚未保存的新创建时间序列工作文件，显示为"Workfile：UNTITLED"。

工具栏：标题栏下面是工具栏，它提供常用操作的快捷方式。工具栏左边的三个按钮"View""Proc""Object"与主菜单栏上的同名菜单功能完全一样。

补充：

①通过单击菜单"Proc/Sortseries"，可以把工作文件中的所有序列以序列中的数据值大小排序。

②大小写转换：选择菜单"View/Name Display"可以实现大小写转换。

③显示方式：选择菜单"View/Display Comments（Label+−）"可以在标准显示方式和详细显示方式之间切换。

④可以从一个工作文件窗口直接抽出另一个新的工作文件窗口，选择"Proc/Extract to new workfile"或双击工作文件窗口上的"Filter"会出现所需的窗口。

信息栏：Range——显示工作文件的范围，可以双击"Range"来修改工作文件范围。

Sample——前样本区间，指用于统计操作的样本观测点范围，小于或等于工作文件的范围。可以双击"Sample"来修改当前样本区间的范围。

Filter——过滤器，用于选择一些对象显示在工作文件窗口中的规则，默认为"＊"，表示选择全部对象。可以通过双击"Filter"来调整过滤范围。如选择"f#"，则表示显示所有以 f 开头的对象。

对象栏目：任何新创建的工作文件中都有两个自动生成的对象。c 表示系数向量，resid 表示残差序列。

4. 保存工作文件

选择菜单"File/Save"或"File/Save as"保存所需保存的文件名。

5. 设置默认路径

有两种方法改变默认路径：选择对话框下端的"Update default directory"即可使当前目录成为默认路径；在命令窗口键入 CD 后面跟着目录名也可使该目录成为默认路径。

(二)对象基础

1. 建立对象

在建立对象之前必须打开工作文件集合，而且工作文件窗口必须是激活的。

步骤一：选择主菜单栏中的"Object/New Object"，将会出现工作文件集合窗口，如图 13.7 所示。

EViews 提供了功能各不相同的 17 种对象。因此可以认为，对象既是构成工作文件的基本元素，也是实现所有分析功能的载体。

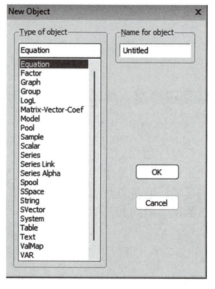

图 13.7　工作文件集合窗口

步骤二：在"Type of object"中选择新建对象的类型。

步骤三：在"Name for object"中输入对象名。

2. 选择对象

单击工作文件窗口中的"对象"图标即可选定对象，也可通过 EViews 主窗口或工作文件窗口上的"View"菜单来选定对象，该菜单包括"Deselect All"(取消所有选项)，"Select all"(选定所有对象)、"Select by Filter"(限制条件选定)。

3. 打开对象

方法一：通过菜单"View/Open as One Window"打开选定的对象。

方法二：使用主菜单上的"Quick/Show"。

方法三：在对话框中输入单个对象的名字。

4. 显示对象

如果输入多个对象的名字，EViews 会打开一个窗口显示结果，在必要的时候还会创建一个新的对象。

5. 对象窗口工具条

每个对象窗口都有一个工具条，不同对象的工具条的内容也不相同，但是有些按钮是相同的，具体代表的内容如下所示：

"View"按钮用来改变对象窗口的视图形式；

"Procs"按钮可以用来执行对象的过程；

"Objects"按钮可以储存、命名、复制、删除、打印对象；

"Print"按钮用来打印当前对象的视图。

6. 对象命名

窗口工具条中的"Object/Name"可以给对象命名。

其中，"Display Name"是对象在图形或表格中显示的名字；如果要重命名对象，可选择"Objects/Rename Selected"。

注意：序列对象不能用下面的名称：ABS，ACOS，AR，ASIN，C，CON，CNORM，COEF，COS，D，DLOG，DNORM，ELSE，ENDIF，EXP，LOG，LOGIT，LPT1，LPT2，MA，NA，NRND，PDL，RESID，RND，SAR，SIN，SMA，SQR，THEN。

7. 对象标签

对象标签可以显示更详细的对象信息。

8. 对象复制

"Objects/Copy selected"可以把选定的对象复制到当前工作文件指定的对象中（若工作文件中没有该目标对象则创建一个新的对象）。

要想实现不同工作文件之间对象的复制，可选主菜单上的"Edit/copy"从原工作文件中复制对象，然后打开目标工作文件选择主菜单上的"Edit/paste"，也可以通过单击右键使用"Copy""Paste"完成工作文件间复制。

9. 冻结对象

另一种复制对象中信息的方法是冻结对象。选择菜单"Object/Freeze Output"或"Freeze"冻结对象。冻结对象是把对象当前视图以快照的方式保存在一个新的对象中。

10. 删除对象

选择菜单中的"Objects/Delete selected"或"Delete"即可以删除选定的对象。

11. 打印对象

可以通过对象窗口中的"Objects/print"或"Print"打印选定的对象。

12. 储存对象

可以通过"Objects/Store selected to DB"或对应窗口中的"Objects/Store to DB"储存选定的对象到对象文件(扩展名为 * . db)或数据库中。

13. 提取对象

利用"Objects/Fetch from DB"从对象文件或数据库中提取存储的对象。

14. 更新对象

利用"Objects/Update from DB"从对象文件或数据库中提取存储的对象,用以更新当前对象。

第二节　基于 EViews 的时间序列单方程分析

时间序列模型通常是运用时间序列数据对其过去值、当期值及滞后扰动项的加权和建立模型来解释时间序列的变化规律。EViews 软件进行时间序列模型分析较为便捷,因此本章将以时间序列单方程分析与时间序列多方程分析为例进行讲解,而不再阐述 EViews 软件的面板数据模型分析过程。本节阐述基于 EViews 软件的时间序列单方程分析过程。

一、检验序列相关性

EViews 提供了 3 种检验序列相关的方法。

1. DW 统计量

一般方程的回归结果都会给出 DW 统计量。但是 DW 统计量的检验结果比较粗糙,而且适用范围也有限,所以通常会采用 Q 统计量相关图和 LM 统计量来检验序列相关。

2. 相关图和 Q 统计量

估计方程后,选择 View/Residual Tests/Correlogram and Qstatistics,可以检验回归方程残差的序列相关性;打开一个序列对象,选择 View/Correlogram,可以检验一个序列本身是否存在自相关。通过观察自相关和偏自相关系数及对应于高阶序列相关的 Ljung-Box Q 统计量来判断是否存在序列相关。如果残差不存在序列相关,各阶滞后的自相关和偏自相关值都接近于零,并且 Q 统计量的 P 值比较大。否则,在 Q 统计量的 P 值小的情况下,拒绝原假设,即认为存在序列相关。

3. 检验序列相关的 LM 统计量

估计方程后,选择 View/Residual Tests/Serial Correlation LM Tests,可以检验回归方程残差的序列相关性。执行 Breush-Godfrey LM 检验,在滞后定义对话输入要检验序列的最高阶数。EViews 没有显示临界值,而是给出 P 值,由 P 值可以知道接受原假设的最低显著性水平。

二、修正序列相关

【例13-1】考虑美国消费 CS 和 GDP 及前期消费之间的关系,数据采用 1947 年第 1 季度至 1995 年第 1 季度的数据,如图 13.8 所示。

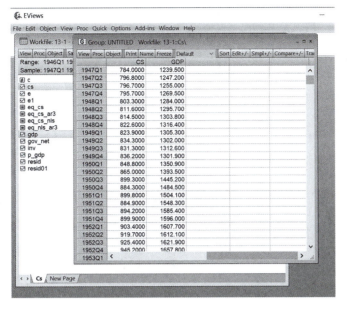

图 13.8　1947 年第 1 季度至 1995 年第 1 季度的数据

选择 Quick/Estimate Equation 或 Object/New Object/Equation 打开一个方程，输入方程变量，如在例 13-1 中输入 ar(1)ar(2)ar(3)（图 13.9）。定义方程为：

$$CS_t = c_0 + c_1 \times CS_{t-1} + c_2 \times GDP_t + \mu_t \tag{13.1}$$

$$\mu_t = \varphi_1 \mu_{t-1} + \varphi_2 \mu_{t-2} + \varphi_3 \mu_{t-3} + \varepsilon_t \tag{13.2}$$

图 13.9　估计例 13-1 中的 AR(3) 模型窗口

注意，输入的 ar(1)ar(2)ar(3)分别代表 3 个滞后项的系数。因此，如果认为残差仅仅在滞后 2 阶和滞后 4 阶存在自相关，则其他滞后项不存在自相关（图 13.10），即

$$\mu_t = \varphi_2 \mu_{t-2} + \varphi_4 \mu_{t-4} + \varepsilon_t \tag{13.3}$$

则在估计时应输入：cs c gdp cs(-1)ar(2)ar(4)。

图 13.10　估计例 13-1 中的 AR(2) 和 AR(4) 模型窗口

三、ARMA(p，q) 模型的估计

(一) ARMA(p，q) 模型的输入形式

ARMA(p，q) 模型中 AR 和 MA 部分应使用关键词 ar 和 ma 定义。例如，估计一个二阶自回归和一阶动平均过程 ARMA(2，1)，应将 ar(1)，ma(1)，ar(2) 包括到回归方程中。如果采用公式法输入方程，则只能将 AR 系数明确列出，形式为 LS = c(1)+[ar(1)=c(2)，ar(2)=c(3)]。

【例 13-2】选取 1991 年 1 月至 2007 年 8 月，我国上证收盘指数的月度时间序列为研究对象。上证指数如图 13.11 所示。

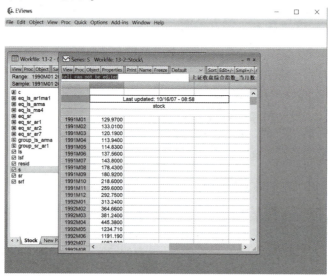

图 13.11　1991 年 1 月至 2007 年 8 月上证指数

对例13-2中上证收盘指数的月度时间序列S的对数差分变换$\mathrm{LS} = \mathrm{dlog}(S)$，即股票收益率用ARMA(1，1)模型来估计。

$$\mathrm{LS}_t = c + \mu_t \tag{13.4}$$

$$\mu_t = \varphi \times \mu_{t-1} + \varepsilon_t + \theta \times \varepsilon_{t-1} \tag{13.5}$$

选择Quick/Estimate Equation打开一个方程，输入：

LS c ar(1)ma(1)

ARMA(1，1)模型估计结果如图13.12所示。

Equation: UNTITLED   Workfile: 5_5::Stock

View | Proc | Object | Print | Name | Freeze | Estimate | Forecast | Stats | Resids

Dependent Variable: LS
Method: Least Squares
Date: 08/26/23   Time: 09:58
Sample (adjusted): 1991M02 2007M08
Included observations: 199 after adjustments
Convergence achieved after 14 iterations
MA Backcast: 1991M01

Variable	Coefficient	Std. Error	t-Statistic	Prob.
C	0.018560	0.009899	1.874917	0.0623
AR(1)	-0.387585	0.893983	-0.433548	0.6651
MA(1)	0.324199	0.917581	0.353319	0.7242

R-squared	0.004761	Mean dependent var	0.018556
Adjusted R-squared	-0.005394	S.D. dependent var	0.146071
S.E. of regression	0.146464	Akaike info criterion	-0.989108
Sum squared resid	4.204558	Schwarz criterion	-0.939460
Log likelihood	101.4162	Hannan-Quinn criter.	-0.969014
F-statistic	0.468811	Durbin-Watson stat	1.982242
Prob(F-statistic)	0.626446		

Inverted AR Roots	-.39
Inverted MA Roots	-.32

图13.12　ARMA(1，1)模型估计结果

(二)ARMA(p，q)模型的输出形式

含有AR项的模型有两种残差：第一种是无条件残差$\hat{\mu}_t$，第二种残差是估计的一期向前预测误差$\hat{\varepsilon}_t$。$\hat{\varepsilon}_t$代表预测误差，通过利用滞后残差的预测能力，可以改善无条件预测和残差。对于含有ARMA项的模型，基于残差的回归统计量，如R^2和DW值都是以一期向前预测误差$\hat{\varepsilon}_t$为基础计算的。含有AR项的模型独有的统计量是估计的AR系数。对于简单AR(1)模型，φ_1是无条件残差的一阶序列相关系数。在输出表中φ_1用AR(1)表示，MA(1)模型的系数θ_1用MA(1)表示。对于平稳AR(1)模型，φ_1在-1(极端负序列相关)和+1(极端正序列相关)之间。一般AR(p)模型平稳条件是：滞后算子多项式的根的倒数在单位圆内。含有AR或MA项的模型的估计输出和OLS模型一样，只是在回归输出的底部增加了一个AR，MA多项式的根的倒数(inverted AR roots 或 inverted MA roots)。利用滞后算子多项式写一般的ARMA模型：

$$\Phi(L)\mu_t = c + \Theta(L)\varepsilon_t \tag{13.6}$$

如果AR模型滞后多项式有实根或一对复根的倒数在单位圆外(即绝对值大于1，或模大于1)，这意味着自回归过程是发散的。如果MA模型滞后多项式的根的倒数有在单位圆外的说明MA过程是不可逆的，应使用不同的初值重新估计模型，直到得到满足可逆性的动平均。如果估计的MA模型的根的模接近于1，有可能是对数据差分过多，这就很难估计和预测。如果可能的话，应减少差分阶数再做重新估计。

(三)ARMA(p，q)模型的估计选择

EViews估计AR模型采用非线性回归方法，对于MA模型采取回推技术(Box and Jenkins，1976）。注意，非线性最小二乘估计渐进等于极大似然估计且渐进有效。

非线性估计方法对所有系数估计都要求初值。EViews 自行确定初值。有时当迭代达到最大值时，方程终止迭代，尽管还未达到收敛。从前一步初值重新开始，使方程从中止处开始而不是从开始处开始。也可以试试不同的初值来保证估计是全部而不是局部平方误差最小，可以通过提供初值加速估计过程。

为控制 ARMA 估计初值，在方程定义对话框中单击"Options"选项。在 EViews 提供的选项中，ARMA Options 有几项设置初值的选择。EViews 默认方法是 OLS/TSLS，这种方法先进行没有 ARMA 项的预备估计，再从这些值开始非线性估计。另一种选择是使用 OLS 或 TSLS 系数的一部分作为初值，可以选择 0.3、0.5、0.8 或者可以将所有初值设为零。用户确定初值选项是 User Supplied。在这个选项下，EViews 使用系数向量 c 中的值为设置初值，双击图标，为系数向量 c 开一个新窗口，对其进行编辑。

四、单位根检验

双击序列名，打开序列窗口，选择 View/Unit Root Test，便可得到如图 13.13 所示的对话框。

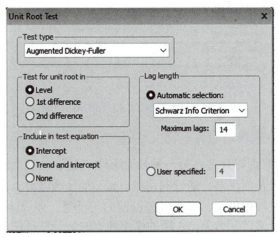

图 13.13 "单位根检验"对话框

进行单位根检验必须定义以下内容：

1. 选择检验类型

在 Test type 的下拉列表中选择检验方法。EViews 提供了 6 种单位根检验的方法：

（1）Augmented Dickey-Fuller（ADF）Test

（2）Dickey-Fuller GLS（ERS）

（3）Phillips-Perron（PP）Test

（4）Kwiatkowski，Phillips，Schmidt and Shin（KPSS）Test

（5）Elliot，Rothenberg，and Stock Point Optimal（ERS）Test

（6）Ng and Perron（NP）Test

2. 选择差分形式

在 Test for unit root in 中确定序列在水平值、一阶差分、二阶差分下进行单位根检验。可以使用这个选项决定序列中单位根的个数。如果检验水平值未拒绝，而在一阶差分拒绝原假设，序列中含有一个单位根，是一阶单整 I(1)；如果一阶差分后的序列仍然未拒绝原假设，则需要选择二阶差分。一般而言，一个序列经过两次差分以后都可以变为一个平稳序列，也就是二阶单整 I(2)。

3. 定义检验中需要包含的选项

在 Include in test equation 中定义在检验回归中是否含有常数项、常数和趋势项或二者都不包含。这一选择很重要，因为检验统计量在原假设下的分布随这 3 种情况不同而变化。

4. 定义序列相关阶数

在 Lag length 这个选项中可以选择一些确定消除序列相关所需的滞后阶数的准则，一般而言，EViews 默认 Akaike info 准则和 Scharz 准则。

定义上述选项后，单击"OK"按钮进行检验。EViews 显示检验统计量和估计检验回归。对 ADF 检验，检验统计量是检验回归滞后因变量的 t 统计量，它显示在表格底部。对 PP 检验，检验统计量是调整 t 统计量。如果 t 统计量小于临界值，拒绝原假设。单位根检验后，应检查 EViews 显示的估计检验回归，尤其是如果对滞后算子结构或序列自相关阶数不确定，可以选择不同的右边变量或滞后阶数来重新检验。

5. 选择适当的核函数

如果选择 KPSS 法、ERS 法和 NP 法进行单位根检验，还需要选择适当的核函数。如图 13.14 所示，在 Spectral estimation method 中选择具体的核函数形式。

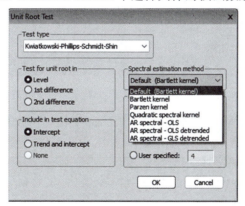

图 13.14　单位根检验的核函数形式选择窗口

6. 对回归方程的残差进行单位根检验

检验回归方程的残差是否平稳，也就是检验残差序列是否存在单位根。由于在 EViews 中不能够直接对默认的残差序列 Resid 进行检验，需要在方程菜单的 Proc 过程中产生残差序列 Resid01，然后打开序列 Resid01，选择 View/Unit root test/。

第三节　基于 EViews 的时间序列多方程分析

本节介绍基于 EViews 的时间序列多方程分析，由于篇幅限制，以向量自回归(VAR)模型为例，说明采用 EViews 软件进行多个经济变量预测的途径。

一、VAR 模型的建立和估计

(一)建立 VAR 模型

【例 13-3】采用我国 1995 年第 1 季度至 2007 年第 4 季度的数据,研究货币供应量和利率的变动对经济波动的影响。其中,实际 GDP 记为 gdp,实际 M1 记为 m1,实际利率记为 rr。以 1995 年 1 季度为 1 的 CPI 消除价格因素,其中实际 GDP 和实际 M1 以对数差分的形式出现。数据如图 13.15 所示。

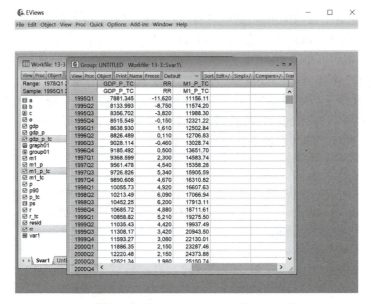

图 13.15　1995 年第 1 季度至 2007 年第 4 季度的数据

为了创建一个 VAR 对象,应选择 Quick/EstimateVAR……或者选择 Objects/New object/VAR 或者在命令窗口中键入 var。便会出现图 13.16 中的 VAR 模型对话框(以例 13-3 为例)。

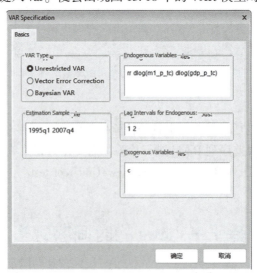

图 13.16　VAR 模型对话框

可以在对话框内填入相应的信息：

①选择模型类型（VAR Type）：无约束向量自回归（Unrestricted VAR）或者向量误差修正（Vector Error Correction），以及贝叶斯自回归（Bayesian VAR）。无约束 VAR 模型是指 VAR 模型的简化式，贝叶斯 VAR 能够对参数施加限制以减少参数集。

②在 Estimation Sample 编辑框中设置样本区间。

③在 Lag Intervals for Endogenous 编辑框中输入滞后信息，表明哪些滞后变量应该被包括在每个等式的右端。这一信息应该成对输入：每一对数字描述一个滞后区间。例如，滞后对

1　4

表示用系统中所有内生变量的 1 阶到 4 阶滞后变量作为等式右端的变量。

也可以添加代表滞后区间的任意数字，但都要成对输入。例如：

2　4　6　9　12　12

即为用 2-4 阶，6-9 阶及第 12 阶滞后变量。

④在 Endogenous Variables 和 Exogenous Variables 编辑栏中输入相应的内生变量和外生变量。系统通常会自动给出常数 c 作为外生变量，但是相应的编辑栏中输入 c 作为外生变量也可以，因为 EViews 只会包含一个常数。

（二）VAR 估计的输出

当 VAR 对象的设定框填写完毕，单击"OK"按钮后，EViews 将会在 VAR 对象窗口显示估计结果。表中的每一列对应 VAR 模型中一个内生变量的方程。对方程右端每一个变量，EViews 会给出系数估计值、估计系数的标准差（圆括号中）及 t-统计量（方括号中）。同时，两类回归统计量出现在 VAR 对象估计输出的底部：输出的第一部分显示的是每个方程的标准 OLS 回归统计量。根据各自的残差分别计算每个方程的结果，并显示在对应的列中；输出的第二部分显示的是 VAR 模型的回归统计量、对数似然值 AIC 和 SC 两个信息准则。

二、VAR 模型的视图

一旦完成 VAR 模型的估计，EViews 会提供关于被估计的 VAR 模型的各种视图。这一部分仅讨论与 VAR 模型有关的特定的视图。为了检验被估计 VAR 模型的恰当性，在 VAR 对象窗口的 View/Lag Structure 和 View Residual Tests 菜单下将提供一系列的诊断视图。

（一）VAR 模型滞后结构的检验

本部分将主要介绍如何确定 VAR 模型合适的滞后结构，在 Lag Structure 中提供了一系列方法。

1. AR 根的图表（AR Roots Table/Graph）

关于 AR 特征多项式根的倒数可参考 Lutkpohl（1991）。如果被估计的 VAR 模型所有根模的倒数小于 1，即位于单位圆内，则其是稳定的。如果模型不稳定，某些结果将不是有效的（如脉冲响应函数的标准误差）。共有 kp 个根，其中 k 是内生变量的个数，p 是最大滞后阶数。如果估计一个有 r 个协整关系的 VEC 模型，则应有 $k-r$ 个根等于 1。

如果所有单位根的模都小于 1，VAR 模型满足稳定性条件。如果有单位根的模大于 1，

则会在输出结果的下方给出警告(Warning)。另外，还可给出单位根的图形表示，更直观一些，可以看到所有的单位根的模都落于单位圆内。

2. Granger 因果检验(Pairwise Granger Causality Tests)

Granger 因果检验主要是用来检验一个内生变量是否可以作为外生变量对待。对于 VAR 模型中的每一个方程，将输出每一个其他内生变量的滞后项(不包括它本身的滞后项)联合显著的 χ^2 (Wald)统计量，在表的最后一行(ALL)列出了检验所有滞后内生变量联合显著的 χ^2 统计量数值。

同时在组(Group)的 View 菜单里也可以实现 Granger 因果检验，但是需要先确定滞后阶数，然后输出变量的两两组合的检验结果。VAR 模型和组(Group)的输出结果在形式和统计量上都不一样，在 VAR 中用的是 χ^2 统计量，而在 Group 中使用的是 F 统计量，但含义是一样的。需要注意：如果估计一个 VEC 模型，Granger 因果检验仅检验其一阶差分，不检验误差修正项。

3. 滞后排除检验(Lag Exclusion Tests)

对 VAR 模型中每一个滞后执行排除检验。对于每一阶滞后，所有内生变量在特定显著性水平下的对于每一个方程的 χ^2 (Wald)统计量被分别独立地列出，最后一列是联合的显著性水平。

4. 滞后长度标准(Lag Length Criteria)

计算出各种标准，选择无约束 VAR 模型的滞后阶数。可以填入确切的最大滞后阶数来检验。表中将显示出直至最大滞后阶数的各种信息标准(如果在 VAR 模型中没有外生变量，滞后从 1 开始，否则便从 0 开始)。表中用"*"表示从每一列标准中选的滞后阶数。在 4~7 列中，是在标准值最小的情况下所选的滞后阶数。

(二)VAR 残差检验

1. 相关图(Correlogram)

显示 VAR 模型在指定的滞后阶数的条件下得到的残差的交叉相关图(样本自相关)。交叉相关图能以两种形式显示：一种是以变量来显示(Tabulate by Variable)，另一种是以滞后阶数来显示(Tabulate by Lag)。曲线图(Graph)显示交叉相关图的矩阵形式。点线代表滞后的相关系数加减两倍的渐近标准误差的曲线图(以 $1/\sqrt{T}$ 计算)。

2. 混合的自相关检验(Portmanteau Autocorrelation Test)

计算与指定阶数所产生的残差序列相关的多变量 Box-Pierce/Ljung-Box Q 统计量。同时计算出 Q 统计量和调整后的 Q 统计量(即小样本修正)。在原假设是滞后 h 期残差不存在序列相关的条件下，两个统计量都近似地服从自由度为 $k^2(\Delta - p)$ 的 χ^2 统计量，其中 p 为 VAR 模型的滞后阶数。这种分布是近似的，在某种意义下，它要求当 $i>h-p$ 时，MA 模型的系数为 0。因此，当 AR 多项式的根接近 1 和 h 很小时，这种近似是比较差的。事实上对于 $h<p$，自由度变为负数。

3. 自相关 LM 检验(Autocorrelation LM Test)

计算与直到指定阶数所产生的残差序列相关的多变量 LM 检验统计量。滞后 h 阶数的检验统计量是通过残差 $\hat{\varepsilon}_t$，关于原始右侧回归量和滞后残差 $\hat{\varepsilon}_{t-\Delta}$ 的辅助回归运算得到的，这里 $\hat{\varepsilon}_{t-\Delta}$ 缺少的前 h 个值被赋予 0。参考 Johansen(1995)LM 统计量的计算公式。在原假设是滞后 h 期没有序列相关的条件下，LM 统计量渐近地服从自由度为 k^2 的 χ^2 分布。

4. 正态性检验(Normality Test)

这是 J-B 残差正态检验在多变量情形下的扩展，这种检验主要是比较残差的第三、第四阶残差矩与来自正态分布的那些矩。

5. White 异方差检验(White Heteroskedasticity Test)

这些检验是针对系统方程的 White's 检验的扩展，由 Kelejian(1982)和 Doornik(1995)提出。这个回归检验是通过残差序列对每一个回归量及回归量交叉项乘积的回归来实现的，同时，还会检验回归的显著性。

No Cross Terms 选项仅仅用原始回归量的水平和平方检验。

With Cross Terms 选项包括被检验方程中原始回归变量所有的非多余的交叉乘积检验，回归方程包含一个常数项作为回归量。

输出的第一部分显示每一个被检验的回归方程除常数项之外的回归量的显著性。可以把每一个回归方程的检验作为残差协方差矩阵的每一个元素独立的不变性检验。

在输出的最后一行显示被检验方程系统的所有回归量的 $LM\chi^2$ 平方统计量的联合显著性(Doornik，1995)。系统的 LM 统计量服从自由度为 sq 的 χ^2 分布，其中 $s=k(k+1)/2$，是系统残差交叉乘积的个数；q 被检验的回归系统通常形式下的右边的变量个数。

三、VAR 模型的过程：建立系统(Make System)

这个菜单产生一个与 VAR 对象设定等价的系统对象。如果要估计一个非标准的 VAR 模型，可以通过这个过程尽快地在系统对象中设定一个 VAR 模型，并可以根据模型的需要进行修改。例如，VAR 对象要求每一个方程有相同的滞后结构，但也可以放宽这个条件。为了估计一个非平衡滞后结构的 VAR 模型，用 Make System 可以产生一个具有平衡滞后结构的 VAR 系统，然后编辑系统以满足所需要的滞后要求。

这一过程有两个选择：

①按变量次序(By Variable)：该选项产生一个系统，其详细的说明和系数的显示是以变量的次序来显示。如果想排除系统某些方程中特定变量的滞后，可以选用这个选项。

②按滞后阶数(By Lag)：产生一个以滞后阶数的次序来显示其详细的说明和系数的系统。如果想排除系统某些方程中特定的滞后阶数来进行编辑，可以用这个选项。

四、脉冲响应函数

为了得到脉冲响应函数，先建立一个 VAR 模型，然后在 VAR 对象的工具栏中选择 View/Impulse Response……或者直接单击工具栏的 Impulse，得到如图 13.17 所示的对话框，有两个菜单：Display(图 13.17)和 Impulse Definition(图 13.18)。

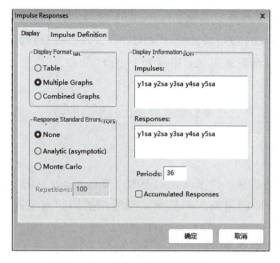

图 13.17　脉冲响应函数设定(一)

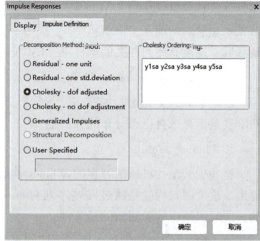

图 13.18　脉冲响应函数设定(二)

(一)Display 菜单提供下列选项

1. 显示形式(Display Format)

选择以图或表来显示结果。如果选择 Combined Graphs 则 Respose Standard Error 选项是灰色,不显示标准误差。注意,输出表的格式是按响应变量的顺序显示,而不是按脉冲变量的顺序。

2. 显示信息(Display Information)

输入产生冲击的变量(Impulses)和希望观察其脉冲响应的变量(Responses)。可以输入内生变量的名称,也可以输入变量的对应的序数。如果想显示累计的响应,则需要单击 Accumulate Response 选项。对于稳定的 VAR 模型脉冲响应函数应趋向 0,且累计响应应趋向于某些非 0 常数。

3. 脉冲响应标准误差(Response Standard Error)

提供计算脉冲响应标准误差的选项。若选择了 Monte Carlo,还需在下面的编辑框确定合适的迭代次数。

如果选择表的格式,被估计的标准误差将在响应函数值下面的括号内显示。如果选择以多图来显示结果,曲线图将包括关于脉冲相应的正负(+/-)两个标准偏离带,且在 Combined Graphs 中将不显示标准误差偏离带。

(二)Impulse Definition 菜单提供了转换脉冲的选项

1. Residual-One Unit

设置脉冲为残差的一个单位的冲击。这个选项忽略了 VAR 模型残差的单位度量和相关性,所以不需要转换矩阵的选择。这个选项所产生的响应函数是 VAR 模型相对应 VMA (∞)模型的系数。

2. Residual-One Std. Dev

设置脉冲为残差的一个标准偏差的冲击。这个选项忽略了 VAR 模型残差的相关性。

3. Cholesky

用残差协方差矩阵的 Cholesky 因子的逆来正交化脉冲。这个选项为 VAR 模型的变量强加一个次序，并将所有影响变量的公共因素归结到在 VAR 模型中第一次出现的变量上。注意：如果改变变量的次序，将会明显地改变响应结果。可以在 Cholesky Ordering 的编辑框中重新定义 VAR 模型中变量的次序。

d. f. adjustment：在估计的残差协方差矩阵利用 Cholesky 因子时进行小样本的自由度修正。具有自由度修正的残差协方差矩阵的第(i, j)元素的计算是按下列公式计算的：

$$\frac{1}{T-m}\sum_t \hat{\varepsilon}_{it}\hat{\varepsilon}_{jt} \tag{13.7}$$

式中，m 是 VAR 模型中每一个方程中待估计参数的个数。

No d. f. adjustment：估计残差协方差矩阵的第(i, j)元素的计算是按下列公式计算的：

$$\frac{1}{T}\sum_t \hat{\varepsilon}_{it}\hat{\varepsilon}_{jt} \tag{13.8}$$

4. 广义脉冲（Gneralized Impluses）

当协方差矩阵是对角矩阵时，Cholesky 正交脉冲与广义脉冲的结果是一致的。当协方差矩阵 $\sum$ 是非对角矩阵时，Cholesky 正交脉冲与广义脉冲只在冲击发生在第一个变量的时候相等。

广义脉冲不依赖于变量的次序，EViews 计算第 j 个变量的广义脉冲时，是将第 j 个变量放在 Cholesky 分解次序中的第一个，然后计算每一个变量的冲击响应。

5. 结构分解（Structural Decomposition）

用结构因子分解矩阵估计的正交转换矩阵，如果没有先估计一个结构因子分解矩阵，或者没有对模型施加约束，这个选项则不能用。

6. 用户指定（User Specified）

这个选项允许用户定义脉冲。建立一个包含脉冲的矩阵（或向量），并在编辑框中输入矩阵的名字。如果 VAR 模型中有 k 个内生变量，则脉冲矩阵必须是 k 行和 1 列或 k 列的矩阵，每一列代表一个脉冲向量。

五、方差分解

为了得到 VAR 模型的方差分解，应从 VAR 对象的工具栏中选 View/Variance decomposition，可以得到如图 13.19 所示的对话框。注意需要提供和上面的脉冲响应函数一样的信息。

Table 表示方式分别对每个内生变量显示方差分解。第二列 S. E. 是在给定预测水平上的变量的预测误差。出现这种预测误差的原因可能是：VAR 模型中的各个内生变量扰动项的当期值和未来值的变化。其余列显示了每个扰动项引起的预测方差所占的比重，每行加起来是100。

与脉冲响应函数一样，如果改变 VAR 模型中变

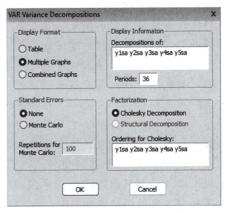

图 13.19　方差分解设定对话框

量的顺序基于 Cholesky 因子的方差分解能有明显的改变。例如，排在第一个变量的第一期分解完全依赖于它自己的扰动项。

 知识库

　　中国社会科学院经济研究所所长、研究员黄群慧研究后表示，科学技术是国家核心竞争力的关键构成要素，科技自立自强是提升国家核心竞争力的根本来源。科技自立自强是国家发展的战略支撑，是构建新发展格局的本质要求，实现高水平科技自立自强是实现中华民族伟大复兴的必由之路。我国要通过实施创新驱动发展战略实现高水平科技自立自强，就必须科学把握计量发展与科技创新之间的紧密关系和互动规律，着力夯实计量基础，加快构建满足高水平科技创新所需的国家现代先进测量体系。

　　国务院于 2022 年 1 月 28 日发布《国务院关于印发计量发展规划（2021—2035 年）的通知》，并提出：计量是实现单位统一、保证量值准确可靠的活动，是科技创新、产业发展、国防建设、民生保障的重要基础，是构建一体化国家战略体系和能力的重要支撑。随着经济社会的快速发展，各领域对精准测量测试的需求与计量供给不充分、不平衡、不全面之间的矛盾日益突出，部分领域量值传递溯源能力还存在空白，关键计量测试技术有待突破，计量监管思路和模式有待进一步创新，计量社会共治急需加强。

　　实施计量优先发展战略，加强计量基础研究，强化计量应用支撑，提升国家整体计量能力和水平已成为提高国家科技创新能力、促进经济社会高质量发展的必然要求。依托重大科研项目、重点建设平台，加大学科带头人培养力度，着力培养具有世界科技前沿水平的高层次计量领军人才。吸收引进国际计量人才，支持培养青年科技人才，打造一批计量科技创新团队。实施计量专业技术人才提升行动，建设计量公共教育资源开发、培训平台和实训基地。加强计量领域相关职业技能等级认定，改革注册计量师职业资格管理模式，推进注册计量师职业资格与工程教育专业认证、职称、职业技能等级、职业教育学分银行等制度有效衔接。鼓励计量技术机构创新岗位设置，建立首席计量师、首席工程师、首席研究员等聘任制度。建立国际组织计量人才库和国际计量合作专家团队，支持科技人员开展多层次国际计量交流合作。并提出要加强计量相关学科专业建设，支持高校自主设立计量相关二级学科、交叉学科及计量相关专业，推进计量相关专业升级和数字化改造。将计量基础知识纳入公民基本科学素质培育体系，在义务教育中增加计量基础知识教育内容，开展计量线上教育资源建设与应用。培育一批计量领域高水平学术期刊，提升计量学术影响力。加强计量文化建设、科普宣传和人才培养工作，培育计量文化研究及科普基地，发展计量文化产业，开发计量科普资源，推动计量博物馆、科技展览馆的建设和开放。积极培育和弘扬新时代计量精神，选树计量先进典型，增强新时代计量工作者的荣誉感和使命感。

　　自党的十八大召开以来，以习近平同志为核心的党中央团结带领全国广大科技工作者，守正创新、勇毅前行，推动我国科技事业取得历史性成就、发生历史性变革，为中华民族伟大复兴提供了更为坚实的科技基础。党的十九届五中全会提出"坚持创新在我国现代化建设全局中的核心地位，把科技自立自强作为国家发展的战略支撑"。党的二十大报告中提出："必须坚持科技是第一生产力、人才是第一资源、创新是第一动力，深入实施科教兴国战略、人才强国战略、创新驱动发展战略，开辟发展新领域新赛道，不断塑造发展新动能新优势。"

2023年3月5日，习近平在参加十四届全国人大一次会议江苏代表团审议时提出，加快实现高水平科技自立自强，是推动高质量发展的必由之路。在激烈的国际竞争中，我们要开辟发展新领域新赛道、塑造发展新动能新优势，从根本上说，还是要依靠科技创新。因此，我们能不能如期全面建成社会主义现代化强国，关键看科技能不能自立自强。

2023年4月13日，习近平在广东考察并听取广东省委和省政府工作汇报时提出，实现科技高水平自立自强，是中国式现代化建设的关键。我们要深入实施创新驱动发展战略，加强区域创新体系建设，进一步提升自主创新能力，努力在突破关键核心技术难题上取得更大进展。

练习题

1. 采用我国1983年1月至2007年8月的居民消费价格指数(上年同月=100)，对其进行单位根检验。

2. 基于上题CPI数据，采用ARMA模型进行模拟回归。

参 考 文 献

[1] [美]弗兰克 K. 赖利，基思 C. 布朗，桑福德 J. 利兹. 投资分析与组合管理[M]. 11 版. 路蒙佳，译. 北京：中国人民大学出版社，2023.

[2] [美]迈克 G. 麦克米伦，杰拉尔德 E. 平托，温迪 L. 皮里. 投资学[M]. 王晋忠，译. 北京：机械工业出版社，2015.

[3] [美]斯蒂芬 A. 罗斯，伦道夫 W. 威斯特菲尔德，杰弗利 F. 杰富，等. 公司理财[M]. 11 版. 吴世农，沈艺峰，王志强，等，译. 北京：机械工业出版社，2017.

[4] [美]西蒙·本尼卡. 财务金融建模：用 Excel 工具[M]. 4 版. 邵建利，译. 上海：格致出版社，2015.

[5] [美]滋维·博迪，亚历克斯·凯恩，艾伦 J. 马库斯. 投资学[M]. 10 版. 汪昌云，张永骥，译. 北京：机械工业出版社，2017.

[6] 单美姣. 谈加权平均资本成本法在个别项目评估中的应用[J]. 商业研究，2005（12）：133-135.

[7] 李桂萍，刘薇. 含所得税的加权平均资本成本模型研究述评[J]. 经济研究参考，2014（71）：49-56.

[8] 程一步. 投资项目加权平均资本成本的一种简单估算方法[J]. 化工技术经济，2004（4）：28-29.

[9] 杨圣宏，杨全. 关于加权平均资本成本最低与企业价值最大的一致性[J]. 地方政府管理，2001（11）：31.

[10] 雷田礼，杨化，杨全. 关于加权平均资本成本最低与企业价值最大的一致性[J]. 技术经济，2002（6）：62-63.

[11] 宋廷山. 应用统计学：以 Excel 为分析工具[M]. 成都：西南财经大学出版社，2006.

[12] 中天恒会计师事务所. 资产评估案例分析[M]. 北京：中国时代经济出版社，2008.

[13] 周爱民. 实验金融学[M]. 北京：中国财政经济出版社，2008.

[14] 周爱民，陈婷婷，周霞. 实验金融学[M]. 北京：中国财经出版社，2008.

[15] 黎子良，邢海鹏. 金融市场中的统计模型和方法[M]. 北京：高等教育出版社，2009.

[16] 周爱民，吴明华，周阳浩. Excel 与金融计量学[M]. 厦门：厦门大学出版社，2012.

[17] 高铁梅. 计量经济分析方法与建模——EViews 应用及实例[M]. 2 版. 北京：清华大学出版社，2012.

[18] 冯曰欣，王俊籽. 公司金融[M]. 济南：山东人民出版社，2013.

[19] 杜金富. 金融市场学[M]. 北京：中国金融出版社，2013.

[20] 胡金焱，高金窑，霍兵. 证券投资学[M]. 北京：高等教育出版社，2013.

[21] 刘力，唐国正. 公司财务[M]. 北京：北京大学出版社，2014.

[22] 朱孟楠. 投资学[M]. 北京：中国人民大学出版社，2014.

［23］王晋忠. 衍生金融工具［M］. 2 版. 北京：中国人民大学出版社，2014.

［24］张周. 公司理财：Excel 建模指南［M］. 北京：机械工业出版社，2015.

［25］王火根. 金融学综合实验［M］. 大连：东北财经大学出版社，2016.

［26］潘席龙. Excel 在实验金融学中的应用［M］. 成都：西南财经大学出版社，2016.

［27］刘力，唐国正. 公司财务［M］. 北京：北京大学出版社，2016.

［28］马慧慧. Stata 统计分析与应用［M］. 北京：电子工业出版社，2016.

［29］徐高. 金融经济学二十五讲［M］. 北京：中国人民大学出版社，2017.

［30］荆新，王化成，刘俊彦，等. 财务管理学［M］. 北京：中国人民大学出版社，2018.

［31］张水泉. EXCEL 在金融中的应用［M］. 北京：中国金融出版社，2018.

［32］林清泉. 金融工程［M］. 北京：中国人民大学出版社，2018.

［33］李曜，刘莉亚，邓辛，等. 公司金融［M］. 北京：中国人民大学出版社，2019.

［34］朴哲范，陈荣达. 公司金融［M］. 3 版. 大连：东北财经大学出版社，2019.

［35］刘捷萍. Excel 在财务管理中的应用［M］. 4 版. 北京：高等教育出版社，2020.

［36］吴晓求. 证券投资学［M］. 5 版. 北京：中国人民大学出版社，2020.

［37］张亦春，郑振龙，林海. 金融市场学［M］. 北京：高等教育出版社，2020.

［38］钟爱军. Excel 在财务与会计中的应用［M］. 3 版. 北京：高等教育出版社，2021.

［39］潜力，胡军，王青. 公司金融［M］. 北京：中国人民大学出版社，2021.

［40］朱叶. 公司金融［M］. 上海：复旦大学出版社，2021.

［41］贾俊平，何晓群，金勇进. 统计学［M］. 8 版. 北京：中国人民大学出版社，2021.

［42］孙静娟，杨光辉，杜婷. 统计学［M］. 4 版. 北京：清华大学出版社，2021.

［43］陈强. 计量经济学及 Stata 应用［M］. 北京：高等教育出版社，2021.

［44］刘俊彦，张志强. 证券投资学［M］. 北京：中国人民大学出版社，2022.

［45］杨丽荣. 公司金融学［M］. 5 版. 北京：科学出版社，2023.

［46］刘振山. 董事高管估值知识简明指南［M］. 北京：机械工业出版社，2023.

［47］江萍，李莉，郑晓佳. 公司金融［M］. 北京：中国人民大学出版社，2023.